李　　炳　鎬（い　びょんほ）

略　歴
1971年　韓国全羅南道順天に生まれる
1996年　韓国教員大学校歴史教育科卒業
2001年　韓国ソウル大学校国史学科碩士（文学）
2005年　韓国ソウル大学校国史学科博士課程修了
2013年　早稲田大学博士（文学）取得
1998年～2007年　韓国国立中央・扶余博物館学芸研究士
2007年～現在　韓国国立中央博物館学芸研究官
2010年～2011年　奈良県立橿原考古学研究所で研修

主要著書・論文（＊は韓国語によるもの）
『百済仏教寺院の成立と展開』（＊社会評論、2014年）
『百済の建築と土木』（＊忠清南道歴史文化院、2007年共著）
『韓国の都城ー都城造営の伝統』（＊ソウル学研究所、2003年共著）
「7世紀代の百済瓦の展開様相と特徴」（＊『百済文化』50、2014年）
「百済泗沘時期都城の儀礼空間と王権」（＊『韓国古代史研究』71、2013年）
「扶余陵山里出土木簡の性格」（『木簡研究』33、2011年）
「百済泗沘時期塑像の展開過程」（『奈良美術研究』10、2010年）ほか

百済寺院《くだらじいん》の展開《てんかい》と古代日本《こだいにほん》

2015年3月31日　第1版第1刷

著　者　李　　炳　鎬
発行者　白　石　タ　イ

発行所　株式会社　塙　書　房
〒113-0033　東京都文京区本郷6丁目8-16
電話　03(3812)5821
FAX　03(3811)0617
振替　00100-6-8782

亜細亜印刷・弘伸製本

定価はケースに表示してあります。落丁本・乱丁本はお取替えいたします。

ISBN978-4-8273-1275-1　C3021

遺跡名索引

ろ

わ

人名・一般事項索引

略年表

西暦	百済	高句麗	新羅	日本（倭）	中国
前202					漢の建国
前 57			新羅の建国（『三国史記』）		
前 37		高句麗の建国（『三国史記』）			
前 18	百済の建国（『三国史記』）				
8					王莽、新の建国
25					後漢の建国
220					魏の建国
280					西晋の建国
313		楽浪郡・帯方郡を滅ぼす			
316					五胡十六国の時代
317					東晋の建国
346	近肖古王の即位				
372	近肖古王、東晋に朝貢	前秦の順道、仏像・経文を伝える			
384	枕流王の即位。摩羅難陀、仏教を伝える				
413				倭国が東晋に朝貢	
420					南朝、宋の建国
424	劉宋に朝貢				
427		長寿王、平壌に遷都			
439					北魏の太武帝、華北を統一
455	蓋鹵王の即位				
458			慈悲王の即位		
467					北魏、孝文帝の即位
475	蓋鹵王の殺害、熊津に遷都、文周王の即位				
477	三斤王の即位				
478				倭王武が宋に上表	

西暦	百済	高句麗	新羅	日本（倭）	中国
479	東城王の即位		炤知王の即位		斉の建国
480	南斉に朝貢				
491		文咨王の即位			
493					北魏、平城から洛陽に遷都
500			智証王の即位		
501	武寧王の即位				
502					梁の建国、武帝の即位
512	梁に朝貢				
513				百済が五経博士を貢上する	
514			法興王の即位		
519		安蔵王の即位			
520			律令を定める		
523	聖王の即位、武寧王陵の築造				
527	大通寺の建設始まる		仏教を公認、興輪寺の建設始まる		
531		安原王の即位			
532			金官加耶を併せる		
534					東魏の建国
535					西魏の建国
538	泗沘に遷都			仏教の公伝（『元興寺縁起』）	
539				欽明天皇の即位	
540			真興王の即位		
545	丈六尊像の造成	陽原王の即位			
548					侯景の乱
550					北斉の建国
552				百済から仏像・経論を贈られる（『日本書紀』）	
554	管山城の戦闘、威徳王の即位				
557					北周と陳の建国
559		平原王の即位			
562			大加耶を滅ぼす		

西暦	百済	高句麗	新羅	日本（倭）	中国
566			皇龍寺の建設始まる		
567	陵山里寺址の建立				
572				敏達天皇の即位	
576			真智王の即位		
577	王興寺址の建立			百済、経論と造寺工・造仏工を貢上する	
579			真平王の即位		
581					楊堅、隋の建国
586		長安城に遷都			
587				崇峻天皇の即位	
588				飛鳥寺の建設始まる	
589					隋、中国統一
590		嬰陽王の即位			
595				慧慈、高句麗より来航	
596				飛鳥寺の竣工、慧慈・慧聡住む	
598	恵王の即位				
599	法王の即位				
600	武王の即位			初の遣隋使派遣	
602				観勒、百済より来航、暦法等を伝える	
609				飛鳥寺、丈六釈迦像の完成	
610				曇徴、高句麗より来航	
612		乙支文徳、薩水の戦いで水軍を大破			
618		栄留王の即位			唐高祖の即位
622				聖徳太子の死去	
626					唐太宗の即位
629				舒明天皇の即位	
631		唐の攻撃を警戒して長成を築造			
632			善徳女王の即位		

西暦	百済	高句麗	新羅	日本（倭）	中国
634			芬皇寺の建立		
639	弥勒寺、西石塔の建立			百済宮・百済大寺造営の着手	
640					唐、高昌国を滅ぼす
641	義慈王の即位				
642		淵蓋蘇文のクーデター、宝蔵王の即位		皇極天皇の即位	
643	扶余豊らを倭へ送る、高句麗と同盟				
645				孝徳天皇の即位	
646			皇龍寺九層木塔を建立	大化改新詔の発布	
647			真徳女王の即位		
654			武烈王の即位		
655				斉明天皇の即位	
659					唐高宗、西突厥を破る
660	百済の滅亡				
661			文武王の即位		
662				天智天皇の即位	
663	白村江の戦い		白村江の戦い	白村江の戦い	白村江の戦い
668		高句麗の滅亡			
672				天武天皇の即位	
681			神文王の即位		
682			感恩寺の完成		

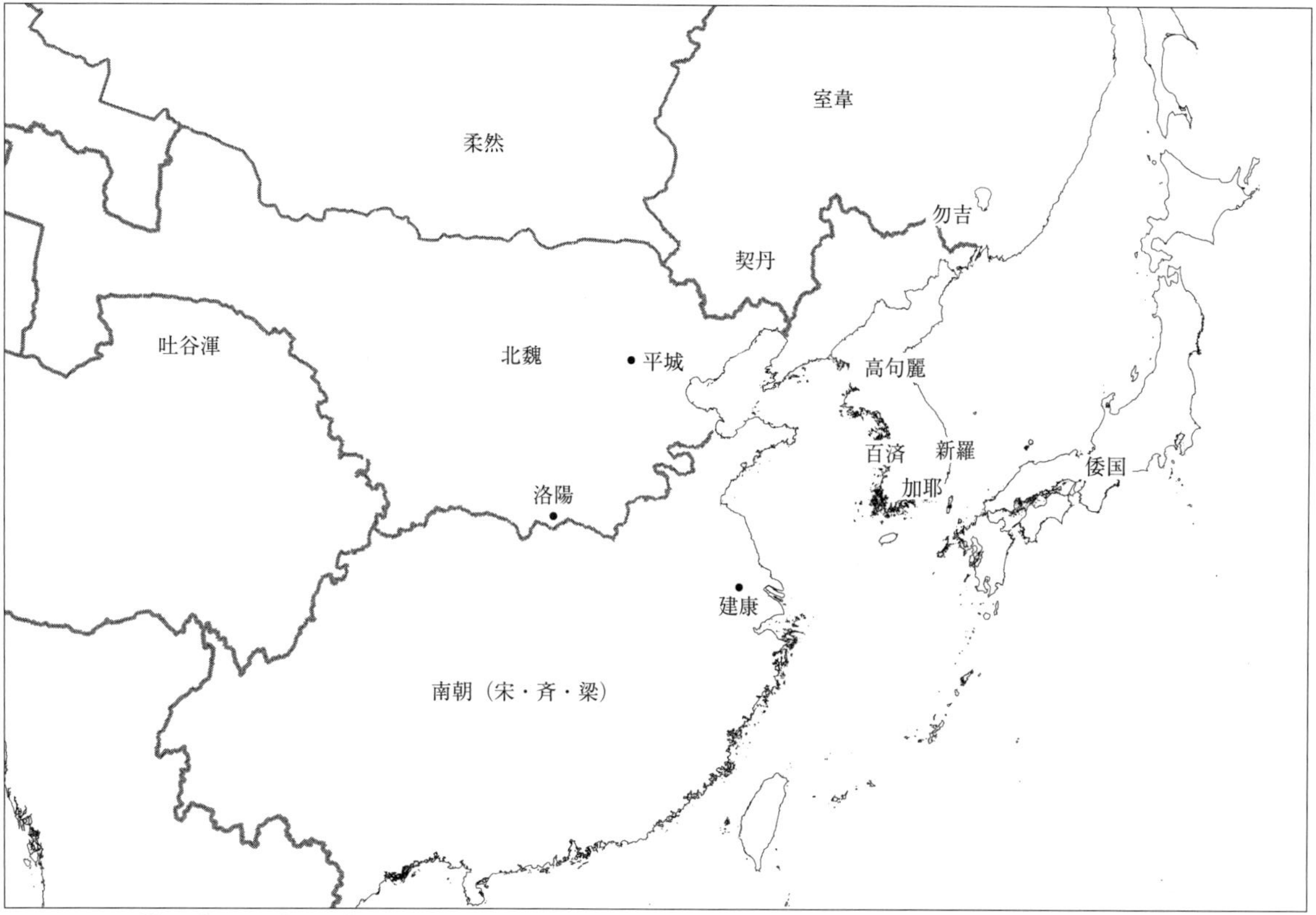

1　五〜六世紀、東アジア各国の位置

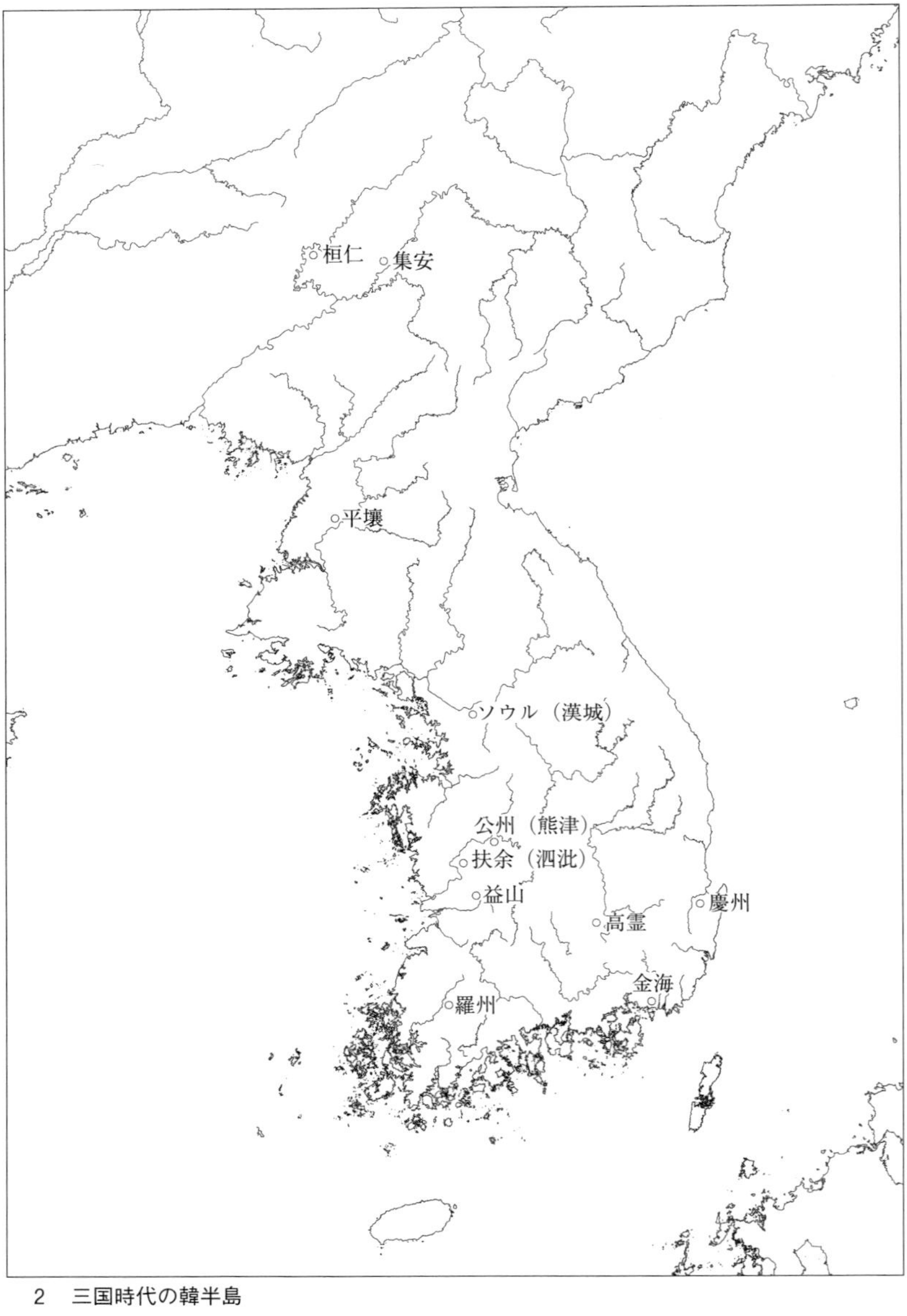

2　三国時代の韓半島

3　扶余周辺の主要遺跡分布図

百済寺院の展開と古代日本

李　炳　鎬　著

塙　書　房　刊

目次

目　　次

目　　次

百済寺院の展開と古代日本

序章　問題の所在と本書の構成

第一節　問題の設定と研究の方法

インドに起源を持つ仏教は、中国へ伝来した後、儒教や道教などの中国思想を摂取し、また、東アジア最大の先進文明である中国の漢字、絵画、彫刻、工芸、建築、土木、鋳造技術などと融合し、インド仏教とは異なる独自の中国的変容をとげる。したがって、古代韓半島の国々や日本における仏教の導入は、中国化された仏教の導入を意味した[1]。しかし、中国の先進文化は、自然と周辺国家へ拡散していったのではなく、周辺国家の置かれた状況と必要性によって選択的に、また、形を変えて受容された[2]。仏教という新たな思想体系と、それに伴う多様な技術文明の拡散過程も、そのような選択や変化に対応していたと考えられる。

本書では、古代東アジアの仏教伝播過程において一つの基軸となった百済を中心として、特に、仏教寺院の成立と展開過程、その文化系統の検討を通じて、百済的な仏教寺院の特性を抽出し、その造営技術の伝播過程を把握する。四世紀後半に仏教を受容した百済では、六世紀になると本格的な寺院が建立され仏教教学に関する研究が本格化するなど、仏教が急速に発展する。六世紀前半と半ばにそれぞれ仏教を公認した新羅と日本では、その後、仏教が急速に普及して社会思潮の主流となった。百済では、武寧王代と聖王代に、梁武帝の支援と協力のもと、積極的に文物を輸入するなど友好的な関係を維持しながら、政治的安定と文化的発展を成し遂げた。さらに、

百済は習得した先進文物を、新羅や日本との外交関係を強化し彼らの協力を引き出すための資産として活用した。それゆえ六～七世紀代の新羅と日本の仏教受容および定着過程において百済が果たした役割は非常に重要であり、百済的な仏教文化を周辺国家に伝えたという側面から再検討する必要がある。(3) なぜならば、百済は単に中国文化の経由地ではなく、新羅や日本の初期寺院を建設するうえで技術者を派遣して支援するなど、東アジア仏教文化の拡散を実質的に主導していたためである。

植民地期の日本人研究者によって始められた百済寺院に関する研究は、一九四五年以後の沈滞期を経て、一九九〇年代に発掘調査が増加したことにより再度活発になっている。(4) それには、扶余陵山里寺址をはじめ王興寺址や益山弥勒寺址などの廃寺址の発掘が重要な転機となったことは間違いないだろう。一九三〇年代に扶余軍守里寺址の発掘を通して扶余地域の廃寺址が世間の耳目を集めたことと同様である。考古学的発掘による新資料が、この分野の研究を推進させる起爆剤となったのである。(5)

本書では、まず、発掘調査を通して新たに知られた遺構や遺物に注目したい。ただし、廃寺址の発掘調査によって提示された問題は、考古学的な視角や方法論のみでは解析できない。古代の仏教寺院に関する研究は、仏教の教理や思想の伝播に伴う多様な人的・物的資源の交流を含むので、歴史学や建築史、美術史、仏教史など多方面の協力が不可欠なためである。そこで、本書では、百済寺院の特性やその影響を如実に示すと考えられる素材を選び、新たな歴史資料として積極的に活用し、百済寺院や百済史のなかに位置づけて考究する。

従来の韓国における古代寺院の検討では、具体的な資料や根拠を提示しないまま研究を進めてきた傾向がある。そこで、本書では、学問的パラダイムによって分析する素材が制限されるという先入観を排除し、これまでさほど注目されることがなかった遺物や、遺跡相互間の関係などをより一層重要視している。例えば、美術史研究で

はこれまで無視されてきた、破片となり形態さえわからない塑像について、その製作技法を再検討し、他の遺跡の事例と比較してそれらが奉安された場所を推定した。また、これまで文様の型式分類にのみ拘泥していた瓦当について、製作技法や建物址ごとの分布様相、需要供給関係、系統関係などに注目し、新たな歴史資料としての活用の可能性を摸索した。伽藍配置においては、伽藍中心部の建物の建設順序や配置のみならず、付属建物や周辺部の建物の性格や機能についても注目した。

百済寺院の展開過程や特性を理解するためには、古代東アジアの文化交流史という大きな流れのなかで理解する必要がある。したがって、百済仏教の受容や展開、新たな文化要素の登場、その伝播過程について、中国のみならず高句麗や新羅、日本の比較資料を積極的に活用した。ただし、仏教や仏教寺院の交流とは、単純な「モノ」の移動でなく「ヒト」や「情報」の移動を伴いかつ相互互恵的なものであることから、それを授受する人々の政治的な立場や技術的な水準の差異によって受容過程に変化が生じる点にも注意した。

本書は、熊津期・泗沘期の百済寺院に関する分析を基にして、それが新羅の興輪寺や日本の飛鳥寺などの初期の寺院に具体的にいかなる技術的な要素を伝えたかを探索する。ただし、百済の技術が、周辺国家の寺院にどのように反映されるのかという側面に注目するだけでなく、そのような技術の伝授が可能であった百済社会内部の問題にも注目している。つまり、百済の寺院が周辺国家に与えた影響に論究しながらも、それが百済史や百済仏教寺院史のなかでどのように理解できるのかという点も重視したい。寺院の造営は、古墳の築造とは異なり、各部門別の技術の相互依存度や提携度が高い。それゆえ、造営の技術を伝授するためには、百済社会内部でそれに関する技術が成熟していなければならず、組織化かつ体系化されていなければならない。以上の考えから、百済から新羅や日本に寺院造営技術を伝授する過程を検討するだけでなく、百済内部の官営工房システムや中央行政

組織の整備過程についてもあわせて検討した。

本書の最も重要な目的は、百済における寺院の展開過程の検討を通してその特性を把握し、それが新羅や日本など周辺国家にどのように波及したかということを推定することによって、古代東アジアにおける百済寺院の役割と位置付けを明らかにすることである。つまり、南朝と百済、百済と新羅、百済と日本という仏教文化の伝播ルートやパターンを歴史考古学的な観点から新たに眺望しつつ、そのなかで百済の主導的な役割を示していく。このような議論を通して、古代東アジアの対外交渉における百済の位置付けと、百済の対外交渉において仏教が果たした役割についてもある程度解明することができるだろう。

第二節　本書の構成

本書は、五章と補論からなる。

第一章では、熊津期以降、本格的な寺院が建立されて百済式寺院が成立、展開する過程を分析した。第一節では、泗沘期以前の寺院について、寺院の建築部材の一つである瓦当の分析を通してその一端をみていく。百済の本格的な伽藍といえる大通寺の建立に伴い製作されたいわゆる「大通寺式瓦当」は、南朝梁の影響を受けて成立し、泗沘遷都以後に最も重要な范型となる。このような大通寺式瓦当の成立には、百済の官営造瓦工房の成立過程という問題も関連しており、それらを検討した。第二節では、泗沘都城の中心部に建立された定林寺址から出土した遺物と伽藍配置の特徴を分析し、百済式寺院の成立過程を考察した。特に多量の塑像について、塑像自体の分析だけでなく、共伴遺物や文献記録、他国の類似事例との比較を行い、製作技法と製作時期、奉安場所、系

統の問題を考察した。また、近年の発掘調査を通して新たに明らかになった建物址の配置状況を再検討した。そのなかでも泗沘遷都以後、最初に建立された定林寺址の伽藍配置が持つ特徴を明らかにし、百済式寺院の成立過程を説明した。第三節では、泗沘期の王宮区域を設定した後、泗沘期の王宮と定林寺址が非常に有機的な関係を持って意図的に配置された可能性があることを提示した。さらに、そこから都城内の中心的な寺院として定林寺址の地位を再確認し、泗沘遷都以降、定林寺址が新都のランドマークとなったことを指摘した。第四節では、六世紀後半の軍守里寺址や王興寺址、七世紀前半の益山弥勒寺址の伽藍配置を比較検討することで、泗沘遷都にあたり最初に造営された定林寺式伽藍配置が具体的にどのように変化していったのかを把握し、変化の様相や影響関係について論じた。

第二章では、泗沘期の王陵群である扶余陵山里古墳群に連接して建立された陵山里寺址の性格について分析した。陵山里寺址の中門址南側では多量の木簡が出土したが、その性格については未だ定説に至っていない部分も少なくない。本章では、伽藍中心部から出土した五〇〇点余りの瓦当の型式分類と相対編年、分布様相を分析して主要建物の建設順序をより詳細に推定した。陵山里寺址の初期の段階では、講堂を中心にした初期建物群が木塔や金堂に先んじて建立される特異な状況を確認できる。このような伽藍中心部の変遷過程を陵山里木簡の記載内容と関連づけると、初期の建物群が機能した段階と、木塔などが建立され寺院として機能した段階の性格が、若干異なる可能性がかいまみえてくる。中国や高句麗の事例を参考に、その性格や機能の問題についてもあわせて検討した。

第三章では、新羅最初の寺院である興輪寺址で出土した瓦を中心に、そこにみられる百済の造瓦技術について検討した。新羅では、六世紀前半に百済系造瓦技術の影響を受けて瓦を生産したことが早くから指摘されてきた。

しかし、百済系造瓦技術の段階別導入過程については、適切な編年資料がなく不明確な点も多い。そこで、興輪寺址から出土した瓦当や平瓦の分析を通して、それが南朝―百済系、特に熊津期の百済瓦が直接的なモデルであることを確認した。いわゆる「興輪寺式瓦当」と呼ばれるこの瓦は、新羅の初期仏教受容過程においてこれまで知られていなかった百済の影響を実物レベルで確認できたという意義を持つ。

第四章では、百済の寺院や造瓦技術が、飛鳥寺をはじめとする日本の初期寺院に与えた影響について考察し、飛鳥寺三金堂の高句麗起源説を否定して百済起源説を提示した。六世紀代の百済では、多方面において高句麗系の文化要素が確認され、特に、王陵群である陵山里古墳群には高句麗系の古墳壁画が残っている。このことから、高句麗の寺院文化が日本の飛鳥寺に直接伝来したのではなく、百済を経由して、百済文化の一部として伝播した可能性を示唆する。六世紀中・後半の軍守里寺址や王興寺址では、回廊の外郭に新たな性格の建物を築造するなど、定林寺式伽藍配置というプロトタイプとは異なる新要素が確認されている。そこで、そのような変化があらわれた背景として、中国の多院式寺院や高句麗寺院の影響に注目し、上記の分析と当時の文献記録を総合して、飛鳥寺の三金堂をはじめとする寺院の造営が、百済において組織・派遣された臨時的なプロジェクトチームによって総合的に企画・実施された可能性を提起した。一方、日本の初期寺院は、定林寺式伽藍配置と類似する四天王寺式伽藍配置が多いが、これまで知られている四天王寺式伽藍配置は百済の伽藍配置とは若干の違いがある。そこで既存の発掘調査図面を再検討し、大阪の四天王寺や新堂廃寺の事例を通して、日本の四天王寺式伽藍配置も百済寺院の伽藍配置と非常に類似するということを指摘した。

第五章では、飛鳥寺の創建瓦製作のために百済から派遣された瓦博士の性格を検討した。飛鳥寺の創建瓦は、花組系列と星組系列に大別されるが、従来の研究ではそれら笵型の淵源を百済のどこに求めるのかが主な関心の

対象であった。そこで、百済泗沘期の瓦当を、寺院から出土した瓦当と王宮区域から出土した瓦当に大別し、その展開過程の違いを明らかにした。泗沘期の瓦当は、寺院の場合、新しい寺院が創建されるたびに必ず新しい型式の瓦を製作することが確認されているが、王宮の場合は、特定文様の瓦当が継続的に使用されている。百済におけるこのような状況から、飛鳥寺の花組や星組といった文様が選択された背景を推定した。また、飛鳥寺に派遣された百済の瓦博士は、王宮や寺院の瓦を供給した技術系官僚であり、国家が実務責任者として組織したプロジェクトチームの一員であるということもあわせて指摘した。

補論では、植民地期に行われた百済故地への古蹟調査事業の展開過程と、扶余地域の廃寺址への調査の背景とその意味を論じた。百済寺院の研究は植民地期に始まるが、重要な遺跡の大部分がこの時期に初めて発掘され、その後の研究に多大な影響を与えており、現在でもこの分野を研究するための一次資料となっている。百済の廃寺址に関する研究史を整理するとともに、当時、百済故地の古蹟調査が実施された背景と、その後に及ぼした影響について、筆者の見解を提示した。

百済寺院は、中国の南朝や北朝だけでなく高句麗の影響も受けており、百済はそれを日本だけでなく新羅にも伝授した。新羅では、百済のみならず高句麗を通しても仏教を積極的に受容していた。このように六世紀代の韓半島では、「仏教」を媒介として一つの文化共同体が形成されていたといえる。高句麗と百済、新羅は、政治・軍事的な対決構図のなかでも、多様な方面の文化交流を通して中国や日本とは異なるアイデンティティーを確立していった。その過程で仏教や寺院は思想体系だけでなく、技術文明の共有という側面でも大きく寄与したといえる。(6) さらに百済滅亡後には大多数の住民たちが統一新羅の体制内に吸収されて統一新羅の文化を形成するのに貢献した。したがって、百済寺院の研究は、東アジアの交流史という側面だけでなく、それ自体が韓国古代史研

究においても重要な意義を持つ。

日本の初期寺院は、百済寺院と密接に関わりながら展開した。この分野の研究は、植民地期の日本人研究者によってまず始められた。一九四五年以後も、日本人研究者によって重要な視角や方法論が提示された。筆者をはじめとする韓国の研究者が、このような研究成果を通して多くの学術的成果を吸収し、問題意識を触発されたことも事実である。本書は、韓国人研究者の立場から百済史における百済寺院の展開過程とその影響について叙述したものであるが、一方では、日本人研究者を重要な読者と考えている。百済仏教文化の特性や飛鳥寺をはじめとする日本の初期寺院の問題は、古代東アジア史という大きな視角から両国の研究者がともに討論し、意思疎通を図ることによってより正確に理解できると考えるからである。この分野を研究する両国の研究者が問題意識を共有し、学際的研究や比較史的研究を遂行するうえで、本書が少しでも寄与できれば幸いである。

（1）大橋一章「中国仏教美術の受容」（『奈良美術成立史論』中央公論美術出版、二〇〇九年、初出二〇〇六年）。

（2）李成市『東アジア文化圏の形成』（山川出版社、二〇〇〇年）。

（3）百済が日本のみならず、新羅の初期仏教に大きな影響を与えたという研究としては次の論文が注目される。薗田香融「東アジアにおける仏教の伝来と受容」（『関西大学東西学術研究所紀要』二二、一九八九年）、＊崔鉛植「六世紀東アジア地域の仏教拡散過程に対する再検討」（『忠清学と忠清文化』一三、二〇一一年）。

（4）百済寺院に関する研究史は、本書の補論と拙著の「序論」を参照。＊李炳鎬『百済仏教寺院の成立と展開』（社会評論、二〇一四年）。

（5）本書で使用する寺院遺跡の名称についてことわっておく。日本の学界では、寺院名が判明している遺跡は「寺院名＋跡」と記すが、寺院名が不明な遺跡は「地名＋廃寺」と記すのが一般的である。このような日本の命名法にしたがうと、陵山里

寺址や軍守里寺址は陵山里廃寺や軍守里廃寺と表記すべきであろう。しかし、百済の寺院のなかでは、寺院名が確実な事例は益山の弥勒寺址以外にほとんどない。そのため、ほとんどの遺跡名称の語尾には廃寺が付くことになろう。しかしながら韓国の学界では、日本のように両者を分けて命名することに意味を見出しておらず、また寺院名に「廃」が付くと、ニュアンスもよくないということで、「某寺址」と命名する。したがって本書では、韓国の学界で命名する遺跡の名称を使用した。また、本書では定林寺「址」の創建背景や陵山里寺「址」の建立背景のように語法に合わない表現を使用した。しかし、これを定林寺や陵山里寺のように表記すると、現在の廃寺址が百済時代からそのように呼ばれていたという誤解を招く可能性があるため、本書では「定林寺址」や「陵山里寺址」のように表記した。ただし、やむを得ずに両者を混用した箇所もあることをことわっておく。

(6)　七世紀代の中国の史書では三国を三韓と称しているが、これは韓半島の三国が中国や日本とは異なるという認識を反映したものである。六〜七世紀代の高句麗と百済、新羅の仏教を通した文化交流はそうした点で韓半島の古代国家が中国や日本と異なる共同体であるという認識を共有するうえで大きな意味を持っている。このような問題意識は次の論考によく整理されている。＊盧泰敦「三韓に対する認識の変遷」(『韓国史を通してみた我々と世界に対する認識』プルビッ、一九九八年、初出一九八二年)。

◎本書では、韓国語による文献には、冒頭に＊を加えた。

第一章　百済式寺院の成立と展開

はじめに

百済寺院に関する研究は、泗沘期の遺物・遺跡が最も重要視されている。漢城期・熊津期の寺院の存在については、文献史料からその存在が知られているものの、これまで実際に確認された遺跡が皆無であったため、その実態については必ずしも明らかではなかった。百済の漢城期における仏教関連遺跡・遺物や文献史料は極めて限られており、百済仏教の三八四年渡来説を否定する見解が出されるほどである(1)。しかし、最近では、この年次は信頼できるという立場のほうが支持を得ている(2)。

百済に仏教が伝来した翌年の三八五年、漢山に仏寺を建てて、一〇人の度僧を置いた。これは、高句麗が小獣林王二年（三七二）に仏教を公認した後、同王五年（三七五）に省門寺と伊弗蘭寺を建てて、順道と阿道をとどまらせたという記録と類似する。それらのうち、漢山の仏寺建立は、さらに積極的に意味を付与することが可能であろう。当時の漢山は、近肖古王二六年（三七二）の「都城を漢山に移した」という記録と同じ場所、現在のソウル夢村土城に比定されている。したがって、漢山に仏寺を創建したことは、「高句麗との対決構図のなかで都を飾るための核心的な施設の一つとして寺院を創建した」とみることができる(3)。百済では、仏教を受容する初期段階から、寺院を都城の記念的建造物として活用していたといえよう。

漢山の仏寺が漢城期の百済社会でどのような役割や機能を果たしていたかは明確でない。漢城期における仏教関連遺物や遺跡は、ソウルのトゥクソム（纛島）出土の金銅製如来座像、原州法泉里古墳の青銅蓋、羅州新村里九号墳の金銅冠、ソウル風納土城と天安龍院里古墳の青磁蓮華文盞、ソウル風納土城と夢村土城の蓮華文瓦など少数に過ぎない。ソウル風納土城や夢村土城、石村洞古墳群からは、多様な文様の瓦が出土しているが、そのなかには南朝系統の獣面文瓦当（四世紀半ば）と北朝系統の蓮華文瓦当（五世紀半ば～後半）が一緒に発見されている。これは、造瓦技術が、漢城期に楽浪や高句麗以外にも多様なルートを通して中国から輸入されたことを示すものである。

一方、中国からの仏教文化の伝来に留学僧の果たした役割も軽視できない。百済最初の留学僧として発正が知られる。彼は、天監年間（五〇二～五一九）に梁に渡って仏道を学び、三〇年余りして帰国したという。彼は、高句麗の僧侶である僧朗を除くと、中国で名を広めて再び帰国した最初の三国時代の僧侶に当たる。発正が天監年間に中国に留学をなし得た背景を考慮すると、百済内部ではそれ以前から仏教に関する理解がある程度成熟していたと推測できよう。

熊津期になると、公州武寧王陵や大通寺のように仏教関連遺跡や遺物が増加する。公州武寧王陵で出土した蓮華文塼や王妃の頭枕の蓮華化生図像は、百済で次第に仏教が重要な位置を占めるようになったことを示している。(4) 特に、五二七年の大通寺創建は、梁の影響による百済の本格的な寺院の成立を示している。しかしながら、公州地域で発掘された廃寺址は、そのほとんどが統一新羅時代以後のものである。(5) また、熊津期の百済瓦当の出土地は、公山城、艇止山遺跡、五仁里山城、西穴寺址、大通寺址、新元寺址と扶余龍井里寺址など少数に過ぎない。このうち西穴寺址や大通寺址は、発掘調査が実施されたものの、百済時代の遺構は検出されなかった。そこで、

第一節では、熊津期の寺院について、「大通寺式瓦当」が製作・使用された前後の瓦当にみられる技術的な系統や生産体制に関する検討を通して、熊津期の百済寺院の一側面についてみていきたい。

百済の寺院に関する研究は、泗沘期の遺跡を中心とせざるを得ない。泗沘期は、『周書』百済伝に「僧尼寺塔甚多」と記録されるほど多くの寺院が建立された。扶余地域では、これまでに二五ヶ所を越える寺院が確認されている。[6] 泗沘期の寺院のうち最も古い段階に建立された寺院が、都城の中心に位置する定林寺址である。それゆえ、本章では、泗沘期の百済寺院の伽藍配置を「定林寺式伽藍配置」と概念規定し、百済伽藍配置の特徴と変遷を説明していくこととする。第二節では、定林寺址から出土した塑像を中心に、その製作技法と奉安場所、製作時期や系統をはじめとして、定林寺址の創建期にみられる伽藍配置の特徴について整理する。なぜなら、塑像は仏塔の建立時期だけでなく、この寺院の創建時期を推定できる最も有用な資料だからである。第三節では、定林寺址の塑像と『日本書紀』の丈六尊像造成記録が一定の関連性を有していることを推論し、これを基に、創建の背景と目的、泗沘都城内で定林寺址が持つ位置付けと役割について考究する。第四節では、泗沘期の主要な廃寺址の伽藍配置について、「定林寺式伽藍配置」という側面から照射し、その展開過程を整理する。

第一節　熊津期の寺院と瓦当

枕流王代の仏教伝来記事と阿莘王代の教書以後で、百済の仏教について最も信頼できる記録は、大通寺に関するものである。そのため大通寺は、百済仏教史の展開において非常に重要な位置を占めている。大通寺に関する記録は『三国遺事』に簡略に残っている。

史料一

又於大通元年丁未、為梁帝創寺於熊川州、名大通寺。【熊川即公州也。時属新羅故也。然恐非丁未也。乃中大通元年己酉歳所創也。始創興輪之丁未、未可及於他郡立寺也】（【】は分註を示す、以下同様）

（『三国遺事』巻三 興法 原宗興法厭触滅身条）

この記録によると、大通寺は、大通元年の五二七年に建立されたことになる。大通は、梁武帝が使用した三番目の年号で、五二七年三月から五二九年一〇月まで使用された。ところで、史料一で『三国遺事』の編者である一然は、分註を付けて大通寺の創建年代について異なる見解をともに提示している。そこでは、本文で言及した五二七年は、新羅の法興王が興輪寺を創建した五二七年と重複しているために、同時に二ヶ所の寺を建てることができないとする。それゆえ、大通と年号が同じ中大通元年である五二九年に大通寺が建てられたものとみている。このように『三国遺事』には大通寺の創建年代について五二七年と五二九年が提示されているが、大部分の研究者たちは本文の五二七年と考えている。(7)

公州大通寺址が、いつ、どのような背景で建立されたのかについては議論がある。ただ、「大通」銘文字瓦は、梁の年号と関連している可能性が高いため、創建期の瓦当は五二〇年代中・後半に製作・使用されたものと予想される。(8)

この廃寺址は、公州市班竹洞に位置し、付近から講堂址と推定される石築基壇（五三×二五メートル）の遺構が確認されている。これに基づいて、その南側に金堂と塔が配置された一塔一金堂式の伽藍配置が行われたという推定案が提示されているものの、(9)建物址が確認されているわけではない。現在、統一新羅時代の幢竿支柱が残っ

ており、国立公州博物館には講堂址の横にあった石槽が展示されている。発掘調査では百済関連の遺構や遺物は検出されなかったが、出土瓦当からみて、近隣の地域に百済熊津期から高麗時代にかけて寺院が存在したことは明らかである。[10]したがって、公州大通寺址は、百済寺院のうちその名が知られた最初の寺院として、蓮華文瓦当を使用した瓦葺き建物が整然と配置された本格的な寺院であった可能性が高い。『日本書紀』推古紀三二年にみえる、百済に仏教が伝来してまだ一〇〇年に過ぎないと百済僧観勒が述べていることも、本格的な伽藍を有する大通寺のような寺院がこの頃に造営されたことを示すのかもしれない。

一方、清水昭博は、日本最初の本格的な寺院である飛鳥寺を造営する際に、百済から日本に瓦博士が派遣されたように、南朝梁から百済に技術者が派遣されて大通寺の創建瓦が製作されたのではないかと推定した。[11]大通寺址の創建期と推定される瓦当のうち、蓮華文瓦当は、その製作技法や文様モチーフが南朝から始まるものと考えられるため、南朝の造瓦技術が導入された可能性が非常に高い。これらの瓦当は、素弁蓮華文で中房が蓮弁より低く、一＋六の蓮子が配置されている。また、蓮弁の端が反転しながら突起形態となっている（図1‐8）。瓦当裏面に回転ナデを施して成形し、瓦当部と丸瓦部を結合させる際に、瓦当裏面の一部と丸瓦の先端部の一部を傾けて切った後、接合させている（図2のⅡ2a技法、いわゆる「片ほぞ形」）。[12]大通寺址では、このような様式の蓮華文瓦当が最も多く確認され、公州市中洞、班竹洞など大通寺址の周辺地域と扶余旧衙里寺址、東南里寺址でも同笵品が発見されている。また、公州艇止山遺跡、扶余扶蘇山城、金徳里窯址、陵山里寺址、軍守里寺址、官北里遺跡、錦城山瓦積基壇建物址、佳塔里寺址などで同笵・同系品が発見されている。

したがって、公州大通寺址から出土した軒丸瓦を祖形とし、これと同笵・同系関係および同じ製作技術を持った瓦当を「大通寺式瓦当」と呼ぶことができる。この大通寺式瓦当は、蓮弁文様や製作技法などの観察を通して

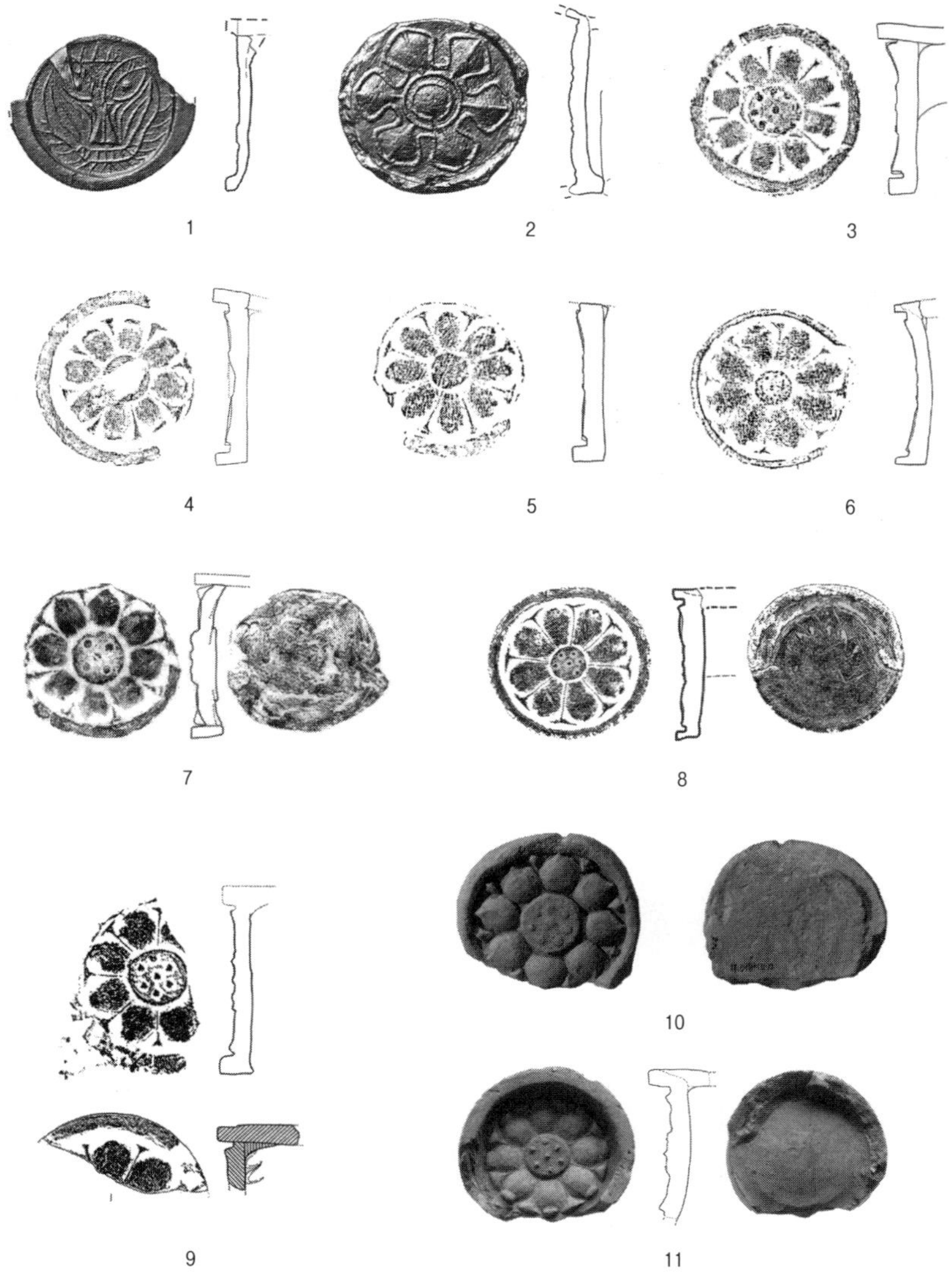

図1　漢城期と熊津期の主要瓦当
（1・2．ソウル風納土城、3～6．公州公山城、7．公州西穴寺址、8．公州大通寺址、9．公州艇止山遺跡、10．扶余龍井里寺址、11．慶州工業高等学校（伝興輪寺址））

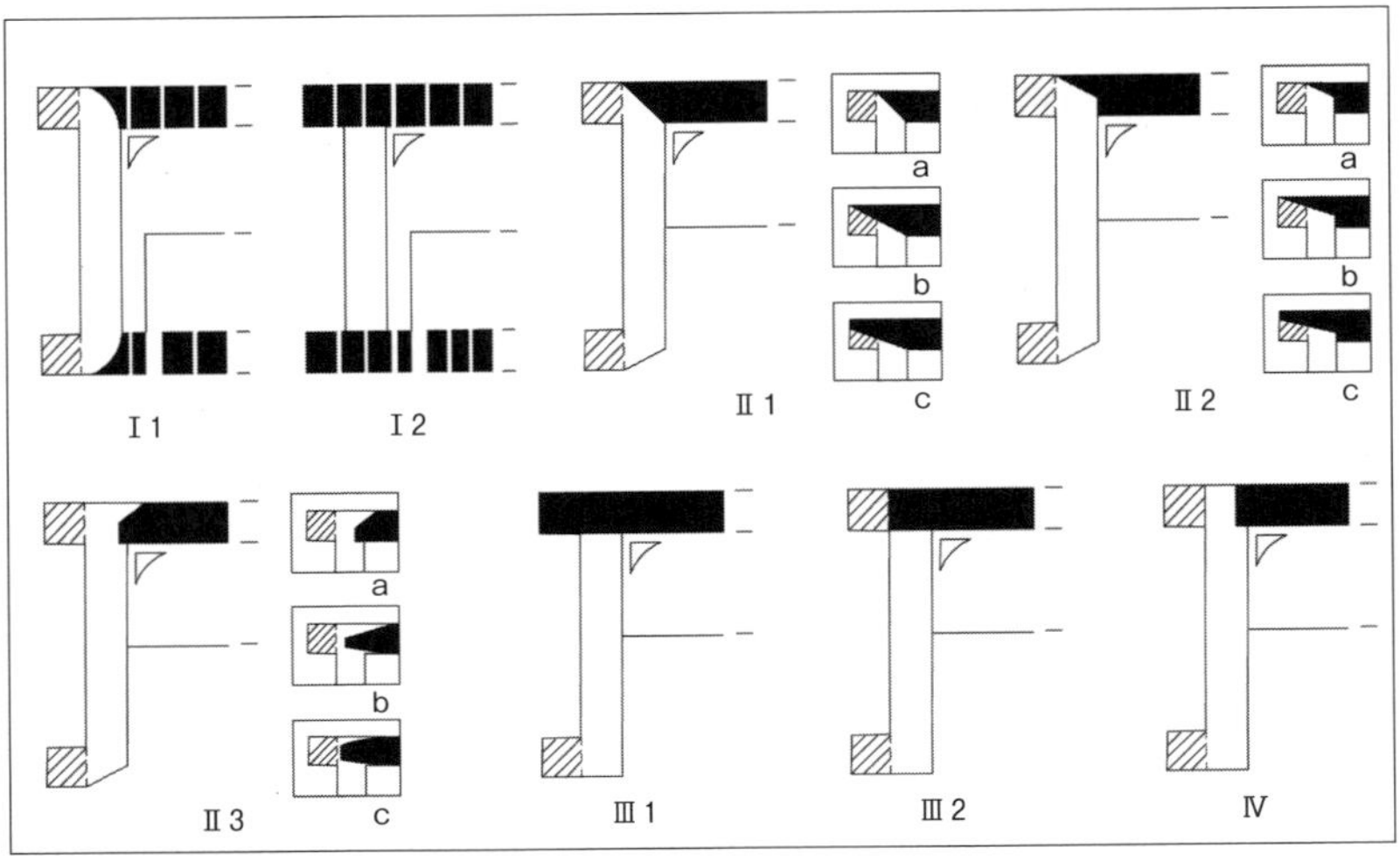

図2　瓦当接合技法の模式図

確認される諸々の属性が南朝地域の瓦当と非常に類似しているため、南朝系造瓦集団の直接的な影響があったものと考えられる。したがって、そのような瓦を葺いた建築物にも、南朝系の寺院造営技術が反映された可能性があろう。

さて、百済の瓦製作・使用にはいくつかの画期があった。そのなかで、最大の画期は熊津遷都ではないかと考えられる。漢城期の草花文や銭文、獣面文（図1-1）など多様な瓦当文様が蓮華文として統一されたのである。近年、ソウル風納土城（図1-2）や夢村土城から少数の蓮華文瓦当が出土しているが、熊津期の瓦当とは文様や製作技法が断絶する。[13] したがって、熊津期の瓦当の画期と系統を求めることが非常に重要な課題となる。

熊津期の瓦当のうち、公山城推定王宮址より出土した瓦当が最も古い（図1-3〜6）。この瓦当について、文周王三年（四七七）の宮室の修造記録に注目して、劉宋・南斉の影響を受けて成立したものであり、その後、公州から出土するものは梁の影響を受けたものとする見解がある。[14] しかし、四七七年二月の宮室の修造記録を劉宋（四二〇〜四七九）と関連付け

るには無理がある。なぜならば、四七五年の漢城陥落以後、百済と劉宋・南斉の交流は限定的にしか行われなかったためである。[15]また、百済と劉宋は漢城期から活発に交流していたが、風納土城と夢村土城から出土した蓮華文瓦当の文様は北朝系統であり、製作技法はⅠ1式で漢城期の在地の技法である。そのため、文様と製作技法が異なる公山城瓦当の成立には、それ以前とは異なる系統の影響があったとみなければならない。

公山城の創建瓦の場合、直径が約一八～一九センチと大きく、色調は赤色と灰色系統が混在している。[16]瓦当と丸瓦の接合手法は、先端を加工しない丸瓦を接合させるⅢ1技法（丸瓦被覆接合法）であるが（図1-3～5）、これを「公山城式瓦当」と呼ぶことにする。[17]このような様式の瓦当の出現と関連して注目されるのは、『三国史記』東城王八年条（四八六）にみられる一連の記録である。[18]東城王は、四八六年二月、漢城から下ってきた旧貴族（真氏）勢力を牽制するため、苩加を衛士佐平に任命するなどして政治的安定を図った。同年三月、南斉に使臣を送り、七月には宮室を修造し、一〇月には大闕の南側で軍隊を査閲している。このうち、三月の南斉への使臣派遣は、七月の王宮修造に必要な技術と関連する可能性があり、一〇月の大闕南での閲兵は、王宮の修造工事が終わったことを意味すると考えられる。こうしたことから、公山城式瓦当を四八六年に南斉の技術支援を受けて成立したものと推定したい。その後、公山城式瓦当は、大通寺式瓦当とは異なり主流を占めることはなかったが、Ⅲ1技法は七世紀代まで使用され続けた。

熊津遷都後、最初に宮室を修造した文周王三年（四七七）は、漢城陥落直後の急迫した状況であったため、外部から新たな技術を受け入れて王宮を造営したというよりは、漢城期の造瓦技術などをそのまま利用して急造したものと考えられる。公山城内部からはまだ漢城期と関連付けられるような瓦が発見されていないが、図1-7の西穴寺址瓦当の場合、漢城期にみられるⅠ1技法（泥条盤築技法）の痕跡が確認される。[19]これをみると、熊津遷

都以後にも一定期間、漢城期の主流的技術であるＩ１技法が維持されたと考えるべきであろう。

熊津期の瓦製作のもうひとつの画期として、大通寺式瓦当の出現をあげることができる。百済で最初の本格的寺院といえる大通寺址の場合、南朝梁から造瓦技術が導入されたとみられる。しかし、現在までに知られている南朝の瓦当のなかには、類似したものはあるもののまったく同じものはないため、直接的な祖形を探すことは容易ではない。日本の飛鳥寺の瓦当文様が、百済と共通するとはいえ完全には一致しないということを参照すると、百済で一定の変化が起こった可能性も想定できるだろう。それでは、王宮で使用された公山城式瓦当ではなく、大通寺式瓦当が主流的位置を占めるようになった背景は、どこに求められるであろうか。それは、大通寺式瓦当が官営造瓦工房で製作された瓦当であったためと考える[20]。つまり、泗沘遷都以前から大通寺式瓦当を生産した造瓦集団が、新都の造営を担当した行政組織の一部で活動したため、その後、主流的位置を占めるようになったのではないかと考えられるのである。

泗沘期の中央行政機関である二二部司は、蓋鹵王、武寧王代を経て順次成立したものと理解されており、家政的である内官と、国政的である外官に区別される[21]。それらのうち、官営造瓦工房は、名称からみると内官一二部の功徳部や、外官一〇部の司空部の部署に所属していたものと予想されるが、その成立時期や過程についてはいまだ明らかにされていない。

ただし、公州宋山里六号墳出土「梁官瓦為師矣」銘塼からみて、少なくともその前後の時期に一定の変化があったと推察できる[22]。この銘文でより注目したいのは、「師」である。これまでその前後の字と連結させ「師匠とする」「模範とする」などと解釈されてきたが、「実際にそれを製作した技術者」に付ける接尾辞とする余地がある[23]。中国の事例を参考にすると、この銘文塼は、梁の官営工房所属の技術者である「師」が参与し、指導した

と推測できる。[24]

宋山里六号墳や武寧王陵の文様塼は、扶余井洞里窯址（A地区）で生産されたものと考えられている。[25]井洞里窯址では、土器と瓦塼をともに生産しているが、大通寺式瓦当は出土していない。この窯址は地表調査しか実施されていないため、大通寺址所用瓦を生産していた可能性は残っているが、現在までの資料では、大通寺式瓦当は不明窯A1で生産されたとみなければならないだろう。井洞里窯址は、王陵の築造と関連する窯址であるため官営工房と考えられるが、将作大匠のような臨時機構で運営されていた可能性もある。塼築墳の築造に必要な塼を生産することが主な目的であったことから、官営造瓦工房であったとは断定し難い部分もある。[26]

五二三年に武寧王の後を継いで即位した聖王は、武寧王陵を築造した当事者であった。彼は、五二六年一〇月に熊津城を修復し、五二七年には本格的な寺院である大通寺を建立した。王陵の築造と王宮である熊津城の修理、大通寺の創建は、聖王によって一貫して推進された。このことは、官営造瓦工房の成立という側面からみると、非常に重要である。なぜならば、大通寺式瓦当は、梁の直接的な技術支援を受けて王陵を築造した後、王宮を再度、修復する過程を経ながら順次製作されたものと推定できるためである。井洞里窯址は、瓦塼をともに生産した遺跡であり、そこで製作・供給された武寧王陵蓮華文塼は、大通寺式瓦当と文様が相通じる。また、公山城から出土した瓦当のなかには、文様は既存の公山城式瓦当にしたがいながらも、接合技法は大通寺式のⅡ２ａ技法にしたがった事例が確認される（李南奭分類のⅣ型式、図1‐6）。[27]こうしたことから、大通寺式瓦当は、王陵の築造や王宮の修理といった梁の技術導入過程で成立したものと考えられる。このような土木工事が聖王代の初期に連続したことをみると、百済では塼築墳を築造することで梁の技術者である「師」から技術を伝受され、その後、王宮の修理や寺院の造営を経ながら官営造瓦工房が成立したといえるだろう。

一方、慶州で発見されたいわゆる興輪寺式瓦当は、最近の調査の結果から大通寺式瓦当をモデルにしたことが明らかになった（本書第三章参照）。図1-11の瓦当は、文様と製作技法だけでなく平瓦・丸瓦の製作技法が大通寺式瓦当や公州艇止山遺跡などで出土するものと共通する。したがって、百済の造瓦工が派遣されて製作したものといいえ、その源流となる大通寺式瓦当が南朝の影響を受けて成立したことから、南朝―百済系造瓦技術の系統に属しているといえる。百済から新羅最初の寺院である興輪寺の造営に瓦工などの技術者を派遣するためには、百済の内部で官営造瓦工房のようなものが成立していなければならないだろう。

ところで、その技術系統が大通寺式瓦当であったということは、まさにそれを製作した工人集団が官営工房所属の工人であったということを証明するのではないだろうか。百済では泗沘遷都以前にこのような官営造瓦工房が成立していたため、新都造営に必要な大量の瓦を安定的に供給できたのであろう。その過程で大通寺式瓦当が主流的位置を占めたことは、それがまさに官営造瓦工房で生産された製品であることを示すのではないかと考えられる。

一方、大通寺式瓦当の成立以後、艇止山遺跡や龍井里寺址でこれとは若干異なる瓦当が製作・使用された。図1-9の艇止山遺跡出土品は大通寺式瓦当の文様を使用し、裏面に回転ナデの痕跡が観察できるが、接合技法は先端無加工の丸瓦を接合させるⅢ1技法である。艇止山遺跡は、武寧王の殯殿と推定され、王陵の築造と深い関係を有する。(28) したがって、熊津期末期の官営造瓦工房では、典型的な大通寺式瓦当だけでなく、Ⅲ1技法を持つ瓦当も生産されていた可能性が高い。

図1-10の扶余龍井里寺址の場合、文様のみならず瓦当と丸瓦の接合手法もⅣ技法であり、大通寺式瓦当とは全く異なる高句麗系瓦当である。これは少数派といえるが、熊津期末や泗沘期初に高句麗の影響があったことを

証明する資料で、大通寺式瓦当を作る官営工房以外の造瓦集団が別途に活動していたことを示すものといえる。龍井里寺址は、扶余地域に位置する寺院であるものの、五三八年の泗沘遷都に先立つか、後なのかを判断するのは容易でない(29)。しかし、扶余官北里、双北里一帯でも高句麗系瓦当が出土していることから、熊津期末や泗沘期初に高句麗系統の影響があったことは否定し難いだろう。泗沘遷都以後、最初に建立された定林寺址で南朝系の技術だけでなく高句麗系の文化要素がともに確認されているのは、このような状況と関連があるかもしれない（本書第四章第一節参照）。

熊津期の蓮華文瓦当は、漢城期末の劉宋の影響とともに、新たに南斉の影響を受けて出現し、大通寺の建立を契機に梁の影響を受けて本格的に生産・使用される。大通寺式瓦当が泗沘遷都以後主流となって、新羅の興輪寺式瓦当の成立に影響を与えるようになったのは、それが官営造瓦工房で生産されたためであると考えられる。しかし、その前に成立した公山城式瓦当の影響も存続し、少数であるが高句麗の影響を受けた瓦当も共存していたといえる。したがって、熊津期の寺院は、大通寺を創建して南朝梁の寺院造営技術を積極的に導入しながらも、その後は、次第に高句麗の影響も受けた可能性があるといえよう。

第二節　定林寺址出土塑像と伽藍配置の特徴

（一）塑像の奉安場所と製作時期・系統

扶余定林寺址に関しては、一九四二・四三年に藤澤一夫による試掘調査が行われ、一九七九年からは尹武炳に

よる第二次調査がなされた後、二〇〇五～二〇一〇年には国立扶余文化財研究所によって第三次に当たる再調査が実施された。(30)第二次調査を主導した尹武炳は、定林寺五層石塔の基壇部調査を根拠に、この場所には創建期から石塔が建立されていたという新説を唱えた。これに対して、建築史家である金正基は、石塔下部から発見された掘込み地業（版築基壇）の痕跡は石塔ではなく木塔基壇にみられるものであったため、現存の石塔は創建期の木塔が焼失した後、おそらく弥勒寺址石塔以降に建立されたとした。(31)その後の韓国学界の定林寺址に関する研究は、現存する定林寺址五層石塔と、益山弥勒寺址石塔との先後関係についての様式的な検討が中心であり、定林寺址の発掘調査によって明らかになった遺構と遺物の関係を検討することはなかった。例えば、発掘調査で出土した多量の塑像は、古墳の副葬品である明器をあらわす「陶俑」と呼ばれるが、その奉安場所の問題はほとんど考慮されることはなかった。そのため、出土した塑像の奉安場所と系統について検討する必要がある。

定林寺址では、西回廊南西側の瓦廃棄竪穴と金堂の外郭から一六〇点余りの塑像が出土している（図3・9）。このよ現在、国立扶余博物館には、発掘報告書に掲載されていない多数の塑像片と焼けた壁体片が残っている。このような土製品を「陶俑」と呼んでいるが、古墳ではなく寺院から出土した土製の大・小型の人物像や動物像は、より包括的な用語である「塑像」と呼ぶのが適切である。定林寺址の塑像は、大きさによって大型・中型・小型・情景塑像などに分類できる。ほとんどがひどく破壊されていて原形を知り得ないが、破片として残っているため製作技法を観察するには好都合である。(32)

それでは、このような塑像は、寺院のどの場所に安置されていたのであろうか。結論から述べると、定林寺址の塑像は、創建当時の木塔に奉安されていたと推定する。その根拠として、まず中国南北朝時代の寺院遺跡から発見される塑像のほとんどは木塔から出土していることが挙げられる。大同市方山思遠仏寺遺跡や、朝陽市北塔

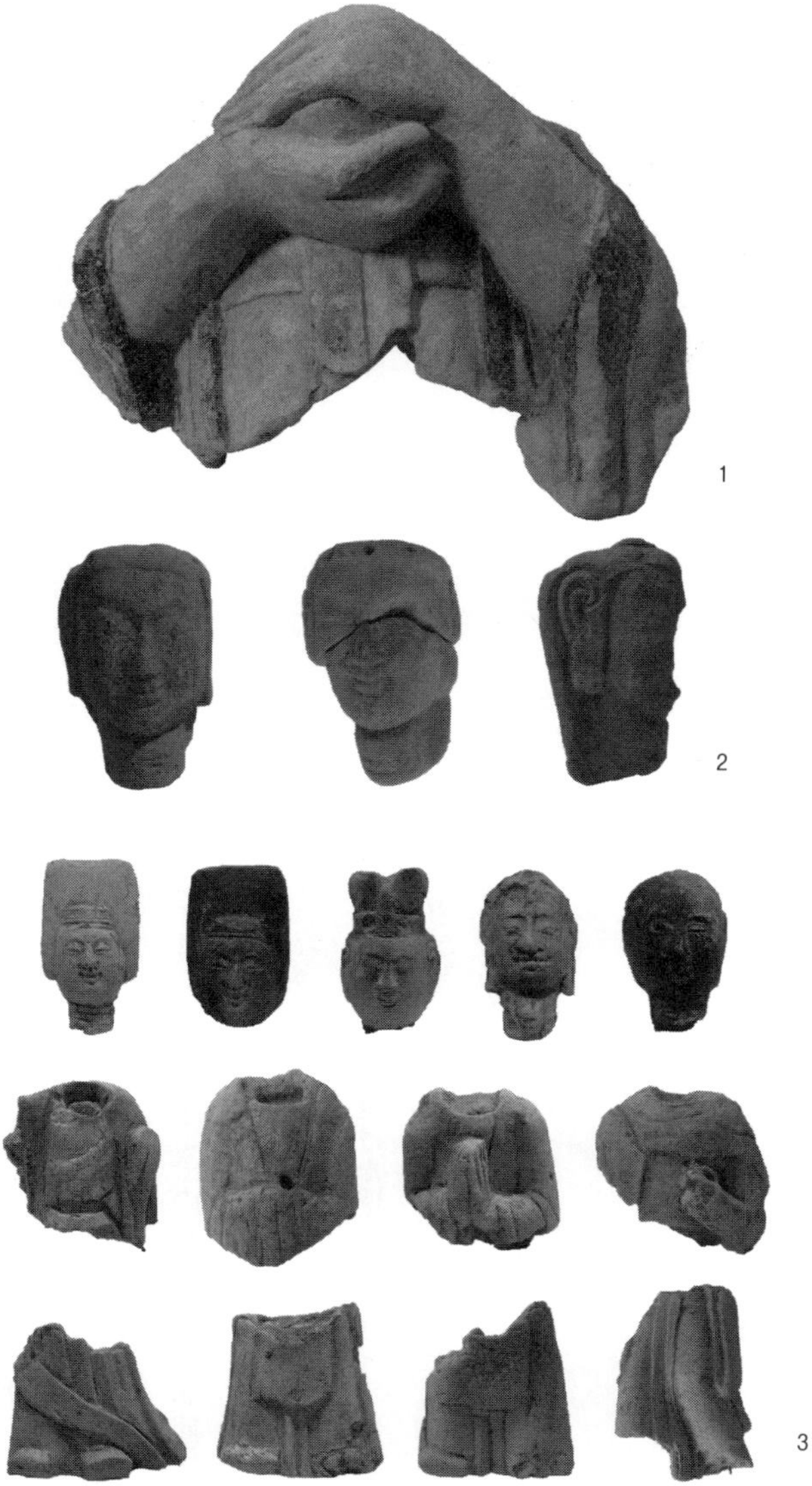

図３　扶余定林寺址の各種塑像
（１．中型塑像、２．小型塑像、３．情景塑像）

下層遺跡、内蒙古固陽県北魏城址、河南省洛陽永寧寺址、河北省趙彭城廃寺址など、塑像が出土した遺跡は、内蒙古の北魏城址を除けば、すべて寺院の木塔から出土している[33]。仏塔内部に塑像を安置する方式は、中国南北朝時代に始まったものであり、『法苑珠林』には「(長沙寺)殿前塔、宋譙王義季所造。塔内塑像忉利天工所造、仏殿中多金銅像、宝帳飛仙真珠華珮。並是四天王天人所作」という記録が残っており、その源流が五世紀前半まで

遡ると考えられる。次に、泗沘期の仏教寺院の木塔付近では、塑像を伴う事例が多数確認されることである。[34]このうち、六世紀中・後半に建立された陵山里寺址や旧衙里寺址の木塔付近から発見された塑像は、定林寺址や洛陽永寧寺出土品と非常に似ている。このことから、定林寺の創建時には、内部が塑像で荘厳された木塔があったと推定される。すなわち、定林寺址から出土した塑像は、法隆寺五重塔の塔本塑像のように、木塔の初層塔身を装飾していたものとみられる。

定林寺址の木塔内部を荘厳する塔内塑像（いわゆる塔本塑像）は、本来どのような姿であったのだろうか。木塔に奉安された塔内塑像の大部分が破片で出土しているため、完全に復元することは極めて難しい。しかし、中国や日本、韓国の木塔関連資料を検討してみると、塔内塑像は木塔の心柱や四天柱の周囲に位置したものと考えられる。そして、その具体的な姿は、数的に最も多く出土している図3-3のような情景塑像を通して多少なりとも推定できるであろう。籠冠や小冠をかぶった人物像、僧祇支を着て合掌する人物像、盾を持っている武人像、木葉装飾片などは、ストーリー性があるなんらかの場面が演出されたことを示唆する。

そこで、南朝の伝顧愷之作「洛神賦図」や、南朝の墳墓で確認される塼画、四川省綿陽市平楊府君闕上の闕身造像[35]をはじめとして、北朝の龍門石窟賓陽中洞前壁浮彫や鞏県石窟第一・三・四窟の礼仏図、北朝の墳墓の壁画などにみられる出行図や礼仏図が参照される。周知の通り中国の南北朝時代には、多様な種類と主題を持つ出行図が流行した。一般的に、主人公を中心として、左右に仕える人物と護衛の武人を一定の基準に沿って配置させている。したがって、定林寺址の情景塑像も、このような出行図や礼仏図を構成する場面の一部を演出したのではないかと推定できる。

最近、定林寺址から出土した塑像のなかには、筆者のこうした理解を補完する資料があり注目される。図4は、

国立扶余文化財研究所によって発掘されたもので、一九七九年に発掘された西回廊址付近の瓦廃棄竪穴と同じ場所から追加で収集されたものである。[36] 残存高一七・六センチで中央の人物像が両腕を広げていて、その左右に侍衛する人物が配置されている。この塑像は、これまで紹介されていた塑像と胎土や焼成度が同じであり、頭部と胴部を別途に製作した後で接合する頭体別製式、裏面が平らな片面笵を使用した単模製など製作技法も同じである。ただし、三人の人物を一つの笵を用いて製作したものはこれが唯一である。

このような人物像片が本来どのような形態であったのかは不明であるが、ともに発見された僧侶像や侍衛像、武人像、木葉装飾の破片などの情景塑像を参考にすると、先に述べた中国鞏県石窟や敦煌石窟にみられる皇帝・皇后礼仏図の場面が連想される。特に図4の場合、中央の人物は両腕を広げて堂々と立っており、両腕から長く伸びた裾が印象的である。顔や冠が残っていないため断定できないが、非常に高位の人物であったことは明らかである。ところで、図4のこのような姿勢と服飾は、唐閻立本の『王会図』にみえる人物像の形態と極めて類似している。

図5は『梁職貢図』に描写された人物のなかで一番前に登場し、五代南唐顧徳謙模の『梁元帝番客入朝図』には「魯国」の使臣として記録されている。この「魯国」は、東ローマ、北魏、東魏などとする見解が提示されているが、最近では北魏を指すと理解されている。[37] この人物は、北魏（魯国）の使臣であるが漢族の服装をしており、図4の人物と服飾、図像が非常に類似する。

図4のこのような図像は、ボストン美術館所蔵の「帝王図巻」（伝閻立本作）に表現された皇帝の姿勢、服装、侍従を両側に率いている姿とも関連付けてみることができるかもしれない。[38] 特に図4は、これまで紹介された情景塑像とは大きく服飾が異なる。このような点を総合的に考慮してみると、定林寺址塔内塑像には武人像や侍衛

図４　扶余定林寺址の人物像片（情景塑像）
（国立扶余文化財研究所）

図５　五代南唐顧徳謙模の『梁元帝番客入朝図』中「魯国」使臣部分
（台湾故宮博物院）

像、僧侶像や文人像以外に、より格の高い人物像が含まれていたといえる。その原型を完全には復元できないが、定林寺址塔内塑像の四天柱の壁面には、出行図のようなものが立体的（半浮彫）に表現されていたとみて大過ないと考える。さらに、図４の塑像片がそれに該当するのかは断定できないが、中国の事例を参考にすると、定林寺址塔内の出行図や礼仏図のようなものには発願者である王の姿がなんらかの形で表現されていたものと推測できる。このように、定林寺址の塔内塑像に礼仏図のようなものが演出されたことは、発願者である聖王自身が仏教に帰依することをあらわすと同時に、多様な人間群像を率いる姿を具体化して、自身の権威を誇示しようとしたものと考えられる。

定林寺址の塑像を創建期木塔の塔内塑像とすると、現存の五層石塔との関係が問題となる。先述したように金正基は、石塔下部から発見された版築土層の存在から、本来地表上に隆起した木塔の版築部分は石塔建立時に削

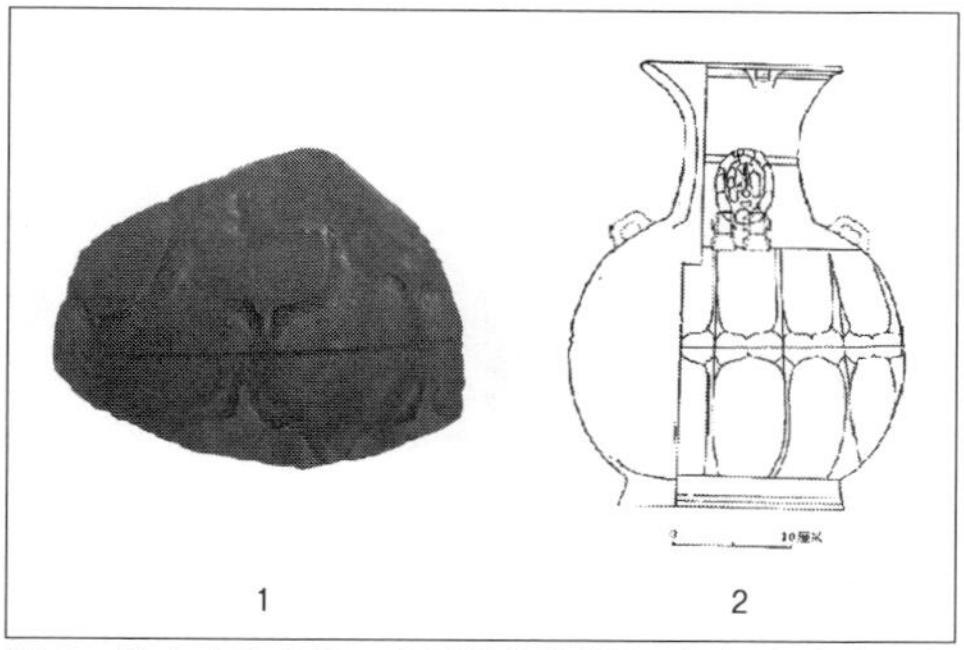

図６　扶余定林寺址の中国製青磁壺片（１）と南京対文山南朝墓の青磁蓮華文壺（２）

平されたものとみた。[39]創建時から石塔であったならそのような広い範囲を版築する必要はなく、石塔基壇には石材や土石混築を利用するのが一般的だとする。梁武帝の長干寺の舎利収集過程や双塔の建立経緯からもわかるように、仏塔の毀損によってその場所に新たに仏塔を再建することは、当時、決して特異なことではなかった。益山帝釈寺址の廃棄場遺跡[40]や、日本の川原寺裏山遺跡[41]の事例もこれと関連するであろう。このようなことから、定林寺址に現存する五層石塔は、弥勒寺址の西石塔（六三九年）よりやや遅い時期に建立されたものとみられる。講堂付近で発見された広範囲にわたる焼土層や、七世紀前半から中頃に編年される多量の単弁七葉蓮華文瓦当は、この時期に寺院再建のような大規模な事業があったことを示すものとみられる。[42]

塑像製作をはじめとする定林寺址の建立時期はいつであろうか。木塔の版築土層から出土した三足土器や、講堂から発見された中国製青磁壺片は、その上限が泗沘遷都（五三八年）以前まで遡る可能性を示唆している。特に、図６-１の青磁壺片は、南京対文山南朝墓の出土品（図６-２）と非常によく似ている。[43]この古墳は、その平面形態や構造からみて五二〇年代に属するものという。[44]さらに、塑造人物像の製作技法や形態は、北魏後期から東魏初めの陶俑と最も類似するため、塑像の製作をはじめとする寺院の建立は、泗沘遷都前後であった可能性が高いといえる。それならば、『梁書』などに記録された以下の史料が注目される。

史料二
中大通六年、大同七年、累遣使献方物。并請涅槃等経義、毛詩博士并工匠画師等、勅並給之。
（『梁書』列伝巻五四百済条）[45]

これによると、百済聖王一九年（五四一）に梁武帝が百済の要請によって涅槃経などの経義と毛詩博士、工匠・画師などを送ったという。まず、百済から梁に五四一年に使節を派遣したことは、泗沘遷都以後、最初の朝貢記録であるという点に注目する必要がある。五三八年の泗沘遷都を断行した聖王は、ある程度都城の整備が進むとすぐに梁へ公式に遷都の事実を知らせた可能性がある。五四一年には任那復興会議が泗沘の王庭で開催されたことからも、この時期には泗沘都城内部の主要施設がある程度整備されていたと考えられる。

なお、史料によれば、百済は梁に遷都の事実を知らせるとともに、新たな都城の運営に必要な制度や技術・文物を具体的に要請したようである。この時、梁武帝が送った工匠と画師は、百済から日本へ派遣した諸博士のように、高度の専門技術者や知識人であった。百済では泗沘遷都以後、都城の整備、さらには国家的な象徴物を建立するうえで必要な専門技術者の派遣を要請し、仏教経典と毛詩博士、工匠・画師は、これに対応した専門知識や技術を伝えたものと考えられる。そして、この時に梁から渡ってきた工匠・画師の活動の結果が定林寺址の造営であり、そのなかでも、木塔の建立と塔内塑像の製作は、彼らの指導と百済工人の協力によって完成されたものと考えられる。

これまで定林寺址塑像の系統については、北朝の陶俑や洛陽永寧寺出土塑像との類似性から北朝系統とされてきた。[46] しかし、『梁書』などの記録が扶余定林寺址の創建と関連するという推定が妥当であれば、その系統は、

図7　南京鐘山二号寺址（伝上定林寺）の各種塑像片（縮尺不同）

北朝でなく南朝に求めねばならないだろう。五世紀後半から五六七年まで百済と北朝国家間では公式的には使臣の往来は全くなく、定林寺址において図3-1の奉宝珠菩薩像片のような南朝特有の仏教造像が含まれている点[47]は注目すべきである。定林寺址の創建期瓦当は、南京の鐘山祭壇遺跡や鐘山二号寺址遺跡、南平王蕭偉墓闕から出土した瓦当と酷似する[48]。これまで籠冠を身につけた人物像は、北朝の古墳や寺院でしか発見されていなかったが、陳文帝（五五一年卒）の墓と推定される南京霊山墓でも発見された[49]。最近、南京地域では少数ではあるものの塑像が紹介されており[50]、その製作技法は定林寺址の塑像と一致する（図7）[51]。特に、北朝系統の塑像が焼成されなかったのに対し、定林寺址の一部の塑像に釉薬を使用した痕跡が認められるのは非常に注目される（図3-2）。それゆえ、定林寺址の塑像は、南朝の技術工人が百済に渡って扶余近隣で製作したものとみられる[52]。

史料二の梁武帝による技術者の派遣は、国家と国家間の公式交流であった。そのため当時、百済に派遣された工匠・画師は、梁の中央行政官署に所属した技術工人であった可能性が高い[53]。公州武寧王陵から出土した方格規

矩四神鏡には「尚方作鏡」という銘文が残っており、尚方で製作された青銅鏡が百済に伝来したことがわかる。(54)尚方は漢代に設置された官名であり、少府という中央行政官署の属官であった。本来、天子の御物を製作し保管することを担当したが、魏晋代になると左・右・中尚方に分化する。(55)梁代にもそのような伝統が続いており、少府には尚方と甄官署などが配属されていた。少府とともに重要な中央官営手工業官署として将作大匠がある。将作大匠では主に土木工事と関連した業務を担ったが、建築材料や磚瓦の製造と造船などを管理した。(56)このようなことから、五四一年に百済に渡ってきた工匠・画師には、梁の少府や将作大匠に所属した技術者が含まれていた可能性がある。百済に渡ってきた梁の官営手工業所属の技術者は、瓦工のような百済の在地工人を幅広く動員して任務を遂行したのであろう。その過程で様々な部門の技術の伝授が行われ、彼らが次第に百済内部において瓦博士や寺工、画師といった技術系官僚に成長したものと考えられる。

（二）伽藍配置の特徴と系統

先述したように扶余定林寺址は、泗沘遷都以後の最も早い段階に建立された寺院であるといえる。そうした点から泗沘期の百済の伽藍配置は、基本的に定林寺址が重要なモデルになったことは容易に推測できるであろう。これについて本書では「定林寺式伽藍配置」という概念を設定して、百済伽藍配置の特徴と変遷を説明する。この用語は、日本の飛鳥寺式伽藍配置や四天王寺式伽藍配置、法隆寺式伽藍配置などを参考にした造語である。このような様式の伽藍配置は、定林寺址で成立して以後、百済滅亡期まで持続したため、その成立過程や特徴、展開過程は百済式寺院の成立および展開過程を代弁するものといえるだろう。

これまで定林寺址の伽藍配置については、藤澤一夫が発掘した図8-1が最も原形にちかいものを示すと考え

られてきており、一九七九年の尹武炳の発掘調査でもこれを再確認した（図8-2）。これまでの定林寺址の発掘調査では中門と石塔、金堂、講堂が南北一直線上に位置し、周囲を回廊で区画しているものと理解されてきた。ところが、尹武炳は伽藍中心部を囲む回廊の形態について若干の疑問を提起している。つまり、「伽藍中心部を囲む回廊の全形が長方形をなさず、北に行くほど東・西両回廊間の間隔が広がる、言い換えると非常に軽微な程度であるが、その平面形が台形をなしていた」とし、一九七九年の発掘調査でも北回廊の痕跡は確認できなかったと述べている。(57)

このような疑問については、二〇〇八年度の国立扶余文化財研究所の再調査で新しい遺構が確認されたことによって、新たな局面を迎えることになる。(58)すなわち、東西回廊の北側が北回廊を通して講堂で直接連結するのではなく、別の「付属建物」によって連結していることが新たに確認されたのである（図8-3）。また、講堂と東西回廊が、北回廊のようなもので直接連結するのではなく、講堂の東西に独立した別途の建物があったことについても推定できるようになった。

定林寺址の再調査で新たに発見されたいわゆる付属建物に関しては、植民地期に発掘された軍守里寺址、東南里寺址をはじめとして、一九九〇年代に調査された陵山里寺址、二〇〇〇年代に発掘された王興寺址と帝釈寺址でもこれと類似した建物が存在することを再認識あるいは再確認する契機となった。(59)この建物址は、これまで高句麗や新羅、日本の古代寺院では実体が確認されていない非常に特徴的なものであった。

それでは、百済寺院の回廊北端のいわゆる「付属建物」は、どのような性格の建物であったのか。これについて最初に見解を提示したのは佐川正敏である。彼は、六～七世紀前半の日本では回廊に僧房が配置された例がなく、僧房は別途に設けられていたため、この建物が日本の飛鳥寺では東・西金堂に変形した可能性があるとした。(60)

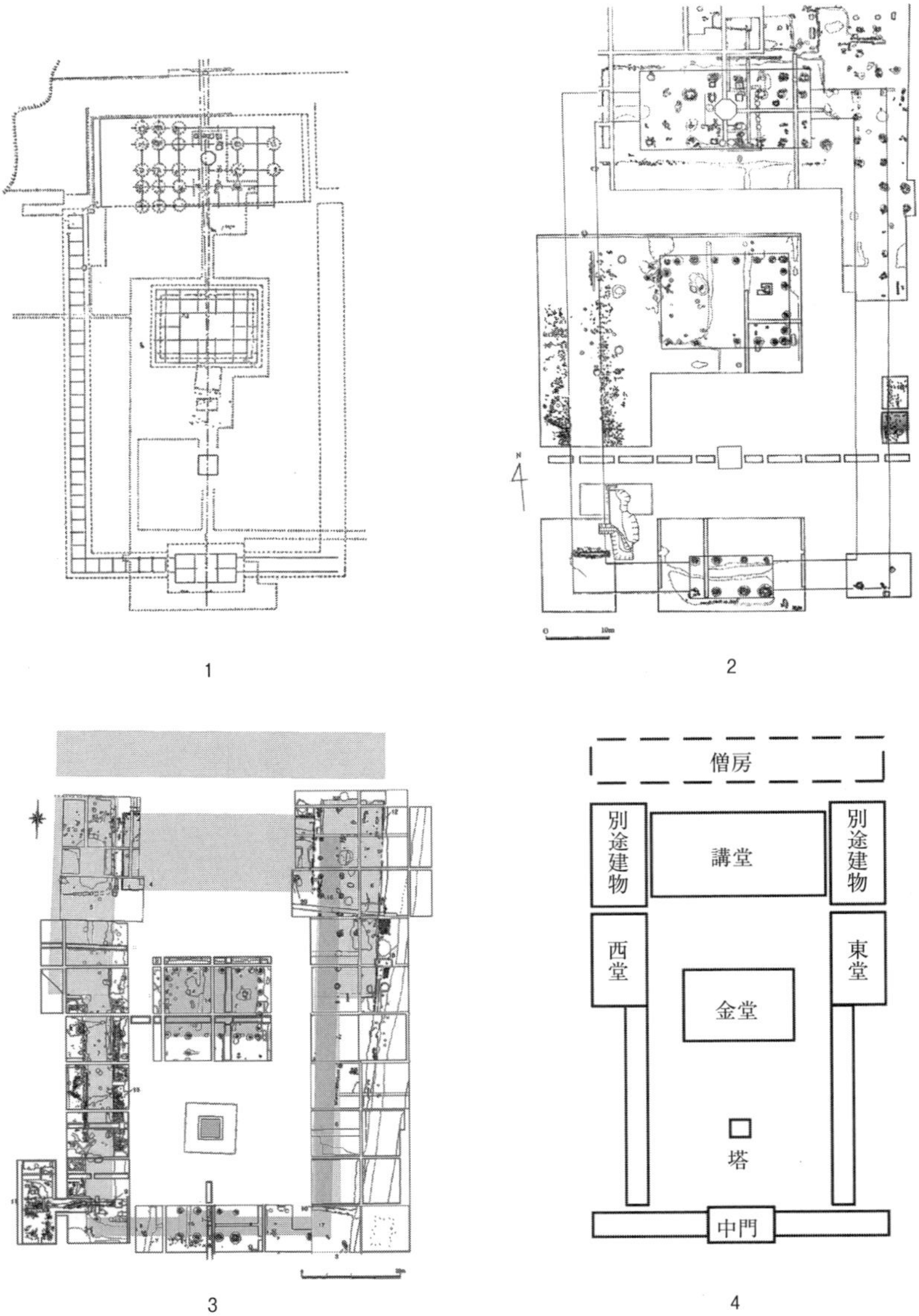

図８　扶余定林寺址の伽藍配置案
（1．藤澤一夫、2．尹武炳、3．国立扶余文化財研究所、4．筆者の修正案）

この見解は、日本最初の本格的な寺院である飛鳥寺三金堂の源流について、これまで高句麗から求めようとした学説を批判しつつ、飛鳥寺の伽藍配置の根源を百済に求められる可能性を提示した点で評価される。しかし、百済寺院の付属建物址は、細長い形態を呈しながらいくつかの室で構成されており、伽藍の中心軸から外れて東西に互いに対称となるように配置されていることから、金堂のような中心的な殿閣とみることは難しい。

扶余地域の廃寺址のなかで、付属建物の性格を把握できるのは陵山里寺址のみである。この遺跡は、伽藍中心部だけでなく周辺部についても調査されており、昌王銘石造舎利龕をはじめとする多量の遺物、特に多量の木簡が出土しており、各建物址の性格をある程度類推できる（図20）。具体的には、陵山里寺址の中門址南側の初期自然排水路から多量の木簡が出土した[61]。それらの木簡は、五六七年に木塔が建立された段階を前後して使用された後に廃棄されたもので、その北側の建物群で使用されたものが流れ込んだものと考えられる。陵山里寺址の土層調査の結果、ここは本来北高南低の地形で、それを補完するために大規模な盛土作業を実施したことが確認された。また、谷間から水が湧き続けるため、二重の大型排水路と多数の暗渠が設置されていた。おそらく、このような人工的な排水施設が設置される以前、初期自然排水路のみ機能していた時期にその北側になんらかの施設があり、そこで使用された木簡と木簡の削屑がここで発見されたのである（本書の第二章参照）。

後述するように、ここから出土した木簡は、記載内容と出土様相からみると、五五四年の管山城の戦いで聖王が戦死した後、この一帯で行われた各種の儀礼や物品の移動、行政行為と関連するものと考えられる。ほとんどの木簡は、五六七年の木塔建立の前後に廃棄されたものと考えられるが、一部、六世紀後半に廃棄されたものも含まれている。したがって、陵山里出土木簡は、「陵山里寺址の造営と運営過程」において使用された後に廃棄されたものといえる。一方、陵山里寺址から出土した瓦当の分析の結果、この寺院の伽藍中心部は、他の寺院と

は異なり、講堂址をはじめとするその左右側の別途建物址（工房址Ⅱ・不明建物址Ⅰ）と回廊址北端の付属建物址（工房址Ⅰ・不明建物址Ⅱ）がまず建立され、その後に木塔と金堂、中門、回廊などが次々と建立されたと推定される。講堂址を中心にした初期建物群は、建物の構造と配置、仏教関連の内容はもちろん、各種の祭祀関連記録がともにみられる木簡の記載内容などを総合的に考慮すると、陵山里古墳群、特に、聖王陵の祠廟あるいは祠堂といった施設であったと考えられる。

陵山里木簡の大部分は、中門址を基準にしてみると南西側の自然排水路から発見された。しかし、中門址の東南側の自然排水路からも二点の木簡が発見されている（二九九号・二〇〇一—八号）。それらの木簡は出土した位置関係からみると、その北側にあった不明建物址Ⅱで使用された後に廃棄されたものと考えられる。二九九号は、祭祀儀礼と関連があり、二〇〇一—八号は仏教と関連する木簡と考えられる。[62]したがって、それを書写した空間である不明建物址Ⅱは、そうした儀礼を準備した場所や儀礼の担当者が滞在した建物と推定できる。[63]

ところで、付属建物という名称は、主建物に付属した建物を意味するため、回廊の北側に独立的に配置されたこの建物を指し示すには適切な用語ではない。この建物は配置上、東西に対称にあらわれ、礎石の配置上いくつかの室で構成されたものと考えられる。寺院の重要な殿閣が南北一直線上に配置され、付随的な建物は東西に配置されることが一般的である点を勘案すると、金堂や木塔よりその格が低かったと考えられ、中国の寺院の「配殿」のようなものとみることができる。このような点を考慮すると、百済寺院の付属建物は、現在までの伽藍配置に関する議論では「僧房」と命名された建物址と最も類似すると言える。ただし、講堂址北側の僧房（二建物址）と区分する必要があり、建物の構造や配置からみて「東堂・西堂」（または「東室・西室」）と呼ぶことが最も適切であると考えられる（図8−4）。

付属建物である「東堂と西堂」を仏教儀式や各種儀礼の準備、事務処理などが執り行われた公的な性格が強い僧房と推定する理由は、益山弥勒寺址や日本の川原寺に類似する事例があるためである。益山弥勒寺址の場合、講堂址北側に僧房があるが、講堂南側の東西にも僧房状建物址が配置されている（図16）。第四節で再び検討するが、この建物址は、弥勒寺址以前の百済寺院にみられる回廊址北端の付属建物が変化したものと考えられる。日本の川原寺には講堂址南側の東西に僧房が位置するが、これは興福寺・東大寺など大寺にみられる三面僧房の源流と理解されている(64)。このような三面僧房の配置も、やはり、百済寺院の付属建物と類似する配置と構造を有していると言える。したがって、これまでの伽藍配置に関する事例を参考にすると、東堂と西堂は、僧房のようなものと推定することが最も合理的であるといえる。

それでは、東堂と西堂は、百済寺院の独創的な要素であろうか。先述したように、定林寺址は、五四一年に梁武帝によって派遣された工匠・画師の直接的な支援のもとで建立されたものとみられる。当時、梁から派遣された工匠・画師などの技術者は、塔内塑像や木塔の建立以外にも伽藍配置や緑釉製作技術といった多方面においても百済に影響を与えたと考えられる。いまだ南朝寺院の伽藍配置に関する発掘資料は皆無であるが、定林寺址の伽藍配置は南朝の影響を受けた可能性があり、北朝寺院にはみられない東堂と西堂はそうした南朝の影響である可能性が高いと考える。

しかし、定林寺址すべてが南朝に淵源を持つとは考えない。この点については第四章第一節で詳述するが、例えば、定林寺址の金堂址から発見された二重基壇に注目したい（図39参照）。二重基壇は五〜七世紀の寺院の金堂や木塔に主に利用される基壇型式であるが、初期の二重基壇には下成部に礎石（いわゆる下成礎石）がみられる。下成礎石は、高句麗の清岩里寺址の八角建物址（木塔と推定）をはじめ、百済の定林寺址金堂址、軍守里寺址金堂

址、新羅の皇龍寺址三金堂址、飛鳥寺東西金堂址などで確認されている。百済寺院で発見される下成礎石の場合、時期的に最も古い高句麗の影響によって出現したとみられる。下成礎石が定林寺址の金堂址でも明確に確認されるため、定林寺址の伽藍配置や寺院造営の技術には、南朝だけでなく高句麗の影響もあったと考えなければならないだろう。

講堂址の東西に配置された別途建物址も同様である。この建物址は、百済寺院のみならず平壌清岩里寺址、慶州皇龍寺重建伽藍、四天王寺址、感恩寺址、千軍里寺址などでも確認されている。そのなかでも最も早く建立された清岩里寺址の場合、中金堂址の後方から四基の建物址群が発見され、これまで高麗時代のものと考えられてきた（図48）。しかし、同寺院の八角建物址や中金堂址でも高麗時代の瓦片が混ざって出土し、定陵寺址でも敷塼建物址が確認されているため、これのみで後代のものとみることはできない。この建物址群は、百済や新羅寺院にみられる講堂とその東西の別途建物および僧房に該当するといえる。図48のように高句麗寺院の講堂址は、古い段階からその東西に別途建物址があったと考えられ、定林寺址をはじめとする百済寺院は、その影響を受けた可能性が高い。

扶余定林寺址は、塔内塑像の製作や造瓦技術、木塔の建立をはじめ東堂や西堂といった伽藍配置に至るまで、南朝の影響を多く受けたといえる。史料二はこのような事実を最も端的に示しており、ここで出土した各種遺物と遺構はこれを裏付けている。しかし、定林寺址は南朝的な文化要素以外にも部分的に高句麗の影響も受けていた。二重基壇の下成礎石や講堂址の東西にある別途建物という要素は、これを裏付けるものである。このようなことからみると、定林寺址は、南朝文化を主としながらも高句麗文化を付随的に吸収しながら成立したといえるだろう。

第三節　定林寺址の創建背景とその位置付け

（一）定林寺址の創建目的とその背景

五三八年、泗沘へ遷都した時の都城は羅城と白馬江を境界とし、その内部に国家の主要施設を配置していたと考えられる。現在の定林寺址は、その中心部に位置している。定林寺址のこのような立地的特性は、この寺院が都城内部で非常に重要な位置と役割を担っていたことを示唆する。前節で説明したように、史料二を通してみると、定林寺址が造営され新たに塔内塑像や木塔などが作られたことには、梁と百済王室の公式な政治・外交関係があったことをうかがわせる。これは、定林寺址の創建に百済王室の絶対的な支援があったことを意味しよう。

ところで、史料二をみると、五四一年に梁武帝は工匠・画師といった技術者のみならず、「涅槃等経義」と毛詩博士をともに送っている。梁武帝代には多くの仏教経典の註釈書と仏教論書が編纂されたが、当時の仏教学の内容を最もよく示すものの一つが『涅槃経』の註釈書であるといえる。梁武帝は、五二九年に二回目の捨身の際に、同泰寺で自ら『涅槃経』を講じた[65]。また、史料三をみると、吐谷渾に梁武帝自身が直接著述した註釈書である『制旨涅槃経講疏』を送っている。したがって、五四一年に百済に入ってきた経疏には、『制旨涅槃経講疏』が含まれていたであろう。当時、百済では梁の仏教界の主要な思想的動向について相当な情報を有していたため、それに基づいて梁の仏教学を理解できる重要な文献を具体的に要請したといえる[66]。

これとともに『詩経』の専門家である毛詩博士を要請したことをみると、儒教を通した国制整備の願望も非常に大きかったことと推測される。その後、百済から講礼博士を願い出て、礼学に造詣が深い陸詡が梁武帝の命によって五四〇年代から五五〇年代前半のある時期に派遣されている。(67)そうしたことから、五四一年に工匠・画師などの技術者が仏教経典の註釈書や儒教の専門家とともに渡ってきたことは、泗沘遷都以後、国家体制を整備する過程において一つの重要な画期になったと考えられる。その産物は、新都や王権の重要な象徴物になったと類推できるだろう。

五四一年段階に百済がみせたこのような行動は、一部で一年前の吐谷渾の河南王と類似している。

史料三

河南王遣使朝、献馬及方物、求釈迦像并経論十四条。勅付像并制旨涅槃般若金光明講疏一百三巻。

（『南史』巻七梁武帝大同六年五月条）

五世紀半ば頃から仏教を受容しはじめた吐谷渾は、五四〇年には梁に釈迦像と経論を求めた。これに対し、武帝は『制旨涅槃・般若・金光明講疏』を送った。したがって、五四一年に百済が梁武帝に遣使して方物を捧げるとともに仏教経典を要請している様は、五四〇年の吐谷渾の態度と共通する。(68)しかし、当時の百済では、泗沘遷都以後の国家体制改革のためには仏教だけでは充分でなかったようである。史料二に毛詩博士や工匠・画師がともに記録されたのはそのためであろう。百済では四五〇年に劉宋に上表して易林・式占・腰弩を求めたことがあり、(69)高昌国も北魏末の五二〇年に自分たちに不足している典籍を補充して統治に活用したことがある。(70)した

がって、史料二は、百済で仏教寺院のみならず国家体制の整備という自らの目的を達成するため、国際関係において仏教を積極的に活用した具体的事例といえるだろう。

一方、『日本書紀』欽明紀六年（五四五）九月条の記録は、定林寺址の創建と関連して新たに検討する必要がある。

史料四
秋九月、百済遣中部護徳菩提等、使于任那。贈呉財於日本府臣及諸旱岐、各有差。
史料五
是月、百済造丈六仏像。製願文曰、蓋聞、造丈六仏、功徳甚大。今敬造。以此功徳、願天皇獲勝善之徳。天皇所用、弥移居国、倶蒙福祐、又願、普天之下一切衆生、皆蒙解脱。故造之矣。
（『日本書紀』欽明天皇六年九月および是月条）

これらの史料は、欽明紀六年（五四五）九月条と同じ月の是月条に続く記録であるが、これまで同じレベルで取り扱われたことがなかった。しかし、前後の状況からみて、二つの史料はともに史料二の五四一年、百済と梁の交流と関連する可能性が高い。まず、史料四をみると、「呉財」の呉は江南を示すため、南朝から入手した財物といえるだろう。(71) 史料二によると、百済は四年前の五四一年に梁武帝から経義や博士・工人などを譲り受けている。したがって、百済は、五四一年に南朝から入手したものを加耶の王族や群臣に贈与・分配し、そこには技術者も含まれていた可能性が高いという見解がある。(72) しかし、史料五もまた史料二と関連するものと考えると、

この問題はそれほど単純ではない。

『日本書紀』欽明紀六年三月条には倭から膳臣巴提便を百済に使臣として送り、彼は同年一一月に帰国したとする。そして、同年五月と九月に百済は倭や任那に使臣を派遣している。史料四の九月条に続いて記録された史料五の「是月条」は、百済に派遣された倭の使臣が百済現地で直接見聞した内容を復命したものであり、信憑性が高い史料と考えられる。(73) したがって、史料五から、五四五年九月に百済で丈六尊像を製作したのは、史実とみても無理がないと思われる。百済で丈六尊像のような巨大な仏像を製作したのは、この時が最初であった。したがって、これを順調に完成させるためには、外部から先進技術を導入したと考えるのが自然であろう。つまり、史料二の南朝系技術工人の活動結果が、史料五の丈六尊像の製作として結実した可能性が提起できるのである。そうした点から、史料二の梁武帝による工匠・画師派遣の記録は、史料五とも関連する可能性が高いと考える。

史料二を根拠にして、五四一年に梁から渡ってきた工匠・画師が定林寺址の木塔や塔内塑像の製作に関与したものと理解される。これについて、さらに一歩進んで、五四五年九月の丈六尊像造成記録も定林寺址と関連したものと推定したい。史料二と史料五を定林寺址の建立と関連付けることができるもう一つの根拠は、これまで発掘された泗沘都城内の仏教遺跡のなかで、遷都直後に遡らせることのできる遺跡を定林寺址以外に見出し難いためである。さらに、この廃寺址で丈六尊像の一部と考えられる瓦質の大型塑像片が、少数ではあるが出土していることも参考になる。

定林寺址出土塑像の多くは、西回廊址付近の瓦を廃棄した竪穴で出土したが、大型塑像である瓦製仏耳片と衣褶片は、金堂址付近から出土した（図9）。これらの大型塑像は、大きさだけでなく色調、胎土、製作技法において中型や小型の塑像とは違いがみられる。このような出土地点と製作技法の相違は、その奉安場所の差違を物語

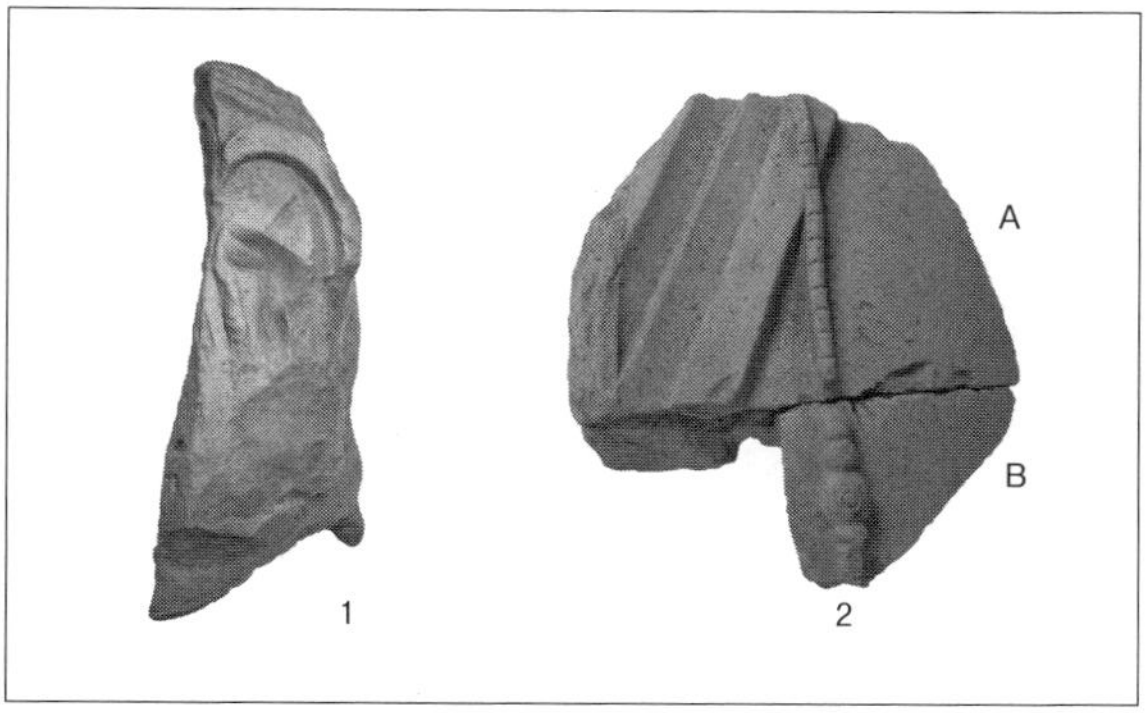

図9　扶余定林寺址の大型塑像
（1．瓦製仏耳片、2．瓦製仏身片 A・B）

るといえよう。これらのうち、図9-1の仏耳片は、大型仏像の左耳と考えられる。残存高二七・五センチで、耳の輪郭は一八センチ程度と考えられる。図9-2の瓦製仏身片AとBは、金堂址の東西から四〇メートル程度離れて発見された。発掘調査報告書では別個の遺物として報告されているが、現在は接合した状態で保管されている。したがって、これら大型塑像は、木塔の塔内塑像でなく金堂に奉安された可能性があり、これがまた史料五の丈六尊像と関連する可能性がある。そうしたことから史料五の丈六尊像関連記録や発願文は、定林寺址の創建目的や背景を理解する史料として新たに検討する必要があるだろう。

　史料五の丈六尊像発願文には、その造成目的を「天皇が立派な徳を得て、天皇が治める弥移居の国が皆同じく福と助けを得ることを願い、一切衆生が全て解脱することを願う」ことと明記されている。ところで、この発願文の「功徳甚大」以下は『金光明最勝王経』の十方菩薩讃歎品の文章を引用したものであるため、『日本書紀』編纂者の潤色と考えられてきた(74)。しかし、文中にある「弥移居」という用字に注目して『百済本記』の文章を転載したものと考えることができるという指摘(75)があるため、簡単に否定することは難しいようである(76)。また、「願わくは天下の一切衆生が全て解脱することを願う」というのは常套的な表現ではあるが、五四一年に註釈書が伝来した『涅槃経』の根本思想である「仏身の常住と一切衆生の悉有仏性」を翻案したものとも理解で

きよう。また、発願者として出てくる「天皇」は、日本王を指すというよりは百済王と読み直さなければならないもので、それはまさに聖王に該当すると考えられる[77]。このようにみると、丈六尊像の造成、つまり定林寺址の創建には、百済王（聖王）が徳を得ること、加耶諸国などのミヤケが百済王に頼ること、すべての百姓が解脱を得ることという三つの目的があったといえる。

史料五の丈六尊像発願文にみえる「百済王が治める弥移居国が皆ともに福と助けを得ることを願う」という内容は、当時の歴史的状況と符合するものと思われる。そして、丈六尊像が定林寺址に奉安されたであろうという推定が妥当であれば、史料五から定林寺址の創建背景と目的をより確実に推定できるようになる。そうであれば、定林寺址は百済の聖王が国内の政治的安定を通して立派な徳を得て、加耶諸国をはじめとするミヤケにもその徳が及んで彼らが付庸化されることを願い、これを通して百姓たちが安らかに生活して解脱することを願うという目的から創建されたと言い換えることができるだろう。つまり、史料五の丈六尊像の発願文は、百済の聖王の造仏功徳にほかならないのである[78]。

このことは、定林寺址木塔の塔内塑像に表現された礼仏図のようなものとは、俗世の支配者である聖王が仏教界の支配者を夢みた姿を象徴的に表現したものという推論とも符合している。また、五四一年の梁への使臣派遣には、遷都以後ある程度都城の整備が完備していたことを知らせる目的があり、その後すぐに新都である泗沘の王庭で任那復興会議を開催する一連の出来事とも関係している。そうした点で、丈六尊像と塔内塑像で荘厳した木塔が建立された定林寺址は、以後、泗沘都城の最も重要な景観であり象徴物になったものと考えられる。

史料二の五四一年に梁から渡ってきた技術工人たちは、史料五に出てくる丈六尊像を完成させた技術者の一部であった可能性が高く、それは具体的に現在残っている定林寺址の大型塑像から見出すことができるとみられる。

そうであるならば、史料四の「呉財」は、五四一年に入手したものをそのまま伝達したとするよりは、それから五四五年九月までの間に百済で製作された物品をも含んで「呉財」と表現した可能性も排除し難い。五四五年九月に丈六尊像が完成したとすれば、それに伴う盛大な行事があったはずであり、その過程で珍しく貴重な宝物が製作され贈与された可能性があるためである。したがって、史料四は、史料二と史料五を関連させることでより明確に解釈できると考えられる。史料五の弥移居国は、史料四で呉財を受ける主体である「日本府の臣および任那の諸旱岐」に該当すると考えられ、両者は史料二の結果の一部を別途に記録したとみることができるであろう。[79]

（二）泗沘都城内における定林寺址の位置付け

泗沘都城において定林寺址は、どのような位置付けであったのだろうか。これを明らかにするためには、泗沘都城の内部で発見された道路遺跡と定林寺址の関係に注目する必要がある。現在、羅城内部で確認された百済の遺跡は、遷都当時のものもあるが、遷都以後に整備されたり増改築されたりしたものも多数含まれているだろう。[80]筆者は、泗沘遷都当時の都城は、扶蘇山城や羅城など防御施設の築造と、王宮と行政官署の一部のみが整備された状態であり、五四一年に梁へ使臣を派遣して任那復興会議を開催した時点では、都城の整備事業が一段落したものと考えている。

現段階で泗沘都城の内部構造を推定し得る最も重要な根拠は、官北里遺跡で確認されたいわゆる長方形区画である。しかし、この区画は、泗沘遷都前後のものではなく、少なくとも六世紀後半以降に造成されたことが明らかになっている。[81]そのため、王宮の位置を含む内部区画の新たな検討が必要である。そこで、植民地期に作られた地籍図、百済滅亡期の考古資料、木簡という三つの点からこの問題を検討した。その結果、泗沘期の王宮区域

は、扶蘇山城南側の旧衙里・官北里・双北里一帯に位置したものと考えられる[82]。そのおおよその範囲は、西側は、官北里大型建物址の近くで唐式瓦窯が発見された地点が一定の指標となる。東側は、扶余初等学校や扶余女子高校付近で「大唐」銘瓦当が発見された双北里遺跡付近、南側は、定林寺址の北側を境界とした一定区域であったと考えられる[83]。ただ、図10をみると、旧衙里の正方形区画が想定される地点がより中心的な位置にあったと思われる。「大唐」銘瓦当が発見された双北里遺跡の近隣で二つの古道が合流しているが、その東北側にある地籍図の基準線は、旧衙里付近の地籍図の基準線と方向が異なっている。こうした違いが双北里一帯の開発が遅れたことと関連するのか、今後の検討が必要であろう。

それでは、旧衙里の正方形区画あるいは王宮区画は、定林寺址とどのような関わりを持つのだろうか。図10は、旧衙里の正方形区画を等分して地籍図に合わせたものである。その結果、現在の定林寺址は旧衙里の正方形区画から南側に一八〇歩離れた東側に位置することが確認される（図10のA）。ただ、地籍図に表示された定林寺址の位置は推定したものであるため、今後より精密な補正作業が必要である。しかしながら、図10を通して定林寺址の伽藍中心部が正方形区画に含まれる可能性がある。少なくとも、現在までの発掘の結果あらわれた北端の講堂址と南端の蓮池は、方形区画の内側に位置していることが確認できる。しかし、先に指摘したように、定林寺址の外郭線（南門や西門、塀など）は全く明らかになっておらず、その大きさは不明である。したがって、これだけで旧衙里の正方形区画と定林寺址が密接な関係を持っていると断定することは難しいだろう。

しかし、図10に基づいてさらに推論してみると、旧衙里正方形区画あるいは王宮区域が定林寺址の寺域となんら関係がないとも言い難い。旧衙里の正方形区画を東西南北に六〇歩ずつ拡大してみると、これまで発掘された官北里の長方形区画や官北里ラ地区の大型殿閣建物址を含むことになる（図10のB）。そして、その外郭線の一二

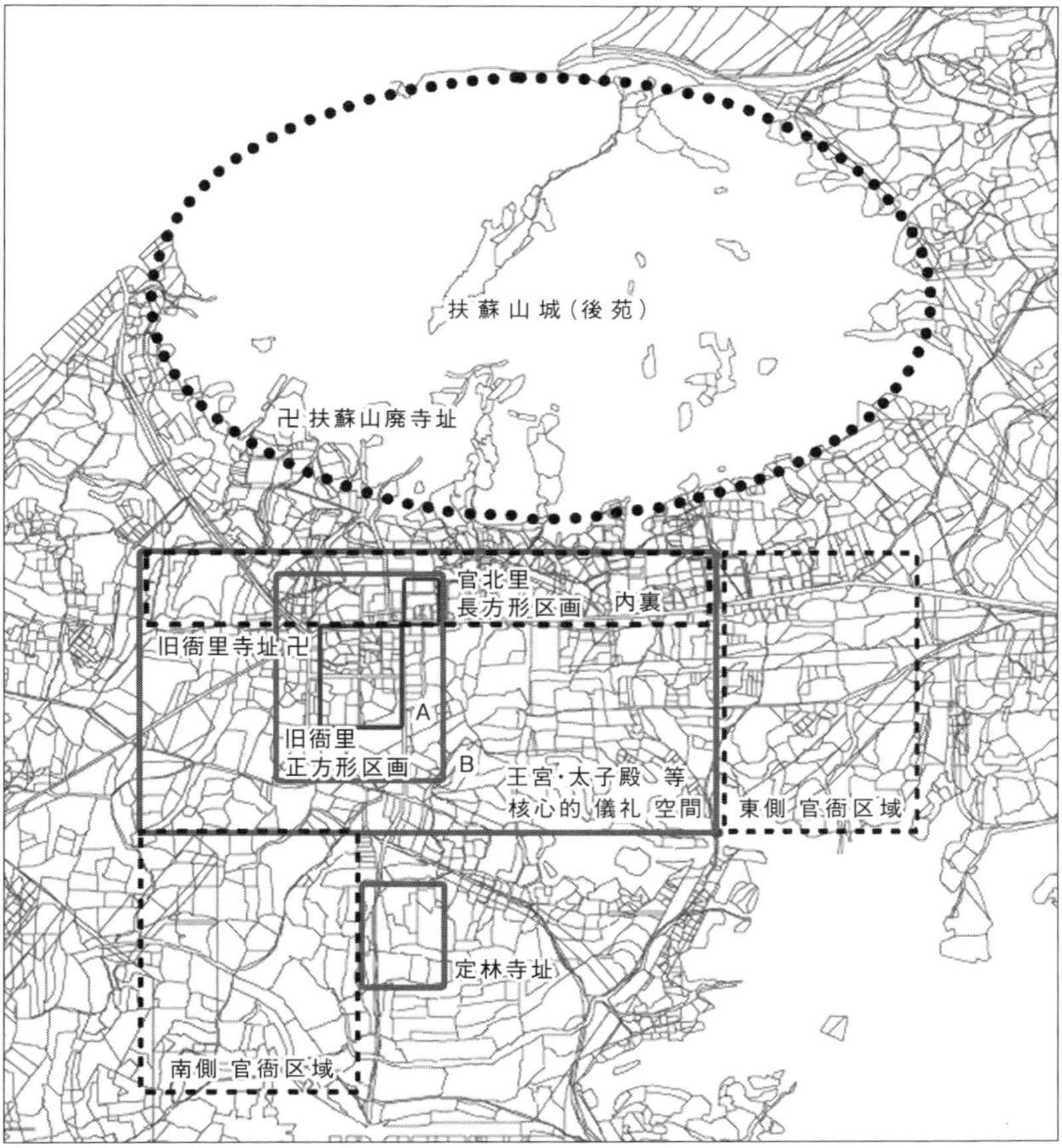

図10　泗沘期の王宮区域案と定林寺址の位置関係

○歩南側に、王宮の四分の一程度の大きさで定林寺址の伽藍中心部建物が位置することになる。この時、定林寺址の創建時点を筆者のように五四一年前後と把握できるならば、その配置は、王宮や王宮区画との関係を考慮した非常に意図的なものであったといえることになる。

一方、定林寺址の発掘では、泗沘遷都以前に遡る三足土器と図6-1の中国青磁片が発見されている。これは、寺院の台地造成や配置のような基礎作業が遷都前後から始まっていたことを示唆する。そうした準備過程があったため、五四一年の梁武帝の工匠・画師の派遣を通して、比較的短期間に木塔や塔内塑像、丈六尊像などを作ることができたのだろう。したがって、定林寺址は、遷都当時から王宮や官衙のような国家施設の一部として計画され、聖王の意志通りに造営が実現したものと推定される。ただ、王宮の位置を確定できず定林寺址の寺域も未詳であるため、推論の域をでない。とはいえ、定林寺式伽藍配置が泗沘期における百済の伽藍配置の原型として滅亡期まで続いたことをみると、その可能性を完全に排除することも難しいだろう。

泗沘都城における定林寺址の立地条件や位置付けは、北魏の洛陽永寧寺や南京同泰寺に比肩し得る。洛陽永寧寺の場合、仏塔を中心として周囲に主要な建物を配置しているが、仏殿の形態が太極殿と共通し、寺院の塀も宮牆と同様で、南門の形態と構造が宮殿の正門（端門）に酷似するなど、当時の官庁の建物と非常に類似しているという。[84]また、「釈老志」には洛陽城内に永寧寺しか建立できないよう規制したと記されており、[85]洛陽永寧寺の建立が徹底した計画と統制のなかで行われたことがわかる。永寧寺の発掘の結果、この寺院は朱雀大路の西側に位置し、南北大路や東西大路などの街路区画のなかで整然と配置されたことが再確認された。[86]

南京同泰寺は、普通二年（五二一）九月に建立されはじめ、普通八年つまり大通元年（五二七）三月に完成した寺である。[87]梁武帝は、ここで捨身や無遮大会・講経といった仏事を何度も執り行った。武帝は行幸の便宜のため

に台城の北側に大通門を造ったが、大通門は世俗の空間である台城から、聖なる空間である寺院に入る通路であった。武帝が三回または四回にわたり同泰寺で捨身を行った際には、必ずこの門を通過した。これは、世俗の統治者としての皇帝権の消失と復活を意味する象徴的な行為であったといえよう(88)。同泰寺には、建康で最も高い九層木塔が建立された。これは、洛陽永寧寺の九層木塔を意識して建立されたものと考えられる。永寧寺や同泰寺は、発願者の信仰心をあらわすと同時に、ここが世界の中心であり仏教の都であるということを象徴的に示し、帝都のランドマーク的役割を果たしたのである(89)。

こうした洛陽永寧寺と南京同泰寺の事例は、定林寺址の都城内における位置付けともよく符合する。したがって、定林寺址は、王宮の南側に遷都以前から一定の計画によって配置された寺院であり、王宮とともに都城の最も際だったランドマークであったと考えられる。こうした景観的な特性は、定林寺址の伽藍中心部に建てられた木塔をはじめとする塔内塑像と金堂の丈六尊像などによって、より華麗に荘厳されたのである。定林寺址は、地理的な側面だけでなく、景観的、機能的にも泗沘遷都直後の都城における最も核心的な寺刹として機能したと考えられる。まさにこれがゆえに、唐の将軍蘇定方は、百済を滅亡させた後、戦勝記念文である「大唐平百済国碑銘」を五層石塔に意図的に刻んだといえるであろう。定林寺址の塔内塑像の製作と寺院の建立は、泗沘遷都直後における聖王の王権強化に伴う記念碑的な造形物製作の一環であったと評価されよう。こうした国家的な象徴物が泗沘遷都直後に聖王の積極的な支援のもとになされた点で、定林寺址の建立目的と泗沘遷都の目的は関連していたといえよう(90)。

王宮と寺院の配置という観点からみると、泗沘期の王宮区画と定林寺址の関係は、非常に重要な意味を持つ。聖王は、五三八年の泗沘遷都を通して、政治空間と宗教空間を計画的に一体化させたと評価できるからである。

六世紀末から七世紀代、日本の都城では、小墾田宮と飛鳥寺をはじめ、斑鳩宮と若草伽藍、百済宮と百済大寺、前期難波宮（小郡宮・豊碕宮）と四天王寺のように王宮と寺院がセットになっていることが確認される[91]。このように王宮との密接な関連のもとで運営された寺院では王権の統合儀礼が行われ、統合中枢として機能した可能性がある。こうした特徴的な様子は、泗沘都城の王宮と定林寺址の関係や図15の別宮と推定される益山王宮里遺跡と帝釈寺址の関係と酷似しているといえよう[92]。

第四節　定林寺式伽藍配置の変遷

泗沘期の扶余と益山地域の伽藍配置は、中門―塔―金堂―講堂が一直線上に配置され、伽藍中心部を回廊が囲む一塔一金堂式伽藍配置が主流をなす。そのうち、東南里寺址や弥勒寺址、扶蘇山廃寺址などで、塔や講堂の有無、多院式伽藍などで変形が生じている。二〇〇八年度の定林寺址再発掘調査を基点にして、一塔一金堂式伽藍配置の細部の問題、特に、講堂址と回廊址の連結方式や講堂址の東西にある別途建物址、講堂の内部構造といった問題が検討されはじめた。これについては、泗沘期における主要寺院の伽藍配置の原型（プロトタイプ）として「定林寺式伽藍配置」という概念を設定し、それがどのように展開していったのかについて主要寺院の伽藍配置の変遷を中心に検討していく。

まず、定林寺式伽藍配置のプロトタイプを推定してみると、次の通りである。この寺院は、中門―塔―金堂―講堂が南北一直線上に配置されており、これを回廊が囲む型式である（図8）。大阪の四天王寺式伽藍配置と非常に似ているが、講堂と回廊の連結方式が北回廊によってつながるのではなく、東西回廊址北端の付属建物（以下、

東堂と西堂という名称を使用する）、講堂址の東西にある別途建物で連結する方式を取っている（図8-4）。ところで、定林寺址の再調査の結果、講堂址の左右には別途建物がなく、東堂・西堂が長く配置された形式であったと推定する見解が台頭している(93)。この点について、さらに検討する必要がある。

この遺跡の最初の発掘者である藤澤一夫が作成した図8-1をみると、金堂址と講堂址の西側にそれぞれ別の建物址の痕跡が二棟確認される。二次発掘者の尹武炳が作成した図8-2をみると、講堂址東側と東回廊を中心に発掘が進められたことがわかる。これは、一次調査が伽藍中心部の西側一帯を中心に実施されたためであろう。二次調査で確認された東回廊北側地域の調査範囲は、三次調査の東側付属建物の範囲とほぼ一致している（図8-3）。つまり、近年の三次調査は、一・二次発掘調査地域の再調査であるため、多くの先行遺構がすでに削平された可能性が非常に高い。図8-1をみると、講堂址の東側と西側、金堂址の西側にそれぞれ別の建物址の痕跡が表現されている。近年調査された図8-3でも、講堂址南西隅の西側付近で排水施設の痕跡が発見された。そこで、筆者は、このような遺構の状況とその後に出現する百済寺院の東堂・西堂の事例を参考にして、図8-4のような復元案を作成した。この図のように定林寺址は、回廊北端に二棟の建物が配置されたとみるのが適切であると考える(94)。六世紀代の他の寺院とは異なり、回廊址北端の東堂・西堂の規模が大きくなったのは、木塔の代わりに石塔が建立される重建期に図14の帝釈寺址と類似した形態に変形したことと関連するのではないかと推定される。

一方、定林寺址の東西回廊北端の建物址を一棟の建物と想定して図8-3のように復元した研究は、定林寺址の創建時期を泗沘遷都以後ではなく、六世紀後半から七世紀前半と推定している点で共通している(95)。しかし、このような見解を主張する研究者は、塑像をはじめとして中国製青磁片など六世紀前半に遡る重要な遺物の年代に

ついての言及がない。特に、このような見解を主張する当事者が直接参加して発掘した図4のような独特な形態の人物像片の場合、『梁職貢図』で「魯国」と命名された人物と図像が一致する。[96]したがって、六世紀後半の定林寺址の本格的な造営以前に、泗沘都城の中心部である現在の定林寺址の位置に炉址をはじめとする小規模な工房関連施設のみが存在したと主張することは、論理的に無理がある。むしろ、図8-3のように南北に長い東堂・西堂建物は、重建された定林寺址の姿を示すものと理解するのが妥当である。それは、六三九年に焼失した、つまり七世紀前半に建立された帝釈寺址の東堂・西堂と非常に類似するもので、七世紀代以後、創建期の定林寺址の原形が一部変化したとみなければならないだろう。

定林寺址についての近年の再調査では、東西回廊址と南回廊址の連結方式はL字形であり、直ちに連結せず石築排水路で区分されていることが確認された（図8-3）。これは、屋根の高低差を利用して回廊を連結する方式で、その後、陵山里寺址や新羅の皇龍寺址でも確認されている。また、南回廊址西側一帯の調査では、東西の石列遺構とともに工房の痕跡が確認された。これらの遺構は、伽藍中心部より一・八メートルほど低く造られている。これは、定林寺址建立のために大規模な盛土作業を行った結果であり、伽藍中心部の建物の威容を視角的により強く誇示できたものと考えられる。[97]

定林寺址の場合、遺構の破壊が激しく、伽藍配置のプロトタイプや各建物址の機能を把握するには限界がある。現段階では、定林寺址に最も忠実にならいながら、時期的にも近い図20の陵山里寺址を参考にする必要がある（本書第二章参照）。そこで、両者を比較しながら定林寺式伽藍配置を定義してみると、この様式の寺院は、南門がない状態で中門―塔―金堂―講堂が一直線上に配置され、これを回廊が巡る型式であったといえる。[98]講堂と回廊の連結方式は、回廊址北端のいわゆる東堂と西堂、講堂址東西側の別途建物で連結される型式であった。その他

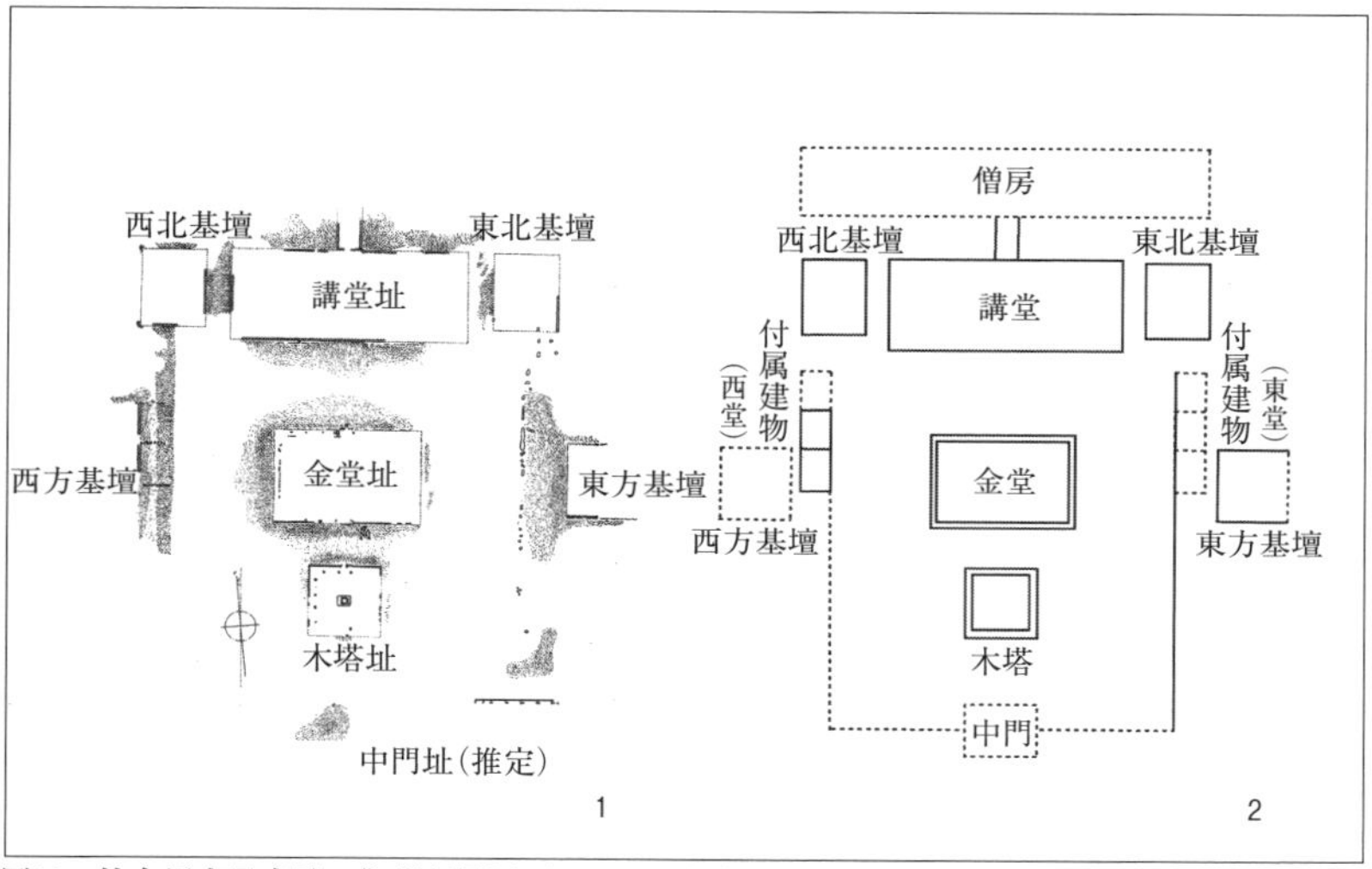

図11　扶余軍守里寺址の伽藍配置図（1．石田茂作、2．筆者の修正案）

に、東西回廊と南回廊はL字形で直ちに連結せず断絶しており、南回廊は東西回廊より少し長く突出している。

軍守里寺址では、瓦当をはじめとする出土遺物、塔心礎と舎利の安置方式、建物址の配置などからみると、陵山里寺址と王興寺址の中間段階に位置付けることができよう[99]。この遺跡の戦前の調査では、塔―金堂―講堂が南北一直線上に配置され、その伽藍配置が大阪の四天王寺と同じであること、中門址と塔址、金堂址、講堂址等、堂塔配置の距離関係が四天王寺、山田寺などと類似するという点を確認した(図11-1)[100]。また、最近の木塔址の再調査では、一六ヶ所の柱穴、塔心礎の安置および心柱の設置のための傾斜路が確認され、金堂址の調査では、二重基壇と下成礎石を確認した[101]。金堂址東側の東方基壇建物址の場合、建物址の痕跡は確認されたが、その規模などについては不明である。

軍守里寺址では、講堂址の再調査は実施されておらず、建物址内部礎石の配置状態が不明である。しかし、一九三五・一九三六年の調査結果をみると、講堂址基壇から約五メートル離れた地点に東北基壇と西北基壇が確認され、西

回廊址北端に西室と推定される遺構の痕跡があった。また、東回廊と東方基壇の再調査では、東回廊址の東側に二メートルの間隔を置いて東方基壇建物址があったことも明らかになった。そこで、陵山里寺址と王興寺址の事例を参考にして、図11-2のような復元案を作成した。この図面で既存の図11-1と異なる点は二点ある。まず、西回廊址北端に西堂、その反対側に東堂があったと推定した点である。東堂と西堂の規模は、東回廊址の内側石列が講堂址東側の東北基壇付近まで続いていることから、陵山里寺址の東堂・西堂を参考にして三間と推定した。また、東回廊址外郭で金堂址と平行するように配置された東方基壇建物址を参考にして、西側にも同じ大きさの建物を復元した。図11-1の西方基壇は、東方基壇と規模や位置が異なり左右対称にはならない。したがって、図12の王興寺址の伽藍配置を参考にして、東方基壇と対称となる建物が西側にもあったものと推定した。

扶余王興寺址は、白馬江西側の王興寺岑城（現在の蔚城山城）があるトゥムジェ山の南側、稜線の間の渓谷部に位置する。『三国史記』と『三国遺事』には、法王二年（六〇〇）に創建され、武王三五年（六三四）に完成したと推定できる記録が残っている。ところが、近年、王興寺址では青銅―銀―金製の舎利容器が発見され、青銅製舎利盒の外面から塔の築造年代と建立理由を記録した銘文が確認された[102]。この銘文から、五七七年に威徳王が、亡くなった王子のためにここに木塔を建立したことが判明した。また、周辺から金銀玉で作られた耳飾りや首飾りなどの装身具、北斉との交流を示す上平五銖銭、花形雲母装飾、鉄製冠飾なども出土した。

ところで、五七七年という年代は、先に言及した文献記録にみられる王興寺の創建内容とは異なるため議論となった。つまり、舎利容器の銘文にみられる「立刹」を木塔の建立にのみ限定して解釈できるのかという指摘である[103]。このような見解は、北魏や梁代の刹が「塔基表示の刹」を意味する事例があることから[104]、検討の余地がある。そのため、二〇〇八年度の調査では、金堂と木塔の前後関係を明らかにするための土層調査が実施された。

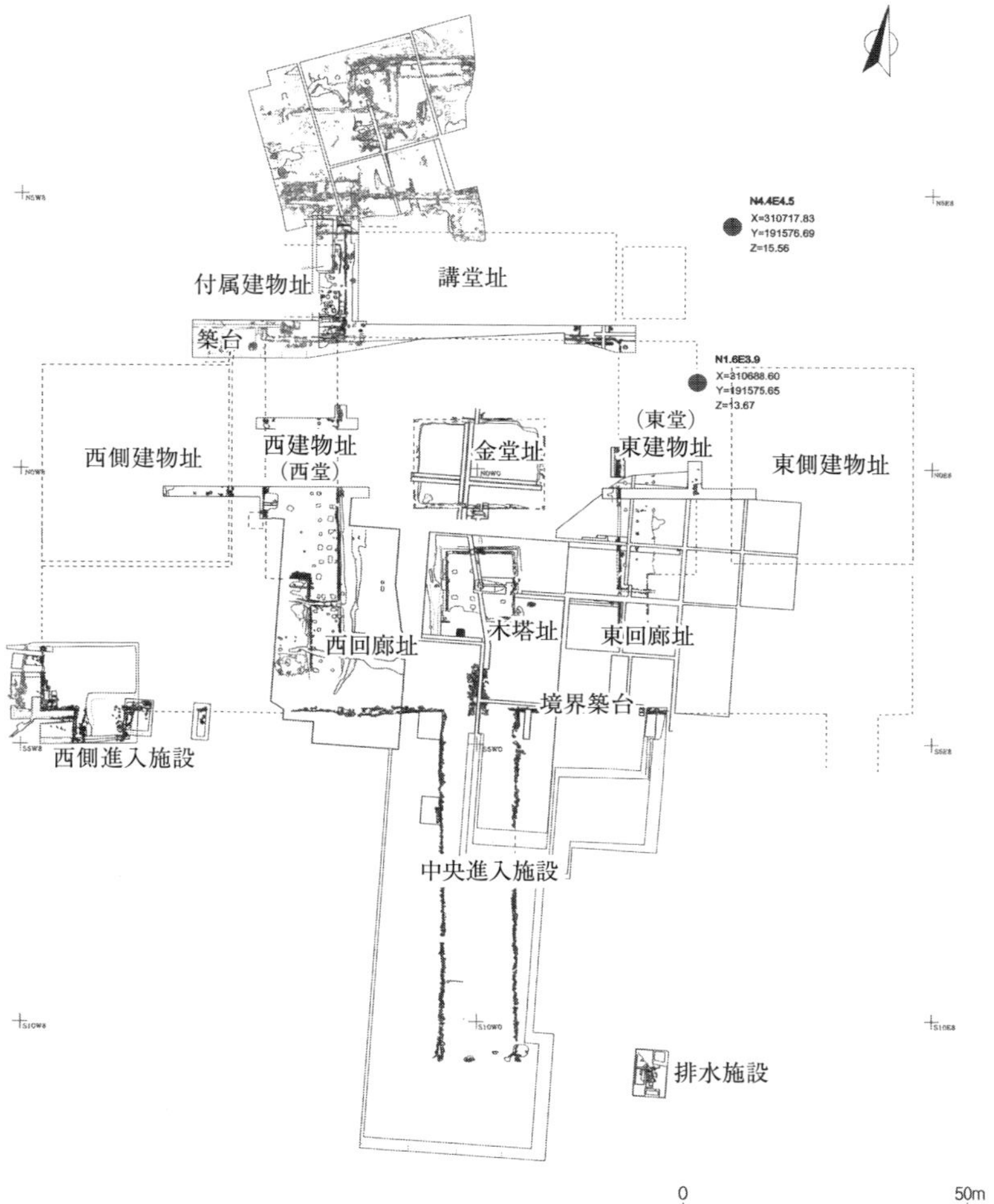

図12　扶余王興寺址の伽藍配置図

その結果、金堂は盛土層の上に基壇土を構築しているが、木塔は台地造成層を掘削して構築したことが明らかになった。木塔の場合、重層建物の構造的特性上、軸基部を掘削して基壇土を構築する必要があったが、金堂の基壇土と同じ土層を再度掘削していることから、金堂が木塔より若干先に建立されたか、ほぼ同時期に築造されたと推定できる[105]。また木塔と金堂周辺からは同じ笵型の瓦当が出土しており、このことを裏付けている。したがって、王興寺址は、寺域全体が一定の企画のもとで、段階的に工事が実施されたといえる。

五七七年に威徳王が発願した王興寺址では、基本的に定林寺式伽藍配置にしたがいながらもいくつかの相違点が発見された（図12）[106]。まず、木塔址南側ではT字型の東西石築が配置されていることである。東西石築の場合、北側の寺域を造成するために築造されたもので、他の寺院では中門址付近に該当する部分に敷設される。南北石築の場合、『三国史記』や『三国遺事』に記録された王の行幸と関連した御道のような進入施設と考えられる。二〇一〇年度の調査では、寺域の中心部から約六一メートル離れた地点で幅約八メートルの別の進入施設が確認されている。

伽藍中心部は、木塔と金堂、講堂が南北軸線上に配置されているが、東西回廊址北端には、南北の長さ約四八メートルの付属建物址が確認された。講堂址では、その東西側で別途建物址が確認された。その規模や内部構造は不明であるものの、全般的な配置様相は陵山里寺址と非常に類似する。一方、東西回廊址の外郭では、東堂と西堂の外郭から、実体不明の別の外郭建物址の基壇が確認された。回廊址外郭の東西外郭建物址は、軍守里寺址の東方基壇と類似した性格の建物と推定されるため、今後の調査結果が期待される。このように、軍守里寺址と王興寺址は、定林寺式伽藍配置を基本としながらも新たな機能を持つ建物が増築されていることを確認できる。

六世紀後半には、東南里寺址が建立された[107]。この遺跡については、初期の発掘調査から塔がない伽藍なのか、

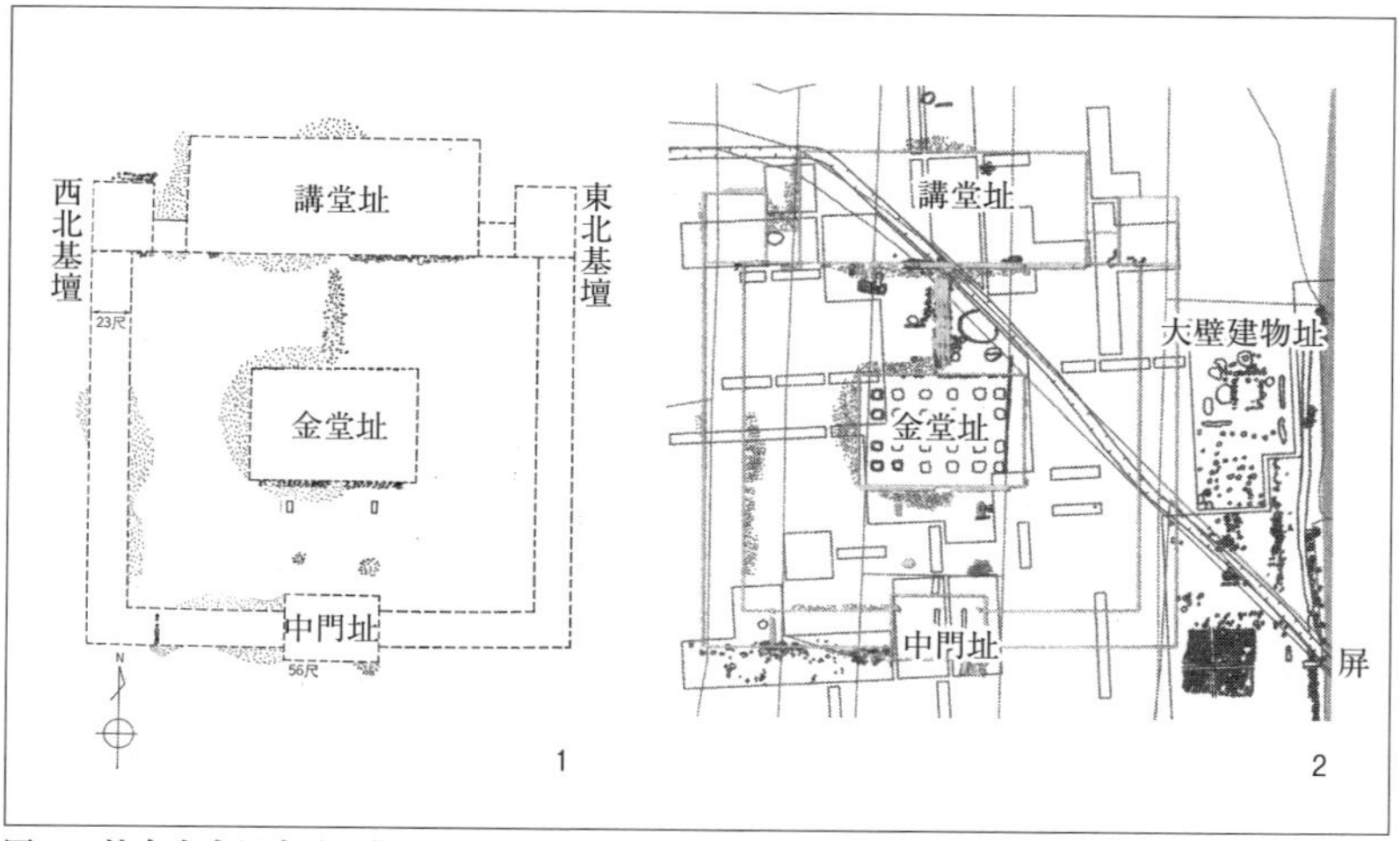

図13　扶余東南里寺址の伽藍配置図（1．石田茂作、2．忠南大博物館）

それとも金堂の南側左右に双塔が存在したのかという点についての論争があったが（図13-1）、近年の再調査では、いかなる痕跡も発見されなかった。講堂址の東西からは経蔵址、鐘楼址と推定される東北基壇と西北基壇が確認されているが、これらの建物址は、講堂址基壇と平行するように基壇を構築し、その規模は縮小している（図13-2）。近年再調査された金堂址の場合、方形に掘り込む地業を礎石の基盤としている。このような事例は、扶余官北里遺跡と益山王宮里遺跡の大型殿閣建物址の基壇と酷似し、洛陽永寧寺木塔址と南門址や趙彭城廃寺址の木塔址で類似する痕跡が発見されており、北朝の礎石設置方式との関連性が想定される[108]。東南里寺址では、塔が建立されておらず[109]、講堂の東西にある別途建物が縮小し、回廊北端の東堂・西堂も建立されないという変化が認められる。

益山帝釈寺址は、六三九年に火災で焼失したという『観世音応験記』[110]の記録と出土遺物から、七世紀前半に建立された寺院と考えられる。寺域の北側約三〇〇メートル離れた地点で火災を受けた瓦片や塑像片、壁体片などが出土した廃棄場

が確認され、この記録の信憑性を高めている[111]。これまでの調査の結果、講堂址の東西には別途建物址が確認されず、その代わりに東西回廊址北端の東堂・西堂が大型化している（図14）[112]。帝釈寺址では、講堂址の東西にあった別途建物がなくなるという変化があらわれたといえる。

なお、帝釈寺址の位置は、別宮や離宮と推定される王宮里遺跡との関係で注目される（図15）。なぜならば、王宮里遺跡の場合、六世紀末以後、遅くとも七世紀前半には別宮や工房施設が運営されていたが[113]、それとほぼ同時期に王宮里遺跡の東側に並ぶように帝釈寺址が造営・運営されたためである。このように王宮と寺院がセットを

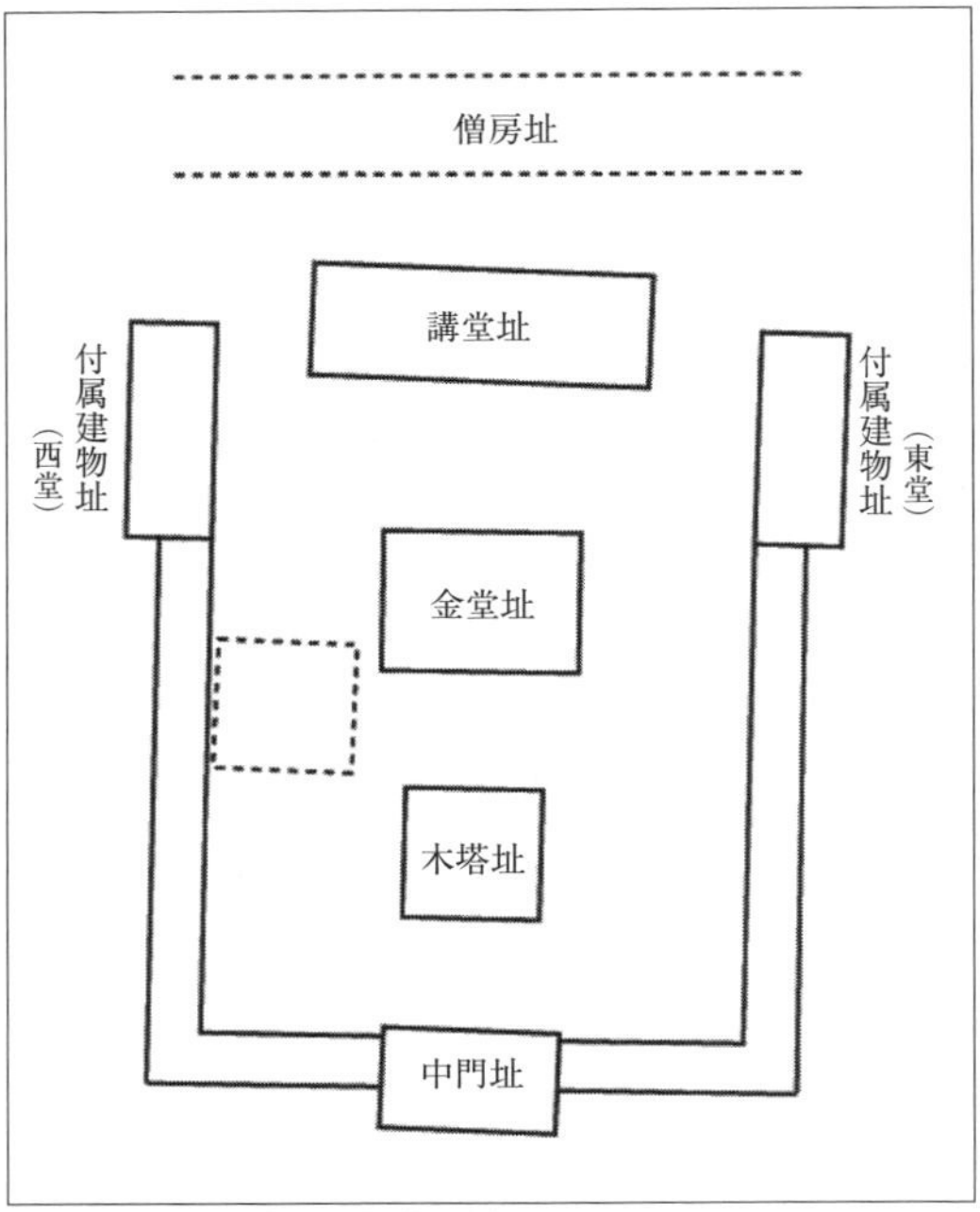

図14　益山帝釈寺址の伽藍配置図

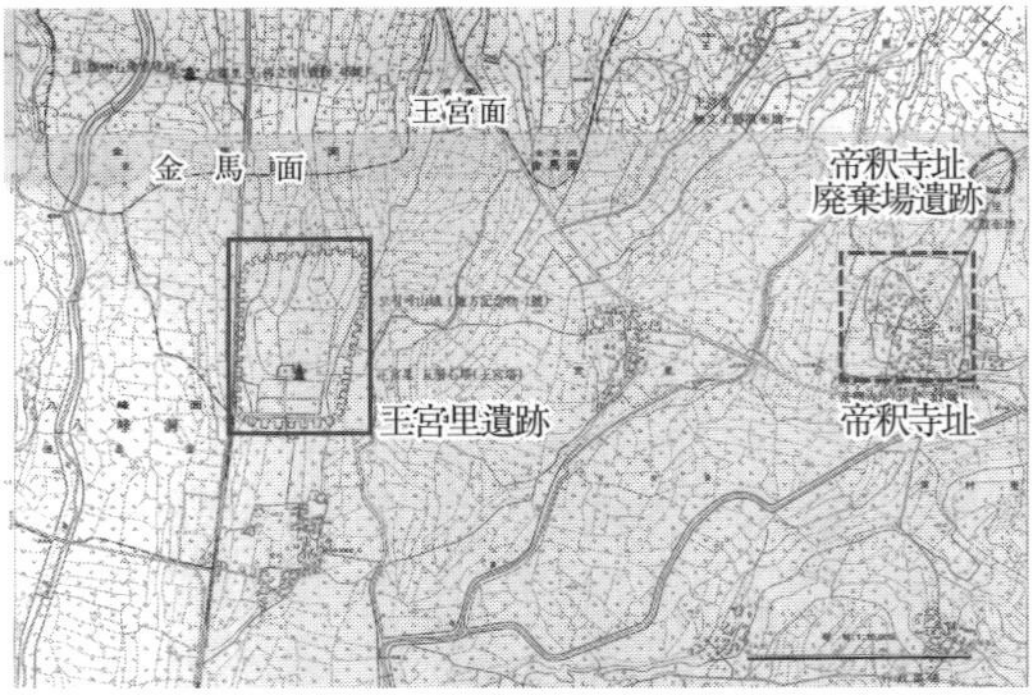

図15　益山王宮里遺跡と帝釈寺址の位置関係

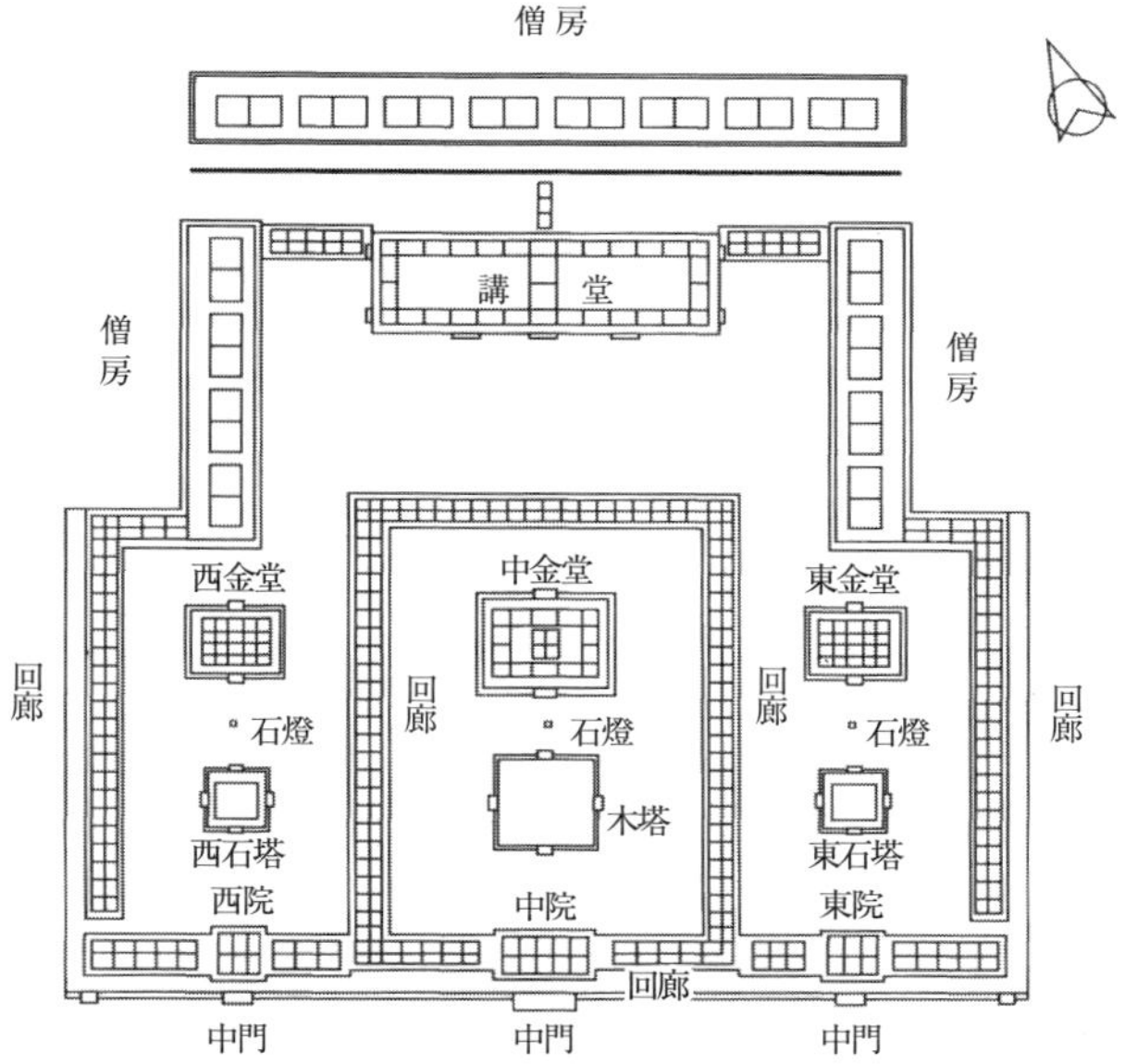

図16　益山弥勒寺址の伽藍配置図

なす様相は、泗沘都城の王宮と定林寺址の関係を再現したものといえ、時期的に近い日本の百済宮と百済大寺との関係や、難波宮（小郡宮・豊碕宮）と四天王寺とも関連があると考えられる。

益山弥勒寺址については、一九二〇年代後半、藤島亥治郎が地表調査を実施した後、伽藍配置と石塔復元に関する重要な仮説を提示している[114]。伽藍配置について、西塔院と東塔院の後方に中塔院を想定した品字形伽藍配置案を提示したのである。この仮説は、一九八一年に中院木塔址と金堂址が確認されるまでは、『三国遺事』の「殿塔廊廡、各三所創之」という記録を最も合理的に解釈したものと評価されてきた。しかし、一九七〇年代半ばから二〇〇〇年代初半までの数回にわたる発掘調査を通して、この寺址は、三院並列式伽藍配置であることが確認された（図16）[115]。

ところで、弥勒寺址の伽藍配置を三院並列式と断定するには、さらなる検討が必要である。図16の伽藍配置図をみると、中門と塔、金堂を基準とすると三院に区分されているといえるが、講堂と東西僧房は中院の北側にのみ存在するため、中院の領域とより密接な関係をもって配置されているとみることができる。中国南北朝時代の

多院式寺院の場合、各院は仏塔と仏殿、講堂が中心をなし、その付属要素として僧房や回廊が追加されるのが一般的である[116]。特に、講堂址南側の東西僧房状建物の中心軸と東西院の中門―石塔―金堂の軸が互いに一致しないことも、東西僧房がそれぞれの院を構成する一つの要素でないことを意味している。つまり、弥勒寺跡の伽藍配置は、塔と金堂が同等に配列された三院でなく、木塔と中金堂、その北側の講堂と東西僧房が一つの完結した配置を構成しており、東西にさらに塔と金堂を追加（または拡張）して配置した後、東西回廊によって寺域全体を囲みながら境界を形成したとみられる[117]。

講堂址の場合、発掘報告書では一つの建物であると報告されているが、再検討の結果、いわゆる一棟二室構造でありながらも、東西で構造が異なることが明らかになった。すなわち、陵山里寺址の講堂址のように、西側は壁体を利用して内部空間を構成し、東側は柱を立てて開放された空間をなしている。また、講堂の南側の東西僧房址も、一棟二室型式の単位空間を並列させて構成した型式であるということが新たに明らかになった[118]。講堂の南側にある東西僧房のうち、東僧房の調査では暖房のためのオンドル施設とともにその基壇土から直径三一センチ、高さ七五センチに復元される大型土器五点が発見された。その周辺からは、炭化した米や大麦、大豆が収集され、灯明皿や斧などの生活遺物が収集された[119]。ここから、講堂址南側の僧房址は、北側にある生活空間としての僧房と酷似した性格を持ちながらも、その機能がやや異なった可能性が考えられる。

一方、二〇〇九年一月、西石塔の補修整備事業を実施する過程で、心柱石の上面中央から舎利孔が確認され、その内部から舎利奉安記をはじめとする多様な舎利荘厳具が発見された。その後、韓国の学界では、七回にわたる学術大会が開催されるなど多様な方面からの検討が進められた[120]。そのうち、伽藍配置と関連するものとしては、舎利奉安記の己亥年（六三九）の「造立伽藍」をどのように理解するのかということが重要な論点となった。こ

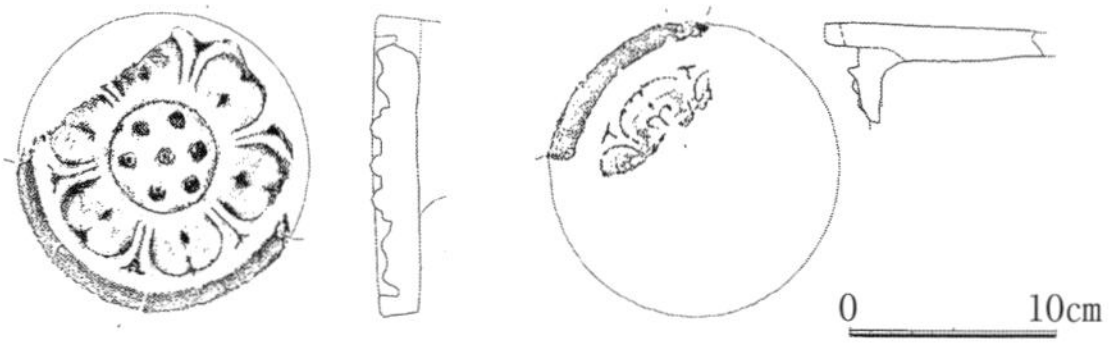

1　2

図17　益山弥勒寺址、西石塔下部出土の瓦当

れまでの研究成果を参考にすると、弥勒寺址の造営は、基本的に同じ計画のもとに順次造営されたと考えられる。中院の西回廊址と西石塔の土層調査の結果は、中院回廊がまず造営された後、西塔址で台地盛土および掘壙基壇の築造が行われたことが明らかになった[121]。東塔と西塔の場合、残存している塔部材を比較した結果、西塔がまず建てられ、その後、東塔が建立されたものとみられる[122]。

また、最近行われた西石塔下部の調査で、石塔の基壇盛土層から単弁六葉蓮華文瓦当二点と一緒に多量の平瓦と丸瓦が出土したことが注目される（図17[123]）。ここから出土した単弁六葉蓮華文瓦当は、弥勒寺址でのみ発見される特徴的な創建瓦で、いわゆる「弥勒寺式瓦当」といえるものであり、平瓦も弥勒寺址の主要建物址から発見されたものと同じである。したがって、弥勒寺の西石塔は、伽藍中心部の主要木造建物が建てられた後に、造営されたことをより明確に理解できるようになった。

そうしたことから六三九年の西石塔の建立は、中院の造営と東院石塔築造の中間段階に位置付けることができる。その上限は、丁亥（六二七）・己丑（六二九）銘刻印瓦から六二〇年代後半まで遡り、下限は、西石塔の建立年代とさほど違いがないものと考える。本書では、中院の木塔と中金堂、その北側の講堂と東西僧房が伽藍の完結性を持って構成されていたと推定しているが、それは中院から西院、そして東院と順次建立されたとする上記の推定とも符合している。

このように弥勒寺址の伽藍配置は、塔と金堂が同等に配列された三院でなく、定林寺址のように木塔と中金堂、その北側の講堂と東西の僧房が一つの完結した寺院配置を構成した後、東西に塔と金堂を追加、拡張して配置し、

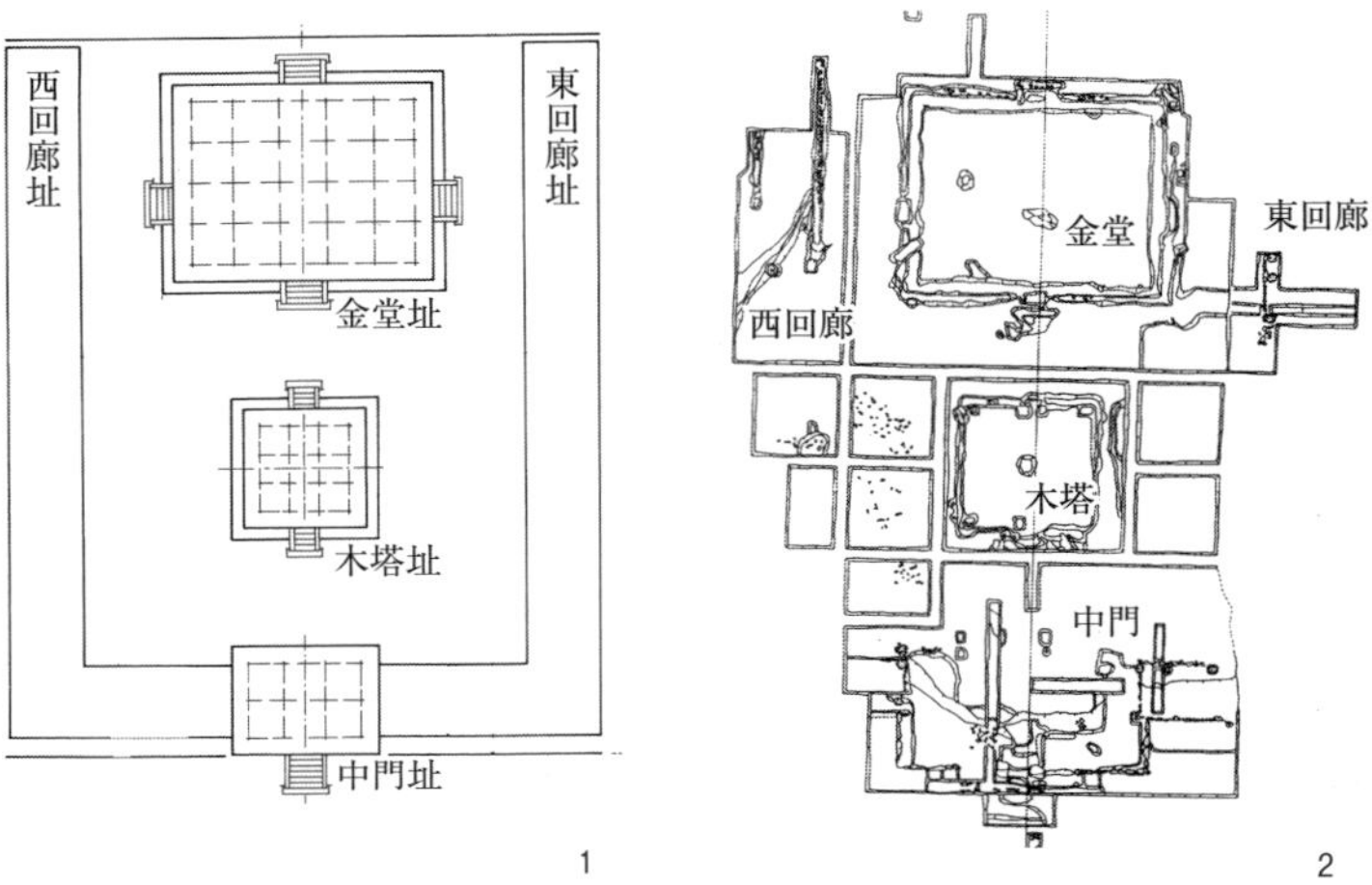

図18　扶余扶蘇山廃寺址の伽藍配置図（1．藤澤一夫作成、2．国立扶余博物館）

東西回廊によって寺域全体を囲みながら境界を形成したと考えられる。特に、定林寺式伽藍配置で共通して確認される東堂と西堂が、ここでは講堂址南側にある東西僧房址に変形し、講堂址の東西にある別途建物址がなくなる代わりに、北回廊によって連結する様子が初めて確認された[124]。つまり、図14と図16を比較してみると、帝釈寺址の東堂と西堂が弥勒寺址では僧房址に変わり、弥勒寺址の場合、講堂と東・西堂が連結し、北回廊に変形したことを確認できる。したがって、弥勒寺址の三院並列式伽藍配置も、定林寺式伽藍配置をベースにした百済内部における変化・発展という連続性を有していると言える。このような三院式という要素は、南朝大愛敬寺や東魏・北斉の趙彭城廃寺址などから始まり、隋唐代に本格的に流行する多院落多仏殿の大型院落式寺院の影響があったとみなければならないだろう（本書第四章第二節参照）。

七世紀半ばになると、扶蘇山廃寺址のように講堂が省略された型式が出現する（図18[125]）。この遺跡は、王宮の背後山城であり後苑の機能も担った扶蘇山城内部に位置するという立地的特性から、内仏堂のような性格の寺刹であった可能性がある[126]。

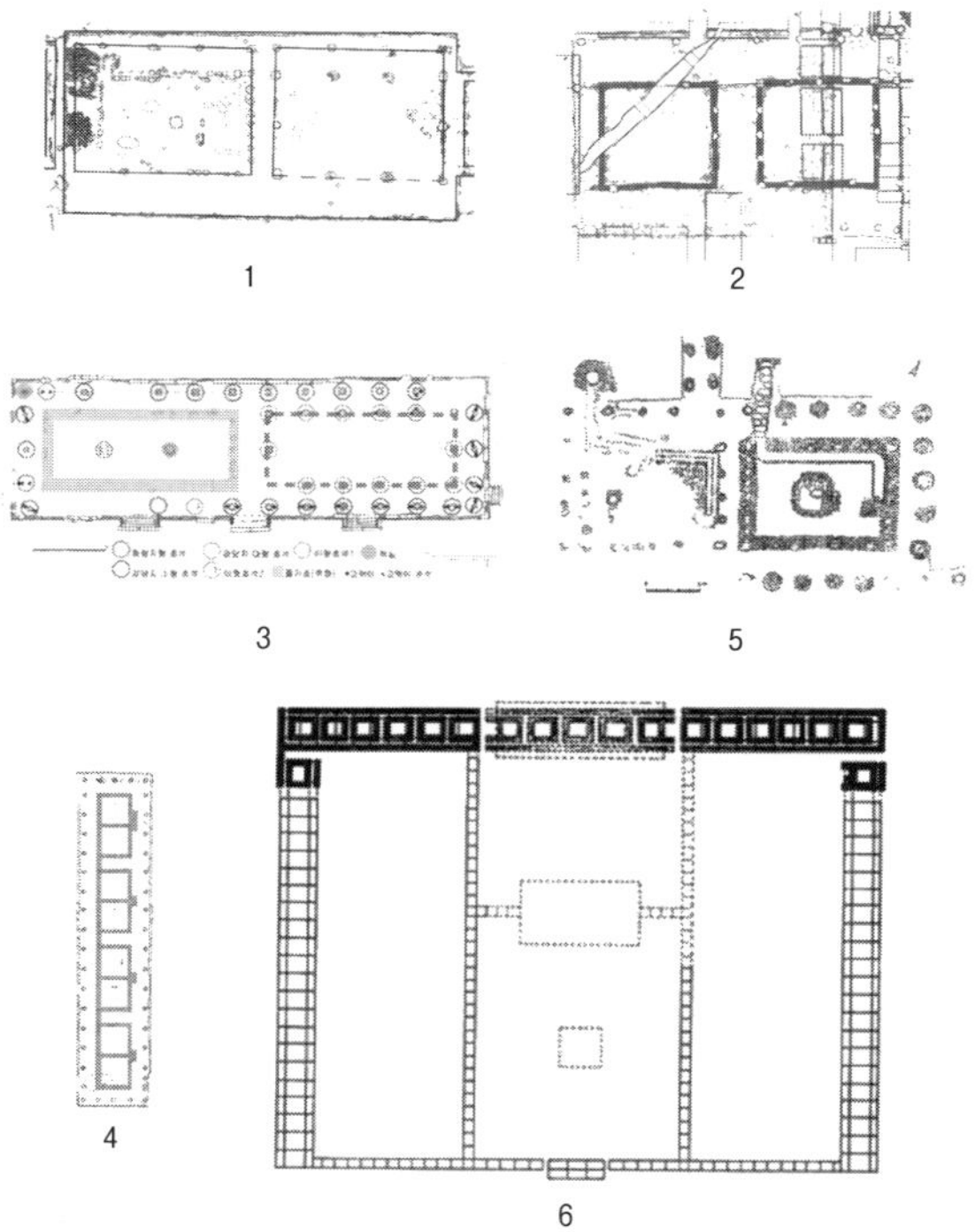

図19　いわゆる一棟二室建物址
（1．陵山里寺址、2．益山王宮里遺跡、3．弥勒寺址講堂址、4．弥勒寺址東僧房址、5．集安東台子遺跡、6．慶州皇龍寺址（創建伽藍））（縮尺不同）

以上の検討を総合してみると、定林寺式伽藍配置の伝統は、基本的に百済滅亡期まで続くが、軍守里寺址や王興寺址が造営された六世紀中・後半頃から一定の変化が生じ、六世紀末以後には付属建物や別途建物、講堂といった施設が省略される事例が増加している。七世紀前半にあらわれた弥勒寺址の三院並列式伽藍配置は、定林寺式伽藍配置をベースにし、それが変形したものといえるが、ここには中国の大型院落式寺院の影響があったと考えられる。それとともにこのような状況のなかで六世紀後半、皇龍寺址の重建伽藍や飛鳥寺にみられる三金堂が造営されたと考えられる。百済では、泗沘遷都初期から滅亡期まで定林寺式伽藍配置が造営され続けた。したがって、このような様式の伽藍配置は、広い意味で「百済式伽藍配置」と呼んでもよいだろう。ただし、以上の検討は、伽藍配置の外形の形態的分析にのみ依存しているため、今後、建物の基壇構造や規模、建物間の心々距離をはじめとする造営計画の分析、建物址の機能に関する検討などを通して

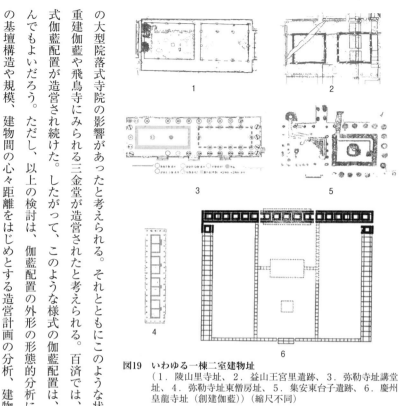

補完する必要がある。中国や新羅、日本の寺院との比較も求められよう。

一方、百済伽藍の建物址のうち、陵山里寺址の講堂址で確認されたいわゆる「一棟二室建物址」にも注目する必要がある。この建物址は中国東台子遺跡で初めて確認されたが、最近では益山王宮里遺跡の第一建物址、弥勒寺址の講堂址と東・西僧房址でも確認されている（図19）[127]。そのうち図19-3の弥勒寺址講堂址の場合、東室は礎石の上に柱を立てて空間を作り、西室は壁体を利用して内部空間を構成した特異な構造をしている。これは、陵山里寺址の講堂址（図19-1）と酷似している。また、図19-4の弥勒寺址東僧房址の場合、一棟二室型式の建物を並列させたとみられるが、このような構造は、慶州皇龍寺址の創建伽藍の講堂址下部遺構と酷似する（図19-6）。また、慶州感恩寺址の工房址でも一棟二室建物址が確認されるなど、その事例が増加している。そうしたことから一棟二室建物は、百済建築に特有であると断定することは難しいが、寺院の運営や生活と関連した百済建築の特徴の一つとして、古代寺院の機能と性格を理解するうえで重要な意味を持つと考える（いわゆる「一棟二室建物」と日本の初期寺院との関連性については、本書第四章第四節参照）。

まとめ

漢城期の仏教と関連する遺物は、蓮華文をモチーフにする金属器や磁器、瓦当以外には残っていないが、熊津期初に活躍した発正の事例から、漢城期末や熊津期初における百済の仏教活動を認めることができる。そして、熊津期になると、武寧王陵から出土した多様な遺物のなかに南朝仏教の具体的な要素が確認できる。武寧王陵を完成させた聖王によって建立された大通寺は、百済の本格的な仏教寺院といえるが、寺院に関連した遺構が全く

発見されていないため、出土瓦当を中心にその技術的な系統を推定するしかなかった。ここから出土した瓦当には、中国南京地域でみられる特徴的な造瓦技術がみられ、さらに「梁官瓦為師矣」銘塼から、南朝梁の影響を明確に確認できる。これに対し、大通寺址より古い段階の瓦当、特に、王宮である公山城で発見された瓦当は、文献記録の検討から南斉との関連性を類推できる。また、泗沘都城や慶州興輪寺址から大通寺式瓦当と同じ文様と製作技術の瓦当が多数確認されるため、百済では大通寺を造営する過程で、官営造瓦工房のような官営手工業体制が成立していた可能性が高い。ただ、百済では大通寺式瓦当とは異なる公山城式瓦当が持続して生産され、少数とはいえ高句麗の影響を受けた瓦当も生産されていたことを考慮すると、高句麗の造瓦技術の影響もあったものと考えられる。

扶余地域の場合、定林寺址で出土した塑像と共伴遺物からみて、この寺院が泗沘遷都直後、特に五四一年に梁武帝の派遣した工匠・画師によって建立されたものと考えられる。そして、この時に成立した定林寺址が百済式寺院の原型となり、その後、扶余や益山地域の寺院にも大きな影響を及ぼしたと考えられる。定林寺址の創建をこのように理解するならば、この寺院は、五三八年の遷都時に王宮との関係を考慮して意図的に建立されたものといえる。このような定林寺址の配置は、洛陽永寧寺や南京同泰寺のように王宮の南側に一定の計画によって配置されたもので、王宮とともに都城の最も特徴的なランドマークであったと言える。定林寺址を造営しながら行われた木塔の塔内塑像や百済式寺院の建立は、泗沘遷都直後の聖王による王権強化に伴う記念碑的な造形物製作の一環であった。定林寺址は、百済の最も核心的な寺刹であったと評価されよう。

聖王が都城の中央に定林寺址のような大規模寺刹と大型の木塔を建設したことは、転輪聖王を自称して大規模寺刹と多数の木塔を建設した梁武帝の姿を連想させる。梁武帝は、建康に同泰寺をはじめとする多くの寺院を建

立したが、これは印度の阿育王、つまり後代に仏教の理想君主である転輪聖王とされたアショーカ王の行為を念頭に置いたものであった。聖王は梁武帝との外交で仏教を積極的に活用し、その呼称は転輪聖王を意味したものとみることもできよう。百済の聖王は、寺院造営を通して自らが必要とする知識や技術を習得することができた。史料二に羅列した事項はその成果物であるといえ、扶余定林寺址とその出土品はこれを具体的に証明すると考えられる。定林寺址の造営、特に木塔の塔内塑像に聖王自身を主人公にした礼仏図のようなものを表現したり、王宮とともに定林寺を都城の中心部に配置したことは、彼の政治的意図と仏教、外交的努力が結合した産物であるといえ、これは新たな都城の優れた舞台装置になったと評価できるだろう。

扶余と益山地域を中心として百済廃寺址の発掘調査が進展したことにより、既存の堂塔を主とした配置論を越え、各建物址の機能や性格に関する問題まで議論が拡大している。いわゆる定林寺式伽藍配置は、日本の四天王寺式伽藍配置と似ているが、講堂と回廊の連結方式が、北回廊で連結するのではなく東・西回廊北端の付属建物、講堂址東西側の別途建物に連結する方式をとっている点が相違する。東・西回廊北端の付属建物は僧房のようなものと考えられるが、公的な性格が強いため「東堂と西堂」と呼ぶことが望ましいだろう。このような様式の伽藍配置は、塑像をはじめとする共伴遺物と文献記録などを通してみると、泗沘遷都（五三八年）以後、中国南朝の影響を受けて成立したが、部分的に高句麗の影響もともに受けたものと考えられる。六世紀中・後半の軍守里寺址や王興寺址が建立された段階からは、東西回廊の外郭に建物が増築されるかと思えば、六世紀末以後には一部の殿閣が建立されないなどの変化があらわれる。七世紀前半に建立された弥勒寺址は、三院並列式伽藍配置をみせるが、これは、定林寺式伽藍配置を基にして中国の大型院落式寺院の影響を受けて建立されたものであろう。百済の寺院は、泗沘遷都以後から滅亡期まで基本的に定林寺式伽藍配置で建立されたため、これを広義の「百済

式伽藍配置」と呼んでもよいと考えられる。

（1）末松保和「新羅仏教伝来伝説考」（『新羅史の諸問題』東洋文庫、一九五四年、初出一九四一年）、田村圓澄「百済仏教史序説」（『百済文化と日本文化』吉川弘文館、一九七八年）等。
（2）＊李基白「百済仏教受容年代の検討」（『韓国古代政治社会史研究』一潮閣、一九九六年、初出一九九一年）、＊趙景徹「百済漢城時代仏教受容と政治勢力変化」（『韓国思想史学報』一八、二〇〇二年）、＊吉基泰「漢城百済の対外交流と仏教」（『百済研究』五五、二〇一三年）。
（3）＊余昊圭「漢城時期百済の都城制と防御体系」（『百済研究』三六、二〇〇二年）一五〜一六頁。
（4）吉村怜「百済武寧王妃木枕に画かれた仏教図像について」（『中国仏教図像の研究』東方書店、一九八三年、初出一九七七年）、＊姜友邦「武寧王妃頭枕と足座の霊気化生の造形解釈と図像解釈」（『武寧王陵を格物する—武寧王陵発掘四〇周年記念特別展』国立公州博物館、二〇一一年）。
（5）これまで百済の廃寺址として知られてきた公州地域の主要寺院は、そのほとんどが統一新羅時代に属するという。＊趙源昌「公州地域寺址研究—伝百済寺址を中心に」（『百済文化』二八、一九九九年）。
（6）＊国立扶余文化財研究所『百済廃寺址—学術調査報告書』（二〇〇八年）。
（7）＊李炳鎬「百済泗沘都城の造営過程」（『韓国史論』四七、二〇〇二年）七二頁、＊近藤浩一「百済時期の孝思想受容とその意義」（『百済研究』四二、二〇〇五年）一二五頁。
（8）「大通」銘文字瓦は、公州大通寺址と扶余の扶蘇山城東門址から同笵の文字瓦が出土した。共伴した瓦当や他の遺物との相対年代を考慮すると、五二〇年代後半とみても無理はないと考える。
（9）軽部慈恩『百済美術』（宝雲舍、一九四六年）。
（10）＊朴容填「公州大通寺址出土瓦当研究」（『考古美術』一二一・一二二合集、一九七四年）、＊李南奭・徐程錫『大通寺址』

（公州大博物館、二〇〇一年）。

(11) 清水昭博「百済における「大通寺式」軒丸瓦の造瓦技術」（『古代日韓造瓦技術の交流史』清文堂出版、二〇一二年、初出二〇〇四年）。

(12) Ⅰ技法：円筒接合後分割法は瓦当背面に円筒形の丸瓦を接合した後、不必要な丸瓦の下部を切削する方式で、泥条盤築技法、背面接合法とも呼ばれる。Ⅱ技法：丸瓦加工接合法は瓦当と連結する丸瓦の先端部を一度または二度調整して付着させる方式で、百済瓦当の事例を参考にすると、丸瓦先端部の形態は今後、より細分化できる余地がある。Ⅲ技法：丸瓦被覆接合法は瓦当背面に無加工の丸瓦を連結させたものであるが、丸瓦先端部が瓦当上部の周縁部をなす方式で、ＳＲ（Side Round Tile）技法、周縁接合法ともいう。Ⅳ技法：瓦当裏面に無加工の丸瓦を連結させる方式で丸瓦挿入接合法とも呼ばれ、高句麗の瓦当では一般的に確認される技法である。模式図（図２）の瓦当部の斜線は瓦笵、丸瓦部は粘土紐と粘土板を図示したものである。

(13) 亀田修一「漢城時代の瓦」（『日韓古代瓦の研究』吉川弘文館、二〇〇六年、初出一九九四年）、＊鄭治泳「百済漢城期瓦当の形成と系統」（『韓国上古史学報』六四、二〇〇九年）、＊蘇哉潤「百済瓦当の製作技法と生産体制の変化―風納土城出土品を中心に」（『百済学報』四、二〇一〇年）。

(14) 李タウン「百済の瓦生産―熊津時代・泗沘時代を中心として」（西谷正編『韓半島考古学論叢』すずさわ書店、二〇〇二年）。

(15) 四七五年の漢城陥落後、百済は四七七年三月、劉宋に使臣を派遣したが、高句麗が道を塞ぎ戻らなければならず、南斉（四七九〜五〇二）建国以後の四八四年七月にも南斉に使臣を派遣したが、西海で高句麗の軍師と出会い、行くことができなかったという記録がある。

(16) ＊李南奭「百済蓮華文瓦当の一研究―公山城王宮址出土品を中心に」（『古文化』三二、一九八八年）。

(17) 戸田有二「百済の鐙瓦製作技法について（Ⅰ）」（『百済文化』三〇、二〇〇一年）。

(18) 八年春二月、拝苩加為衛士佐平。三月、遣使南斉朝貢。秋七月、重修宮室築牛頭城。冬十月、大閲於宮南。（『三国史記』

巻二四百済本紀第三東城王八年条）

(19) 戸田有二「百済の鐙瓦製作技法について（Ⅳ）」（『百済文化』三七、二〇〇七年）。

(20) 公山城式瓦当の接合技法（Ⅲ1技法）は泗沘期にも継続して使用され、慶州地域から出土した瓦当のなかにも公山城式の接合技法を持つ事例が確認されることをみると（本書の第三章参照）、公山城式も継続して命脈を維持したことは明らかである。しかし、泗沘遷都以後に建立された建物址の大部分から大通寺式瓦当が例外なく出土している状況をみると、公山城式より最新の技術が反映された大通寺式が、その後より主流になっていたといえる。これは泗沘遷都前後、中央行政官署の整備過程において、大通寺式が官営工房の成立過程でより中心的な位置を占めていたためではないかと考える。ただ、泗沘時期の造瓦工房が、内官一二部のうち功徳部や外官一〇部のなかの司空部など二元的な体制を維持していたとすれば、公山城式瓦当も官営工房で生産された可能性自体は残る。泗沘遷都以後、王宮区域で使用された瓦当の型式と製作技法がどのようなものであるか明らかになれば、この部分についてより明確に言及できるであろう。

(21) 武田幸男「六世紀における朝鮮三国の国家体制」（『東アジア世界における日本古代史講座四』学生社、一九八〇年）。

(22) この銘文塼について「梁宣以為師矣」と判読し、「梁人宣が塚師として墳墓の築造を監制した」と解釈する見解もある（＊趙胤宰「公州宋山里六号墳銘文塼判読に対する管見」〈『湖西考古学』一九、二〇〇八年〉）。「梁」と「為師矣」という文字については異見がないが、他の二文字は「官品」や「良瓦」などと判読されている。

(23) 漢魏洛陽城から「吏」「師」という文字瓦が多く出土しているが、「吏」は監督の役割をした監作吏であり、「師」は実際に瓦を製作した工人で、少府や将作大匠に所属したものと推定した見解がある（向井佑介「魏の洛陽城建設と文字瓦」〈大阪大学考古学研究室編『待兼山考古学論集Ⅱ』二〇一〇年〉）。また、南京出土「張承世師」銘塼を塼製作匠師の職級と理解する見解があり（＊趙胤宰「公州宋山里六号墳銘文塼判読に対する管見」〈前掲誌〉）、最近南京では「官瓦」や「官窯」、「官」が押捺された文字瓦が発見されていることを考慮すると（鎮江古城考古所・鎮江博物館「鎮江鐵甕城南門遺址発掘報告」〈『考古学報』四期、二〇一〇年〉）、宋山里銘文塼の「師」も古墳築造の監督者である塚師ではなく、塼の製作者を指すものと限定する必要がある。

(24)　この銘文を「梁官以為師矣」と釈読すると、「梁官が師となった」、つまり、梁の官営工房にいた技術工人が塼を作る「師」であったと解釈できる。ただ、「以」を「品」とみることもできるため確実ではない。
(25)　＊金誠亀「扶余の百済窯址と出土遺物について」(『百済研究』二一、一九九一年)。
(26)　南朝において国家的な造営事業に関与した官署としては、少府と将作大匠があった。このうち、少府傘下の甄官署で瓦塼の製作を担当した将作大匠の場合、「有事即置、無事即罷」という臨時的性格があり、宮殿や宗廟、皇帝陵など大規模事業時に置かれた。梁では天監七年(五〇八)に少府を少府卿、将作卿に改称した。一方、本書で述べる官営(造瓦)工房とは、中央行政機関である二二部司傘下に常設されていた官署を指す。百済の場合、瓦博士の存在を通してみると、それ以前から官営造瓦工房があったといえるであろう。
(27)　＊李南奭「百済蓮華文瓦当の一研究」(前掲誌)六三～六四頁。
(28)　＊李漢祥「百済の葬礼風習」(『百済の生活と文化』百済文化史大系一二、二〇〇七年)。
(29)　＊扶余文化財研究所『龍井里寺址』(一九九三年)。
(30)　藤澤一夫「古代寺院の遺構に見る韓日の関係」(『アジア文化』八巻二号、一九七一年)、＊尹武炳『定林寺―定林寺址発掘調査報告書』(忠南大学校博物館、一九八一年)、＊国立扶余文化財研究所『扶余定林寺址発掘調査報告書』(二〇一一年)。
(31)　＊金正基「弥勒寺塔と定林寺塔―建立時期の先後について」(『考古美術』一六四、一九八四年)。
(32)　この塑像の製作は、基本的に不純物がほとんど混ざらない細かい胎土を用い、そのほとんどは頭部と体部を別々に製作し接合した頭体別製式による。小型塑像と情景塑像は木質の芯木痕跡が残っているが、中型塑像は葦や藁で包んだ刻木を骨組としている。塑像の表面には黒や白、紫などの彩色痕が残っており、一部仏頭には黄褐色釉薬が観察される。成形方式は大型・中型塑像には手捏法を用いるが、小型・情景塑像は笵型による。笵型を利用した成形には、正面と背面をそれぞれ接合させる合模製(両面型)はみられず、片面の笵型を利用した単模製(片面型)が主流をなす。
(33)　＊梁銀景「遼寧省朝陽北塔出土塑造像研究」(『美術史学研究』二五六、二〇〇七年)、向井佑介「北魏平城時代の仏教寺院と塑像」(『仏教芸術』三一六、二〇一一年)。

(34) 李炳鎬「百済泗沘時期塑像の展開過程」(『奈良美術研究』一〇、二〇一〇年)。
(35) 孫華「四川綿陽平楊府君闕闕身造像」(巫泓主編『漢唐之間的宗教芸術与考古』文物出版社、二〇〇〇年)八九～一三五頁。
(36) *国立扶余文化財研究所『扶余定林寺址発掘調査報告書』(前掲書)三一〇～三一一頁。
(37) 最近、『梁職貢図』の題記が追加で発見され、「魯国」は内容上、「北魏」を指すものと理解されている。趙燦鵬「南朝梁元帝職貢図題記佚文続拾」(『文史』四期、二〇一一年)。
(38) 図4が『梁職貢図』の図像と類似し、また「帝王図巻」や「維摩経変」などとも関連させることができるということは、定林寺址塑像の年代や塔内塑像の政治的意味を考慮する際にも重要な示唆を与えていると考える。「維摩経変」と「帝王図巻」、『梁職貢図』にみられる図像の意味については次の論文が参考となる。*金恵瑗「敦煌莫高窟唐代〈維摩経変〉に見られる世俗人聴衆の図像と意味」(『美術史の鼎立と拡散(二巻)』社会評論、二〇〇六年)三五八～三六一頁。
(39) *金正基「弥勒寺塔と定林寺塔」(前掲誌)二～八頁。
(40) *円光大学校博物館『益山王宮里伝瓦窯址(帝釈寺廃棄場)試掘調査報告書』(二〇〇六年)。
(41) 網干善教「飛鳥川原寺裏山遺跡と出土遺物」(『仏教芸術』九九、一九七四年)、関西大学文学部考古学研究室編『飛鳥・川原寺裏山遺跡と東アジア資料集』(国際シンポジウム実行委員会、二〇一二年)。
(42) *李炳鎬「扶余定林寺址出土塑造像の製作技法と奉安場所」(『美術資料』七二・七三合集、二〇〇五年)。
(43) *李炳鎬「扶余定林寺址出土塑造像の製作時期と系統」(『美術資料』七四、二〇〇六年)。
(44) 南京市文物保存委員会「南京郊区両座南朝墓清理簡報」(『文物』二期、一九八〇年)二六頁。
(45) ほとんど同じ内容が、『南史』列伝巻六九百済条と『三国史記』百済本紀第四聖王一九年条に記録されている。
(46) 門田誠一「百済と魏晋南北朝時代の中国との交渉」(『古代東アジア地域相の考古学的研究』学生社、二〇〇六年、初出一九九一年)。
(47) 金理那「宝珠捧持形菩薩の系譜」(『法隆寺から薬師寺へ』講談社、一九九〇年)。
(48) 南京市文物研究所・南京栖霞区文化局「南京梁南平王蕭偉墓闕発掘簡報」(『文物』七期、二〇〇二年)、*賀云翺「南京鐘

山二号寺遺址出土瓦当初探」(『東亞考古論』創刊号、二〇〇五年)。

(49) 南京市博物館『六朝風采』(文物出版社、二〇〇四年)二九四頁(図版二三八)、南京市博物館「南京市霊山南朝墓発掘簡報」(『考古』一一期、二〇一二年)五六頁。

(50) 王志高・王光明「南京紅土橋出土的南朝泥塑像及相関問題研討」(『東南文化』三期、二〇一〇年)。

(51) 南京鐘山二号寺址と南京紅土橋付近寺址(伝延興寺)から出土した塑像片を観察した結果、南朝の塑像は片面笵を利用した単模製、頭体別製式の製作方式、彩色痕跡と色彩、一部頭像に黄褐色の釉薬を使用した点などが確認されるが、このような製作技法は定林寺址塑像と一致する点である。一方、扶余の定林寺址が南京鐘山の上定林寺を模したという見解もある。楊泓「百済定林寺遺址初論」(『中国古兵与美術考古論集』文物出版社、二〇〇七年、初出二〇〇二年)。

(52) 六世紀末から七世紀初めに属する青陽汪津里窯址と本義里窯址では、瓦とともに塑像片が発見されている。片面笵を利用した塑像の製作は、瓦笵を利用した瓦当の製作と似ている点があるため、南朝の技術者が百済現地の瓦工を動員し、これらを製作したものと推定される。

(53) もちろん、百済では外交の一環としてだけでなく、他のルートを通しても外国の技術者たちを導入したのであろう(窪添慶文「南北朝時代の国際関係と仏教」〈鈴木靖民編『古代東アジアの仏教と王権』勉誠出版、二〇一〇年〉二八七頁)。しかし、定林寺址から初めて確認された新たな文物や技術は、五四一年の技術導入過程において百済に入ってきたとみても無理はないと考える。

(54) 樋口隆康「百済武寧王陵出土鏡と七子鏡」(『史林』五五巻四号、一九七二年)四一四～四一五頁。

(55) 佐藤武敏『中国古代工業史の研究』(吉川弘文館、一九六二年)、桃崎祐輔「七支刀の金象嵌銘技術にみる中国尚方の影響」(『文化財と技術』四、二〇〇五年)。

(56) 高敏『魏晋南北朝経済史』下(上海人民出版社、一九九六年)八一一頁。

(57) ＊尹武炳『定林寺―定林寺址発掘調査報告書』(前掲書)六〇頁。

(58) ＊国立扶余文化財研究所『扶余定林寺址発掘調査報告書』(前掲書)八九～九五頁。

(59) 百済寺院をはじめとした韓国の古代寺院において、北回廊の導入時期に関する問題の重要性を最初に指摘したのは金正基であり、一九七〇年代初めのことである（金正基「韓国の寺院遺跡について」〈『仏教芸術』八三、一九七一年〉）。その後、一九八八年に発表された次の論文を通して継続して自説を補完したが（＊金正基「韓国古代伽藍の実態と考察」〈『蕉雨黃寿永博士古稀紀念美術史学論叢』通文館、一九八八年〉）、最近まで金正基の提起した問題に関する議論の進展がなかったのは事実である。

(60) 佐川正敏「王興寺と飛鳥寺の伽藍配置、木塔心礎施設、舎利奉安形式の系譜」（鈴木靖民編『古代東アジアの仏教と王権』勉誠出版、二〇一〇年）一六四頁。

(61) ＊国立扶余博物館『陵寺―扶余陵山里寺址六～八次発掘調査報告書』（二〇〇七年）。

(62) 二九九号の場合、祭祀儀礼の位牌とする見解（＊尹善泰「扶余陵山里出土百済木簡の再検討」〈『東国史学』四〇、二〇〇四年〉）と人名簿の記録簡とする見解（近藤浩一「扶余陵山里出土木簡と泗沘都城関連施設」〈『東アジアの古代文化』一二五、二〇〇五年〉）、祓禊行事のなかでも大祓といった祭祀儀礼で用いられたという見解（＊方国花「扶余陵山里出土二九九号木簡」〈『木簡と文字』六、二〇一〇年〉）などがある。裏面に「乙」のような記号を反復して羅列した点や、表面は空間を作り、裏面は外郭に枠線を設けていることなどから呪符木簡である可能性が高いと考えられる。二〇〇一―八号の場合、四面から「迦」と若干の空白を置いて「葉」が発見されているが、「釈迦」や「迦葉」といった仏教的な文言があった可能性がある。この木簡は、三〇四号の宝憙寺、三一三号の子基寺木簡とともに陵山里木簡が仏教と密接な関連を持っていることを直接的に示している。

(63) 中門址南側では、青磁硯足片をはじめとした多様な形態の硯足片と削刀、削屑などがともに発見された。これをみると、陵山里寺址では初期段階から持続的に書写や行政行為が行われたものと考えられる。したがって、不明建物址Ⅱのみならず、その向かい側にある工房址Ⅰ（西側付属建物）も類似した機能を担ったものと考えられる。

(64) 鈴木智大「三面僧房小考」（『文化財論叢Ⅳ』奈良文化財研究所創立六〇周年記念論文集、二〇一二年）七九〇～七九一頁。

(65) 森三樹三郎『梁武帝―仏教王朝の悲劇』（平楽寺書店、一九五六年）、諏訪義純『中国南朝仏教史の研究』（法蔵館、一九九

七年)。
(66) 薗田香融「東アジアにおける仏教の伝来と受容」(『関西大学東西学術研究所紀要』二二、一九八九年)一一頁。
(67) ＊李基東「百済国の政治理念に対する一考察」(『百済史研究』一潮閣、一九九六年)一七七～一七八頁。
(68) 窪添慶文「南北朝時期の国際関係と仏教」(前掲書)二八六～二八七頁。
(69) 元嘉二十七年(四五〇)、毗上書献方物、私仮台使馮野夫西河太守、表求易林式占腰弩、太祖並与之。(『宋書』夷蠻列伝第五七百済伝)
(70) 正光元年(五二〇)、明帝遣仮員外将軍趙義等使於嘉。嘉朝貢不絶、又遣使奉表、自以辺遐、不習典誥、求借五経諸史、并請国子助教劉燮以為博士、明帝許之。(『北史』列伝第八五高昌伝)
(71) 坂本太郎等校注『日本書紀』下(岩波書店、一九八六年)九二頁。
(72) 田中史生『倭国と渡来人』(吉川弘文館、二〇〇五年)四七頁。この時の呉財を欽明四年(五四三)九月条の「扶南財物」とする見解もあり(新川登亀男「百済と日本の飛鳥・奈良における仏教文化」〈『忠清学と忠清文化』一三、二〇一一年〉九三～九四頁)、また史料四の任那の使臣に「呉財」を与えた五四五年(欽明六)前後を日本の仏教伝来の年代と推定する見解もある(薗田香融「東アジアにおける仏教の伝来と受容」〈前掲誌〉二八頁)。
(73) 有働智奘「六世紀における仏教受容の問題」(『國學院雑誌』一一二―七、二〇一一年)一三～一六頁。
(74) 坂本太郎等校注『日本書紀』下(前掲書)九三頁。
(75) 池内宏「安羅におけるわが官家の没落」(『日本上代史の一研究』中央公論美術出版、一九七〇年)一八五頁。
(76) 最近、史料五について、百済三書に基づいた記事であり「丈六仏」の造像技術を通して大陸の先進文化を受容したことを日本に知らせた記録とみて、『阿含経』など原始仏典を参考に作文したものという見解があり参考となる。有働智奘「六世紀における仏教受容の問題」(前掲誌)一六～一八頁。
(77) 『日本書紀』は多分に日本の天皇を中心に記録されているため、聖王がその国家(百済)と国民(蒼生)のため丈六尊像を造成したものと読み直さなければならないという指摘があった。＊金煐泰「威徳王当時の仏教」(『百済仏教思想研究』東国

大出版部、一九八五年）六二頁。
(78) 史料五を南朝から百済へ「造仏功徳」を説いた大乗経典が伝来した結果とみる場合もある。有働智奘「六世紀における仏教受容の問題」（前掲誌）二〇～二三頁。
(79) そのような点において百済は南朝文物の単純な伝達者ではなかった。百済は加耶諸国と倭国に文物を贈与したが、南朝から受容したものを百済文化の一部として内在化して、その文物の優秀性を立証させようと努力したと評価したい。
(80) 泗沘都城の整備過程や拡大過程については次の論考で整理している。＊李炳鎬「百済泗沘都城の造営過程」（前掲誌）一〇四～一二一頁。
(81) ＊国立扶余文化財研究所『扶余官北里百済遺跡発掘報告Ⅳ』（二〇〇九年）二三〇頁。
(82) 李炳鎬「扶余・定林寺址よりみた百済聖王代の仏教と王権」（大橋一章・新川登亀男編『仏教文明の受容と君主権の構築』勉誠出版、二〇一二年）六二～七二頁。
(83) ＊李炳鎬「百済泗沘時期都城の儀礼空間と王権」（『韓国古代史研究』七一、二〇一三年）一一二～一一九頁。
(84) 浮図北有仏殿一所、形如太極殿。（中略）寺院牆皆施短椽、以瓦覆之、若今宮牆也。四面各開一門、南門楼三重通、三道去地二十丈、形製似今端門。（楊衒之、『洛陽伽藍記』巻一永寧寺条）
(85) 故都城制云、城内唯擬一永寧寺地、郭内唯擬尼寺一寺、余悉城郭之外（『魏書』巻一一四釈老志一五五）。
(86) 奈良国立文化財研究所『北魏洛陽永寧寺―中国社会科学院考古研究所発掘報告』（一九九八年）六～八頁。
(87) 諏訪義純「梁武帝仏教関係史蹟年譜考」（『中国南朝仏教史の研究』法蔵館、一九九七年、初出一九八二年）五四～五七頁。
(88) 船山徹「捨身の思想―六朝仏教史の一断面」（『東方学報』七四、二〇〇二年）七八～七九頁。
(89) 下倉渉「南北朝の帝都と寺院」（『東北学院大学論集：歴史と文化』四〇、二〇〇六年）二〇七頁。
(90) 百済聖王が都城に大規模寺刹と舎利塔である木塔を建設したことは、転輪聖王を自負して大規模な寺刹と舎利塔を多数建設した梁武帝を模倣したものでもある。聖王という呼称は転輪聖王を意味するものと把握されるが、すでに聖王がモデルとした梁武帝が転輪聖王の姿を演出していたのである。聖王は転輪聖王を自負しながら仏教を政治に積極的に活用し、さらに

仏教を国教化したのである。

(91) 山中章「古代宮都成立期の都市性」(『新体系日本史六―都市社会史』山川出版社、二〇〇一年)、清水昭博「斑鳩からみた飛鳥」(『都城―古代日本のシンボリズム』青木書店、二〇〇七年)、古市晃「統合中枢の成立と変遷」(『日本古代王権の支配論理』塙書房、二〇〇九年)。

(92) ＊李炳鎬「百済泗沘時期都城の儀礼空間と王権」(前掲誌)一〇九～一一二頁。

(93) ＊金洛中「百済泗沘期寺刹の伽藍配置と運営の特徴」(『韓国上古史学報』七四、二〇一一年)、＊鄭子英「扶余定林寺址伽藍配置と編年的検討」(『韓国上古史学報』七六、二〇一二年)、＊金洛中「百済定林寺の創建年代」(『文化財』四五―四、二〇一二年)。

(94) 創建時の講堂と別途建物は現在の復元図とは異なるものと考えられるが、現在、高麗石仏を保護する建物が建てられており、内部構造を調査することが難しい状況である。

(95) その主要な根拠は盛土層下部炉址の古地磁気測定値である。＊成亨美「扶余定林寺址九次調査地域に対する考古地磁気学的研究」(『扶余定林寺址発掘調査報告書』〈前掲書〉)。

(96) 李炳鎬「扶余・定林寺址よりみた百済聖王代の仏教と王権」(前掲書)五四～五六頁。

(97) 中門址南側の発掘では、南門址が確認されなかったかわりに蓮池が検出された。この蓮池は、伽藍中心部と中心軸を異にしているために、創建期ではない七世紀代に造られたものと考えられる。

(98) 定林寺址では、講堂址北側から僧房址が確認されたが、その配置が陵山里寺址とは若干異なる。陵山里寺址の場合、講堂址北側の僧房址が中心軸から若干西側に位置するが、これは地形的にその東側に丘陵があったためであろう。

(99) 軍守里寺址の創建瓦は、大通寺式瓦当と亭岩里窯址式瓦当の二種類である。そのなかで亭岩里窯址式は、陵山里寺址では補修用瓦当として使用されているため、これより若干新しい六世紀半ばに編年される。軍守里寺址出土瓦当については、次の論考が参考となる。清水昭博「消費地からみた泗沘時代の瓦生産」(『古代日韓造瓦技術の交流史』清文堂出版、二〇一二年、初出二〇〇六年)。

(100) 石田茂作「扶余軍守里廃寺址発掘調査（概報）」（『昭和十一年度古蹟調査報告』朝鮮古蹟研究会、一九三七年）五一頁。
(101) ＊国立扶余文化財研究所『扶余軍守里寺址Ⅰ・Ⅱ』（二〇一〇・二〇一三年）。
(102) 「丁酉年二月十五日、百済王昌、為亡王子、立刹。本舎利二枚、葬時、神化為三」。王興寺址舎利函の銘文の文字や用語の解釈については、次の論考が参考となる。新川登亀男「古代朝鮮半島の舎利と舎利銘文—飛鳥寺再考の準備として」（鈴木靖民編『古代東アジアの仏教と王権』勉誠出版、二〇一〇年）四九～五三頁。
(103) ＊李道学「王興寺址舎利器銘文分析を通してみた百済威徳王代の政治と仏教」（『韓国史研究』一四二、二〇〇八年）九～一〇頁。
(104) 小杉一雄「六朝及び隋代に於ける塔基表示」（『中国仏教美術史の研究』新樹社、一九八〇年）二〇～三四頁。
(105) ＊国立扶余文化財研究所『王興寺址Ⅲ—木塔址・金堂址発掘調査報告書』（二〇〇九年）一四三～一四五頁。
(106) ＊国立扶余文化財研究所『王興寺址Ⅲ』（前掲書）、＊国立扶余文化財研究所『王興寺址Ⅳ』（二〇一二年）。
(107) 石田茂作・斎藤忠「扶余に於ける百済寺址の調査（概報）」（『昭和十三年度古蹟調査報告』朝鮮古蹟研究会、一九四〇年）。一九九三・一九九四年の調査内容は報告書が未刊であり次の本を参考にした。＊忠南大博物館『扶余東南里遺跡』（扶余郡、二〇一三年）。
(108) ＊金洛中「百済泗沘期寺刹の伽藍配置と運営の特徴」（前掲誌）二二四頁。
(109) これについて洛陽建中寺のように貴族の邸宅を寺刹に再活用したためであるという見解が提示されている（＊梁銀景「中国仏教寺刹の検討を通してみた百済泗沘期仏教寺刹の諸問題」〈『百済研究』五〇、二〇〇九年〉一七〇～一七一頁）。しかし、日本の国分尼寺で塔が建立されないことを参考にすると、尼寺であった可能性も考慮しなければならない。植民地期の東南里寺址から出土された瓦当に関する分析の結果、瓦当の九割以上が近隣の軍守里寺址と同笵品ということが明らかになり、両寺が僧寺と尼寺の関係だったという報告書が刊行されて参考になる（＊国立扶余博物館『扶余東南里寺址』二〇一四年）。
(110) 百済武康王、遷都枳慕蜜地。新営精舎、以貞観十三年歳次、己亥冬十一月、天大雷雨。遂災帝釈精舎、仏堂七級浮図乃至廊房、一皆焼。塔下礎石中有種種七宝、亦有仏舎利彩水晶瓶。又銅作紙写、金剛波若経、貯以木柒函。発礎石開視、悉皆焼

盡。唯仏舎利瓶及波若経漆函如故。牧田諦亮『観世音応験記研究』（平楽寺書店、一九七〇年）。

(111)＊円光大学校博物館『益山王宮里伝瓦窯址（帝釈寺廃棄場）試掘調査報告書』（二〇〇六年）。

(112)＊国立扶余文化財研究所『帝釈寺址―発掘調査報告書Ⅰ・Ⅱ』（二〇一一・二〇一三年）。

(113)＊田庸昊「王宮里遺跡の最近の発掘成果」（『益山王宮里遺跡の調査成果と意義』国立扶余文化財研究所、二〇〇九年）。

(114)藤島亥治郎「朝鮮建築史論其三」（『朝鮮建築史論』景仁文化社、一九六九年、初出一九三〇年）。

(115)弥勒寺址の発掘過程および成果の研究史は、次の論考が参考となる。＊梁正錫「弥勒寺址塔址の調査過程に対する検討」（『韓国史学報』三六、二〇〇九年）。

(116)＊李裕群「中国伽藍配置の変化および百済に与えた影響」（『東アジアの仏教文化と百済』ハノル文化遺産研究院開院五周年記念国際学術大会、二〇〇九年）四五～四六頁。

(117)＊国立文化財研究所・益山市「弥勒寺の寺刹配置」（『弥勒寺復原考証基礎調査研究報告書二』二〇一〇年）一三四～一三八頁。

(118)＊裵秉宣「弥勒寺の配置と建築遺構を通してみた百済造営技術」（『百済仏教文化の宝庫、弥勒寺』国立文化財研究所、二〇一〇年）三〇七～三〇九頁。

(119)＊文化財管理局文化財研究所『弥勒寺』（一九八九年）一二〇頁。

(120)弥勒寺址に関する最近の研究成果は次の論考で総合的に整理されている。＊国立文化財研究所・益山市『弥勒寺復原研究学術資料叢書Ⅰ～Ⅳ』（二〇一〇年）、新川登亀男編『仏教文明の東方移動―百済弥勒寺西塔の舎利荘厳』（汲古書院、二〇一三年）、＊国立文化財研究所『益山弥勒寺址石塔舎利荘厳』（二〇一四年）。

(121)＊国立扶余文化財研究所『弥勒寺址西塔周辺発掘調査報告書』（二〇〇一年）二八～三〇頁。

(122)塔身部の組み立て方法において両塔とも一層では礎石と隅柱石、面石を別の石材で作ったが、東塔では二層以上の塔身石は隅柱石と面石に同じ部材を用いて塔身に隅柱を模刻する型式をとっている。＊扶余文化財研究所『益山弥勒寺址東塔址基壇および下部調査報告書』（一九九二年）五九頁。

(123) ＊国立文化財研究所『弥勒寺址石塔―基壇部発掘調査報告書』(二〇一二年)。

(124) 恩山金剛寺址で講堂と接続する北回廊址が確認されているが、創建当時の遺構とみることが難しいため、百済寺院において北回廊は弥勒寺址で最初に出現したと想定できるだろう。

(125) 申光燮「扶余扶蘇山廃寺址考」(『百済研究』二四、一九九四年)。ところで、この廃寺址の木塔址の付近から、供養品の性格を持つ唐式帯金具が収集されている。これについて、六三七年に唐太宗が百済の使臣に錦袍と彩帛三〇〇〇段を与えたという記録に注目して、その造営時期をそれ以後と比定した研究があり参考となる(＊梁銀景「百済扶蘇山寺址出土品の再検討と寺刹の性格」〈『百済研究』五二、二〇一〇年〉)。

(126) 扶蘇山廃寺址の場合、地形的な理由から講堂がないものと理解されてきた。しかし、近年では、金堂址北面の広い平坦面が後代の削平によってなくなったため、その存在の可能性を認める見解が提起されている(＊趙源昌「百済泗沘期扶余扶蘇山寺址の築造技法と伽藍配置検討」〈『歴史と談論』五九、二〇一一年〉)。扶蘇山廃寺址のように講堂がない事例としては扶余臨江寺址があり、慶州芬皇寺の場合も、金堂の後ろ側が顕著に低くなる地形をなしており、講堂がより新しい時期に中心軸を異にして建立されたことをみると、講堂が存在するとしても一定の変形のなかで存在した可能性が高いと考える。

(127) 裵秉宣は一棟二室建物について、柱と梁を組み合わせる一般的な建築意匠と異なり、梁を使用せず、柱が直接桁を支える穿斗式構造と命名し、これを中国南朝の影響とみた。＊裵秉宣「弥勒寺の配置と建築遺構を通してみた百済造営技術」(前掲書)三〇九頁。しかし、熊津期の王宮である公州公山城の内部調査では、二〇一一‐六号建物址のような典型的な一棟二室の建物が確認された(＊李南奭「百済泗沘都邑期における住居建築の様相」〈『泗沘時代の百済考古学』書景文化社、二〇一四年、二一九〜二二一頁〉)。したがって、百済の一棟二室建物は高句麗や南朝の影響を受けて出現したが、熊津期を経ながら次第に百済的な建築類型としてなり、それが寺院建築の一部にも適用されたと理解する余地がある。

第二章　王陵と結合された寺院、陵山里寺址

はじめに

五三八年の泗沘遷都以後、扶余定林寺址の建設によって百済式伽藍配置が成立する。しかし、扶余定林寺址は後代の破壊が激しく、その実状がよくわからない状況である。そこで本章では、定林寺址の直後に建設された扶余陵山里寺址の遺構や出土遺物の分析を通して、その細部や変化の様相について検討する。陵山里寺址は、王陵群と推定される陵山里古墳群と羅城の間に位置する百済泗沘時代の廃寺址である。一九九二年から一一次にわたり発掘調査が実施され、金銅大香炉、昌王銘石造舎利龕など多量の金属工芸品と土器類、瓦類が出土し、木塔址や金堂址をはじめとする多数の建物址が確認された（図20）[1]。

陵山里寺址について、韓国の歴史学界では、中門址南側で出土した木簡について関心が集中してきた。これにより、陵山里木簡が羅城築造に関わる木簡であるとの説も提起された[2]。しかし、考古学的発掘資料という属性を持つ木簡を正しく理解するためには、記載内容のみならず木簡が出土した遺構や遺跡全体の理解が先行しなくてはならない。そこで、筆者は、木簡が出土した遺跡の全般的な状況を再検討し、その性格を次のように推定した。陵山里寺址の中門址南側一帯で出土した木簡は、主にこの寺が寺院として機能し始めるよりも前の段階からあった初期自然排水路で出土しているので、五六七年に木塔の舎利龕が埋納される以前にあったなんらかの施設と関

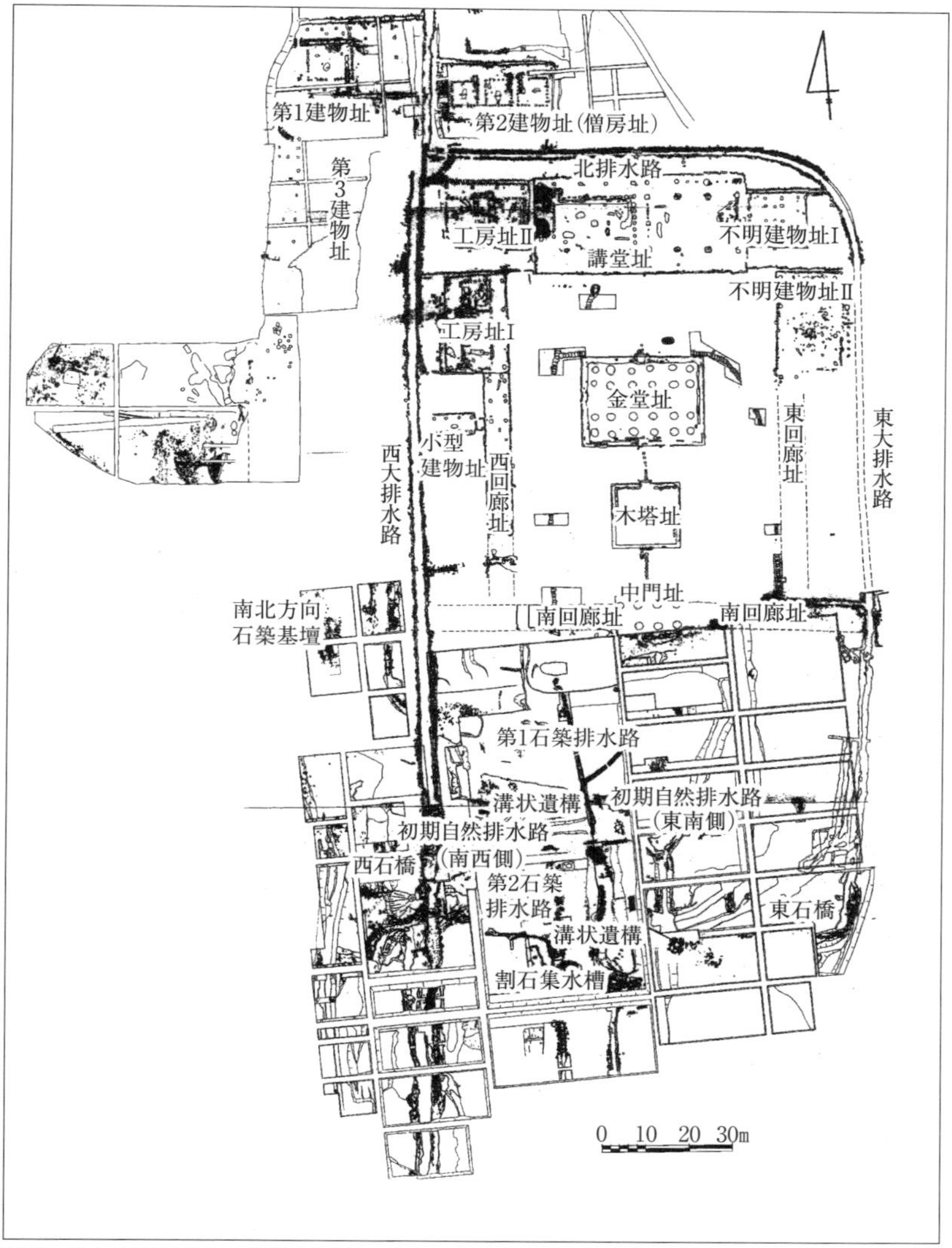

図20　扶余陵山里寺址の伽藍配置図

連があり、その上限は遺跡の最下層で出土した中国製青磁片などの共伴遺物からみて、五五〇年代を前後した時期と推定できる。したがって、この木簡を羅城の築造や泗沘遷都と関連するものと規定し難く、むしろ、五五四年の菅山城の戦いにおける聖王の戦死と関連するとみるのが合理的である。ただ、五六七年に木塔に心礎石が埋納された後に造られた遺構からも木簡が出土しているため、木簡の記載内容や廃棄様相などを総合的に考慮すると、ここで出土した木簡は、陵山里寺址の造営と整備、運営過程で製作・使用・廃棄されたものとみなければならない(3)。

このように扶余陵山里木簡の大部分は中門址南側の低湿地で発見されているため、その北側にあった伽藍中心部の変遷過程と密接に関連していたといえる。したがって、陵山里木簡の性格を明らかにするためには、伽藍中心部の変化を明確にしなければならない。そこで、本章では、五〇〇点以上出土している瓦当に注目し、その分布様相の分析を通じて、伽藍中心部の変遷過程と寺院の性格について考究してみたい。すなわち、伽藍中心部で出土した瓦当の相対編年と型式別分布様相を通じて主要建物の建設順序を把握し、これをもとに陵山里寺址の性格にどのような変化があったのかを具体的に分析する。陵山里寺址の事例を通じて、いわゆる定林寺式伽藍配置の原形をより明確に把握することができ、その展開過程についても理解の幅を広げることができるだろう。

第一節　瓦当の分布様相と建物の建設順序

扶余陵山里寺址では、百済の寺院としては異例の五〇〇点を越える多量の瓦当が出土しており、調査者による基本的な型式分類案と相対編年案も提示されている(4)。しかし、既存の相対編年案には若干の問題があり、特に、

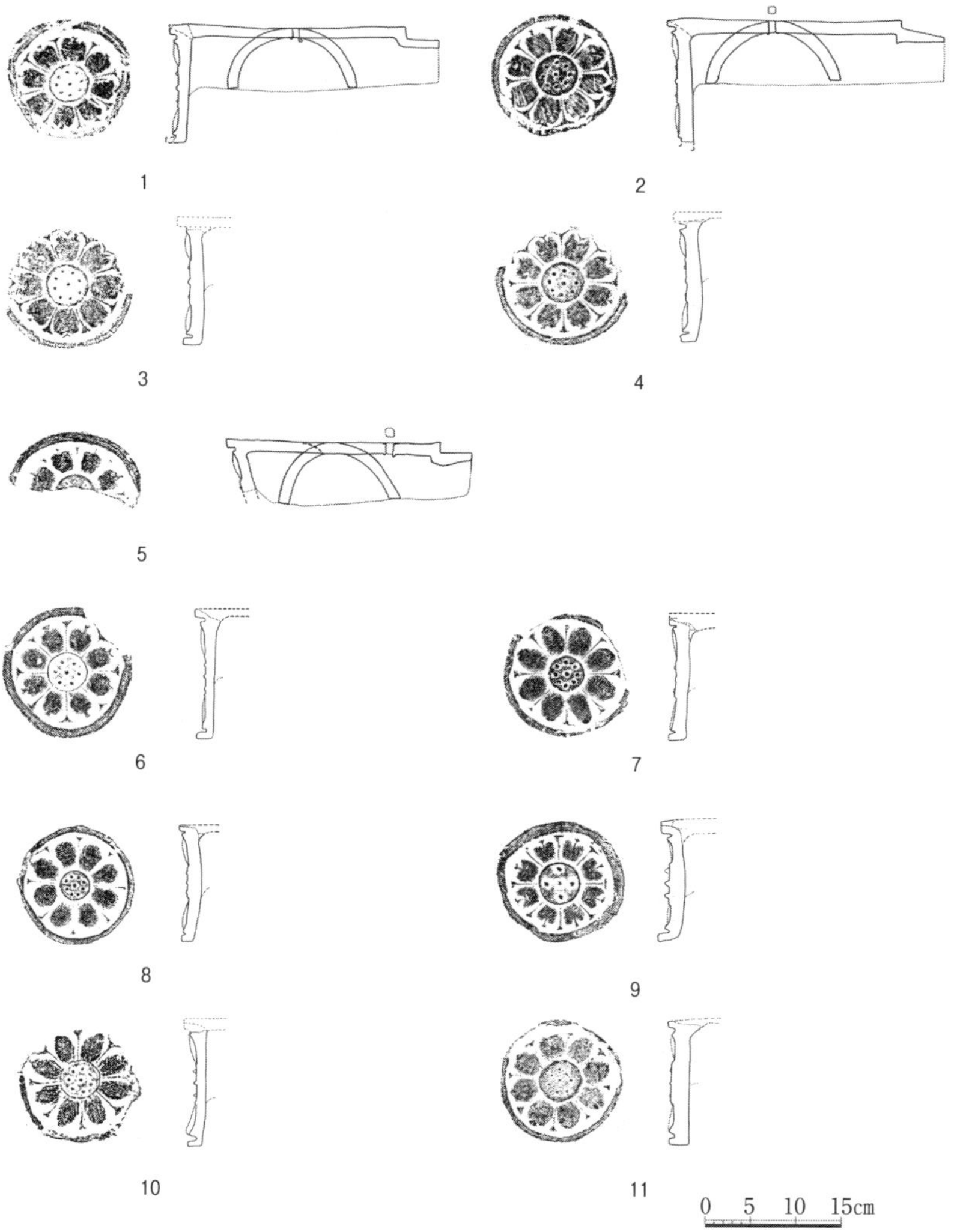

図21-１　扶余陵山里寺址の各型式別瓦当①
（1．1a型式、2．1b型式、3．1c型式、4．1d型式、5．1e型式、6．2型式、7．3型式、8．4型式、9．5型式、10．6型式、11．7型式）

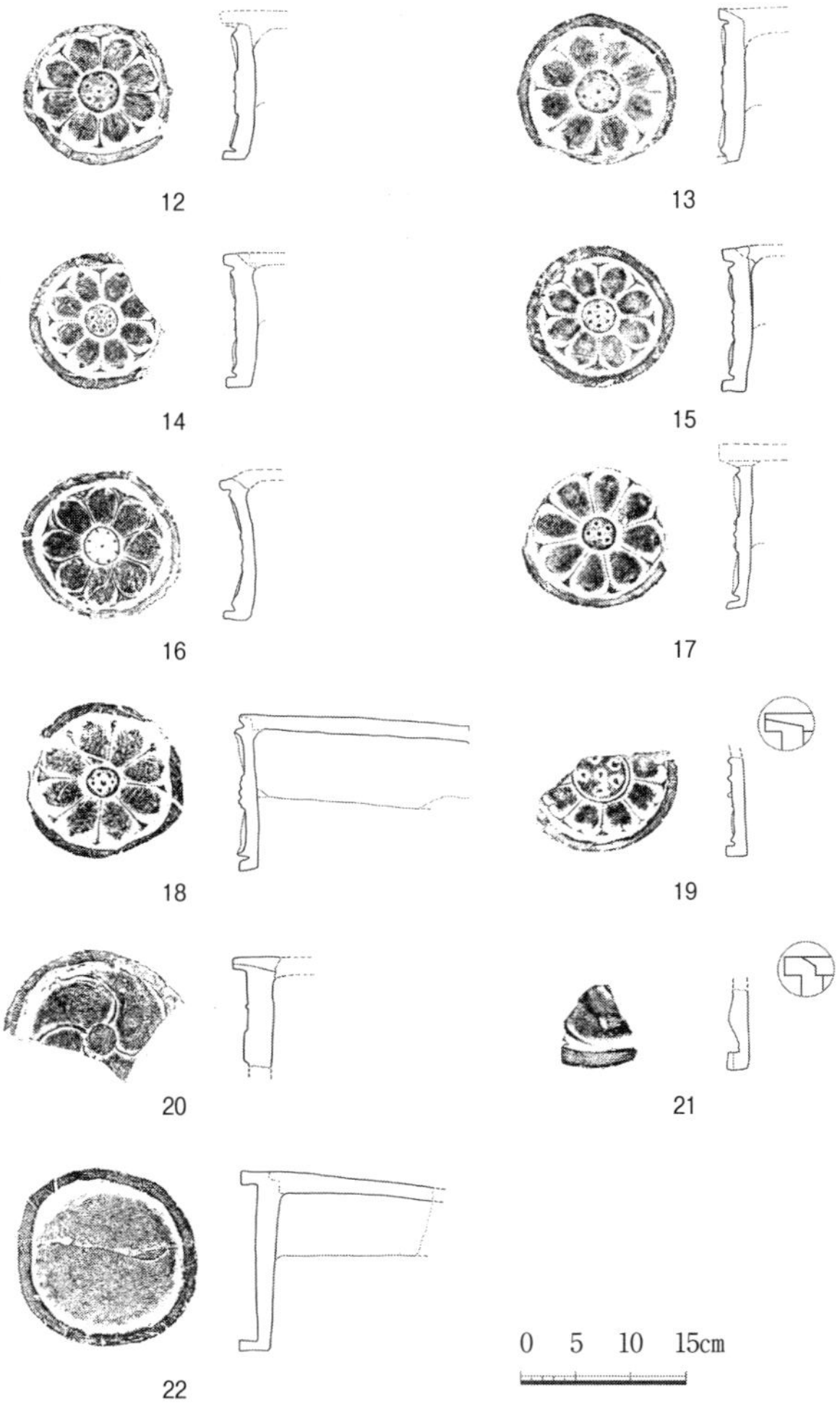

図21-2　扶余陵山里寺址の各型式別瓦当②
（12.　8ａ型式、13.　8ｂ型式、14.　9ａ型式、15.　9ｂ型式、16.　10型式、17.　11型式、18.　12型式、19.　13型式、20.　巴文１、21.　巴文２、22.　素文）

各型式別の分布様相に関する情報が欠落している。そのため、筆者は、出土瓦当に関する型式を再分類し、一三種類の蓮華文瓦当と二種類の巴文瓦当、一種類の素文瓦当を確認した(図21-1・2)。[5] また、各型式別相対編年を通じて、1型式と3・4・9型式を創建期瓦当に設定し、特に1a型式が最も古い段階に該当するとみた。

最も多く出土した1型式は、瓦当と連結された丸瓦の型式や胎土、色が少しずつ異なっており、工人や工房の差を示している。そのなかで、寺院に隣接した南回廊址東側の窯址からは1a型式瓦当のみが出土していることから、1a型式が生産された初期段階には、一窯址―一寺院型であったと考えられる。その後、1b型式~1e型式瓦当が生産され、3・4・9型式が生産・供給された段階には、複数窯址―一寺院型に変化したものと把握した。また、相対的に少量しか出土しない瓦当は補修用瓦当と考えられ、5型式は金堂址、6型式は木塔址、7型式は講堂址から集中的に出土することから、これらの建物を補修するために特別に製作・供給された瓦当であると推定した。

それでは、陵山里寺址から出土した瓦当は、各型式別にいかなる分布様相をみせるだろうか。また、伽藍中心部の建物址では、いかなる型式の瓦当が分布しているだろうか。このような分析は、伽藍中心部建物の建立過程を解明する重要な根拠となるだろう。表1は、陵山里寺址の伽藍中心部から出土した瓦当の型式別出土位置を整理したものである。[6]

まず、表1を中心に各型式別の分布様相を検討する。1型式瓦当の場合、全二七〇点が出土しているが、講堂址(七八点)と木塔址(七〇点)、不明建物址Ⅱ(二〇点)で最も高い頻度数をみせる。講堂址は、翼舎と考えられる工房址Ⅱと不明建物址Ⅰの間から出土した一二点を含めると、その比率は一層高まり、特に1a式瓦当の四八%が分布する点は注目される。木塔址は、講堂址と同様に多くの数量が出土したが、1a式よりは1b・1c・

表1　陵山里寺址伽藍中心部から出土した瓦当の型式別出土位置と数量

区分	西回廊址	小型建物址	工房址Ⅰ	西大排水路	工房址Ⅱ	工房址Ⅱと講堂址間	講堂址	講堂と不明建物Ⅰ間	不明建物址Ⅰ	不明建物址Ⅱ	東回廊址	東大排水路	金堂址	金堂址と木塔址間	木塔址	中門址	南回廊址	統計処理困難	不明	合計
1a式			2	3	5	7	47	1	2	7	1	1	4		5	1	9		2	97
1b式	2			2	4	1	26	3	3	10	1	2	9	4	44	1	8	4	7	131
1c式	1		1	1			5			1			1		9			2		21
1d式				1						2	1		1		12	1	1		1	20
1e式																			1	1
2式			1	2	1		1		1	3	2	2	25		3		7	2	2	52
3式	1			3			1		1	2			26		2	1	1	1	2	41
4式				3			3			2		1	12			2	1		3	27
5式			1	1									20	1	4				2	29
6式							1								19				1	21
7式		1	1		1		9	1	1	2			1		1				1	19
8a式							3			1		2	2							8
8b式			2		1		1										2			6
9a式															1	2			1	4
9b式																1	1			2
10式															1	2			1	4
11式				1											4				1	6
12式		1		1																2
13式													2							2
巴文	1			1																2
素文															4		2		1	7
合計	5	2	8	19	12	8	97	5	8	30	5	8	103	5	109	11	32	9	26	502

１ｄ式が集中する点において相違する。不明建物址Ⅱでは、１型式が金堂址よりも数量的に多く出土した。南回廊址の場合、１ａ型式瓦当の出土比率が高いが、伽藍中心部の地形が北高南低という点や中門址から五〇余メートル離れた南側一帯からも1型式瓦当が出土している点、東側近隣に創建期の瓦当を生産した窯址が運営されていた点などを勘案すると、特別な意味を見出し難い。創建期瓦当である1型式瓦当が伽藍中心部のほぼすべての建物址で発見されていることからすると、長期間にわたって大規模に製作・使用されたと推察される。

３型式瓦当は、全部で四一点が出土しており、金堂址から二六点が出土した。３型式全体の六三％が金堂址から出土していることを考えると、金堂址が最も重要な使用場所であったことがわかる。これは４・５型式瓦当の場合にも確認される現象である。４型式瓦当は全体の四四％（一二点）、５型式瓦当の場合、六九％（二〇点）が金堂址から発見されている。このような現象を考慮すると、３～5型式瓦当は一次的に金堂址で使用する目的で生産・供給されたと推定される。

９型式瓦当は、中門址（三点）と木塔址（一点）、南回廊址（一点）で少量しか出土していないため、分布上特別な意味があるとは考え難い。その他の瓦当は補修用瓦当で、５型式は金堂址、６型式は木塔址、７型式は講堂址専用の補修瓦当であろう。

では、伽藍中心部の各建物址でいかなる型式の瓦当が出土したかを検討してみよう。まず、講堂址の場合、全九七点の瓦当が発見されており、１型式七八点、７型式九点、８型式四点、４型式三点、２型式と3型式、６型式各一点が出土した。１型式瓦当は講堂址出土瓦当の八〇％を占めるため、この型式が講堂址の創建期瓦当といえる。１型式瓦当のなかで特に１ａ式瓦当が講堂址に集中分布する現象は、この建物址が伽藍中心部の様々な建物よりさらに古い段階に建立された事実を反映するものと考えられる。

また、7型式が講堂址に相対的に集中して分布する現象をみると、この型式が講堂址を補修するための専用瓦当と考えられる。もちろん、時期を異にする他の型式の瓦当も、講堂址の屋根を補修するために使用された。一方、講堂址の翼舎といえる工房址Ⅱと不明建物址Ⅰの場合、1型式の瓦当がそれぞれから九点・五点出土し、講堂址と連接した区域でも一二点が発見された。そうした点から、この翼舎建物も講堂址とほぼ同時期に建立されたものとみても無理なかろう。

木塔址では、全部で一〇九点の瓦当が発見されており、1型式七〇点、6型式一九点、5・11型式と素文各四点、2型式三点、3型式二点、7・9・10型式各一点が出土した。1型式瓦当は木塔址出土瓦当の六四％を占めており、この型式が木塔址の創建期瓦当と考えられる。ここから木塔址と講堂址はほぼ同じ段階に建立されていたものと考えられるが、木塔址では1ａ式が五点しか出土しておらず、1ｂ式四四点、1ｃ式九点、1ｄ式一二点など1ｂ式〜1ｄ式の比率が圧倒的に高い。筆者は1型式瓦当中、1ａ式と1ｂ・ｃ・ｄ式が生産地や工人集団の違いのみならず年代差があるものと把握している。したがって、1ａ式が集中分布する講堂址と1ｂ式が集中分布する木塔址の間には、若干の年代差があるとみられ、講堂址が木塔址よりやや古い段階に建立されたと推定される。6型式瓦当の場合、木塔址以外にはほぼ発見されていないため、木塔を補修するための専用瓦当と考えられる。

金堂址では、全部で一〇三点が発見されており、1型式一五点、2型式二五点、3型式二六点、4型式一二点、5型式二〇点、7型式一点、8型式二点、13型式二点が出土した。金堂址の場合、講堂址や木塔址とは異なり1型式をはじめとする3・4・5型式など初期の瓦当が分散していることが特徴である。したがって、金堂址の創建期瓦当は、1・3・4型式であったといえる。5型式をはじめとするその他の型式の瓦当は、金堂址の補修用

瓦当と考えられる。

不明建物址Ⅱでは、三〇点の瓦当が出土しており、1型式が二〇点、2型式三点、3型式二点、4型式二点、7型式二点、8型式一点が確認された。不明建物址Ⅱの場合、講堂址や木塔址、金堂址のように規模の大きい重層建物ではないが、比較的多くの瓦当が発見されている。特に、1型式瓦当が六七%を占めている事実は、この建物が比較的古い時期に建立され重要な役割を担ったことを物語っている。不明建物址Ⅱの創建期瓦当は1型式瓦当であり、少なくとも木塔址や金堂址以前の段階に建立されたものと推定される。

不明建物址Ⅱの性格については、この建物とその東側を通る東大排水路の間から木柵と類似した痕跡が発見された点と、このような木柵施設が中門址東南側の初期自然排水路付近から発見された柵状遺構と類似する点(六～七次調査)、特に中門址東南側の初期自然排水路区間から二九九号木簡と二〇〇一―八号木簡など祭祀・儀礼と関連した木簡が出土した点から、木塔建立以前よりなんらかの儀礼を担当し準備した場所であると推定される。

ところで、第一章で説明したように、定林寺址発掘調査によって、講堂址の東西に別途の付属建物址が東西回廊址まで続くように配置されていたことが新たに確認された。定林寺址の講堂址は、北回廊に連結するのではなく、その左右に別途の独立建物を配置した後、東西回廊によって連結したのである。この時の付属建物址の配置は陵山里寺址の不明建物址Ⅱや工房址Ⅰと類似するが、王興寺址の発掘調査でも同じ付属建物址二棟が確認された。陵山里寺址の不明建物址Ⅱと工房址Ⅰは、当初、定林寺址や王興寺址、軍守里寺址の回廊址北端の付属建物址と同じ機能を果たしたものと推定される。その具体的な性格については、弥勒寺址の場合、講堂址の左右に連結した付属建物址を「僧房址」と命名したことが参考となる。しかし、陵山里寺址の場合、九次調査で僧房址と推定される施設が確認されているため、これら付属建物址は、僧侶が寝食する生活空間としての僧房というより

は、公式の面会や儀礼準備など、より公的な事務が執り行われた空間であったとみるのが妥当であろう。

不明建物址Ⅱと対称をなす工房址Ⅰでは、八点の瓦当しか発見されなかった。1型式三点、2型式一点、5型式一点、7型式一点、8型式二点である。瓦当の出土量が少なく統計処理に限界があるが、不明建物址Ⅱが金堂址より古い段階に建立されたことからみると、対称をなす工房址Ⅰも、不明建物址Ⅱと似た時期に建立されたのではないかと推定される。ただし、工房址Ⅰが創建当時から工房として機能したかについては、建築構造上の疑問が提起されているため[7]、建物内の機能ともあわせ考慮する必要があろう。

中門址からは、全部で一一点の瓦当が発見されており、1型式三点、3型式一点、4型式二点、9型式三点、10型式二点が出土した。中門址の場合、出土量は少ないとはいえ金堂址のように1型式が少なく、3・4型式と9型式が出土している点が留意される。このような瓦当の出土様相は、金堂址建立過程にあらわれた陵山里寺址の瓦供給体系の変化を反映していると考えられるからである。中門址の場合、他の建物と異なり9型式瓦当が出土しているが、筆者の相対編年案のように9型式瓦当が3・4型式瓦当より若干遅くこの寺址に供給されたのならば、中門址の建立は、金堂址のすぐ次の段階に始まったとみることができるだろう。

回廊址の場合、出土瓦当が極めて少なく、建立時期を推定することは困難である。東回廊址の場合、1型式三点、2型式二点が出土し、西回廊址の場合、1型式三点、3型式一点、巴文一点が出土した。南回廊址の場合、1型式一八点、2型式七点、3型式一点、4型式一点、8型式二点、9型式一点、素文二点が出土しているが、廃寺以後、木塔址や金堂址に使用された瓦が水に流され移動した可能性を排除できず、大きな意味を与えることは難しい。また、このような瓦の分布様相からみると、回廊の屋根に瓦当が使用されたのか疑問が残る。

回廊址の建立時期は、東・西回廊址と南回廊址が接する地点で発見された暗渠施設など排水施設の整備過程を

考慮すると、[8]他の建物がある程度完備した後、最も新しい段階であったと考えられる。西回廊址外側の小型建物址では、7型式一点と12型式瓦当一点しか発見されていないため、この建物も瓦当で飾られた建物ではなかったとみられ、伽藍中心部の完備後に一段階遅く建立されたと思われる。

以上、陵山里寺址における伽藍中心部の建物の建設順序を、出土瓦当の分布様相から検討してきた。その結果、伽藍中心部の建物は、講堂址とその付属建物がまず建てられ、木塔址と不明建物址Ⅱ、工房址Ⅰがその後に建立されたものと推定される。木塔址と不明建物址Ⅱ、工房址Ⅰの前後関係は、出土瓦当のみでは判断し難い。しかし、不明建物址Ⅱを筆者のように初期講堂址と関連したなんらかの施設と理解できるならば、それらの状況からみて、木塔址より先に建設されたと考えられよう。

また、後述するように講堂址の主屋と不明建物址Ⅰ、工房址Ⅱ、不明建物址Ⅱ、工房址Ⅰなどは共通して庇や庭を備えており、二室、または三室に分かれている。このような建物構造は、これらの建物址が同時期に建設されたことを示唆しよう。木塔建立以後、金堂址、中門址の順で建立され、回廊址は最後の段階に建立されたものとみられる。

伽藍中心部の建設順序で注目されるのは、講堂址とその付属建物が木塔址や金堂址より古い段階に建立されたことである。一般的な古代寺院の建立過程は、木塔や金堂がまず築造され、その後に中門と回廊が造られて、講堂が最も遅れて造られる。[9]しかし、陵山里寺址の場合、講堂址をはじめとする工房址Ⅰ・Ⅱ、不明建物址Ⅰ・Ⅱがまず建てられ、その後に木塔と金堂、中門、回廊が建立されたことが明らかになった。これは、講堂址を中心にした初期建物群が、木塔址や金堂址を中心にした寺院とは性格が異なるなんらかの特殊な目的を持っていたことを示唆している。ただし、講堂址と木塔址の主流瓦型式である1a式と1b式瓦当がほぼ同じ文様であること

から、年代差は大きくなかったものと考えられ、初期建物群と木塔をはじめとする寺院建築物の時期差は、さほど大きくなかったと推定される。

第二節　初期建物群の性格

陵山里寺址の伽藍中心部建物の建立の絶対年代を理解するうえで最も重要な資料は、木塔址地下の心礎石で発見された昌王銘石造舎利龕である。しかし、各建物の建設順序についての分析の結果、舎利龕を地下に埋めた五六七年以前にすでに講堂址をはじめとする初期建物群が機能していたと考えられる。そのため、その初築の上限と性格に関する問題を検討する必要がある。(10)

発掘報告書では「講堂址から南側に約四三メートル離れた場所から、この沼地状の土層上部から一連の遺物が出土したが、これらの遺物は中国陶磁器片、土器片、各種木製品などがカキや各種の貝殻など自然遺物と共に出土した。このことから、寺が建立される以前からこの地域はなんらかの生活空間として利用されていたようである」とし、(11)陵山里寺址の創建以前に、すでに人為的な使用痕跡があったことを示している。

陵山里寺址の場合、北高南低の地形で本来低湿地であったために、台地造成と排水に相当な労力を傾けている。初期の排水路や最下層遺構からは、比較的古い時期の遺物が出土している。それらのうち、青磁貼花人物文樽片や青磁盞片、黒褐釉陶硯台脚片といった中国青磁片や各種硯片は、相対編年が可能であり、検討の結果おおよそ六世紀半ばに編年される。(12)また、陵山里寺址の最下層から出土した三足土器や蓋杯、器台など土器類の検討からも、泗沘遷都以後から六世紀半ばにかけての遺物が多数含まれていることが確認された。(13)

このような遺物の出土状況は、初期建物群といかなる関係を持つのだろうか。扶余陵山里寺址の初期建物群の展開過程を検討する際、考慮されるべき重要な事件を列挙してみると、五三八年の泗沘遷都と東羅城の築造[14]、五五四年の管山城の戦いにおける聖王の死と陵山里王陵の造営、五六七年の昌王銘石造舎利龕の埋納などが挙げられる。陵山里寺址最下層で発見された遺物は、六世紀半ばに陵山里一帯で活動した人々の痕跡と考えられるため、東羅城の築造や王陵の造営、寺院の建立などと関連がある。

しかし、中国青磁片や硯片などは、その上限が五三八年段階まで遡らないことを示しており、それを泗沘遷都の問題と結び付けることは難しい。また、これらの遺物は木塔址心礎石の埋め立て年代より若干古いため、仏教寺院の創建問題として断定することも難しい。そうした点から、講堂址を中心にした初期建物群は、東羅城や聖王陵の築造、陵山里寺址の初期的形態という観点から追究することがより適切であると考える。

陵山里寺址の中門址南西側と東西側の初期自然排水路からは多数の木簡が出土しており、この問題にアプローチできる可能性がある。ここから出土した木簡は、記載内容から、仏教や儀礼と関連した木簡、移動を伴った情報伝達関連木簡、記録管理関連木簡などに大きく分類できる[15]。陵山里木簡は、出土位置によって廃棄年代や記載内容に若干の違いがあるが、大部分は、木塔の心礎石埋め立て以前やその前後に廃棄されたもので、木簡の廃棄時期と出土状況、記載内容を総合して、五五四年の聖王の死を前後して陵山里一帯で執り行われた各種仏教行事や儀礼、物品の移動、行政行為と関連があると考えられてきた[16]。近藤浩一が提唱した羅城築造木簡説の最大の問題は、この一帯に寺院建立以前に瓦を使用した施設が存在したとすれば、そのような水準の施設は、単純に羅城築造を目的とした臨時的な施設とみることは難しいという点である。また、仏教や祭祀儀礼と関連した内容が記載された木簡を、羅城築造に限定して理解するのは困難であろう。

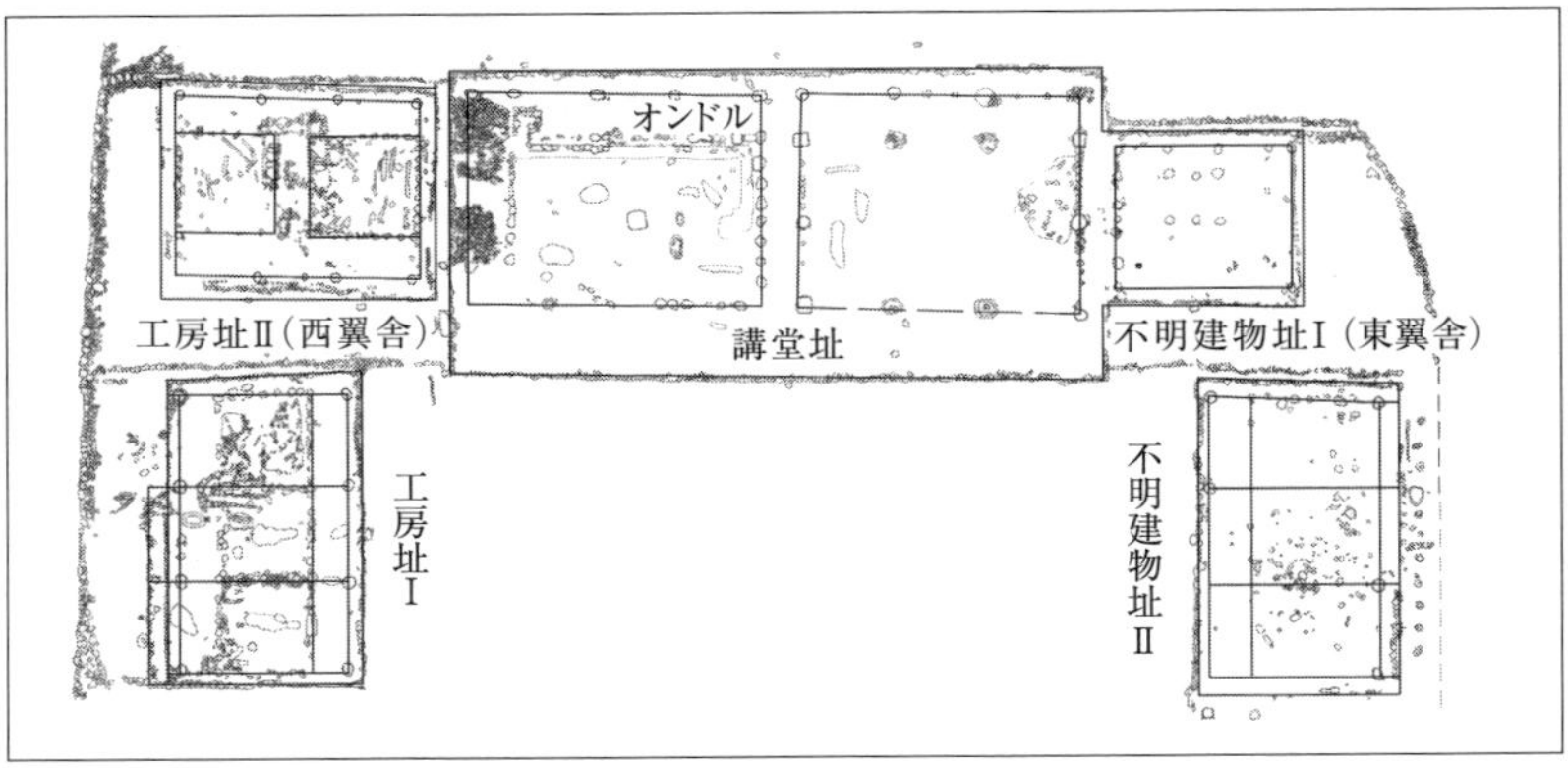

図22　扶余陵山里寺址の初期建物群

現在まで一一次にわたって調査された陵山里寺址の中心部と周辺部から出土した土器類と瓦類、各種金属工芸品と木製品、中国製遺物などは、すべて陵山里寺址と不可分の関係にあり、木簡もそのような観点から理解しなければならないだろう。尹善泰は、陵山里木簡のなかに仏教、つまり陵山里寺址を作成主体と考えざるを得ない木簡が存在することを認めている。[17] 陵山里木簡は、東羅城よりは陵山里寺址、そのなかでも特に初期建物群と密接に関連すると言えよう。そうした観点から、初期建物群の性格は、聖王の戦死や王陵の築造、陵寺としての陵山里寺址の建立過程などと関連させなければならないと考えられる。

講堂址をはじめとする初期建物群は、すべて庇や庭を備えていて、二室または三室に分けられるという共通点が確認される。したがって、初期建物群の性格を明確にするためには、この建物の構造を調べる必要がある（図22）。講堂址は、東西三七・四メートル、南北一八・〇メートルで、伽藍中心部北側の一番高い場所に位置する最も大きな建物で重層に復元される。[18] 講堂址の基壇は、木塔址や金堂址とは異なり、雑石と瓦片を利用して積んでいる。一つの屋根の下に隔壁を置いて構造が異なる二つの部屋が設けられているが（いわゆる一棟二室）、二つ

の部屋の間には二・二メートルの通路がある。また、主屋の東室は正面三間、側面二間であるが、内部に礎石がない構造で、東・西・北側に壁体があり、南側からのみ内部をみることができる[19]。西室は、東壁中央にかまどを設置し、東壁北側と北壁にかけてオンドル施設が設けられていた。中央には方形の花崗岩が置かれており、その東南側には長方形の石槨形施設と長楕円形施設が確認された。ここからは三ヶ所で二〜三センチ程度の焼土層が発見されたが、火災によるものではなく、長期間火を焚いた結果形成されたものであるという。また、西室の石槨形施設の内部からは木製漆器片が発見されたが[20]、華麗な花文の漆器という点から、ここが非常に格式の高い場所であることが推察できる。

講堂址の東西には翼舎が位置しているが、東側と西側の構造が異なる。工房址Ⅱと呼ばれる西側翼舎は中央に通路型空間があり、二つの部屋に分けられている。南側基壇の前には庭があって、庭の西端には西排水路に連結した橋が確認される。不明建物址Ⅰと呼ばれる東側翼舎は一つの部屋で構成されており、工房址Ⅱより若干小さい。工房址Ⅱと不明建物址Ⅰともに翼舎と呼ぶことができるが、後者のほうがより翼舎の性格を有し、若干非対称をなしている。

その南側に不明建物址Ⅱと工房址Ⅰが配置されている。工房址Ⅰは、庇があり三つの部屋で構成されているが、排煙施設と炉施設、排水施設、各種金属品とガラス製品、スラグが出土した。工房址Ⅰの主屋の南室と北室入口では瓦積基壇が確認される[21]。不明建物址Ⅱの場合、破損が激しいが、現存している遺構をみると工房址Ⅰと同じ構造であり、対称をなしていたと推定される。この建物址の東側基壇外郭から一二個ほどの木柵列が確認されたが、報告者はこれを塀のようなものとしている。

初期建物群は全体的にコの字型の配置をなしており、そのうち講堂址は、百済はもちろん高句麗・新羅の古代

寺院で確認される一般的な講堂建築とは明らかに異なる。このような独特な建物構造は、集安東台子遺跡と類似する。一つの屋根の下に隔壁を施した二つの部屋があることや、オンドル施設、用途未詳の大型板石材などが共通して確認される（図19-5）。そのなかで集安東台子遺跡の東側部屋中央にある長方形巨石（あるいは石座）は、日常生活や官人の活動場所とはみなし難い。方起東は、これを祭祀と関連した神主と類似しており、『三国史記』故国壌王九年（三九二）春三月条に出てくる「社稷をたてて宗廟を修理するようにした」という記録を反映するものとする[22]。したがって、陵山里寺址の講堂址の場合も、仏教寺院本来の講堂でなく、神宮や祭堂であるという見解[23]、また、平常時には祖王を祭祀する神廟で、王室の喪葬儀礼時には殯宮として使用されたという見解も提起されている[24]。

そのような観点から、陵山里古墳群の中下塚が聖王陵に推定されていることに注目する必要がある[25]。陵山里寺址が聖王を追福して聖王陵を守るために創建された寺院だったという事実は、石造舎利龕銘文を通して類推できる。しかし、建物址の建立過程を分析してわかったように、五五四年段階から陵山里寺址が願刹や陵寺として機能したのではなかった。これまでは、五六七年を木塔建立の完成、または寺院建立の完成とみて、それ以前から陵山里寺址が陵寺として機能していたと考えられてきた。しかし、五六七年は舎利龕を地下に埋納した年であるため、木塔建立が始まったものと限定して考えなければならないだろう。

陵山里寺址が陵寺として機能したのは、少なくとも五六七年以後であり、木塔建立の前後で、建物の規模と機能、性格に違いがあったといえる。こうしたことから、五六七年以前の講堂址をはじめとする初期建物群は寺院の付属建物でなく、陵墓祭祀と関連した独立的な施設として設計された可能性がある。その上限は、五五四年の聖王の戦死が重要な基点になるであろうが、共伴遺物の出土状況をみると、それをもう少し遡る可能性がある[26]。

一方、南朝では、皇帝が生前にあらかじめ寿陵を準備し、陵の付属建物として寝殿を建てた。南朝では寝殿を寝廟と呼ぶ場合が多かったが、寝廟以外に帝陵にはこれを管理する人々が泊まる吏舎などの建築物があり、仏教が盛んになると陵墓のそばに仏寺を建てる場合もある。[27]『建康実録』には次のような記録がある。

史料六

（五四四年）三月甲午、幸蘭陵。庚子謁建陵、陵上有紫雲覆、久而乃散。帝望陵流涕、所沾草木変色、陵旁先有枯泉、是時流水香潔。辛丑、帝哭於修陵。又於皇基寺設法会、賜蘭陵老少位各一階、所経県邑、放今年租調。因賦還旧郷詩。

（『建康実録』巻一七 高祖武皇帝 大同一〇年条）[28]

『南史』巻七、武帝紀中にもこれと類似する内容が伝わっているが、建陵は父蕭順之文帝、修陵は武帝自身の陵と推定されている。[29]五四四年三月、武帝は自身が生まれた蘭陵に行き、同月一六日には父の陵である建陵を拝し、翌一七日には自身の墳墓である修陵に赴いた。そして、一八日にはその近くに建立された皇基寺で法会を開いた。[30]『梁書』巻五〇、任孝恭伝には、彼が武帝の命によって「建陵寺刹下銘」を作ったという記録が残っており、皇基寺が建陵寺とも呼ばれた可能性があるという。[31]このようなことから皇基寺は建陵寺として建陵の陵寺であったと考えられ、少なくとも五四四年段階には維持されていたといえる。梁武帝は亡くなった両親のために大愛敬寺と大智度寺を建立しているが、建陵のそばには別に皇基寺を建立していたのである。

古代東アジアにおいて陵墓と寺院が結び付いた最も多くの資料が残っている事例は、北魏方山永固陵と思遠仏寺である。方山には太和年間に霊泉宮・思遠仏寺・永固陵など陵園が造営されたが、山西省大同市北方には、現

在も北魏文明皇后馮氏の墓である永固陵と孝文帝の寿陵が残っている。孝文帝の寿陵は、文明太后の墓の東北一里にあるが、埋葬されない虚宮として万年堂と呼ばれた。寿陵の南側には永固陵と永固堂、思遠仏寺、霊泉宮池などがほぼ一直線上に配置されている（図23）。

図23のA地点を馮太后の陵墓、永固陵とみて問題はない。永固陵は塼室を封土しており、下方上円形の陵墓であるが、下方部は、東西一二四メートル、南北一一七メートル、残存高は約二三メートルに達する。(32) 永固堂の位置については図23のC地点の白仏台遺跡とみたり、B地点、またはAとC地点の広い空間にあてる見解がある。『水経注』の記録には、永固堂は祭祀儀礼などの行われる場所であり、馮太后の廟という性格を有する。(33) D地点草堂山遺跡は思遠仏寺遺跡に比定されるが、一九八一年この一帯で行われた発掘の調査結果が近年公表されている。(34) そこでは北魏時代の塑像と文様塼、方形

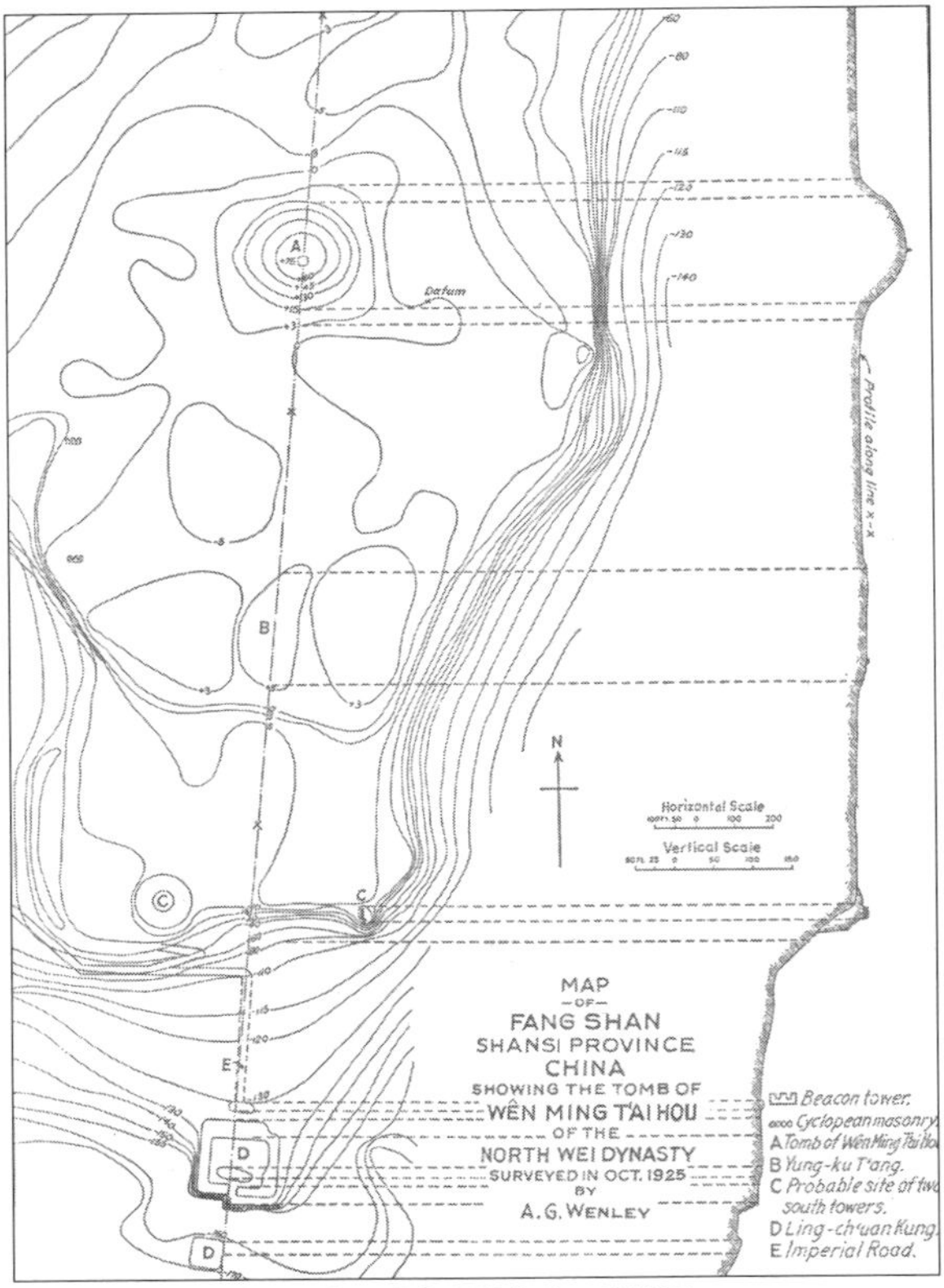

図23　大同北魏方山の永固堂と思遠仏寺の配置図
（1947年 Wenley 調査図面）

の木塔址の痕跡などが確認された。

ただ、C地点の白仏台遺跡の性格に関して、白仏台遺跡とD地点の草堂山遺跡の二ヶ所とも思遠仏寺とみなす見解が出され議論になっている[35]。白仏台遺跡（C地点）でも一辺二〇メートルにおよぶ土台と塑像が発見されたからである。しかし、図23からもわかるように白仏台遺跡として知られるC地点は一ヶ所ではなく、二ヶ所あり、東西対称に配置されている。よってこの見解にしたがうなら、一つの遺跡内に三ヶ所の木塔があったことになる。特にC地点の白仏台遺跡と思遠仏寺にあたるD地点の間には五〇メートル以上の高低差がある。よってC地点から塑像が出土したとしてもそれをD地点と同一の荘厳な木塔とみることはできない。筆者は白仏台遺跡と命名したC地点を『水経注』にみられる南門の東西に位置する「石闕」とみるのが適切であると考えている。『水経注』では、石闕の下の山を削り「御路」をつないだとする。図23の西側、C地点とD地点の間にはジグザグ形の道がみられるが、これこそが「御路」と考えられる。いずれにせよ、方山一帯では、思遠仏寺という寺院が建設された後、寿陵である永固陵が造られ、その後に永固陵の清廟である永固堂が造られていることは、陵墓と寺院の結合が進行する過程を物語る事例であると言えよう。

高句麗定陵寺の場合、伝東明王陵から南側に一二〇メートルほど離れた所に位置し、「定陵」「陵寺」などの銘文がある土器片から、伝東明王陵の陵寺と推定されている（図24）[36]。伝東明王陵の墓主については、移葬した東明王陵[37]、長寿王陵[38]、あるいは政治・社会的権威の象徴物や虚墓である可能性[39]など様々な見解が提起されてきた。しかし、古墳の築造時期は、立地や背後の封土墳との分布関係、構造形態、壁画の内容等からみて、四二七年の平壌遷都以後である五世紀後半代の古墳であることは明らかである[40]。定陵寺址と伝東明王陵の前後問題は、これまで公表された資料だけでは判断し難いが、少なくとも六世紀前半以前には陵墓と寺院が結合した景観が演出され

ていたことは明らかであるといえよう[41]。

このように中国南北朝時代と高句麗では、陵墓付近に陵の修理や管理、各種祭祀を執り行ううえで必要な建物があり、それが仏教寺院と結合した事例が確認される。百済の場合も、陵山里一帯でそのような様相が同じように展開したのではないかと思われる。

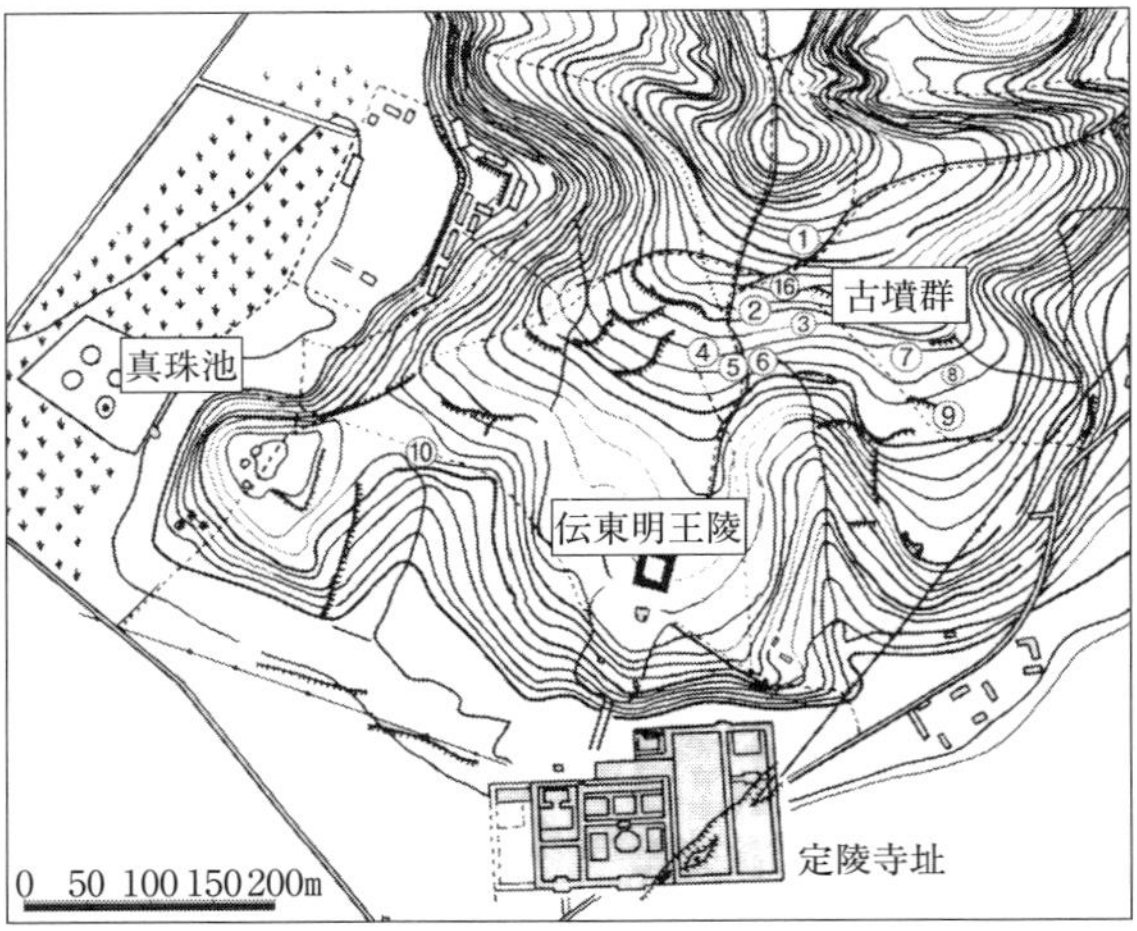

図24　平壌の伝東明王陵と定陵寺の位置

中国の文献によると、王陵付近の祭祀関連施設として両側に翼舎を備えた建物は「廟」と呼ばれた。中国の陵寝制度において寝と廟は位置と機能、建物構造が異なるが、『爾雅』「釈宮」では、「室有東西廂曰廟、無東西廂有室曰寝」としている。廟に副室があったのは、廟が朝を真似て建築されたためであり、朝にある東西の廂は、臣下が君主の政務処理を待ったり朝見を準備する場所であった[42]。『爾雅』「釈宮」でいう廟は、東西の翼舎を持つ講堂址の全体構造と符合し、南側のみ開放された陵山里寺址の講堂址の主屋東室の構造とも合致する。ただ、講堂址の東西にある不明建物址Ⅰと工房址Ⅱは、明らかに翼廊でなく翼舎建物であるが、図22からわかるように、東側翼舎は一室であるのに対し、西側翼舎は二室で構成されており、講堂址と接する位置もまた正確な左右対称をなしていない。したがって、このような建物配置と構造を廟と断定することは難しく、軍守里寺址の東北基壇と西

北基壇として知られている遺構と類似する配置をなしていることから、陵山里寺址特有の独特な伽藍配置であると断定することには躊躇せざるを得ない。さらに、それを宗廟や仇台廟[43]あるいは神宮のうちのどれかであると推定するのは、現時点においては困難である。

講堂址をはじめとする初期建物群の建物構造と配置、その関連内容はもちろん、各種の祭祀関連記録が記されている木簡の記載事項、結果的に五六七年以後に仏教寺院として機能することになった点などを総合的に考慮して、初期建物群は、陵山里古墳群、特に聖王陵の祠廟あるいは祠堂施設と考えたい。宗廟や仇台廟のような国家祭祀施設と断定し難い理由は、王室勢力がそのような国家祭祀施設を仏教寺院に変えることができたのかが疑問であり、陵山里出土木簡の記載内容と解釈も考慮する必要があるためである。初期建物群をはじめとする木塔址と金堂址の配置は、仏教寺院、特に陵寺や願刹の建立という巨視的な基本計画のなかで、その必要性と重要度によって順次建立されたものと理解しなければならないだろう。

一方、陵山里一帯で聖王陵の祠廟施設が建立された背景については、これまで主に高句麗の影響が強調されてきた。図19-5の東台子遺跡や図49の定陵寺で確認される独特な建物構造と、板石造の二重屈折型オンドル施設、煙筒形土器をはじめとして扶余地域で発見される高句麗系土器が重要な根拠となる。しかし、陵墓と仏教寺院の結合様相は、高句麗だけでなく北魏や梁でも確認される現象である。また、第一章や第四章第一節で検討するように、泗沘期の仏教寺院には高句麗と南朝の影響が確認されるため、南朝についても注意が必要である。

そこで、高句麗の影響とともに講礼博士陸詡の活動や梁武帝の影響にも注目したい。陸詡は崔霊恩から『三礼義宗』を習い、五四一年から五五二年の間に百済で活動した人物である[44]。百済では、泗沘遷都を前後して梁から祀典をはじめとする各種制度を受容したが、周礼の理念に立脚した政治秩序の確立には陸詡が重要な役割を果た

したと考えられる[45]。陸詡は遷都以後一〇余年間、講礼博士として活動しながら国王と群臣に多くの影響を与え、祭儀体系はもちろん具体的な祭場の選定や儀礼の順序にも関与したであろう。そのような状況から、陵山里一帯で熊津期とは異なる祠廟施設が設立された背景には、陸詡の影響があったと考えられる[46]。

梁武帝の影響は、より直接的なものとみられる。彼は両親への孝道を表現するため大愛敬寺を創建したが、愛敬とは『孝経』の核心的語句である。『孝経』に拠りながら明孝道と造寺、講読がともに行われるのは、梁で新たに展開した孝思想の姿であるという[47]。陵山里寺址一帯で儒教的な喪葬礼と関連した初期施設が、寺院である願刹や陵寺に転換できた背景には、梁から受容された孝思想と儒仏の思想的融合という土台があったためであろう[48]。

梁武帝の影響は、威徳王の捨身関連発言からも見出すことができる。威徳王は、戦死した聖王の冥福を祈るため出家修道を宣言するが、諸臣の引き止めによって出家をあきらめ王に即位した。威徳王が捨身の発言を通して所期の政治的目的を達成しようとした背景には、梁武帝による捨身関連の行跡が大いに参照されたであろう。

威徳王は、自身が出家修道するのをあきらめる代わりに、一〇〇人を出家させようという臣下たちの建議を受け入れる。そこで、臣下たちは相談して一〇〇人を出家させて多くの幡蓋を作り、様々な功徳を積んだという。これはまさに、父王の追福をするための国家的な事業の展開といえる[49]。この時、出家した度僧一〇〇人は、威徳王の失墜した王権を回復する基盤になったであろうし、結果的に陵山里寺址創建の主役となったであろう[50]。その時点が五五五年八月のことであり、五六七年の舎利龕を埋めたのとでは一二年の時差がある。そして、まさにその頃、講堂址を中心にした初期建物群が様々な役割を担っていたと考えられる。それは、聖王陵の築造や聖王を追福するための各種祭祀や儀礼を執り行った祠廟のようなものであったと推定される[51]。このように威徳王の行跡には、高句麗をはじめとして梁武帝や陸詡の影響が認められる。ただ、泗沘遷都後、百済の祀典体制に影響を及

ぼした陸詡の場合、その師である崔霊銀が元々、北朝で官職に就いた後、天監一三年（五一四）に梁へ渡った人物であるという点を考慮すると、(52)王陵の近隣に仏寺を築造することは、ある一国の系統や影響というよりも、当時の一つの思潮であった可能性を指摘できるであろう。

第三節　寺院の変遷過程とその意義

陵山里寺址の講堂址をはじめとする初期建物群は建物の特殊な構造のみならず、伽藍において最初に建立されたことが注目される。これらは一般的な仏教寺院とは異なる目的を担ったと考えられ、五五四年に非業の最期を遂げた聖王を追福するための祭祀を執り行った祠廟のようなものと推定される。このように初期建物群が早くから建立された背景には、聖王の戦死という歴史的な出来事が介在している。そこで、次に、陵山里一帯で聖王陵が築造された経緯と、伽藍中心部建物の整備過程および寺院建立の意義についてみていく。

陵山里寺址最下層から出土した中国製青磁片や硯片、土器片などの上限は、六世紀中頃と考えられる。しかし、この年代は極めて相対的なものであり、五五四年という絶対年代といかなる関係を有するのか検討する必要がある。陵山里古墳群の中下塚の石室構造や出土遺物などの考古資料からは、それが聖王の生前に造られたのか死後に造られたのか確定し難い。

ただ、図25をみると、陵山里古墳群の周辺に陵山里寺址だけでなく防御施設である東羅城と羅城の東門、三山の一つである呉山（烏山）などが意図的に配置されている。陵山里一帯は、中国や日本の都城制にみられる羅城門と類似した景観が演出されるなど、非常に重要な地域であったといえる。(53)そうしたことから、五三八年の遷都

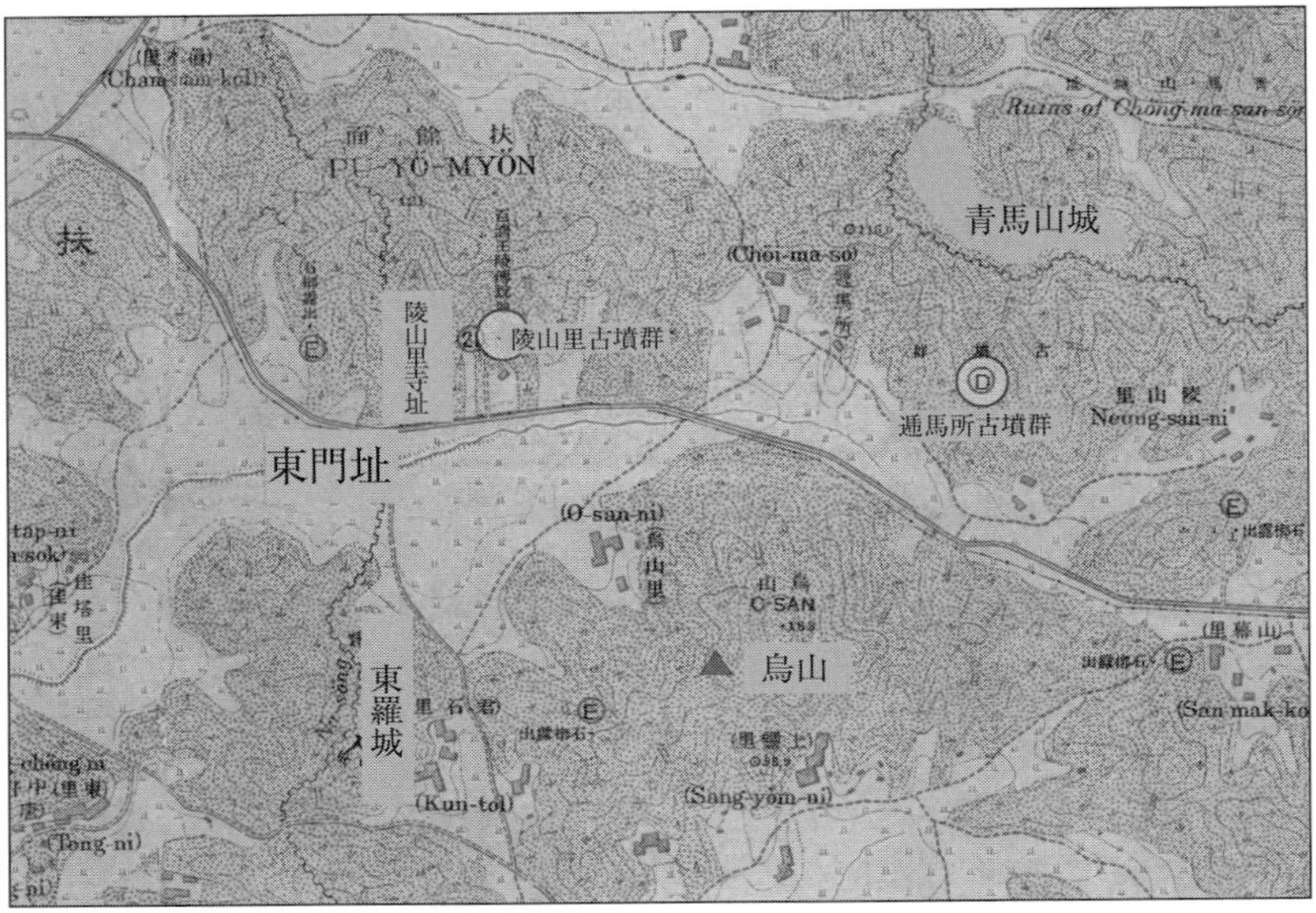

図25　扶余陵山里寺址と周辺の遺跡分布図

時からそのような配置計画案が準備されていた可能性がある。つまり、陵山里一帯は、聖王の寿陵の有無と関係がなく、王室の埋葬地として聖王の生前からすでに決められていた可能性がある。(54)

五五四年七月の聖王の戦死は、あらかじめ想定されていたことではなく、この時聖王の遺体もまた非常に特殊な状況に置かれていた。『日本書紀』欽明紀一五年冬一二月条は、管山城の戦いの展開過程と聖王が戦死する過程を詳細に描写しているが、聖王の遺体処理に関する次の内容が注目される。

史料七

(前略)苦都斬首而殺。掘坎而埋。一本云、新羅留理明王頭骨、而以礼送余骨於百済。今新羅王埋明王骨於北庁階下、名此庁曰都堂。

(『日本書紀』巻一九　欽明天皇一五年冬一二月条)

『日本書紀』には、飼馬奴苦都が聖王を斬首した後、

その死体を竪穴に埋めたという説と、頭蓋骨は新羅の慶州に送って、他の骨は百済に送ったという説をともに記録している。昌王銘石造舎利龕の銘文によると陵山里古墳群に聖王の墓があり、中下塚に該当するものと推定されることから、後者の可能性がより高い。前者の場合であっても、陵山里一帯に仮墓が造られたとみなければならないだろう。

聖王の亡骸は、いかなる過程を経て中下塚に葬られることになったのであろうか。百済の三年服喪制度は、中国側の記録だけでなく武寧王陵の誌石を通して、二七ヶ月三年喪であることが証明された(55)。もちろんこの場合も、武寧王陵が生前に造られた寿陵であったのかという問題が残っているが(56)、聖王こそ武寧王陵の最終的な完成者である点に注目すると、威徳王の場合も三年喪の伝統を継承したと考えられる。もし、聖王が五五四年七月に正常な死を迎えたと仮定すれば、彼は五五六年一〇月前後には中下塚に本埋葬されたであろう。しかし、管山城の戦いの過程で起きた非常事態のなかでいつ、いかなる手続きによって国葬が執り行われたのかを推定することは、ほぼ不可能である(57)。

筆者は、聖王が亡くなった後の葬儀の手続きと関連する事件が、五五五年八月の威徳王の出家発言ではないかと考える。威徳王は「奉為考王」を名分に出家修道すると言い、その結果、一〇〇人の度僧と幡蓋を作るなど様々な功徳を積んだ。この奉為が持つ意味や孝思想が仏教と結合する様相についてはすでに十分な研究があり(58)、幡蓋と功徳の具体的な様子の推定もある(59)。

ところで、この出来事の裏面には、五五五年八月頃にはすでに聖王の冥福を祈るために出家修道する条件が成熟していたという事実が含まれている。その時点で、すでに聖王の遺骸がなんらかの施設に奉られていた可能性を類推できるのである。それゆえ、講堂址をはじめとする初期建物群を殯殿関連施設とすることは論理的に無理

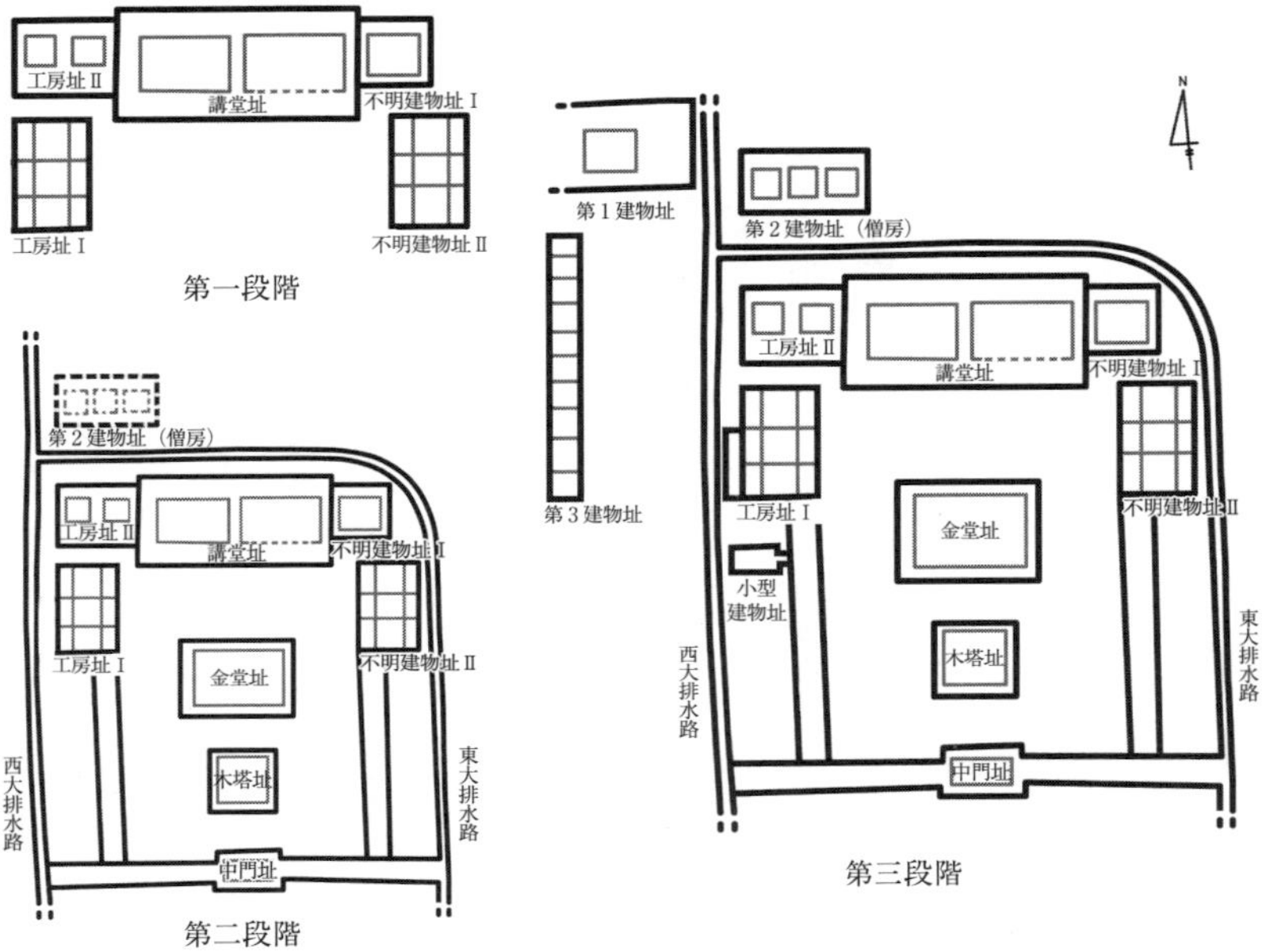

図26　扶余陵山里寺址の変遷過程

があり、王陵と関連した祠廟施設と理解するのが妥当である。

陵山里寺址伽藍の変遷と整備過程は、大きく三段階に区分できる（図26）。第一段階では講堂址と東西翼舎、不明建物址Ⅱ、工房址Ⅰ以外に、木塔址西側の西側暗渠と中門址東南側と南西側の初期自然排水路、柵状遺構、西排水路付近で発見された木橋、窯址などが機能していた。講堂址をはじめとする初期建物群は、南側一帯が開放されている構造であるが、講堂址前庭は大きな広場のような形態であったと考えられる。このような広場は、祠廟施設と推定される講堂址とともに、一定の祭祀儀式を執り行うために建てられたと考えられる。

第二段階では、五六七年の木塔の心礎石埋め立てを基点に、木塔と金堂など寺院関連施設が建てられた。この段階で、木塔と金堂、中門、回廊などが順に建立されて伽藍中心部建物が完

成した。その過程で、北側と東側暗渠、東西大排水路をはじめとして中門址南側一帯の大々的な整備作業が断行される。この段階では、講堂址南側の大きい広場に木塔をはじめ金堂などの中心建物が建てられるとともに、陵山里寺址が本格的に寺院として機能することになる。そして、昌王銘石造舎利龕を通して、五六七年がそのような工事開始の分岐点となり、その寺院は王陵の陵寺であったことを推定できる。

第三段階では、伽藍周辺部、特に講堂址北側と西回廊址西側一帯の開発が行われた。陵山里寺址の九～一〇次調査では数基の建物址と水路、作業場および廃棄場、井戸址などが発見された。出土遺物では1b型式と11型式の瓦と素文瓦当、垂木瓦、「巳毛」銘をはじめとする各種刻印瓦、多量の平瓦と丸瓦、灯明皿と一緒に金銅製鉸具、塑像片、器台片、硯片、鏃と鉄スラグ、印花文土器片などが出土した[60]。伽藍周辺部の建物址では、多量の平瓦と丸瓦が出土したが、瓦当の出土量は非常に少なく、一部は基壇土内部から発見された。そうした点から、伽藍周辺部の瓦葺き建物は、瓦当で装飾されなかったものとみられる。

伽藍周辺部の施設は、寺院で生活した僧侶の生活空間や事務を担当した付属施設と推定される。共伴遺物を参考にすると、六世紀後半～七世紀前半頃、滅亡期までと考えられる[61]。この時期には、出土瓦当の分析で明らかにしたように、伽藍中心部の主要殿閣の大々的な補修が行われた。また、西回廊址外郭に小型建物址が付加されたり、工房址Ⅰという建物が工房として機能するなど、伽藍中心部各建物址の性格や機能が再度変化したと考えられる。

次に陵山里寺址の初期建物群が、五六七年の木塔建立を基点に本格的な寺院として機能するようになった背景と意味についてみていきたい。陵山里古墳群の祠廟といえる初期建物群は、五六七年以後になると、寺院の付属建物として機能することになる。講堂址は、初期建物群の中心的施設となったにもかかわらず、木塔建立以後に

は泗沘期の一塔一金堂式伽藍配置で確認される講堂址と同じ様相を示す。つまり、第三段階以前まではいわゆる一棟二室建物と左右翼舎型式を維持していた。そうした点で初期建物群は、木塔建立以後にも一定期間、それまでの祭祀機能を引き続き遂行したものと推定される。これは、陵山里寺址の陵寺としての性格を一層明らかに示している。

都城の運営と関連して、五六七年に祠廟から仏教寺院へと性格が変化したことは、羅城内部に限定された貴族の居住地が外郭に拡大する時点と関連する。扶余官北里道路遺跡、双北里ヒョンネドゥル道路遺跡、陵山里・佳塔里道路遺跡など、これまで扶余地域で発見された道路遺跡の大部分は、六世紀中・後半以後に整備されたものと考えられる。(62)そうした点から五六七年は、都城内外の道路の開設と整備といった大規模土木工事を開始した年ではなかったかと思われる。

五六七年は、威徳王が国内の体制整備と北朝との交渉を再開するなど王権強化の作業が本格化した年と評価される。(63)ところで、五六七年の舎利供養の主体は「妹兄公主」とあり、「妹兄公主」は威徳王の「妹」と解釈されている。(64)五七七年に製作された王興寺址木塔址の舎利器に「昌王」が舎利供養の主体と明示されていることを考えると、この段階には王と王室、貴族勢力の間で勢力均衡が維持されていたことを物語っている。したがって、五六七年の舎利龕の埋納と木塔の建立は、「舎利」が持つ象徴性を積極的に活用して陵山里古墳群と陵山里寺址の神聖性を高める一方、貴族との勢力均衡のなかで泗沘都城の大規模な整備事業を対内外に宣言する記念碑的な出来事であったといえよう。

このように陵山里寺址の整備と変遷過程は、王陵の祭祀と関連した祠廟施設が仏教寺院に置き換わる過程をよく示している。陵山里出土木簡は、これをさらに補完・証明する資料といえる。(65)

二九五号男根形木簡は、日本の道饗祭や道祖神との関連[66]、あるいは土着信仰や道教信仰との関連が想定されている[67]。また、二九五号や二〇〇二―一号木簡は、呪噤師の活動と関連付けて理解されている[68]。呪噤師は「祓除為厲者」ともいい、呪文と祈祷を通して病人を治療し、五五四年に非業の戦死を遂げた聖王とその後の威徳王の行跡と関連があると考えられる。このような木簡が、仏誕会と関連がある三〇四号木簡や寺院名称がみられる三一三号木簡とともに出土しており、五六七年を寺院の完成とみなす既存の研究では理解できなかった。しかし、初期建物群を筆者のように把握すると、木塔建立前後に聖王陵への祭祀と仏教行事が互いに緊密な関係を持って執り行われていたことを物語る資料と評価できよう。

三〇五号木簡の場合は、宿世歌が記録された書簡[69]や婚書と関連したもの[70]と議論されてきた。趙海淑は、葬礼の手続きを歌にのせて厳粛に準備された一連の儀式を行うことで亡者の魂を慰労して、礼と敬意を尽くして拝礼しながら話者の望みを知らせているものであるとする[71]。特に、「是非相問」の「是非」は、正確と錯誤を意味して『礼記』に由来して儀礼で是非を明確にすること、「相問」は「互いに送る礼儀（互相贈送）」で封墳を造った後に退く儀礼の一つの方法であると理解した[72]。

このような解釈は、陵山里寺址の初期建物群を陵山里古墳群の祠廟施設と理解する筆者の見解と符合する。王陵築造と関連した祠廟施設が運営されたという筆者の見解が認められるならば、三〇五号木簡の宿世結業歌は、単純な叙情詩というよりも、王陵築造と関連した葬儀の手続きを示し、それに伴う儀式を遂行しながら礼を尽くして父王を哀悼する具体的な状況に基づいた記録としての性格もあわせ持っているといえる[73]。今後、陵山里出土木簡の記載内容に関する分析を通して、陵山里寺址の初期建物群の機能と運営に関してより具体的にアプローチできるだろう。

まとめ

泗沘遷都以後、定林寺址を造営する過程で成立した百済式仏教寺院については、五六七年を前後した時期に建立された陵山里寺址を通じて、明確に原型を復元することができる。陵山里寺址の伽藍配置、特に東西回廊の北端で発見されたいわゆる付属建物についても、その機能や性格を推定することが可能である。これまでは、陵山里寺址で出土した金銅大香炉や舎利龕、木簡等の遺物にのみ関心が集まっていたが、伽藍中心部の変遷過程から、木塔の建立以前に初期建物群が存在し、次第に王陵と結合した陵寺のようなものに性格や機能が変化したという新たな事実が想定できる。以下、本章で検討した内容を整理すると次の通りである。

陵山里寺址の創建時期について、これまでは昌王銘石造舎利龕の埋納年代である五六七年を完工年代と理解してきた。しかし、台地造成や初期排水施設の整備と関連する最下層遺構から中国製青磁片と硯片、土器片などが出土しており、これらの遺物は五六七年より若干古い五五〇年前後に編年される。したがって、初期建物群は、木塔建立以前から機能しながら聖王陵の築造といった問題と関連していると言える。初期建物群は、すべて庇や庭を備えており、二室または三室に分けられているが、講堂址の場合、一つの屋根の下に二つの部屋が造られたいわゆる一棟二室建物で、東西に翼舎がある独特な構造をなしている。講堂址のこのような建物構造は、集安東台子遺跡と類似し、寺院本来の講堂でなく、祭祀関連施設であったことを示唆している。

中国では、皇帝陵を築造した後、その付属施設として寝殿を造ったが、仏教が盛んであった梁や北魏では、陵墓のそばに仏教寺院を建立する。高句麗の場合も、伝東明王陵と定陵寺の関係で陵墓と寺院が結合した事例を確

認できる。百済では、陵山里古墳群と陵山里寺址において、このような関係が確認できる。陵山里寺址の初期建物群を宗廟や始祖廟、神宮など特定の国家祭祀施設と断定することは難しいが、建物構造と配置、出土木簡をはじめとする共伴遺物との関連性、五六七年以後の展開様相などを考慮すると、陵山里古墳群、特に聖王陵の築造や聖王を追福するための各種祭祀や儀礼を執り行った祠廟あるいは祠堂と推定される。

五五四年、管山城の戦いにおける聖王の戦死は異例の出来事だった。しかし、計画的な泗沘遷都の過程と陵山里一帯の重要遺跡の配置状況などから、王室の埋葬地はすでに決められていた可能性があり、そうした点から初期建物群の上限も五五四年以前まで遡る余地がある。陵山里寺址は、図26のように大きく三段階に変化したものと考えられる。第一段階では、五五〇年代から五六七年の木塔建立以前に講堂址をはじめとする初期建物群が王陵の祠廟として機能した。第二段階は、五六七年の木塔の心礎石埋め立てを起点に、木塔と金堂など寺院関連施設が建てられた時期で、伽藍中心部の建物が完成する。その過程で外郭の排水路と中門址南側一帯の大々的な整備作業が断行された。第三段階は、六世紀後半～七世紀前半、滅亡期までに講堂址北側と西回廊址西側一帯の開発と整備が行われた。この段階では、工房址Ⅰが工房として機能するなど、伽藍中心部の各建物址の機能が変化したと考えられる。また、出土瓦当の分析で明らかにしたように、伽藍中心部の主な殿閣の補修が行われた。

講堂址を中心にした初期建物群は、寺院成立以後にも引き続き伽藍の付属施設として機能した。これは、寺院建立以後にも、それまでの陵墓の祭祀機能が維持され続けたことを示唆し、陵山里寺址の陵寺としての性格を一層鮮明にする。五六七年は、威徳王が国内の体制整備を基に北朝との交渉を再開した時期であり、羅城内部に限定された貴族居住地の拡大とともに道路整備など泗沘都城の大規模的な土木事業が始まった年次と評価される。五六七年の舎利供養と木塔建立は、「舎利」が持つ象徴性を活用して陵山里一帯の神聖性を高める記念碑的な出

来事であった。このように陵山里寺址の整備と変遷過程は、王陵の祭祀と関連した祠廟施設が寺院である陵寺に変化していく過程を如実に示しているのである。

（1）＊国立扶余博物館『陵寺―扶余陵山里寺址発掘調査進展報告書』（二〇〇〇年）、＊国立扶余博物館『陵寺―扶余陵山里寺址六～八次発掘調査報告書』（二〇〇七年）、＊国立扶余文化財研究所『陵寺―扶余陵山里寺址一〇次発掘調査報告書』（二〇〇八年）、＊韓国伝統文化学校『扶余陵山里寺址―第九次発掘調査報告書』（二〇一〇年）、＊韓国伝統文化学校『扶余陵山里寺址―第一一次発掘調査報告書』（二〇一一年）。

（2）扶余陵山里木簡に関する主要な研究成果として、以下のものがある。近藤浩一「扶余陵山里出土木簡と泗沘都城関連施設」（『東アジアの古代文化』一二五、二〇〇五年、初出二〇〇四年）、＊尹善泰「扶余陵山里出土百済木簡の再検討」（『東国史学』四〇、二〇〇四年）、平川南「道祖神信仰の源流」（『国立歴史民俗博物館研究報告』一三三、二〇〇六年）、尹善泰「木簡からみた百済泗沘都城の内と外」（『韓国出土木簡の世界』雄山閣、二〇〇七年、初出二〇〇六年）、＊尹善泰『木簡が聞かせてくれる百済物語』（周留城、二〇〇七年）、＊近藤浩一「扶余陵山里羅城築造木簡再論」（『韓国古代史研究』四九、二〇〇八年）。

（3）李炳鎬「扶余陵山里出土木簡の性格」（『木簡研究』三三、二〇一一年、初出二〇〇八年）。

（4）金鍾萬「扶余陵山里寺址出土瓦当文様の形式と年代観」（『帝塚山大学考古学研究所研究報告』Ⅱ、二〇〇〇年）。

（5）＊李炳鎬「扶余陵山里寺址出土瓦当の再検討」（『韓国古代史研究』五一、二〇〇八年）。

（6）陵山里寺址の伽藍中心部の発掘報告書には、瓦当の出土位置がほとんど記されていない。そこで筆者は、二〇〇六年から二〇〇七年にかけて国立扶余博物館で勤務しながら、収蔵庫に所蔵されている瓦当の裏面に記された注記と遺物採集カード、発掘野帳などを確認し、これを発掘報告書と対照させる作業を行い、表1を作成した。

（7）＊趙源昌「扶余陵寺第三建物址の建築考古学的検討」（『先史と古代』二四、二〇〇六年）四〇二～四〇八頁。しかし、仏

法を尊ぶ僧侶階層と工人集団が一つの回廊内で共同生活したとみることは難しいとした点には同意できない。百済をはじめとした古代寺院の工房については、次の論考が参考となる。＊金妍秀「韓国古代の寺刹工房施設について」（『美術史の定立と拡散二』二〇〇六年）、国立扶余博物館『百済の工房』（二〇〇六年）。

（8）伽藍中心部では三基の暗渠が確認されており、すべて東西回廊や南回廊一帯を通るように考案されている。そうした点からみると、東西回廊は、東西暗渠より後の時期に建立されたと考えられる。

（9）田辺征夫・森郁夫「寺院の造営」（『日本歴史考古学を学ぶ 中』有斐閣、一九八六年）三六～三七頁。

（10）本章で述べる初期建物群は、講堂址と不明建物址Ⅰ、工房址Ⅱをはじめとして不明建物址Ⅱと工房址Ⅰを指す。講堂址の場合、初期には講堂と呼ぶことができず、工房址の場合も創建当時から工房として機能していたとは考えないが、混同を避けるため発掘報告書の名称にしたがった。

（11）＊国立扶余博物館『陵寺―扶余陵山里寺址発掘調査進展報告書』（前掲書）二〇～二一頁。

（12）李炳鎬「扶余陵山里出土木簡の性格」（前掲誌）二〇七～二〇九頁。

（13）＊金鍾萬「聖王時代の百済の生活土器」（『百済聖王と彼の時代』扶余郡、二〇一一年）一二七～一五六頁。

（14）東羅城は、その状況から泗沘遷都以前に完備されたものと考えられる。＊朴淳発「泗沘都城の構造について」（『百済研究』三一、二〇〇〇年）一一〇頁。

（15）＊近藤浩一「扶余陵山里羅城築造木簡の研究」（『百済研究』三九、二〇〇四年）九三～九八頁、＊尹善泰「扶余陵山里出土百済木簡の再検討」（『東国史学』四〇、二〇〇四年）六〇～六六頁。

（16）李炳鎬「扶余陵山里出土木簡の性格」（前掲誌）二一〇～二一一頁。

（17）＊尹善泰『木簡が聞かせてくれる百済物語』（前掲書）一五七～一五九頁。

（18）講堂址西側の屋根は、ほぼそのまま瓦が落ちたように保存状態が良好で、瓦当が約一・七メートル間隔で二列になっており、重層に復元できる。＊国立扶余博物館『陵寺―扶余陵山里寺址発掘調査進展報告書』（前掲書）二九頁。

（19）＊国立扶余博物館『陵寺―扶余陵山里寺址発掘調査進展報告書』（前掲書）三四頁。

(20)　＊国立扶余博物館『百済中興を夢見る―陵山里寺址』（二〇一〇年）一七二頁。この漆器の文様は高句麗古墳の内里一号墳、玄室南壁の天井持送壁画の装飾文様（朝鮮古蹟研究会『昭和一一年度古蹟調査報告書』〈一九三七年〉図版二〇および二三参照）と酷似し、双楹塚の玄室天井と真坡里一号墳の天井、中国南京地域の文様塼などに表現されている装飾文様とも相通ずる。しかし、武寧王陵の王や王妃の冠飾、陵山里古墳出土の冠装飾や銀花冠飾、扶余下黄里の銀製琉璃球の文様とも相通ずる点があるため、百済的な文様とみることもできると考えられる。

(21)　趙源昌は、ここが工房として機能したのは七世紀半ば以後、特に印花文土器からみると滅亡期以後とした（＊趙源昌「扶余陵寺第三建物址の建築考古学的検討」〈前掲誌〉四一三頁）。しかし、出土遺物からみると、遅くとも七世紀前半以後と考えられる。

(22)　方起東「集安東台子高句麗建築遺址的性質和年代」（『東北考古歴史』文物出版社、一九八二年）。一方、集安東台子遺跡が格式の高い建物址ということは明らかであるが、瓦当の相対編年の結果、五世紀末以前に遡らないため、国社のようなものと断定できないという反論もある。＊姜賢淑「中国吉林省東台子遺跡再考」（『韓国考古学報』七五、二〇一〇年）一九一～一九六頁。

(23)　＊張慶浩『美しい百済建築』（周留城、二〇〇四年）一五二～一五九頁。

(24)　＊申光燮「百済泗沘時代陵寺研究」（中央大学校博士学位論文、二〇〇六年）一一三頁。

(25)　＊姜仁求『百済古墳研究』（一志社、一九九七年）八七頁。

(26)　陵山里寺址の講堂址を中心にした初期建物群は、縦止山遺跡と一定の共通性を持ちながら差異も有している。しかし、講堂址を縦止山遺跡の殯殿と同じ施設であると確定するためには、いくつかの問題を解決しなければならない。縦止山遺跡の場合、瓦建物址を殯殿と推論するに至った根拠は、多数の竪穴遺構を氷庫と認識したことであった。しかし、陵山里寺址では、氷庫関連遺構は全く発見されていない。主屋の西室にオンドル施設がある点も留意する必要がある。この建物址を殯殿のようなものとみるならば、暖房に伴う遺体の腐敗をどのように説明するのかが問題となろう。また、『周書』や『北史』高句麗伝にみられる殯は、埋葬時まで遺体を小屋に安置したり仮埋葬する臨時施設としての性格が強いが、陵山里寺址の講堂

址の場合、大型の重層瓦建物である。したがって、講堂址をはじめとする初期建物群は、艇止山遺跡と似ている点もあるが、これを殯殿であると断定することは難しい。

(27) ＊張寅成「南朝の喪葬儀礼研究」（『百済の宗教と社会』書景、二〇〇一年、初出二〇〇〇年）、王志高「六朝帝王陵寝述論」（『南京曉庄学院学報』二〇巻二期、二〇〇四年）。

(28) 許嵩『建康実録』巻一七（張忱石点校、中華書局、一九八六年）六八八頁。

(29) 朱偰『金陵古蹟図考』（中華書局、二〇〇六年、初出一九三六年）一三〇～一三二頁。

(30) 皇基寺は、江蘇省丹陽市にある建陵の北側約二キロ付近に所在する。＊梁銀景「中国仏教寺刹の検討を通してみた百済泗沘期仏教寺刹の諸問題」（『百済研究』五〇、二〇〇九年）一六八～一六九頁。

(31) 諏訪義純「梁武帝仏教関係史蹟年譜考」（『中国南朝仏教史の研究』法蔵館、一九九七年）一六九～一七〇頁。

(32) 大同市博物館・山西省文物工作委員会「大同方山北魏永固陵」（『文物』七期、一九七八年）。

(33) 羊水又東注于如渾水、乱流径方山南、嶺上有文明太皇太后陵、陵之東北有高祖陵。二陵之南有永固堂、堂之四周隅、雉列榭、階、欄、檻、及扉、戸、梁、壁、椽、瓦、悉文石也。檐前四柱、採洛陽之八風谷黒石為之、雕鏤隠起、以金銀間雲矩、有若錦焉。堂之内外、四側結両石趺、張青石屏風、以文石為縁、並隠起忠孝之容、題刻貞順之名。廟前鐫石為碑獣、碑石至佳、左右列柏、四周迷禽闇日。院外西側、有思遠霊図、図之西有齋堂。南門表二石闕、闕下斬山、累結御路。下望霊泉宮池、皎若圓鏡矣。（『水経注』巻十三灅水条）

中国山西省大同市にある方山永固陵に関する最近の研究成果は次の論文を参照。燕睿「北魏陵寝制度的基本特徴」（『南都学壇（人文社会科学学報）』二九―一、二〇〇九年）、＊朴淳發「北魏平城断想」（『百済学報』三、二〇一〇年）。

(34) 大同市博物館「大同北魏方山思遠仏寺遺址発掘報告」（『文物』四期、二〇〇七年）。

(35) 岡村秀典・向井佑介「北魏方山永固陵の研究」（『東方学報』八〇、二〇〇七年）六五～六六頁。

(36) ＊金日成大学『東明王陵とその付近の高句麗遺跡』（金日成大学出版部、一九七六年）、田中俊明「高句麗の寺院」（『高句麗の歴史と遺跡』中央公論社、一九九五年）。

(37) ＊チョン・ジェヒョン『東明王陵の研究』（平壌、一九九四年）。
(38) 永島暉臣慎「高句麗の都城と建築」（『難波宮址の研究七―論考編』一九八一年）、魏存成『高句麗考古』（文物出版社、二〇〇二年）、＊曺永鉉「伝東明王陵の墓主比定」（『科技考古研究』一〇、二〇〇四年）。
(39) ＊姜賢淑「伝東明王陵と真坡里古墳群の性格検討」（『湖西考古学』一八、二〇〇八年）。
(40) 高句麗に寿陵制があったのか否かについては根拠が不足しているが、金製冠装飾や棺釘が出土していることをみると、虚墓である可能性は低いと考えられる（＊鄭浩燮「高句麗壁画古墳の銘文と被葬者に関する諸問題」〈『高句麗渤海研究』三六、二〇一〇年〉五九～六〇頁）。
(41) 三国および統一新羅の陵寺については、次の論考で整理されており参考となる。田中俊明「朝鮮三国の陵寺について」（橋本義則編『東アジア都城の比較研究』京都大学学術出版会、二〇一一年）、＊金龍星「新羅陵園の意義」（『民族文化論叢』五三、二〇一三年）。
(42) 楊寛『中国古代陵寝制度史研究』（上海人民出版社、二〇〇一年）一八頁。
(43) ＊金吉植「百済始祖仇台廟と陵山里寺址―仇台廟から寺廟へ」（『韓国考古学報』六九、二〇〇八年）。
(44) ＊趙景徹「百済聖王代儒仏政治理念―陸詡と謙益を中心に」（『韓国思想史学』一五、二〇〇〇年）一〇～一四頁。
(45) ＊李基東「百済国の政治理念に関する一考察」（『震檀学報』六九、一九九〇年）一二～一三頁。
(46) 新川登亀男は、講礼博士陸詡が毛詩博士なのかどうかわからないが、陵山里寺址における舎利供養は釈尊の舎利を供養するだけでなく、亡き父王の遺骸を釈尊のそれと重ね合わせて、あるいは釈尊の舎利に仕立てて供養するという回路を想定でき、これは毛詩博士の活動と関連があるものと推定した（新川登亀男「百済と日本の飛鳥・奈良における仏教文化」〈『忠清学と忠清文化』一三、二〇一一年〉一〇五頁）。
(47) ＊近藤浩一「百済時期の孝思想受容とその意義」（『百済研究』四二、二〇〇五年）一一二～一一三頁。
(48) 本章では、陵山里寺址の性格の変化に高句麗や梁の影響があったと主張したが、儒教と仏教の喪葬儀礼は本質的に異なるものであるため、建造物の変化と儀礼の内実の変化についてより具体的に検討する必要性が指摘されている（李成市「王興

寺の成立と百済仏教―高句麗・新羅仏教との関係を中心に」〈鈴木靖民編『古代東アジアの仏教と王権』勉誠出版、二〇一〇年〉)。これについては、陵山里寺址と陵山里古墳群一帯は遷都当時から王室の陵園と陵寺が企画されていたため、そのような変化が可能であったのではないかと推定している。陵山里寺址の講堂址をはじめとした初期建物群と、その南側の塔と金堂などの伽藍中心部は、一貫した計画を持って配置され、順次造営されたものと考えられる。五五四年、聖王の突然の死が、そのような建物の建設順序や機能に影響を与え、祠廟から陵寺へと変化したのではないかと考えられる。

(49) ＊金相鉉「百済威徳王の父王のための追福と夢殿観音」(『韓国古代史研究』一五、一九九九年)五六頁。

(50) ＊吉基泰『百済泗沘時代の仏教信仰研究』(書景、二〇〇六年)七八～七九頁。

(51) 趙源昌は、軍守里寺址を五五五～五六七年の間に威徳王によって創建された寺刹と推測した(＊趙源昌「百済軍守里寺院の築造技法と造営主体の検討」〈『韓国古代史研究』五一、二〇〇八年〉)。しかし、編年資料として提示した大通寺系瓦当と亭岩里窯址出土品は、陵山里寺址出土創建期瓦当より一段階新しいものとみられる(清水昭博「消費地からみた泗沘時代の瓦生産」〈『古代日韓造瓦技術の交流史』清文堂出版、二〇一二年、初出二〇〇六年〉)。前者の場合、大通寺址出土品と胎土や文様が異なり、瓦当自体が厚く接合技法が異なるため、六世紀中後半に編年される。亭岩里窯址の場合、少なくとも五六七年以後の六世紀中後半から操業されたものと考えられている。したがって、この仮説は成立し難い。

(52) 新川登亀男『日本古代文化史の構想』(名著刊行会、一九九四年)一三一～一三三頁。

(53) ＊李炳鎬「泗沘都城の構造と築造過程」(『百済の建築と土木』百済文化史大系一五、二〇〇七年)一二二頁。

(54) 金吉植は、陵山里寺址から出土した高句麗系土器のなかに五三八年前後まで遡るものが含まれているとした(＊金吉植「百済始祖仇台廟と陵山里寺址」〈前掲誌〉五九～六四頁)。しかし、扶余一帯で出土する高句麗系土器の場合、同じ時期のソウル阿且山堡塁群や漣川瓠蘆古塁などから出土するような高句麗系土器ではなく、五世紀代の土器製作の伝統に則っていることから(＊梁時恩「南韓で確認された高句麗の時・空間的正体性」〈『考古学』一〇巻二号、二〇一一年〉一二一～一二二頁)、二つの遺跡の土器を同レベルで比較することには無理がある。1型式瓦当の展開過程や木簡の記載内容をみると、そのような高句麗系の生活用土器が出土することとは別に、中心建物の初築時期は五六七年の木塔建立年代を大きく遡らない五

五〇年代頃であろうと考えられる。
(55) ＊李漢祥「百済の葬礼風習」(『百済の生活と文化』百済文化史大系一一、二〇〇七年) 四四九〜四五三頁。
(56) 武寧王陵を寿陵とする決定的な資料は「士壬申年作」銘文塼である。しかし、それは武寧王陵の羨門を閉じるために使用されたものであることから、宋山里六号墳から転用された可能性が残っている。実際、出入り口閉鎖用の塼は、武寧王陵で主に使用された蓮花文塼以外にも、六号墳に主に使用された銭文塼など他の場所から転用されたものが多数含まれている。井内潔「南朝梁と熊津期百済文化―宋山里六号墳と大通寺に係わる新思考から」(『朝鮮古代研究』八、二〇〇七年) 四〜五頁。
(57) 聖王の三年喪に関する資料がなく、威徳王の即位の過程を通してこれを復元した研究がある。それによると、『日本書紀』には威徳王の即位を聖王が戦死した三年後の五五七年三月と記録されている。聖王が戦死した時期は、『三国史記』には五五四年七月、『日本書紀』には五五四年一二月と違いがみられる。『日本書紀』の五五四年一二月は、聖王の遺骸が戻ってきたことを意味するものとみられるため、威徳王は二七ヶ月の三年喪を済ませ、二七ヶ月後に王に即位したものとした。＊趙景徹「百済王室の三年喪―武寧王と聖王を中心に」(『東方学志』一四五、二〇〇八年)。
(58) ＊近藤浩一「百済時期の孝思想受容とその意義」(前掲誌) 一二八〜一三一頁。
(59) ＊金相鉉「百済威徳王の父王のための追福と夢殿観音」(前掲誌) 五八〜六二頁。
(60) ＊国立扶余文化財研究所『陵寺―扶余陵山里寺址一〇次発掘調査報告書』(前掲書)、＊韓国伝統文化学校『扶余陵山里寺址―第九次発掘調査報告書』(前掲書)。
(61) 伽藍周辺部建物址のうち、韓国伝統文化学校が発掘した第2建物址の場合、三室に分けられ、各室にオンドルが確認された。そのような点から、第2建物址は僧房址であった可能性が高いが、伽藍中心部の展開過程と関連させると、第二段階から機能した可能性がある。
(62) 李炳鎬「扶余・定林寺址よりみた百済聖王代の仏教と王権」(大橋一章・新川登亀男編『仏教文明の受容と君主権の構築』勉誠出版、二〇一二年) 六二〜七二頁。

(63) ＊梁起錫「百済威徳王代王権の存在形態と性格」(『百済研究』二一、一九九〇年)、＊朴胤善「威徳王代の百済と南北朝の関係」(『歴史と現実』六一、二〇〇六年)。
(64) ＊申光燮「陵山里寺址発掘調査と伽藍の特徴」(国立扶余博物館編『百済金銅大香炉と古代東亜世亜』二〇〇三年) 五〇頁。
(65) 李炳鎬「扶余陵山里出土木簡の性格」(前掲誌)。
(66) ＊尹善泰「扶余陵山里出土百済木簡の再検討」(前掲誌)、平川南「道祖神信仰の源流」(『国立歴史民俗博物館研究報告』一三三、二〇〇六年)。
(67) ＊李鎔賢「木簡」(『百済の文化と生活』百済文化史体系一二、二〇〇七年) 二七〇〜二七六頁。
(68) 李鎔賢は、二九五号木簡を呪禁師と関連させる (前掲書、二七五頁)。これに対して筆者は、二〇〇二—一号の四面木簡が呪禁師と関わる可能性に言及した。
(69) ＊金永旭「百済の吏読について」(『口訣研究』一一、二〇〇三年) 一四三頁。
(70) ＊金完鎮「国語学一〇年先の将来を展望する」(『国語国文学の未来への道を問う』太学社、二〇〇五年) 二五〜二七頁。
(71) ＊趙海淑「百済木簡記録「宿世結業…」について」(『冠嶽語文研究』三一、二〇〇六年) 一七〇頁。
(72) ＊趙海淑「百済木簡記録「宿世結業…」について」(前掲誌) 一六七〜一六八頁。
(73) 三〇五号木簡は、前面を「慧暉前」と判読して書簡と断定する傾向があった。しかし、「前」の最後の画は右側に曲がり、「苑」に近く、そのような判読は受け入れ難い。慧暉は人名で、陵山里寺址の初期施設に居住した僧侶である可能性が高いと考えられる。七次調査で「会暉」という銘文が印刻された土器片が発見されており (＊国立扶余博物館『陵寺—扶余陵山里寺址六〜八次発掘調査報告書』〈前掲書〉一四〇頁)、この「会暉」が木簡の「慧暉」と音が似ているとみることができるならば、同一人物である可能性がある。会暉は土器の所有者を表記するために刻まれたのである。

第三章　新羅の初期寺院にみえる百済の影響

はじめに

新羅における初期仏教の諸問題のうち、本章では、その最初の寺院である興輪寺を中心に、主に造営技術の系統の問題を検討する。新羅における仏教受容の過程では、高句麗や北朝系統の影響のみならず、南朝系統の影響があったことが指摘されており[1]、近年では、そのような立場からさらに一歩進んで、百済の役割を強調した論考も発表されている[2]。本章でも、このような立場から寺院建築の部材の一つである瓦の文様と製作技術を分析することで、この問題について具体的にみていきたい。

慶州地域から出土した中古期新羅の古式蓮華文瓦当と平瓦・丸瓦については、近年、慶州地域において重要な建物址や窯址の発掘が増加するにつれ、研究成果も蓄積されつつある。そのなかでも瓦当は、文様の型式分類を通した相対編年の設定と、文様の系統に関する研究が主流をなし、平瓦・丸瓦などは、製作技法を中心にした属性の分析と系統、相対編年の問題が中心となっている。その結果、中古期新羅の瓦製作は、五世紀末ないし六世紀前半の高句麗系、百済系造瓦技術を基にして、六世紀後半には独自の新羅系瓦当を完成させたものと理解されている[3]。

中古期の新羅瓦製作における百済の影響を強調した見解は、植民地期から提起されてきた[4]。梅原末治らは、植民地期に慶州地域で収集された瓦当を整理し、新羅の蓮華文瓦当の製作に高句麗より百済の直接的な影響を認め、

それは日本の飛鳥時代の瓦当と同じ様相を呈するとみた。その後、金和英は、新羅の瓦当を高句麗系・百済系と新羅的なものに区分して説明を行い、「慶州出土の百済系瓦当は、扶余から出土したそれとほぼ同じであるため、慶州で出土したという事実を知らなければ、百済のものと錯覚するほどである」とした。[5] 稲垣晋也は、井内功収集資料を中心にして新羅瓦当における百済や高句麗様式の影響を段階的に分けて説明した。[6] 金誠亀は、雁鴨池出土瓦当を中心にして六世紀半ばの高句麗・百済の一次的な影響以外にも、滅亡した百済瓦工の移住と考えられる二次的な波及が統一直後にあったという点を強調した。[7] 申昌秀は、皇龍寺址の瓦廃棄遺構から出土した瓦当を分析して、皇龍寺址の創建瓦に高句麗と百済系統の瓦当がともに使用されたことを指摘した。[8]

このような初期の研究は、中古期新羅瓦当の成立に高句麗だけでなく百済の影響があり、そのなかで百済の影響は、六世紀前半から新羅統一期まで持続したことを確認した。高句麗系・百済系瓦当の出現時期や、新羅的な瓦当型の成立時期が主な論点となり、百済系瓦当の出現背景や影響の程度については、まだ皮相的な分析にとどまっていた。これは当時、慶州地域において発掘調査された資料が少なく、比較対象となる百済地域の瓦当の編年や製作技法が明確ではなかったことに基因していた。

近年、新羅瓦の初現を遡らせることができたのは、慶州蓀谷洞・勿川里窯址と花谷里窯址から出土した瓦が、五世紀後半に編年される土器と共伴したためであった。[9] こうした新資料を分析した崔英姫は、新羅および統一新羅の平瓦の製作全般を検討して、初現期から六世紀後半までの新羅瓦を「多様な製作系統の登場と共存、規模が異なる製作集団の共存期」と説明した。[10] そして、新羅の初期平瓦を共伴遺物や出土遺構を勘案して無瓦桶製作法―枠板連結式瓦桶（模骨瓦桶）―非連結式瓦桶の順に出現することを明らかにした。このような三種類の技術は、七世紀前半以後になると、非連結式瓦桶が中心となりながらも規模の違いがある技術系統（瓦工集団）が相

当期間共存したとする。さらに、崔は古式瓦当の文様と製作技法の分析を通して、平瓦の製作技法と瓦当の文様および製作技法（接合技法）の相関性を検討した。[11] その結果、高句麗系文様を持つ瓦当の場合も、接合技法は百済系の丸瓦被覆接合法（Ⅲ技法、図2参照。以下接合法同じ）であり、百済系瓦当の場合、漢城期に流行した円筒接合後分割法（Ⅰ技法）と熊津期に流行した丸瓦加工接合法（Ⅱ技法）がともに使用されたことを確認した。したがって、新羅初期の瓦当や平瓦の製作技法は、すべて百済地域に淵源を持つ可能性が高いと主張した。崔は平瓦・丸瓦などの製作技術と、瓦当文様および製作技術の相関性を総合的に検討し、研究の論点を明確にしたという点で意義がある。

このように、近年の新羅瓦研究は、瓦当文様だけでなく製作技法、平瓦・丸瓦の製作技法、瓦当と平瓦の相関性に関する研究などに深化・拡大している。これと歩調を合わせるように、百済地域の瓦研究も次第に深化している。漢城期のソウル風納土城では、無瓦桶製作法で作られた平瓦や、円筒接合後分割法（Ⅰ技法）で製作された瓦当が確認されており、[12] 熊津期の公山城や大通寺址では、丸瓦被覆接合法（Ⅲ技法）、丸瓦加工接合法（Ⅱ技法）で製作された瓦当の存在が明らかになった。[13] これまでの文様中心の瓦当研究から、次第に瓦当と平瓦の製作技法に関する研究へと拡大し、これを基にした技術系統に関する研究も深化している。

このような研究の進展によって、中古期新羅の瓦導入の過程でみられる百済系造瓦技術の影響についても、漢城期の造瓦技術が導入された段階と熊津期の造瓦技術が入ってくる段階の区分、文様のみ伝来する段階と文様と製作技術がともに伝授される段階を区分することができるようになり、新羅と百済両地域の瓦当の相対編年について再検討する必要性が提起された。特に、南朝と百済、新羅瓦の影響関係においても、それが南朝から直輸入されたものか、百済を経由したものかという系統についても新たに検討する必要がある。[14]

このような課題を解決するためには、何よりもまず、歴史記録が確実な個別遺跡に関する事例を分析することが重要であると考える。そこで、伝興輪寺址とされている慶州工業高等学校（以下慶州工高）の敷地から出土した瓦を整理・分析したい。第一節では、慶州工高一帯から出土あるいは収集された古式蓮華文瓦当を網羅し、型式分類と相対編年を試みる。[15]第二節では、このような分析結果を基に百済系造瓦技術の導入過程を段階化し、慶州工高一帯から出土した百済系瓦と文献記録の関係を比較・検討して、当該地が興輪寺址である可能性を再確認し、その歴史的意義を把握したい。

第一節　伝興輪寺址出土瓦の分析

（一）出土瓦の型式分類

興輪寺は新羅で最初の本格的な寺院である。『三国史記』は金大問の『鶏林雑伝』を引用して、法興王一五年（五二八）に興輪寺が建立されたといい、『三国遺事』には法興王一四年（五二七）に建立されたとあり、一年の違いがみられるが、完成は真興王五年（五四四）で一致する。興輪寺の位置については、霊廟寺址の位置比定と関連して多くの議論があった。現在、史跡第一四号興輪寺址に指定されている慶州市沙正洞二八一―一番地一帯が興輪寺址ではなく霊廟寺址に該当し、慶州工高一帯が興輪寺址に該当するという反論が早くから提起されている。[16]実際に、興輪寺址に指定された天鏡林興輪寺から「霊廟之寺」「大令妙寺造瓦」という文字瓦が出土しており、ここは興輪寺址でなく霊廟寺址である可能性が高い。[17]それゆえ、慶州工高一帯を興輪寺址とする見解は説得力が

あるといえる。

霊廟寺址に比定されている天鏡林興輪寺一帯や、新たに興輪寺址に比定されている慶州工高一帯では、断続的な発掘調査が行われている。[18] 前者については、国立慶州文化財研究所によって一九七二・一九七七・一九七八・一九八一年の四回にわたって調査が行われた。[19] 後者については、一九六五年の慶州工高運動場の整備中に多くの遺物が収集されており、一九九九年には慶尚北道文化財研究院によって慶州工高西塀に隣接した住宅地の調査が行われた。[20] そして、二〇〇八年度には慶州工高運動場周辺の排水口設置工事中に数ヶ所の建物址と排水施設が確認され、国立慶州博物館によって緊急収拾調査が行われた。本章は、基本的にこの時に収集された遺物を基に作成した。

慶州工高一帯で出土あるいは収集された古式蓮華文瓦当の型式分類は、蓮弁文様と蓮弁の数を一次的な基準とし、中房の大きさと形態、蓮子の数、圏線の有無、製作技法などを二次的な基準とした。各型式の配列は、蓮弁の文様が類似したり関連性があるものを結び付けて配列したが、寺域全体の正式な発掘が行われていないため、出土頻度は考慮しなかった。また、国立慶州博物館の調査で出土した瓦当のうち、破片しか出土しておらず本来の形態がわからない場合は、慶尚北道文化財研究院で発掘したものや、これまでに収集された瓦当のなかで同笵品と考えられる遺物をともに提示した。[21] 一方、製作技法については本書の第一章の図2の模式図を参考されたい。

慶州工高が位置する沙正洞（旧塔正洞含む）一帯で出土した古式瓦当は、図27のように一一型式一三種に分類できる。本章では、これまでの発掘調査報告書とは異なり、慶尚北道文化財研究院発掘品と井内功収集品を参考にして7型式と10型式を追加して5A・5B型式を一つの5型式に統合した。また、既存の報告書の10型式は、形態が明確でなく、新羅統一期以後である可能性があると判断して除外した。1型式から8型式までは稜線がない

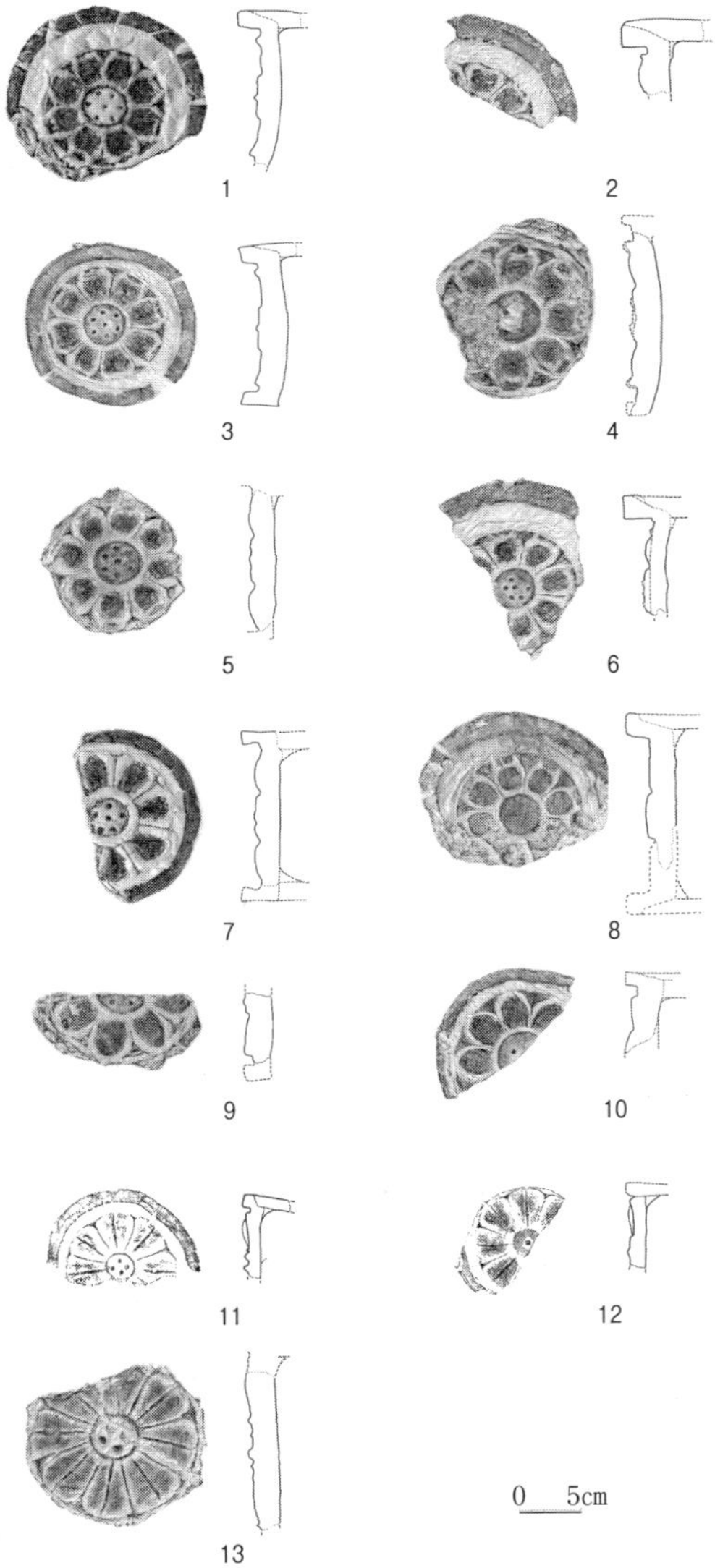

図27 慶州工高一帯の古式蓮華文瓦当の型式分類案
（1．1Aa型式（182)、2．1Ab型式（168)、3．1B型式（183)、4．2型式（184)、5．3型式（187)、6．4型式（181)、7．5型式（186)、8．6型式（180)、9．7型式（164)、10．8型式（163)、11．9型式（193)、12．10型式、13．11型式（192)）

典型的な素弁蓮華文、9型式から11型式は蓮弁に稜線がある素弁蓮華文であり、詳細は次の通りである。

1型式は、大きく三種類に区分できる。1A型式は八葉を基本とし、一＋六の蓮子に圏線がなく、中房は凸形で瓦当の裏面には回転ナデの痕跡がみられる。1A型式は細かい粘土を使用して作られ、色調は灰白色系統を呈するものが多い。1Aa型式は、1B型式と異なり、瓦当裏面の外縁を削り出したように凸形に作った点と回転痕がより鮮明な点で違いがみられる。一八二番が1Aa型式の標識資料で、Ⅱ2a技法によって接合されている[22]。1Ab式は一六八番が標識資料で、1Aa式とは胎土と色調、形態がすべて同じだが、Ⅱ1b技法によって接合されており違いをみせる。

1B型式は、部分的に細かい砂が混ざっており、色調は灰青色系統が多い。一八三番が標識資料であり、八葉の蓮弁と一＋六の蓮子、Ⅱ2a技法による接合などは1Aa型式と酷似する。しかし、図28-1からわかるように両者は瓦笵を異にしている。つまり、一八三番を基にして一八二番の中房と蓮子、蓮弁を重複させてみると、同笵品でない別個の瓦笵で製作されたことが確認できる。このような違いは、蓮弁と間弁の比較を通してもわかるが、1B型式が1A型式より平たくなり形式化した印象を与えている。

2型式は、全体的な形態や色調が1A型式と類似し、灰白色を基調とした蓮弁と中房の全体的な形態、回転ナデの痕跡などが同じである。ただし、1Aa型式に比べ中房が若干丸く蓮弁端部がさらに滑らかに反転した印象を与え、蓮弁と周縁の間が広い。瓦当裏面の回転ナデの痕跡は共通しているが、瓦当裏面の下部と周縁部が接する部分を丸く処理した点において違いをみせる。一八四番が標識資料であり、接合技法の詳細は不明である。

3型式は、八葉の蓮弁、灰白色の色調、凸形の中房、一＋六の蓮子などが1A型式と類似する。一八七番が標識資料で1A型式に比べ、蓮子や蓮弁がはるかに鈍くなり、2型式より中房と蓮弁の間が広い。そうした点から

図28　慶州で収集された蓮華文瓦当
（1．慶州工高出土品中182番と183番の比較、2．校洞収集品、3．興輪寺址収集品）
（縮尺不同）

3型式は1型式や2型式の退化型式といえるが、具体的にどの型式がモデルであったかはもう少し検討が必要である。[23] このような文様の退化は、木笵の持続的な使用による摩耗の結果である可能性もある。接合技法は、現在の資料のみでは断定できないが、Ⅲ技法で接合されたと推定される。

4型式は、八葉の蓮弁、灰青色の色調、細かい砂が混ざった胎土、凸形の中房、一＋六の蓮子、回転ナデの痕跡、Ⅱ2ａ式の接合技法などが1Ｂ型式と形態的、技術的に類似する。一八一番が標識資料であり、1Ｂ型式と比較すると中房がより際立つように表現され、蓮子の配置が散漫になりながら中央に集中している。蓮弁と間弁の端部がさらに鈍くなり、蓮弁と周縁の幅が広く周縁が相対的に高い。一六七番もこの型式に属するものと推定され、Ⅱ1ｂ技法によって製作された。したがって、この型式はもう少し細かく分類できる余地がある。

5型式は、蓮子が摩耗してみられず、蓮弁と間弁が非常に図式的に表現され、蓮弁と周縁の間の幅が広くて周縁が高い。一八六番が標識資料であり、裏面には回転ナデの痕跡が鮮明に残っており、接合方式はⅡ1ａ技法である。全体的な形態や技法からみると、1Ａ・1Ｂ型式の亜流といえるが、文様と技法からは4型式が直接的な祖形に近いと考えられる。

6型式は、八葉の蓮弁、中房と蓮弁の間の凹み、一＋五の蓮子、Ⅱ1ａ技

法の接合方式を特徴とする。これまでの報告書では灰白色と灰青色系統で区分されていたが、焼成度の違いといえるため区分せず、ひとつの型式に分類した。一八〇番が標識資料であり、慶尚北道文化財研究院の発掘品のなかから完形の同笵品が発見されたが、その裏面には回転ナデの痕跡がみられる[24]。

7型式は、既存の報告から抜け落ちていたもので、形態や色調が1A型式と類似するが、蓮弁端部が丸く反転し、中房と蓮子が大きくて鈍い。瓦当裏面には回転ナデの痕跡が観察され、一六四番が標識資料である。図28－2の慶州校洞収集品を参考にすると、本来中房には一＋六の蓮子が配置されており、Ⅱ2a技法によって接合された可能性がある[25]。

8型式は、破損しており完全な形態はわからないが、井内功収集瓦塼資料のなかに完形品が残っており、全体的な形態を推察できる（図28－3）[26]。この瓦当は蓮弁端部が隆起しながら尖った形態をなし、中房が若干膨らみ一＋五の蓮子が配置されている。Ⅱ2a技法によって接合されており、裏面には回転ナデの痕跡がみられる。今回の調査では一六三番一点しか出土しなかった。

9～11型式は、すべて蓮弁に稜線があるもので蓮弁と蓮子の数によって区分した。9型式の場合、国立慶州博物館の調査では一九三番のように破片しか出土しなかった。しかし、慶尚北道文化財研究院の調査で形態がわかる事例があり、七葉の蓮弁で中房に圏線があり、四個の蓮子が配置されている[27]。10型式は、八葉の蓮弁で、中房中央に一つの蓮子のみ配置されているが、慶尚北道文化財研究院の調査において、わずかであるが発見された[28]。11型式は、八葉の蓮弁で中房に圏線があり四個の蓮子が配置されているが、蓮弁には木の葉形を刻んだような装飾が施されている。一九二番一点のみ出土した。9～11型式の接合技法は、慶州地域で確認される同笵品の事例からみると、すべてⅢ1技法で製作されたものと推定される[29]。

以上が慶州工高一帯で出土あるいは収集された瓦当の型式分類案である。慶州沙正洞や塔正洞で収集された資料のなかには、これより多様な型式が含まれているが、発掘によって出土したものではないため除外した。これらのうち、1Aa・1Ab・1B・2・3・7・8型式は文様と製作技法からみると、百済系瓦当といえる。また、4・5・6型式は、文様と製作技法が1型式瓦当と関連するため、百済系瓦当の変形や亜流といえよう。9・10・11型式は、蓮弁に稜線がある特徴を持ったもので、これまで新羅的な瓦当型と評価されてきたものである。

一方、国立慶州博物館と慶尚北道文化財研究院の発掘調査では、瓦当以外にも多量の平瓦と丸瓦が収集・報告されている。そのなかには百済系とみられるものも含まれており、その一部を紹介しておく（図29）。まず平瓦の場合は、枠板連結式瓦桶で製作されたものが多数確認される。これらの瓦は、粘土板を利用して作られており、灰白色や灰青色系統が多い。表面は無文や太線文で内部に枠板の痕跡が確認され、分割裁面は切断面を何度も削って破面がみえない場合が多い。

そのなかで図29-1の四一三番平瓦の場合、枠板連結式瓦桶の痕跡が観察され、広端面の裏面に同心円文があり、表面には平行線文が付けられている。これは平瓦を作る過程で広端面を整えるための調整痕であり、当て具を内側に当て、叩き板で外側を叩いた痕跡といえるが、その意味については後述する。図29-2の四五〇番平瓦は、枠板連結式瓦桶の痕跡が鮮明である。ただし、右側上端に瓦刀による面取りが観察されるが、これは焼成前に用途を考慮して瓦の一部分をカットした痕跡といえる。図29-3の四五一番平瓦の場合、枠板連結式瓦桶なのか不明であるが、先端部が断面L字形の段をなす、いわゆる先端有段式平瓦である。このような型式の平瓦は、慶尚北道文化財研究院の発掘調査でも一点出土しており、(30) 皇龍寺址や六通里瓦窯址、多慶瓦窯址でも出土してい

図29　慶州工高出土の平瓦（1～3）と有段式丸瓦（4）

るが、泗沘期の扶余地域でも類似する事例が多数確認されている。[31] 図29-3の四五一番平瓦で興味深いのは、凸面に朱線が観察される点である。[32] これは日本の飛鳥池遺跡で発見されたように、軒部分を彩色する際に偶然に付いた朱漆の痕跡であると（茅部の全面を彩色した時に偶然付いたベンガラ）いえる。[33] したがって、四五一番の先端有段式平瓦は、初期段階の「軒平瓦」といえるであろう。皇龍寺址で枠板連結式瓦桶で製作された先端有段式平瓦が出土しており、扶余地域でもこのような先端有段式の平瓦が多数出土していることからみると、百済の影響下で製作されたと推察できる。また、新羅の初期寺院の場合、建物の外部を五彩の丹青で彩色したのかは資料不足のため不明であるが、日本の飛鳥寺のようにベンガラのみ施した可能性もあり、[34] これは百済の初期寺院でも同様であると考えられる。

　丸瓦の場合、有段式と無段式がともに出土しているが、そのなかで図29-4の四〇〇番丸瓦は古式と考えられる。この丸瓦は有段式で玉縁と玉縁段部を別に製作して接合

させている。玉縁段部には麻布痕がみられず、玉縁と玉縁段部が接する表面には回転ナデの痕跡が鮮明である。このような丸瓦は、公州艇止山遺跡から出土した有段式丸瓦と技術的・系統的に関連すると考えられる。慶尚北道文化財研究院で発掘した資料のなかでも、玉縁と玉縁段部を別途に製作して接合した有段式丸瓦が多数確認されている。(35) このように慶州工高一帯で出土した平瓦や丸瓦は、その製作技術において百済と密接に関連すると言える。

(二) 相対編年と創建瓦の設定

慶州工高一帯で出土した瓦の相対編年を設定するため、まず同笵品や同形品についてみていく。7型式と8型式の場合、破片しか出土しなかったが地表収集品（図28-2・3）が残っており、六通里瓦窯址から出土した瓦当との比較が可能である（図30）。六通里瓦窯址では二点の瓦当が紹介されているが、(36) そのなかで図30-1は図27の7型式（図27-9）、図30-2は図27の8型式（図27-10）と関連があるものと考えられる。図30-1、六通里瓦窯址瓦当と7型式瓦当、図28-2の慶州校洞瓦当は、蓮弁と中房、蓮子の形態と裏面の回転ナデの痕跡などがすべて同じであるが、六通里出土品はⅢ1技法、慶州工高一帯から出土した7型式はⅡ2a技法で接合技法が異なる。

図27の8型式（一六三番）瓦当の場合、図28-3の興輪寺址収集品と文様および製作技法が同じであるため同笵品であるといえるが、これを図30-2の六通里瓦窯址瓦当と比較すると、製作技法までも同一である。また、図29-3の四五一番先端有段式平瓦も、六通里窯址で出土しており、この瓦窯で生産された瓦の一部が慶州工高一帯に供給された可能性が非常に高いといえる。

図30-1の六通里瓦窯址瓦当の場合、公州大通寺址で出土したいわゆる大通寺式瓦当の文様を基調としながら

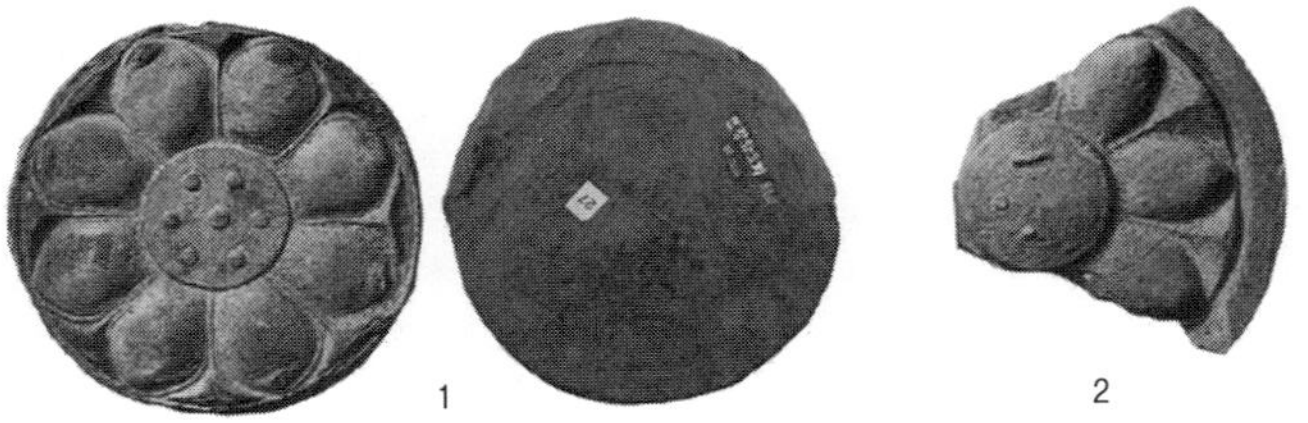

図30　慶州六通里瓦窯址の蓮華文瓦当

もⅢ1技法で製作された。百済地域でこれと類似する文様と接合技法で製作された事例として、公州艇止山遺跡出土瓦当を挙げることができる（図1-9）。この遺跡は、武寧王の殯殿と推定されることから、遅くとも五三八年の泗沘遷都以前に使用されたであろう。ただし、慶州工高一帯で出土した7型式瓦当は、Ⅱ2a技法で製作されており、図30-1とは工房差や工人差はもちろん若干の時間差も想定できる。なぜならば、図30-2と8型式瓦当は、蓮弁端部が若干角張りながら反転した形態をしているが、このような蓮弁と最も類似する瓦当として扶余陵山里寺址出土瓦当があるためである[37]。ちなみに、先端有段式平瓦も扶余陵山里寺址から出土している[38]。したがって、六通里瓦窯址と興輪寺址の8型式、扶余陵山里寺址の3型式および有段式平瓦、そして、後述する1A・1B型式の出現時期（五三五年以後）などをともに考慮すると、六通里瓦窯と関連がある7型式と8型式は、創建期瓦当より若干新しい六世紀半ばに比定できるようである[39]。

4型式は、財買井址出土品と、高霊邑で収集された瓦当が同笵品と考えられる[40]。高霊で収集された瓦当は、百済的な文様に回転ナデの痕跡がみられ、Ⅱ2a技法で製作されている。そのため、百済と大加耶の直接交流の結果と考えることもできるが、慶州工高一帯と財買井址で同笵品が出土しているため、慶州から移動したものとみなければならないだろう。したがって、4型式は、大加耶滅亡以後である六世紀半ばから後半以後に製作されたと考えられる。5型式の場合、4型式の瓦笵が摩

図31　慶州城東洞殿廊址（1）と天官寺址（2）の瓦当

耗したものと思われるほど文様が類似していることから、七世紀前半以後とみることができる。6型式の場合、同笵品はないが蓮弁と中房の間に凹みがあり、七葉に一＋五の蓮子を持ったものが芬皇寺址と天官寺址で出土し、八葉に一＋四の蓮子を持ったものが仁旺洞建物址で出土している。慶州地域で6型式のように中房と蓮弁の間に凹みが作られるものは、七世紀前半以後に出現すると考えられる。

蓮弁に稜線がある9〜11型式は、月城垓字、皇龍寺、芬皇寺、雁鴨池などでしばしばみられる型式で、六世紀後半から七世紀半ばまで多くの同笵品が存在する。9型式のように七葉で中房に四個の蓮子があるものは、皇龍寺址からの出土事例がある[41]。10型式の場合、製作時点をめぐって議論が分かれるが、慶尚北道文化財研究院発掘品のなかに同笵品が混じっている[42]。ところで、このように中房蓮子は異なるが、殿廊址からは一＋四の蓮子を持つ同形品が確認される（図31-1）[43]。中房に配置された蓮子の数が増減するのは、時期的な変化を示す重要な属性の一つと考えられる。それゆえ、10型式瓦当がたとえ南京地域で発見された瓦当と類似するとしても、これを興輪寺址の創建期である六世紀前半や中頃まで遡らせるには無理があると考えられる[44]。そこで、ここでは、皇龍寺重建伽藍の年代を勘案して、10型式をひとまず六世紀中・後半以後と推定しておきたい。

1A・2・3型式は、慶州地域で同笵品が発見されていない。ただ、1B型式は、慶州天官寺址で同笵品が出土している（図31－2）[45]。図31－2は、灰青色硬質焼成で、胎土には砂が多量に含まれており、Ⅱ1a技法で接合されている。これを1B型式の標識資料である一八三番と対照させると、中房と蓮子が若干飛び出す印象を与え、接合技法も若干異なる。1A型式内にも1Aa型式と1Ab型式の間で接合技法が異なるものが確認され、実際にⅡ1a技法とⅡ2a技法の技術的な違いは非常に微細なものである。そのため、両者の間には、同じ工房内の工人差や若干の年代差があることを示唆するものとみることができるであろう。

このように1Aと1B型式、2型式と3型式は、慶州工高一帯以外ではほとんど発見されていない。そうした点から、これらの年代は他の資料から考えねばならないが、その際に注目されるのが公州地域で発見された瓦当である。1Aと1B型式の場合、公州大通寺址出土瓦当と文様のみならず製作技法まで一致している（図1－8）。公州大通寺址の瓦当は、八葉素弁で蓮弁端部を突起で表現し、滑らかに反転する印象を与えており、小さくて低い中房には一＋六や一＋七、一＋八の蓮子が配置されている。瓦当の裏面は回転ナデで整え、先端部を斜めに切り出して調整した丸瓦を接合させる丸瓦加工接合法（Ⅱ技法）で製作された。このような特徴を持つ瓦当を大通寺式瓦当と呼ぶが、これは中国の南朝から始まったもので、五二〇年代後半から公州地域で生産され、泗沘遷都以後には百済の主流的瓦当型となる[46]。1A・1B型式は、文様と製作技法が大通寺式瓦当と一致するため、それをモデルにして製作されたといえる。

ただし、図1－8と1A・1B型式をもう少し比較してみると、慶州地域で出土した瓦当は、蓮弁と間弁の形態が類似するとはいえ、より型式化された印象を与え、中房がより大きくなり飛び出す。このようなことから、公州大通寺式瓦当の出現より若干新しい六世紀前半から半ばの間に編年でき、後述する文献資料を参考にすると、

五三五年以後に比定できるようである。[47] また、1A型式と1B型式にも若干の違いが存在する。つまり、両型式の瓦当は、文様は酷似しているが、蓮子の配置、蓮弁と間弁の形態が異なり、瓦当裏面の回転ナデ技法、胎土と焼成度などにおいて少し相違する。蓮子と蓮弁の形態差は瓦笵の差、瓦当裏面の処理方式は工人の差、色調の違いは焼成度の違いであり、胎土とともに工房の違いをあらわすものといえよう。そうした点で1Aと1Bの間には、瓦笵と瓦工、工房の違いが存在したとみられるが、両型式の間に年代差はそれほどないと考えられる。[48] また、1Aと1B型式は製作技法や胎土などが7・8型式とは異なるため、六通里瓦窯址とは異なる不明窯で製作・供給されたとみなければならないだろう。

2型式と3型式は、公州公山城出土品と文様や製作技法が類似するが、百済地域の瓦当と直接比較できるようなものは出土せず、むしろ1Aや1B型式瓦当と類似度が高い。3型式の場合、公山城式瓦当の特徴的な接合技法であるⅢ技法で製作された可能性があるが、文様の全体的な形態は、1A・1B型式の延長上にあると考えるのが適切であろう。そうしたことから2・3型式は、1A・1B型式より若干新しい六世紀半ばに編年できるようである。

それでは、興輪寺址と推定される慶州工高一帯の創建瓦は、どのようなものであろうか。消費遺跡で発掘された瓦当のなかで創建瓦を抽出する際にしばしば採用されるのは「絶対多数の論理」である。[49] 一つの建物址から出土した資料のなかで最も多く出土したものが、創建時に主体的に採用されたという論理である。しかし、慶州工高一帯の調査は、建物址の部分的な収集調査であるため、出土量を基準とすることは困難である。したがって、出土品の型式学的分析に依存せざるを得ないが、前述したようにこの遺跡から出土した瓦当のなかで最も古いものは1Aと1B型式で、その後の2・3型式や7・8型式瓦当が相対的に新しく出現したものと考えられる。[50]

そのような状況から、これまでの報告書では、1Aと1B型式瓦当のみを創建瓦とみた。しかし、寺院の創建には比較的多くの時間が必要とされるため、仏殿や木塔といった主要建物だけでなく、回廊や僧房といった周辺建物が完成して寺院が本格的に運営できる時期までを創建期とみなければならない。そのため、創建瓦の種類ももう少し幅広く設定しなければならないようである。したがって、1Aと1B型式だけでなく2・3型式と7・8型式瓦当までも創建瓦としてとらえることができ、慶州工高一帯ではこのような型式の瓦当がすべて百済系瓦当に属する。慶州工高一帯の場合、1Aと1B型式瓦当を主体にして最初の建物が建立されたが、本格的に寺院が建立された段階では、2・3型式と7・8型式といったより多様な型式の瓦当が製作・供給されたとみることができるだろう。第五章で検討するように、陵山里寺址や軍守里寺址、王興寺址では二種類以上の創建瓦が確認され、一つの消費遺跡で複数の生産地で製作された瓦が供給されるというシステムは百済寺院では一般的なことであり、[51]興輪寺址の瓦供給体制もまた百済から始まったものといえるだろう。

第二節　百済系造瓦技術の導入過程とその意義

（一）百済系造瓦技術の導入過程

慶州地域で発見された最も古い段階の瓦当が月城垓字と勿川里窯址出土品であるということは、先に説明した通りである。ところで、月城垓字から出土した古い段階の瓦当には、高句麗系と百済系のものが混在している（図32）[52]。百済系の場合、その瓦当文様は六世紀前半代の百済で流行した弁端点珠状であるが、接合技法には漢城

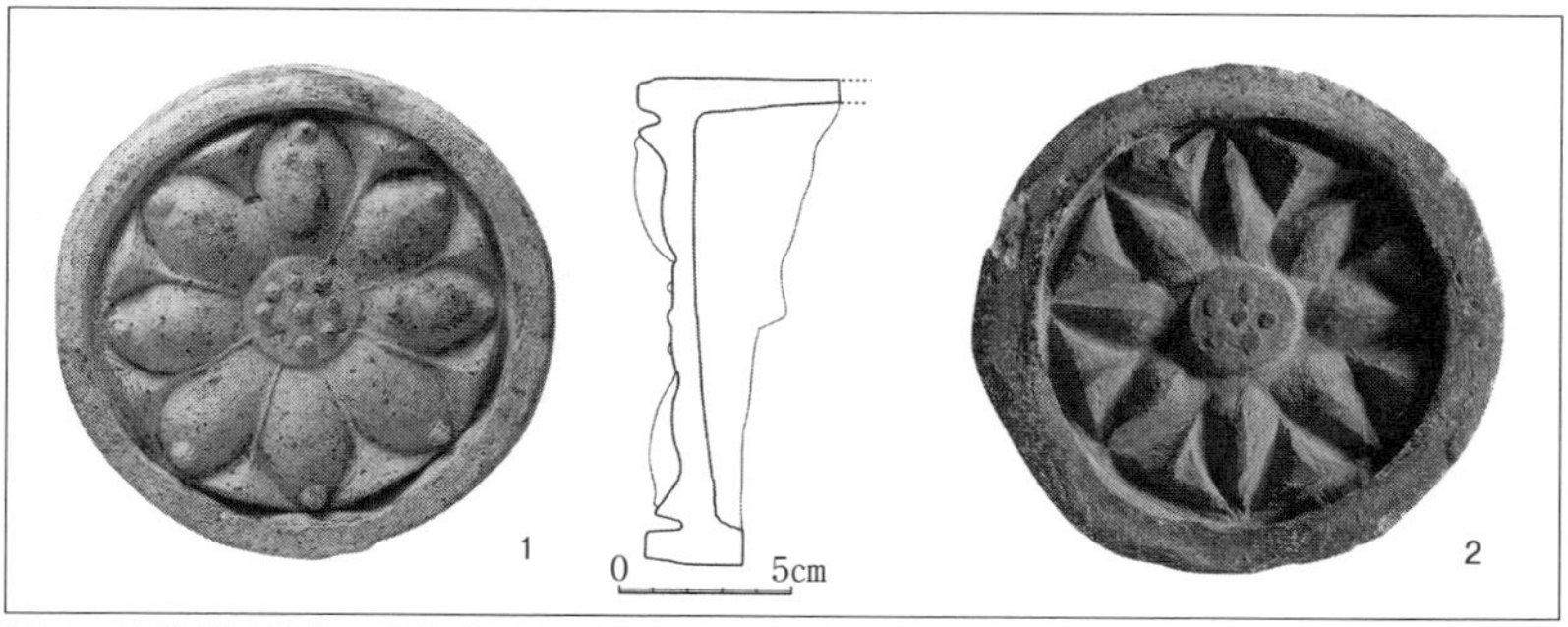

図32　慶州月城垓字の蓮華文瓦当（1．百済系、2．高句麗系）

期に盛行した円筒接合後分割法（Ⅰ技法）を駆使している。ところで、漢城期に流行したⅠ技法は、熊津・泗沘期にはほとんど確認されない接合技法であり、熊津期の比較的古い段階である公州公山城の場合、Ⅲ1技法が主流をなしている。そうした点から図32-1の百済系瓦当は、百済の立場からみると、漢城期の在来的な技術に熊津期の新たな文様要素が混在している。このように慶州地域で百済の新旧技術が同時にあらわれる現象は、当時の新羅の瓦製作において百済系造瓦技術を持つ瓦工が直接移動したのではなく、瓦笵や製品といった「道具」のみ伝来したためではないかと考えられる。

　このような推論は、高句麗系瓦当の導入過程においてより鮮明にあらわれる。先学が指摘したように、高句麗系統の瓦当は、その文様が高句麗の蓮華文瓦当や古墳壁画の蓮華文と相通じる点がある[53]。しかし、図32-2の高句麗系瓦当にみえる接合技法は、高句麗では確認されない丸瓦被覆接合法（Ⅲ技法）である。これまでⅢ技法を高句麗の技術系統と誤解してきたが、現在までの資料によると、高句麗よりは百済で流行したとみることが妥当である[54]。Ⅲ技法は、風納土城からその端緒がみられ、熊津期以後にはⅡ技法とともに百済で最も多く確認される技法となる[55]。したがって、図32-2の事例は、高句麗系文様の瓦当を製作しながらも高句麗の技術でなく百済系の技術を採択していたという重要な根拠となる。つまり、新羅では、高句麗から造瓦技術

を導入する際も、瓦笵や文様だけを輸入したと考えられるのである。[56]

新羅の瓦のなかで最も古い段階に該当する月城垓字に百済系造瓦技術が顕著にあらわれる事実は、百済の造瓦技術が新羅の初期造瓦技術に非常に大きな影響を与えたことを物語る。しかし、一方では、新羅で文様と造瓦技術を選択的に受容できたと理解できるため、当時の新羅の造瓦技術がこの段階ですでに一定の水準に達していたことを示唆するものである。

その背景と関連して、勿川里窯址から出土した無瓦桶で製作された瓦が注目される。勿川里窯址では、無瓦桶製作法の平瓦と短い玉縁を持つ丸瓦、図32-1と同笵である点珠状の百済系瓦当および土器口縁部と似た軒平瓦などを生産する時期（第二段階）があったと考えられる。さらに、この時期以前に、無瓦桶製作法のみで瓦を製作する段階（第一段階）もあった。その年代は、共伴した台脚や蓋などの土器の編年との対照から、五世紀後半、少なくとも六世紀初期以前と推定されている。[57] 金基民の分類する平瓦の1ａと1ｂ・1ｃの差が、時間差を意味するのかどうかは不明な点がある。しかし、勿川里窯址では、瓦当をはじめとする多様な種類の瓦が製作される以前に、無瓦桶製作法で平瓦を製作する段階もあり、その時期は、六世紀以前、五世紀後半段階まで遡らせることができると思われる。

新羅にはこのような造瓦技術があったため、瓦笵や文様の輸入のみでも図32のような型式の瓦当を製作できたのだろう。ただ、無瓦桶製作法の技術的な系統は、金海府院洞遺跡の事例があるとはいえ、ソウルの風納土城から同じ技法で製作された平瓦が多量出土している点を勘案すると、その技術系統も百済からの影響とみなければならないだろう。[58]

では、図32-1の月城垓字で出土した百済系瓦当は、いつ製作されたのであろうか。この型式の瓦当は、月城

塼字をはじめとして勿川里窯址、仁旺洞五五六・五六六番地遺跡、花谷地区などから同笵品が出土しているが、共伴した土器の相対編年に基づいて五世紀末まで遡らせる見解がすでに提示されている(59)。しかし、このような見解は、公州地域でこれと類似する文様を持つ瓦当が六世紀前半以後から出現しているという問題がある。

百済地域で図32-1の月城塼字出土品と最も類似する瓦当は、図1-8の大通寺址出土品である。両者は同笵品ではないが、蓮弁や中房の形態がほぼ同じである。しかし、月城塼字出土品は漢城期に流行したⅠ1技法で接合され、大通寺址出土品はⅡ2a技法で接合されており、裏面に回転ナデの痕跡がみられる。これは、両瓦当の製作における技術的な違いを物語っており、月城塼字で出土した百済系瓦当が、大通寺址の瓦当や文様のみを借用して製作されたことを示唆する。つまり、新羅では、無瓦桶で製作された平瓦を使用して新たに瓦当を導入・使用しながらも、最初は単純に瓦笵といった同じ道具のみを限定的に受容したといえよう。

その時点は、図32-1のような瓦当文様が公州大通寺址で最初に出現し、新羅と梁が五二一年に初めて交流したことからみると、公州大通寺が建立された五二〇年代頃であったと考えられる(60)。したがって、新羅で百済系造瓦技術が受容された初期段階は、勿川里窯址の一段階のように無瓦桶製作法の平瓦と短い玉縁を持つ丸瓦が製作される段階（五世紀後半から六世紀初め）と、図32-1のように百済系統の瓦当文様にⅠ技法で製作される段階（六世紀前半）に分けることが可能となる。一方、月城塼字出土品では、新羅における蓮華文瓦当の使用が、寺院の建立以前から行われていたことを示していることにも注意が必要である。日本の学界では、飛鳥寺創建以後に瓦の使用が本格化したため、仏教の普及と瓦当の使用・普及を同一視しようとする傾向があるが、新羅では王宮をはじめとする官衙遺跡で瓦を使用した痕跡を明確に確認できるためである。

新羅で百済系造瓦技術を導入する過程における次の重要な画期は、慶州工高一帯で収集された1Aと1B型式

の瓦当である。1Aと1B型式の瓦当は、図1-8の大通寺式瓦当と比較すると、文様だけでなく丸瓦加工接合法（Ⅱ技法）、裏面の回転ナデの痕跡など製作技術まで正確に一致している。1A・1B型式は、慶州地域でⅡ技法である丸瓦加工接合法が確認された最も古い事例に該当する。このような特徴を持つ1Aと1B型式の瓦当を、文献記録との関連性から「興輪寺式瓦当」と呼ぶことを提案したことがある。(61) 慶州で出土する興輪寺式瓦当の成立は、前代のように単純な道具の移動だけでは説明し難く、熟練した瓦工の派遣や指導を想定しなければならないだろう。つまり、1Aと1B型式瓦当の製作には、大通寺式瓦当の製作に関与した工人集団の一部が派遣された可能性が高いのである。

もう一つの根拠は、ここから出土した瓦当の文様と製作技術だけでなく、瓦当とともに出土した丸瓦や平瓦の製作にも百済系造瓦技術の痕跡が認められることからもうかがえる。四〇〇番の有段式丸瓦の場合、玉縁と玉縁段部を別途に製作して接合した後、接合する部分に回転ナデを施して仕上げている（図29-4）。このように玉縁と玉縁段部を別に製作して接合する事例は、慶尚北道文化財研究院の発掘品のなかでも確認されるが、そこには、接合面や表面に回転ナデの痕跡はみられない。ところで、公州艇止山遺跡からは枠板連結式瓦桶で製作された平瓦とともに有段式丸瓦が出土している（図33）。そのうち、図33-2の有段式丸瓦は、円柱状の模骨に麻布をかぶせて玉縁部分を粘土帯で別途に製作して接着させながら、端部を瓶形土器の頸部のように短く直立させた。丸瓦の表面は、板状道具を用いて掻きあげて面を整え、約三分の二地点から玉縁段部までは回転掻きや回転ケズリで整面した後、回転ナデを施している。(62) 泗沘遷都以後の資料ではあるが、扶余定林寺址と陵山里寺址でも玉縁段部付近まで麻布をかぶせて玉縁段部を粘土帯で別途に製作して接合した有段式丸瓦が確認されている。(63)

玉縁と玉縁段部を別途に製作した後に接合した四〇〇番丸瓦（図29-4）では、玉縁段部の内面に麻布痕がなく、

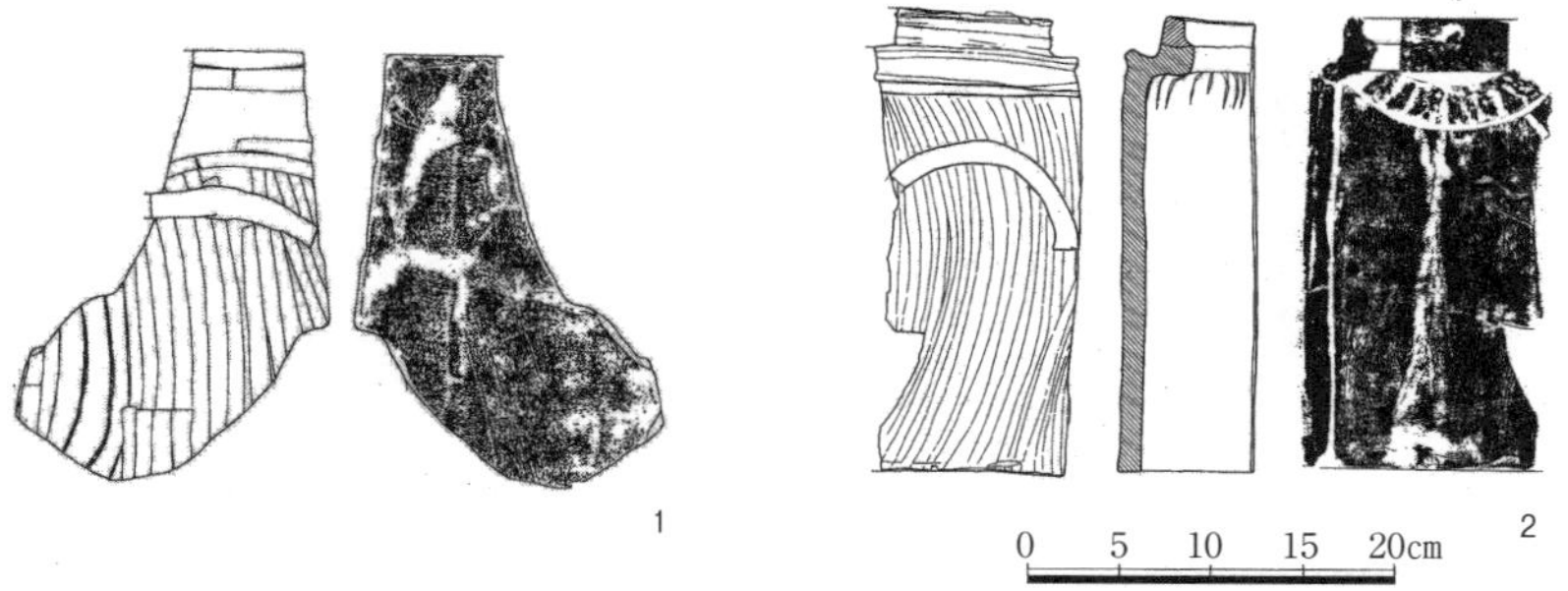

図33　公州艇止山遺跡の平瓦（1）・丸瓦（2）

玉縁と玉縁段部が接合される部分の表面には回転ナデの痕跡が観察される。このような特徴は、金基民が分類した勿川里瓦窯址出土の短い玉縁段部に平瓦と似た曲がりを持つ1a式丸瓦や、玉縁段部が直角に降りてきて短い玉縁に変わりながら半円状の曲りを持つ1b式丸瓦とは異なると考えられる。[64] そうした点で、四〇〇番有段式丸瓦の場合、1Aと1B型式の瓦当とともに百済の新たな技術が導入されて製作されたといえる。

平瓦の場合も同様である。先述のように、慶州工高一帯では百済の平瓦製作においてしばしば認められる枠板連結式瓦桶で製作された瓦が発見された。図29-1の四一三番平瓦は、広端面の裏面に同心円文があり、表面には平行線が残っている。これは平瓦を製作する過程で広端面を補完するための補足痕である。このような痕跡は、日本の飛鳥寺など初期寺院で出土する平瓦でたびたび確認される（図34）。飛鳥寺から出土した平瓦のなかには、同心円文の当て具を当てた補足痕が観察されるが、このような痕跡は、須恵器、特に甕の成形に用いられるものであり、初期の瓦工房で須恵器工人の関与があったことを示す証拠と評価されている。[65] つまり、日本における初期瓦生産段階では、瓦の需要に対応するために須恵器工人を動員して労働力として使役した結果、そうした痕跡がみられるようになったのである。

このような現象は、慶州勿川里窯址をはじめとする慶州地域の初期瓦窯

が瓦陶兼業の形態で運営されたため当然のことかもしれないが[66]、平瓦自体に土器製作の痕跡が確認されたのは本事例が最初である。ただ、これまで慶州地域で枠板連結式瓦桶を用いた平瓦が、皇龍寺址をはじめとして勿川里瓦窯址でも確認されているものの、その上限年代は明確でなかった[67]。そうしたことから、本遺跡の枠板連結式瓦桶で作られた平瓦は、その上限を示す重要な資料といえよう。慶州工高一帯で発見された枠板連結式瓦桶を利用した平瓦は、１Ａと１Ｂ型式瓦当や四〇〇番有段式丸瓦などと一つのセットをなしているが、四一三番平瓦の調整痕を通して在地の土器工人たちが百済から新たな造瓦技術を教わりながら瓦生産に動員されたことを確認できよう。

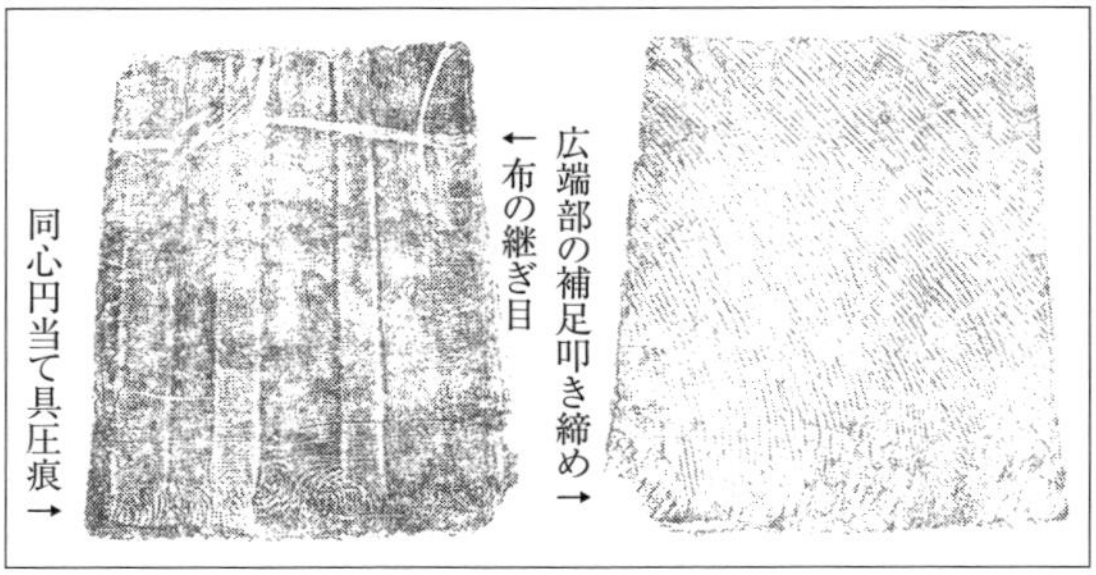

図34　飛鳥寺平瓦の補足痕（花谷浩）

一方、四〇〇番のような有段式丸瓦や枠板連結式瓦桶を用いた平瓦は、熊津期の百済遺跡のみならず南京地域でも確認される。近年、王志高が報告した南京地域出土丸瓦のうち、Ｅ・Ｆ・Ｇ型式丸瓦は、玉縁と玉縁段部を別途に製作して接合し、玉縁段部の内面に麻布痕はなく、玉縁と玉縁段部が接合される部分の表面には回転ナデの痕跡が認められる[68]。平瓦の場合もＥ・Ｆ・Ｇ型式で粘土板を利用した枠板連結式瓦桶の成形と分割突帯痕が観察される（図35）[69]。このような平瓦と丸瓦は、南朝後期の遺跡でセットをなして確認されている。したがって、百済の場合も、このような平瓦の造瓦技術は、南朝の影響を受けて成立したものといえるだろう。しかし、枠板連結式瓦桶を利用した平瓦の製作は、風納土城など漢城期にすでに導入・使用されていた技術であり[70]、新羅では早くから百済系造瓦技術の影響を受けていた。したがって、慶州地域で確認される

図35　南京地域（1・2）の丸瓦と平瓦（3・4）（王志高）

平瓦の造瓦技術は、南朝の技術者が直接新羅に派遣されて成立したというよりも、瓦当と同様、百済を介した二次的な技術の伝播であったとみるのがより妥当であろう。

六世紀半ば以後、慶州地域では丸瓦被覆接合法（Ⅲ技法）で製作された百済系瓦当が登場し、次第に普遍化したとみられる。慶州工高一帯で出土した3型式や7型式は、Ⅲ技法の可能性があり、9～11型式はⅢ1技法によって製作された。本章では3型式や7型式を六世紀中頃と比定しているが、7型式と8型式では、慶州六通里窯址と関連があると考えられる。六通里窯址では、枠板連結式瓦桶で製作された平瓦だけでなく、円筒形瓦桶で成形された平瓦がともに出土した[71]。Ⅲ技法で接合した瓦当の場合、円筒形瓦桶で成形された丸瓦と平瓦とを組み合わせる場合が多い[72]。前述したように六通里瓦窯址から出土した図1-8は、大通寺式瓦当の文様を基調としながらもⅢ技法で製作されたが、公州艇止山遺跡出土

の瓦当（図1-9）と比較すると、六世紀半ばとみることができるだろう。(73)

慶州工高一帯で出土した3・7型式がⅢ技法なのか否かは確定し難いが、Ⅲ技法は9～11型式のように蓮弁に稜線がある独特な文様を持つ、いわゆる新羅的な瓦笵に採択されてからは、皇龍寺址、月城垓字、雁鴨池、芬皇寺などで幅広く使用された。つまり、Ⅲ技法はそれまでのⅡ技法で製作された興輪寺式瓦当より若干新しく、それも既存の興輪寺式瓦当の文様を基調としながら別途、採択・使用された。蓮弁に稜線がある新羅的な瓦型が完成して以後は、次第に新たな様式としての地位を占めるようになり、円筒形瓦桶で製作された平瓦・丸瓦と結合して次第に普遍的に活用されるようになったということができる。七世紀後半以後、新羅では円筒形瓦桶のみを使用するようになり、新たに考案された叩き板を使用した新しい規格の平瓦が幅広く製作・使用されるに至る。(74)

慶州から出土した百済系瓦について、百済造瓦技術の対外伝播という観点から日本の飛鳥寺と比較すると類似した点が観察される。造瓦技術を導入しながら不足した労働力を補充するために在地の土器工人を動員したという点だけでなく、創建期瓦当の製作においても興味深い点を見出すことができる。創建期瓦当と考えられる1型式と2・3型式、7・8型式の間に瓦笵の違いだけでなく工人差や工房差、時期差があったように思われる。最も古い段階に製作された1Aと1B型式の間にも瓦笵や工人差を確認できることから、百済から派遣された造瓦集団は、最小二つ以上のグループであったと推定できる。このような様相は、百済から瓦博士が派遣された日本の飛鳥寺の創建瓦が文様と製作技術などにおいて花組と星組の二つのグループに区分される点と類似する構図であり、百済の造瓦体制と関連した可能性があり、一つの寺院を安定的に造営するためは、最小二組以上の造瓦集団が必要であったのかもしれない。(75)

一方、ここから出土した瓦当は、1Aと1B型式瓦当の製作以後、これを基本形として多様な変形と亜類型が

持続的に出現している。このような現象は、百済の廃寺址ではみられない独特なものである。日本の飛鳥寺の瓦製作に関与した花組と星組集団の場合、寺院の完成以後、改范しながらも固有な文様属性と技術系統を維持しながら引き続き活動していた[76]。百済から技術を伝授した新羅と日本の寺院でのみこのような特徴が認められるのは非常に興味深い現象であり、その相違が百済と新羅・日本の造瓦技術水準の差を暗示するのかもしれない。

（二）百済系技術導入の意義

慶州工高一帯は、新羅最初の寺院である興輪寺址とされており、出土瓦当の分析結果を文献記録と関連させつつ検討する必要がある。興輪寺の創建過程に関する重要な史料を提示すると次の通りである。

史料八

真興大王位五年甲子、造大興輪寺。〔按国史与郷伝、実法興王十四年丁未、始開、二十一年乙卯、大伐天鏡林、始興工、梁棟之材、皆於其林中取足、而階礎石龕皆有之、至真興王五年甲子、寺成、故云甲子、僧伝云七年誤。〕（『三国遺事』興法第三原宗興法厭髑滅身条）

史料九

王許之、命興工、俗方質倹、編茅葺屋、住而講演、時或天花落地、号興輪寺。（『三国遺事』興法第三阿道基羅条）

史料八によると、興輪寺は法興王一四年（五二七）に創建されはじめたが、しばらく中断した後、同二一年（五三四）乙卯に工事が再開され、真興王五年（五四四）に完成したという。しかし、「二十一年乙卯」の「二十一年」

は誤字であるため、「乙卯」を重視して五三五年に工事が再開したとされる。(77) 興輪寺の創建年代に関しては諸説あるが、本章と関連するものとして史料九の「編茅葺屋」という表現に注目する必要がある。新羅最初の寺院である興輪寺は、建立当初には瓦葺きでなく茅を編んで屋根を葺いた草家（草屋）であった可能性があるためである。(78) 日本の仏教展開過程においても、五三八年の仏教の公認と五八八年の飛鳥寺建立の間には時間差があり、『扶桑略記』には坂田原に草堂を建てて仏像を安置した事例がある。(79)

史料八と九を総合してみると、興輪寺は五二七年に創建されたが、当初は草屋からなる微々たる寺であった。五三五年に本格的な伽藍が建立され、五四四年に完成したと考えられる。ところで、本章ではここから出土した1A・1B型式の瓦当が公州大通寺址の瓦当より少し新しい段階のものと推定した。そうであれば、五二七年を前後して建立された公州大通寺で使用された造瓦技術は、興輪寺が初めて建立された五二七年頃に直ちに伝えられたのではなく、本格的に工事が開始された五三五年以後に伝えられた可能性がある。『海東高僧伝』には、当時の新羅の貴族が、仏教信仰自体でなく土木工事による社会的困難を理由に興輪寺の創建に反対していることを伝えている。(80) 史料九の「編茅葺屋」という表現は、このような事情と関連する可能性もあるが、一方では百済の大通寺建立を意識して大規模寺刹に転換した可能性も想定できよう。(81)

新羅ではこのような過程を経て百済から大通寺式瓦当が伝来したが、造瓦技術だけでなく寺院造営に必要な技術についても援助を受けた可能性がある。古代寺院の造営には、土木建築のみならず彫刻・金工・木工・石工など多様な技術が集約されていたため、技術の相互の依存度や提携度が高い。(82) したがって、興輪寺の場合も、瓦の造瓦技術のみを伝達したというより、日本の飛鳥寺の事例と同様に寺院造営技術全体が総合的に伝来した可能性も排除し難い。(83) 1A・1B型式の瓦当と百済系統の平瓦・丸瓦は、史料八・九の歴史記録と符合しており、こう

図36　慶州工高一帯出土の文字瓦（1．「王（？）興」、2．「寺」）

したことからこの遺跡は「興輪寺」であった可能性がある。特にここから出土した「王（?）興」（一三〇番）や「寺」（一三一番）と読める文字瓦の存在は、その可能性をさらに高めている（図36）[84]。

ここを興輪寺址と推定できるならば、1Aと1B型式の創建瓦は、百済と日本の瓦当命名法を参考にして、「興輪寺式瓦当」と呼べるであろう[85]。これは、公州大通寺式瓦当をモデルにして、五三五年以後の興輪寺の本格的な建立工事過程で使用された瓦をいう。興輪寺式瓦当は、百済系瓦製作用具と技術者の直接的な指導を受けて作られたが、蓮弁は八葉で反転を突起で表現し、中房には一+六の蓮子が配置された。瓦当の裏面は回転ナデで整え、丸瓦加工接合法（Ⅱ2a技法）で接合し、七世紀中・後半まで変型や亜流型が製作され続けた。また、枠板連結式瓦桶で製作された平瓦と、玉縁段部を別途に製作した有段式丸瓦がセットをなしながら製作・使用された。

以上の推論が妥当であるならば、慶州工高一帯は興輪寺址といえ、「興輪寺式瓦当」に一定の意味を与えることができるだろう。『三国史記』や『三国遺事』には、興輪寺の創建過程に与えた百済や南朝の影響についてはなんら言及がない。そのため、中古期新羅の仏教は、高句麗や北朝系統仏教の影響が強かったと理解されてきた。しかし、百済—南朝系、特に百済の直接的な支援によって製作された興輪寺式瓦当は、これまで新羅における仏教の受

容過程で見過ごされていた百済の影響を実物資料によって確認させることになり、南朝仏教の影響を再認識させる契機となった[86]。『梁書』新羅伝にみられるように五二一年、新羅は百済の媒介によって梁と初めて通交することができた[87]。このような百済の役割は一回性のものでなく、一定期間持続したものと考えられる。百済と新羅両国における最初の本格的寺院といえる大通寺と興輪寺で同じ文様と技術で製作された瓦を使用したことは、非常に興味深い発見であり、異論の多い新羅の仏教初伝記録を再解釈するうえでも多くの示唆を含んでいる。

一方、図1-8の公州大通寺址出土瓦当は、泗沘遷都初期、王宮や寺院で主に使用された型式である。扶余旧衙里や官北里、陵山里寺址、軍守里寺址、東南里寺址などでは大通寺式瓦当が出土しているが、日本の飛鳥寺の星組系列の祖形もまた大通寺式と推定されている[88]。熊津期の王宮で使用された公山城式ではなく大通寺式瓦当が泗沘期初めに主流的位置を占めることになった現象は、興輪寺式瓦当と関連して注目される。新羅最初の寺院を建立する際にも、百済から大通寺式瓦当が伝来したのである。

その背景には、百済官営造瓦工房の成立という問題が介在しているのではないだろうか（本書第一章第一節参照）。つまり、百済では大通寺を建立する過程で官営造瓦工房が成立したため、慶州の興輪寺式瓦当でも大通寺式瓦当が採択され、新たな都城である扶余地域でも大通寺式瓦当が主流的位置を占めることになったと考えられるのである。新羅最初の寺院である興輪寺の建立のために、百済から瓦工などの技術者を派遣するためには、百済内部で官営造瓦工房のようなものが成立していなければならない。百済では、泗沘遷都以前にこのような官営造瓦工房が成立していたため、新都造営に必要な大量の瓦を安定的に供給することができたのであろう。

興輪寺式瓦当は、玉縁段部を別途に接合した有段式丸瓦や、枠板連結式瓦桶で製作された平瓦とともに百済から伝授されたもので、百済の造瓦技術の対新羅伝播過程において一つの画期をなす。また、五八八年、百済瓦博

士によって製作された飛鳥寺の創建瓦を研究するうえでも良好な比較資料となろう。その源流となる大通寺式瓦当は、南朝の影響を受けて成立したものであり、興輪寺式瓦当も広い意味では南朝―百済系造瓦技術の範疇に属しているといえる。しかし、大通寺式瓦当の成立過程で百済的な変容があり、百済で変形を受けた文様と技術が新羅に伝播したものであるため、厳密な意味では「百済系」技術であるとみなければならないだろう。六世紀前半、南朝―百済―新羅の造瓦技術の伝播過程において、興輪寺式瓦当は百済が主導的に活動したことを確認できる遺物である(89)。

百済は、先進文明としての仏教を積極的に受容して外交に利用した国家の一つであった。六世紀前半、百済が新羅や日本に積極的に仏教を紹介したり公伝させたことは、高度な思想体系を持つ宗教としての仏教を伝達しただけでなく、梁武帝の歓心を買うための外交上の戦略でもあり、新羅や日本も梁との関係を結ぶための手段として仏教を利用したのであった。河上麻由子は、これを「仏教的朝貢」と呼んでいる。すなわち、梁武帝に送る上表文に仏教的用語を使用して皇帝を称賛したり、仏牙など仏教的な朝貢品を献上する見返りに、漢訳仏典などを回賜品として要求する朝貢の形態をいう(90)。仏教的朝貢は、劉宋・南斉・梁代と北魏・北斉・隋代すべてにみられるが、梁武帝と隋文帝が最も多くの仏教的朝貢を受けた。このような仏教的朝貢を通して南海諸国では、貿易関係の維持と発展、中国で活動する自国の僧侶の安全を確保するなど現実的利益を得ることができた。

百済や新羅では、これを通して内政改革や国家体制を整備する際に支援を受けたといえる。特に百済は、梁と新羅の交渉を仲介したり、新羅最初の寺院である興輪寺を建立する際に自国の技術者を派遣して支援し、五三八年には遷都という国家的な大事業を遂行しつつ日本に仏教を公伝した。そうした点でこの時期の百済が、自国の技術者集団を新羅に派遣したり日本に仏教を公伝したことは、梁と新羅、日本との外交関係のなかで百済の影響

力と主導権を引き続き維持したり強化するという側面があったと評価できる。

ここで注目されるのは、五三二年の新羅の金官加耶併合と、五三八年の泗沘遷都前後における百済と新羅の関係である。新羅の金官加耶併合を契機に、百済と新羅の同盟は危機を迎えるようになったであろう。しかし、五四一年（真興王二）に百済が使臣を送り和親を要請した際、すぐに許諾したという記録をみると、同盟が決裂してはいなかったといえる。したがって、文献史料にはあらわれないが、興輪寺の造営に百済の技術者集団が派遣されたことは、五三八年の泗沘遷都を準備していた百済の立場からすると、高句麗との戦争に備えるため新羅との同盟維持や強化のための側面があったといえるだろう。このような状況のなかで、百済は五四一年に梁武帝に涅槃経などの義疏を要請するとともに、百済内部で現実的に必要な技術の支援を受けるために、梁の技術者である工匠・画師の派遣を要請し、新都の姿を一新することができた。

したがって、百済は、梁と単純に仏教的朝貢のみを行ったとは断定し難い側面がある。百済は自国に必要な技術を具体的に要請し、これを積極的に実現した。本書第二章で検討したように、大通寺址や定林寺址はこれをよく物語っている。その後、百済は造瓦技術をはじめとする寺院造営技術を利用して新羅や日本と交流した。その過程で軍事的・外交的側面から現実的な利益を得ることができたのである。そうした点で興輪寺式瓦当は、六世紀前半の南朝と百済、新羅の外交的関係のなかで百済の主導的な役割を確認できる重要な資料だといえるだろう。

まとめ

慶州地域では早くから公州や扶余地域で発見される瓦当と類似するものが収集され、「百済系瓦当」と概念化

され注目されてきた。しかし、百済系造瓦技術がいかなる過程を経て伝来したのかということについては不明確な点が多かった。そのようななかで、新羅最初の寺院である興輪寺址に比定される慶州工高一帯において、その具体的な様相を相定しうる瓦当と平瓦、丸瓦が発見された。本章では、国立慶州博物館が収集調査した資料を中心に、慶尚北道文化財研究院の発掘品とその他の蒐集資料を網羅して、百済系造瓦技術の対新羅伝播過程を検討した。

慶州工高一帯で出土した古式蓮華文瓦当は、図27のように一一型式に分類することができる。そのうち、1Aと1B型式瓦当は、最も早い段階に製作された瓦当であり、公州大通寺址で出土した瓦当と文様や製作技法が同じである。1A・1B型式瓦当は、玉縁を別に接合した有段式丸瓦と枠板連結式瓦桶（模骨瓦桶）を利用した平瓦とセットになっており、単純な道具の移動や伝授ではなく、百済系造瓦技術を持つ瓦工の直接的な移動による技術の伝播結果であったといえる。この瓦は、五三五年から興輪寺を本格的に建立したという文献記録と符合する創建瓦と考えられ、「興輪寺式瓦当」と呼ぶことができる。この興輪寺式瓦当によって、新羅への仏教伝来過程で看過されてきた百済の影響を初めて実物により確認することができた。六世紀前半の南朝―百済―新羅という造瓦技術や仏教の伝播過程を解明することのできる重要な資料といえよう。当該期に百済から新羅に技術者集団が派遣されたのは、梁を意識した側面もあるが、高句麗の軍事的な脅威のなかで新羅への協力を維持、強化しようという側面もあったといえる。

以上、新羅最初の寺院である興輪寺址の創建と前後して展開した百済系造瓦技術の伝播過程を考究してきた。新羅では寺院建立以前から月城垓字などの王宮で瓦当と平瓦が使用されたことや、新羅最初の本格的な寺院である興輪寺址の瓦製作に百済系瓦製作工人が直接的に関与していたことを確認できたのは、重要な成果といえるだ

ろう。寺院の建立は、古墳に比べて技術相互間の依存度が高いため、興輪寺址の造営に百済の造瓦技術だけが影響を与えたとは考えられない。今後、発掘調査が進展すれば、他の分野においても百済技術の影響を確認できると期待される。

（1）＊辛鍾遠「六世紀新羅仏教の南朝的性格」（『新羅初期仏教史研究』民族社、一九九二年）。
（2）薗田香融「東アジアにおける仏教の伝来と受容」（『関西大学東西学術研究所紀要』二二、一九八九年）、＊崔鈆植「六世紀東アジア地域の仏教拡散過程に対する再検討」（『忠清学と忠清文化』一三、二〇一一年）。
（3）＊金誠亀「新羅瓦の成立とその変遷」（『新羅瓦塼』国立慶州博物館、二〇〇〇年）、金有植「五～六世紀新羅と周辺諸国の瓦」（『古代東アジアの造瓦技術』奈良文化財研究所、二〇〇九年）。
（4）京都帝国大学『新羅古瓦の研究』（一九三四年）三〇～三一頁。
（5）＊金和英「韓国蓮華文研究」（梨花女子大学校博士学位論文、一九七六年）。
（6）稲垣晋也「新羅の古瓦と飛鳥・白鳳時代古瓦の新羅的要素」（田村圓澄・秦弘燮編『新羅と日本の古代文化』吉川弘文館、一九八一年）。
（7）金誠亀「雁鴨池出土古式瓦当の形式的考察」（『東アジア瓦研究』一、二〇〇九年、初出一九八一年）。氏の見解は比較対象となった百済瓦当との相対編年に問題があった。しかし、その後、皇龍寺址や月城垓字、勿川里窯址などの発掘資料が紹介されるとともに、百済の影響は六世紀初頭から七世紀後半まで続いていたと修正した（＊金誠亀『百済の瓦塼芸術』〈周留城、二〇〇四年〉一五四～一六六頁）。
（8）＊申昌秀「皇龍寺址瓦廃棄遺構出土新羅瓦当」（『文化財』一八、一九八五年）、＊申昌秀「三国時代新羅瓦の研究―皇龍寺址出土新羅瓦を中心に」（『文化財』二〇、一九八七年）。
（9）＊韓国文化財保護財団『慶州競馬場予定敷地C―Ｉ地区発掘調査報告書』（一九九九年）、＊東国大慶州キャンパス博物館

『慶州蓀谷洞・勿川里遺跡—慶州競馬場予定敷地A地区』（二〇〇四年）、＊聖林文化財研究院『慶州花谷里生産遺跡』（二〇〇九年）。

（10）崔英姫「新羅における平瓦・丸瓦製作技術の展開」（『東アジア瓦研究』一、二〇一〇年）。

（11）＊崔英姫「新羅古式軒丸瓦の製作技法と系統」（『韓国上古史学報』七〇、二〇一〇年）。

（12）＊権五栄「漢城時期百済瓦の製作伝統と発展の画期」（『百済研究』三八、二〇〇三年）、＊鄭治泳「漢城時期百済瓦製作技術の展開様相」（『韓国考古学報』六三、二〇〇七年）、＊鄭治泳「百済漢城期瓦当の形成と系統」（『韓国上古史学報』六四、二〇〇九年）、＊蘇哉潤「百済瓦当の製作技法と生産体制の変化—風納土城出土品を中心に」（『百済学報』四、二〇一〇年）。

（13）戸田有二「百済の軒丸瓦の製作技法について（Ⅰ）」（『百済文化』三〇、二〇〇一年）、清水昭博「百済における「大通寺式」軒丸瓦の造瓦技術」（『古代日韓造瓦技術の交流史』清文堂出版、二〇一二年、初出二〇〇四年）。

（14）山崎信二は、新羅の初期瓦製作における高句麗の影響を否定するとともに、初期には梁と百済の影響を受けた二つのタイプが並存した後、六世紀半ば段階から陳の影響を受けて新たな段階に入ったものと把握している。しかし、六世紀前半に新羅が梁と直接交流できたのか、また、端部が尖ったいわゆる高句麗系瓦当が梁から始まったのかについては疑問である。山崎信二「新羅の瓦生産」（『古代造瓦史—東アジアと日本』雄山閣、二〇一一年）。

（15）本章では、基本的に国立慶州博物館の収拾調査で出土した資料を中心に考察したが、これまでに紹介された資料のなかから参考になるものを含めた。これまで慶州工高一帯で出土した瓦について紹介している文献は、次の通りである。井内古文化研究室編『朝鮮瓦塼図譜Ⅲ—百済・新羅一』（真陽社、一九七八年）、＊国立慶州博物館『新羅瓦塼』（二〇〇〇年）、＊慶尚北道文化財研究院『慶州市沙正洞四五九—九番地収拾発掘調査報告書』（二〇〇一年）、＊朴洪国「瓦塼資料を通した霊廟寺址と興輪寺址の位置比定」（『新羅文化』二〇、二〇〇二年）、＊李在景「沙正洞建物址と興輪寺址」（『新羅文化』二〇、二〇〇二年）、＊国立慶州博物館『慶州工業高等学校内遺構収拾調査』（二〇一一年）。

（16）以下、慶州市沙正洞二八一—一番地一帯の寺址について、伝興輪寺址に比定される慶州工高一帯の寺址との混乱を避けるため、「天鏡林興輪寺」と記述することにする。

(17) ＊朴洪国「瓦塼資料を通した霊廟寺址と興輪寺址の位置比定」(前掲誌) 二二六頁。
(18) これまでの天鏡林興輪寺と伝興輪寺址の発掘調査の経緯については、次の文献が参考となる。＊国立慶州博物館『慶州工業高等学校内遺構収拾調査』(前掲書) 一四～一六頁。
(19) ＊申昌洙「興輪寺の発掘成果の検討」(『新羅文化』二〇、二〇〇二年)。
(20) ＊慶尚北道文化財研究院『慶州市沙正洞四五九－九番地収拾発掘調査報告書』(前掲書)、＊李在景「沙正洞建物址と興輪寺址」(前掲誌)。
(21) 以下の型式分類は、国立慶州博物館の発掘報告書の考察編に収録された筆者の論考を修正・補完したものである。＊李炳鎬「古式蓮花文瓦当の分類と編年」(『慶州工業高等学校内遺構収拾調査』〈前掲書〉)。
(22) 本書で述べる連番は、＊国立慶州博物館『慶州工業高等学校内遺構収拾調査』(前掲書) に記載されている遺物番号である。
(23) 井内古文化研究室編『朝鮮瓦塼図譜Ⅲ』(前掲書) 図版一二八・一三〇の興輪寺址収集品がこの型式と関連があるものと考えられる。
(24) ＊慶尚北道文化財研究院『慶州市沙正洞四五九－九番地収拾発掘調査報告書』(前掲書) 図面一六－四 (写真二一－一)。一方、嶺南大学校所蔵品のなかの出土地不明資料には6型式と類似するが、蓮弁が七葉のものがあり参考となる (＊崔英姫「新羅古式軒丸瓦の製作技法と系統」〈前掲誌〉 一一六頁、図一二－二)。
(25) 井内古文化研究室編『朝鮮瓦塼図譜Ⅲ』(前掲書) 図版一五〇 (慶州校洞)、一五一・一五二 (慶州市内)、一五三 (慶州四天王寺址) の出土品が参考となる。一方、慶尚北道文化財研究院『慶州市沙正洞四五九－九番地収拾発掘調査報告書』(前掲書) 図面二一－一三 (写真二五－七) も同笵品と考えられるが、これを通してⅡ2 a技法を確認できる。
(26) 井内古文化研究室編『朝鮮瓦塼図譜Ⅲ』(前掲書) 図版一七一・一七二の興輪寺址収集品がこの型式と関連があるものと考えられる。
(27) ＊慶尚北道文化財研究院『慶州市沙正洞四五九－九番地収拾発掘調査報告書』(前掲書) 図面一六－八 (写真二一－五) が標識資料である。

(28) ＊慶尚北道文化財研究院『慶州市沙正洞四五九―九番地収拾発掘調査報告書』(前掲書)図面一九―八(写真二三―九)が標識資料である。

(29) 井内功資料の慶州興輪寺址で収集された瓦当のなかには、9～11型式のように蓮弁に稜線がある事例が確認されることから、この型式の瓦当は今後、さらに増加するものと予想される。

(30) ＊慶尚北道文化財研究院『慶州市沙正洞四五九―九番地収拾発掘調査報告書』(前掲書)図面四四―一(写真四九―一)参照。

(31) ＊趙成允「古新羅有段式瓦について」(『古文化』五七、二〇〇一年)、＊崔孟植「三国軒平瓦の始原に関する小考」(『文化史学』二一、二〇〇四年)、＊沈相六「百済軒平瓦の出現過程に関する検討」(『文化財』三八、二〇〇五年)。ただ、沈相六の場合、有段式平瓦を軒平瓦とみることに懐疑的な見解を提示しているが、百済の軒平瓦の展開過程を段階化した点で注目される。一方、四五一番平瓦(図29―3)の場合、後述するように六通里瓦窯でも出土していることから興輪寺址の創建より一段階新しいものと考えられる。

(32) この点については、二〇一二年八月三〇日、日本古代寺院史研究会の菱田哲郎(京都府立大学)教授一行とともに国立慶州博物館で直接確認した。

(33) 花谷浩「飛鳥寺・豊浦寺の創建瓦」(『古代瓦研究』I、奈良文化財研究所、二〇〇〇年)三二頁。

(34) 六七九年に完成した慶州四天王寺の金堂址で出土した軒平瓦にもこうした朱漆痕が多数確認され、参考とする必要がある(＊国立慶州文化財研究所『四天王寺―金堂址発掘調査報告書』〈二〇一二年〉)。

(35) ＊慶尚北道文化財研究院『慶州市沙正洞四五九―九番地収拾発掘調査報告書』(前掲書)図面三二―二(写真三七―三)、図面三三―四(写真三八―一)、図面三四―四(写真三九―三)、図面三七―三(写真四二―三)などがこれに該当するものと考えられる。

(36) 金誠亀「百済・新羅の瓦窯」(『仏教芸術』二〇九、一九九三年)八四頁。

(37) 扶余陵山里寺址出土の3型式瓦当は創建期瓦当と同時期あるいは若干新しく製作されたもので、五六七年より若干新しい

六世紀中・後半に編年される。
(38) ＊国立扶余博物館『扶余陵山里寺址発掘調査進展報告』(二〇〇〇年) 図面七七―一 (図版一〇七―一) 参照。
(39) 一方、7型式瓦当の場合、仁旺洞五五六・五六六番地遺跡の第二建物址から出土した瓦当と同笵品である可能性があるが (＊国立慶州文化財研究所『慶州仁旺洞五五六・五六六番地遺跡発掘調査報告書』〈二〇〇三年〉図版二八―一・図版三六―一)、その下層から月城垓字出土百済系瓦当 (図32―1) と同笵品が出土している。したがって、7型式をそれより若干新しい六世紀半ばに比定できるもうひとつの根拠となるようである。また、軒平瓦と推定される有段式平瓦 (四五一番) と同じ型式の瓦が出土した扶余旧衙里遺跡、陵山里寺址、官北里遺跡、観音寺址など百済の遺跡が泗沘遷都以後に集中することをみても、六通里瓦窯址の運営時期は六世紀半ば以後とみることができるようである。
(40) ＊国立慶州博物館『新羅瓦塼』(前掲書) 七八頁 (図二五九) および井内古文化研究室編『朝鮮瓦塼図譜Ⅲ』(前掲書) 図版一二二。
(41) ＊国立慶州博物館『新羅瓦塼』(前掲書) 一〇〇頁 (図三二五)。
(42) ＊慶尚北道文化財研究院『慶州市沙正洞四五九―九番地収拾発掘調査報告書』(前掲書) 図面一九―八 (写真二三―九)。
(43) ＊国立慶州文化財研究所『殿廊址・南古塁発掘調査報告書』(一九九五年) 八四頁の単弁蓮花文軒丸瓦Bを指す (＊国立慶州博物館『新羅瓦塼』〈前掲書〉七三頁〈図二三四〉)。
(44) 清水昭博「古新羅瓦の源流」(『古代朝鮮の造瓦と仏教』帝塚山大学出版会、二〇一三年、初出二〇一〇年) 六六頁。
(45) ＊国立慶州文化財研究所『慶州天官寺址発掘調査報告書』(二〇〇四年) 一四五頁 (図面五五―二)。ただ、図面は接合部分を一部修正した。＊崔英姫「新羅古式軒丸瓦の製作技法と系統」(前掲誌) 一一六頁の図一二―三を転載した。
(46) 清水昭博「百済における「大通寺式」軒丸瓦の造瓦技術」(前掲書)。
(47) 国立慶州博物館が発掘した無突帯一段透窓高杯の台脚片 (五番) や表面に三角集線文とコンパス円点文が施文された蓋片 (七番)、慶尚北道文化財研究院が発掘した二段交互透窓高杯の台脚片 (図面四―六、写真九―六) など六世紀前半に編年できる土器片がともに出土しており参考となる。＊尹相悳「考察―遺跡の年代と占有様相」(『慶州工業高等学校内遺構収拾調

査』〈前掲書〉一六一～一六二頁、＊慶尚北道文化財研究院『慶州市沙正洞四五九―九番地収拾発掘調査報告書』（前掲書）二九頁。

(48) 日本の飛鳥寺の創建瓦は、瓦当文様と製作技法によって花組と星組の二つのグループに分けられるが、両者の間に年代差はほとんどないという見解が参考となる。花谷浩「飛鳥寺・豊浦寺の創建瓦」（前掲誌）。

(49) 上原真人『瓦を読む』（講談社、一九九七年）七三～七四頁。

(50) ただ、国立慶州博物館の収集調査は、無作為的なサンプリング調査のような方式で調査され、出土瓦当全体が報告されているため、出土比率が無意味であるとは考えない。この場合にも古式蓮華文瓦当のなかで1型式瓦当が多数を占めていることを確認できる。

(51) 亀田修一「熊津・泗沘時代の瓦」（『日韓古代瓦の研究』吉川弘文館、二〇〇六年）一五五～一五六頁、清水昭博「百済の造瓦技術と瓦生産体制」（『古代日韓造瓦技術の交流史』前掲書）三二六～三二九頁。

(52) ＊李善姫「月城垓字出土古式軒丸瓦の製作技法と編年研究」（『韓国考古学報』七〇、二〇〇九年）一四二～一四六頁。

(53) ＊申昌秀「皇龍寺址瓦廃棄遺構出土新羅瓦当」（前掲誌）。

(54) 清水昭博『古代朝鮮の造瓦と仏教』（前掲書）五七～六〇頁および＊崔英姫「新羅における平瓦・丸瓦製作技術の展開」（前掲誌）一二六頁。

(55) 戸田有二「百済の軒丸瓦の製作技法について（Ⅱ）」（『百済研究』四〇、二〇〇四年）。

(56) ただ、高句麗の影響を否定しつつ、いわゆる高句麗系瓦当と呼ばれるものが梁の影響を受けて成立したという見解があるが（山崎信二「新羅の瓦生産」〈前掲書〉一一三頁）、南京では類似する瓦当文様が発見されておらず、その見解を受け入れることは難しい。

(57) ＊金基民「新羅瓦製作法の展開様相と系統」（中軒沈奉謹先生古稀記念論選集刊行委員会編『東アジアの文物一―考古学（韓国）』二〇一二年）二八四～二八八頁。

(58) このような動向は、四七五年の漢城陥落以後にみられる百済と新羅の接近と関連があり、東城王代の四九三年に両国が婚

姻関係を結んだことにも注目する必要がある。一方、この時期の金工品を中心にした百済と新羅間の交流に関する研究があり参考となる（＊崔鍾圭「済羅耶の文物交流－百済金工Ⅱ」〈『百済研究』二三、一九九二年〉）。

(59)　＊李善姫「月城垓字出土古式軒丸瓦の製作技法と編年研究」（前掲誌）一四四～一四六頁。

(60)　ただ、図32-1の文様は、武寧王陵出土蓮華文塼でも類似するものが出土しているため、大通寺より若干先行する余地がある。慶州地域で出土する古式瓦当のなかには、無瓦桶製作法で作られた平瓦と連結したものがあり、五世紀末まで遡る土器と共伴することが確認されているためである。したがって今後、公州地域で大通寺式の瓦当文様を持ちながらⅠ1技法で製作された瓦当が出現する可能性を完全に排除することはできない。公州西穴寺址と新元寺址から出土した瓦当は、Ⅰ1技法で製作されたが（戸田有二「百済の鐙瓦の製作技法について［Ⅳ］」〈『百済文化』三七、二〇〇七年〉）、慶州地域で出土している初期の瓦当とは文様が異なる。

(61)　＊李炳鎬「古式蓮花文瓦当の分類と編年」（前掲書）一八〇頁。

(62)　＊李漢祥「艇止山出土土器および瓦の検討」（『艇止山』国立公州博物館、二〇〇〇年）三五六～三五九頁。

(63)　＊国立扶余文化財研究所『扶余定林寺址発掘調査報告書』（二〇一一年）一一三・一一四番（図面六六・六七、写真三一九）の資料、＊国立扶余博物館『扶余陵山里寺址発掘調査進展報告』〈前掲書〉図面六七－一（図版九八－三）、図面六七－二（図版九九－一）、図面一四五－一・二（図版一七三－一・一七二－六）、図面一四九－一・二（図版一一七－一・二）。定林寺址の一一三番資料にも、外面に回転ナデの痕跡が確認される。一方、これまで熊津期の丸瓦のなかには無段式丸瓦が知られていなかったが、定林寺址では外面に回転ナデの痕跡がある無段式丸瓦が混じっている（一〇四・一〇八番）。そのような点から百済では、泗沘遷都以前から無段式丸瓦を製作した可能性があるため、慶州興輪寺址をはじめとする慶州地域には、百済から無段式丸瓦もともに伝来した可能性がある。今後、この点について注目する必要があるだろう。

(64)　＊金基民「新羅瓦製作法の展開様相と系統」（前掲書）二七九～二八〇頁。

(65)　菱田哲郎「畿内の初期瓦生産と工人の動向」（『史林』六九－三、一九八六年）。

(66)　＊朴憲敏「慶州地域古新羅～統一新羅時代瓦研究」（『瓦の生産と流通』韓国瓦学会第八回定期学術大会、二〇一一年）。

(67) ＊崔英姫「新羅における平瓦・丸瓦製作技術の展開」（前掲誌）八〇頁。
(68) これを南朝式丸瓦と呼ぶことが提案されている（山崎信二『古代造瓦史』〈前掲書〉一七頁）。
(69) 王志高「六朝建康城遺跡出土瓦の観察と研究」（『古代学研究所紀要』一八、二〇一三年）。そのなかで本書の図面で提示した資料は図四三・四四の丸瓦と図一一・一二の平瓦である。
(70) ＊鄭治泳「漢城期百済瓦製作技術の展開様相」（前掲誌）。
(71) ＊国立慶州博物館『新羅瓦塼』（前掲書）一八六頁（図五八八～五九〇）。
(72) ＊崔英姫「新羅古式軒丸瓦の製作技法と系統」（前掲誌）一二七～一二八頁。
(73) ただ、月城垓字から出土した図32－2の高句麗系瓦当はⅢ技法で製作されており、公州公山城からも同じ接合技法が確認されているため、Ⅲ技法導入の上限は遡る可能性がある。しかし、百済系瓦当の変遷という点からみると、慶州工高一帯から出土した3型式と7型式、六通里瓦窯址から出土した瓦当が重要な位置を占めることは明らかである。
(74) 崔英姫「新羅における平瓦・丸瓦製作技術の展開」（前掲誌）八四頁。
(75) 奈良県立橿原考古学研究所付属博物館『蓮華百相―瓦からみた初期寺院の成立と展開―』（一九九九年）、上原真人「寺院造営と生産」（鈴木博之・山岸常人編『記念的建造物の成立』東京大学出版会、二〇〇六年）。
(76) 六～七世紀の百済寺院の場合、大通寺式だけでなく陵山里寺式、王興寺式、帝釈寺式、弥勒寺式などと呼ぶことができる独特な文様を持つ創建瓦が各寺院で確認されている（本書の第五章参照）。つまり、百済では新たな寺院を創建する度に新たな瓦当文様を使用している。新羅の初期寺院や日本の初期寺院のように、既存の瓦当文様を固守あるいは再活用することとは全く異なる。
(77) ＊李基白「新羅の初期仏教と貴族勢力」（『新羅思想史研究』一潮閣、一九八六年、初出一九七五年）七六～七七頁。
(78) ＊盧重国「新羅と百済の交渉と交流」（『新羅文化』一七・一八合集、二〇〇〇年）一三五～一三六頁。
(79) 岡本東三『古代寺院の成立と展開』（山川出版社、二〇〇二年）一一～一四頁。
(80) 大臣恭謁等諫曰、近者年不登民不安。加以隣兵犯境、師旅未息。奚暇労民作役。作無用之屋哉。王惆左右無信。（『海東高

僧伝』法空条）

（81）＊崔鉛植「六世紀東アジア地域の仏教拡散過程に対する再検討」（前掲誌）七七～七八頁。

（82）上原真人「寺院造営と生産」（前掲書）九〇～九一頁。

（83）慶州の興輪寺の伽藍配置や遺構については知られていない。慶州の皇龍寺や芬皇寺の事例を参考に興輪寺が一塔三金堂式であったと推定した見解（＊金昌鎬「新羅興輪寺の伽藍配置の問題」〈『新羅文化』二〇、二〇〇二年〉一四三～一四七頁）もあるが、賛成し難い。ただ『三国遺事』によると、統一新羅時代の興輪寺には南池、南門、殿塔（金堂）、左右廊廡、左経楼、呉堂などがあったという（田中俊明「慶州新羅廃寺考（一）―新羅王都研究の予備的考察」〈『堺女子短期大学紀要』二三、一九八八年〉四～一三頁）。この記事を根拠に南池―南門―仏塔―仏殿などが南北に並ぶ一塔一金堂式の伽藍配置とみる見解がある（＊李康根「慶州の文化財に関する再認識―新羅最初のお寺、興輪寺を中心に」〈『慶州文化』四、一九九八年〉六七～七二頁）。しかし、興輪寺の伽藍配置を一塔一金堂の百済式伽藍配置と推定した李康根も法興王代の新羅において百済式伽藍配置が採択されたかについては疑問を抱いている。ただし、本章で検討した内容が妥当ならば、興輪寺の創建伽藍は百済式寺院である定林寺式伽藍配置が採択された可能性は高かったと考えられる。

（84）＊国立慶州博物館『慶州工業高等学校内遺構収拾調査』（前掲書）七〇～七一頁。

（85）古代寺院から出土した創建瓦を「寺名（地名）＋式」瓦当と命名することで該当する瓦当をイメージ化することができ、その名称のなかに編年観と歴史性をともに付与できるため、一定の意味を持っていると考えられる。

（86）従来、8型式瓦当を根拠に初期の新羅仏教が梁と百済の影響下に成立したと把握した見解があった（薗田香融「東アジアにおける仏教の伝来と受容」〈前掲誌〉一七頁）。基本的論旨は同じであるが、8型式瓦当は六世紀中後半に属するため、1A・1B型式瓦当を中心に議論しなければならないだろう。

（87）魏時曰新羅、或曰斯羅。其国小、不能自通使聘、普通二年、王募名秦始使、使随百済奉献方物。（中略）無文字、刻木為信、語言待百済以後通焉。（『梁書』新羅伝）

（88）清水昭博「百済「大通寺式」軒丸瓦の成立と展開―東アジアにおける中国南朝系造瓦技術の伝播」（『日本考古学』一七、

二〇〇四年)。

(89) 一方、新羅古墳でも南朝―百済系と推定できる遺物が出土しており、これも参考となる。飾履塚の金銅履や皇南大塚北墳の熨斗および黒釉小瓶がそれに該当し、それらについては次の論考が参考となる。＊李漢祥「新羅古墳の中の外来文物の調査と研究」(『中央考古研究』六、二〇一〇年)。

(90) 河上麻由子「中国南朝の対外関係において仏教が果たした役割について」(『古代アジア世界の対外交渉と仏教』山川出版社、二〇一一年、初出二〇〇八年)。

第四章　飛鳥寺三金堂と日本の初期寺院の源流

はじめに

飛鳥寺は日本最初の本格的な寺院である。瓦葺きの礎石建物という新たな型式による記念的建造物であることから、日本古代史において画期的な意味を持つ。飛鳥寺は、法興寺、元興寺とも呼ばれ、当時の最高の実力者である蘇我馬子が物部守屋を滅亡させた翌年の五八七年に発願した。飛鳥寺の造営過程を説明する際よく引用される史料を提示すると次の通りである。(1)

史料一〇

是歳、百済国遣使并僧恵総、令斤、恵寔等、献仏舍利。百済国遣恩率首信、徳率蓋文、那率福富味身等、進調并献仏舍利、僧聆照律師、令威、恵衆、恵宿、道厳、令開等、寺工太良未太、文賈古子、露盤博士将徳、白昧淳、瓦博士麻奈文奴、陽貴文、㥄貴文、昔麻帝弥、画工白加。

（『日本書紀』巻二一　崇峻元年　是歳条）

史料一一

次摂天皇治下時、戊申年送六口僧、名令照律師、弟子恵忩、令威法師、弟子恵勲、道厳法師、弟子令契、及恩卒首真等四口工人、并金堂本様奉上、今此寺在是也。

（『元興寺縁起』「本文」）

史料一二

戊申始請百済王名昌王法師及諸仏等、改遣上釈令照律師、恵聡法師、鏤盤師将徳自味淳、寺師丈羅未大、文賈古子、瓦師麻那文奴、陽貴文、布陵貴、昔麻帝弥、令作奉者、山東漢大費名麻高垢鬼、名意等加斯費也、書人百加博士、陽高博士、丙辰年十一月既、尓時使作全人等、意奴弥首名辰星也、阿沙都麻昔名未沙乃也、鞍部首名加羅尓也、山西首名都鬼也、此四部首為将、諸手使作奉也。

（『元興寺縁起』所引「塔露盤銘」）

以上の史料から、五八八年に百済から恩率首信などの高位の官僚と仏舎利を送られるとともに、僧侶六人、寺工二人、露盤博士一人、瓦博士四人、画工一人が派遣され、飛鳥寺の本格的な造営が始まったことがわかる。その後、五九〇年（崇峻三）に山から用材を確保し、五九二年（崇峻五）に金堂と回廊の工事が開始された。また、五九三年（推古元）には、塔心礎に仏舎利を安置して刹柱を立てた。五九六年（推古四）には露盤（塔）が完成しているが、これを『日本書紀』は「法興寺造竟」と記す。六〇五年（推古一三）には銅繍の丈六仏像を製作しはじめるが、この時に高句麗から黄金三〇〇両が送られてきたという。六〇六年（推古一四）または六〇九年（推古一七）に丈六仏像が完成し、これを金堂に安置することによって飛鳥寺の造営に関する史料は一段落する。(2)

ところで、五九六年の「法興寺造竟」という記事が寺院全体の造営工事の完成を意味するのか、木塔だけの完成を意味するのかははっきりしない。また、丈六尊像の完成時期についても、『日本書紀』と『元興寺伽藍縁起并流記資財帳』の「丈六光銘」にそれぞれ異なる記録が伝わっているため、議論がある。

飛鳥寺については、一九五六年と一九五七年に奈良国立文化財研究所が発掘調査を行い、伽藍中枢部の概要が明らかになった。なかでも発掘調査において注目されたのは、伽藍配置が塔を中心に中金堂と東西金堂を配置す

る一塔三金堂式だったことである。(3)百済の技術者の支援があったという文献記録と、周辺から収集された瓦当が扶余から出土したものと類似することから、飛鳥寺は百済寺院の一般的な伽藍配置である一塔一金堂式と考えられていたが、その予想は大きく外れる結果となった。塔を中心に三金堂を配置する型式は、当時、高句麗の清岩里廃寺でしか見当たらず、百済では確認されていなかった。そのため、日本の学界では、五九六年に日本に渡った高句麗の僧侶慧慈が百済の慧聡とともに飛鳥寺に住席したことや、高句麗の大興王（嬰陽王）が黄金三〇〇両を貢上したことから高句麗の影響を重視し、飛鳥寺の伽藍配置は百済のみならず高句麗の技術や情報が複合的に受容されたものと理解してきた。こうした学説は、一九五八年に飛鳥寺の発掘調査報告書が刊行されて以来、長らく定説となった。

飛鳥寺三金堂の高句麗源流説の最大の問題点は、発掘調査終了後に開催された座談会においてすでに指摘されたように、三金堂という「プラン」しか高句麗との類似点がないということである。(4)特に、高句麗寺院の木塔は八角形であって、飛鳥寺の方形とは異なる。これは単に平面形態の差異だけでなく、木塔建立の技術や思想の差異もあったことをうかがわせる。また、これまでは蓮弁に稜がある豊浦寺式瓦当の一部を、いわゆる高句麗系または高句麗百済系に分類していたが、実際には高句麗で同じ型式の瓦当が見当たらないため、最近では新羅の影響や日本で創案されたと考えられている。(5)したがって、六世紀後半から七世紀前半の日本の初期寺院では、高句麗系の技術の直接的な痕跡がほとんど見当たらないといっても過言ではない。

こうした矛盾を解決するために、いくつかの案が提示された。第一に、時期差を想定する立場として、初期には百済式の一塔一金堂を計画していたが、その後に二棟の金堂が増築されて高句麗式になったという、毛利久・ベルチエ・上原和らによるいわゆる二時期造営説である。(6)二時期造営説は、木塔と中金堂が壇上積基壇なのに対

し、東西金堂が二重基壇で下層基壇に礎石を使用していることとの差異を説明するために考案された側面もあろう。しかし、根拠として提示された史料解釈に問題があり、仏塔のような大規模な建物を建立するのに少なくとも四年から五年はかかると思われるため、五九六年（推古四）には木塔が完成し、六〇九年（推古一七）頃に東西金堂をはじめ伽藍中枢部が完成したと考えるべきであるという反論が出された。また、発掘調査の結果をみても、飛鳥寺の一塔三金堂は整然と配置されており、一時期に造営されたとみなすべきであるという反論も提起された。(7) 現在は一時期造営説が支持されているが、講堂や南門が若干遅れて建立された可能性は残っている。

第二に、百済の寺址からはまだ飛鳥寺の三金堂と同じ伽藍配置が発見されていないが、少なくとも類似する型式の伽藍配置を探すことができるため、百済にその源流を求めるべきであるという見解である。大川清・猪熊兼勝・趙源昌・佐川正敏らがこのような見解を提示している。(8) 以前には、軍守里寺址が案として提示されたが、近年、王興寺が新たに注目されている。軍守里寺址の東回廊址の東側から発見された東方基壇の建物址を東金堂とみる説や、王興寺の東西回廊址の北端の付属建物址が東・西金堂に変形されたという見解がある。現在は少数の意見であるが、近年、百済の廃寺址の調査が増えており、これらの見解を再吟味する必要があると思われる。

第三に、百済と高句麗間にも技術の交流があったため、高句麗の影響を受けた百済の技術者が来日し、三金堂を築造したという見解である。(9) 新羅の皇龍寺は、最初一塔一金堂式に建立されたが、五八四年に重建伽藍が造営されるようになってから東・西金堂が追加され、六四〇年代には再び百済の工人を招聘して木塔を建立したとみるのである。こうした見解は、三国が政治的・軍事的な関係とは別に、文化や技術面では交流があったことを示すものであり、百済も高句麗の影響を受けた可能性がある。したがって、飛鳥寺にみられるいくつかの系統の造営技術や寺院のプランは、大陸から個別に日本に伝わったものではなく、百済の寺工や技術者によって総合的に

伝播されたとみなすべきであるという。具体的な論証がないことが惜しまれるが、当時の東アジアにおける文化伝播と受容過程を理解するうえで、極めて重要な観点である。

以上、三つの見解は、百済地域から三金堂式の伽藍配置が確認されれば簡単に解決できるであろうが、大規模な発掘が多数行われた現在の状況をみると、その可能性はそれほど高くないであろう。比較的多くの資料と研究が蓄積された瓦当の場合、百済の瓦当のなかに飛鳥寺の創建瓦と類似するものは発見されているものの、文様や技法の組合せが一致するものは確認されていない（本書第五章参照）。したがって、伽藍配置においても同様の状況が予想される。飛鳥寺の建立時の瓦博士をはじめとする百済の技術者の技術供与とは、単に高価なものを伝えただけではなく、多方面にわたって高度の技術を伝授したものであった。この場合、技術の伝授と習得の過程において、多様な形態の相互作用と変形が生じる可能性もある。このことは、梁の技術者の援助によって築造された公州の宋山里六号墳や武寧王陵が、南京地域の塼築墓に類似してはいるものの、全く同一ではないことと相通じる。したがって、飛鳥寺三金堂の源流を探る際に、韓半島や中国で飛鳥寺三金堂と一致するものを求めるよりも、微妙な差異を考慮しつつ状況にあわせて類似したものを探すべきである。

一方、飛鳥寺三金堂が高句麗の伽藍配置と類似しているため、寺院を建立する際に百済だけでなく、高句麗など韓半島各地の文化や技術が飛鳥に結集されたとする見解についても検討する必要がある。こうした理解は、飛鳥寺を造営する際に来日した百済の工人のなかに、中世ペルシアの人名が混じっていることから、ペルシアなどの西アジアを含む多様な文化と技術が駆使されており、飛鳥文化は最初から国際性を持つ文化として出発したとする見解へ拡大しつつある(10)。

しかし、古墳の築造よりも相互間の技術の依存や結合度が高い寺院を造営する際、しかも外国の専門技術者の

助力を受けて初めて寺院を造営する際に、技術を伝授する国家の個性的な文化要素を理解し、選択的に受容することができたかは疑わしい。こうした理解は、百済の内部でも高句麗的文化要素が幅広く受容されていたことを看過したものであり問題である。六世紀代の百済では、南朝だけでなく、北朝や高句麗などと活発に交流しながら多様な文化要素が溶解されたのである。

こうした観点に基づいて本章では、飛鳥寺の三金堂の源流について検討する。百済寺院では、飛鳥寺三金堂と全く同じとはいえないものの、類似する性格の建物が存在するなど新たな事実が確認されており、ここでは高句麗の文化が直接日本に伝えられたのではなく、百済を経由して伝播した可能性のあることを提起した。そのために第一節では、扶余地域にみられる高句麗系の文化要素を紹介する。六世紀代の百済では一般民のみならず、支配層の文化に至るまで幅広く高句麗文化から影響を受けていた。こうしたことから、飛鳥寺三金堂も百済において高句麗文化の一部として受容されたものが再伝授された可能性も提起できる(11)。第二節では、六世紀中・後半の百済寺院にみられる新要素を検討する。六世紀中・後半の軍守里寺址や王興寺址では、回廊の外郭に新たな性格の建物を築造するなど、定林寺式伽藍配置というプロトタイプとは異なる要素が確認されている。そのような変化が出現した背景として、中国の多院式寺院や高句麗寺院の影響に注目した。第三節では、このような分析と当時の文献記録などを総合して、飛鳥寺の三金堂をはじめとする寺院の造営は、百済で組織・派遣された臨時的なプロジェクトチームによって行われたことを論証していきたい。第四節では、飛鳥寺以後に造営されるいわゆる四天王寺式伽藍配置の展開過程についても簡略に言及する。第一章で検討した百済の定林寺式伽藍配置と日本の四天王寺式伽藍配置の比較研究によって、これまで知られていた伽藍配置の現状を再検討する契機としたい。

第一節　六世紀代百済における高句麗系文化

六世紀代の百済は、南朝のみならず、北朝、その後を継いだ隋、高句麗と新羅、加耶、日本などと活発に交流しながら自国の文化を発展させていった。一般的に百済は、六世紀初めから半ばにかけて南朝文化の影響を大きく受けるが、六世紀中・後半からは北朝の国家と隋の影響を受け、より多様な文化を受容していた。しかし、中国に劣らず重要なのが、高句麗の影響である。熊津期末期から次第にあらわれはじめる高句麗系の文化要素は、泗沘遷都以後になると、各種土器類や金工品、オンドル、瓦当、特殊な建物址、墓制など多様な分野で確認できる。

まず、最も多くの研究と資料が蓄積された土器類を確認してみたい（図37）。泗沘期の百済土器のなかで高句麗土器が起源であるとみられる器種は、有顎土器（耳杯）、楪匙・盤・帯状把手付壺、帯状把手付蓋、暗文土器、煙家、甑など、極めて多種にわたっている。[12] それらのうち、有顎土器や皿は、扶余官北里、扶蘇山城、宮南池、花枝山、陵山里寺址、王宮里遺跡など、王宮や寺院のような王権と密接に関わる遺跡から主に発見されている。盤や帯状把手付壺、帯状把手付蓋、甑などのような日常生活の容器は、扶余亭岩里窯址、井洞里建物址、松菊里、東南里、扶蘇山城、旧衙里井址、宮南池、王宮里、弥勒寺址など、各種の建物址だけでなく窯址からも出土している。高句麗土器の特徴的な文様の施文技術の一つであると思われる暗文土器も、松菊里、宮南池、陵山里寺址、軍守里、東羅城一帯、東南里、双北里と広範囲から発見されている。

こうした高句麗系土器は、六世紀前半代から出現し、単純に器形だけを模倣したのではなく製作技法や焼成技

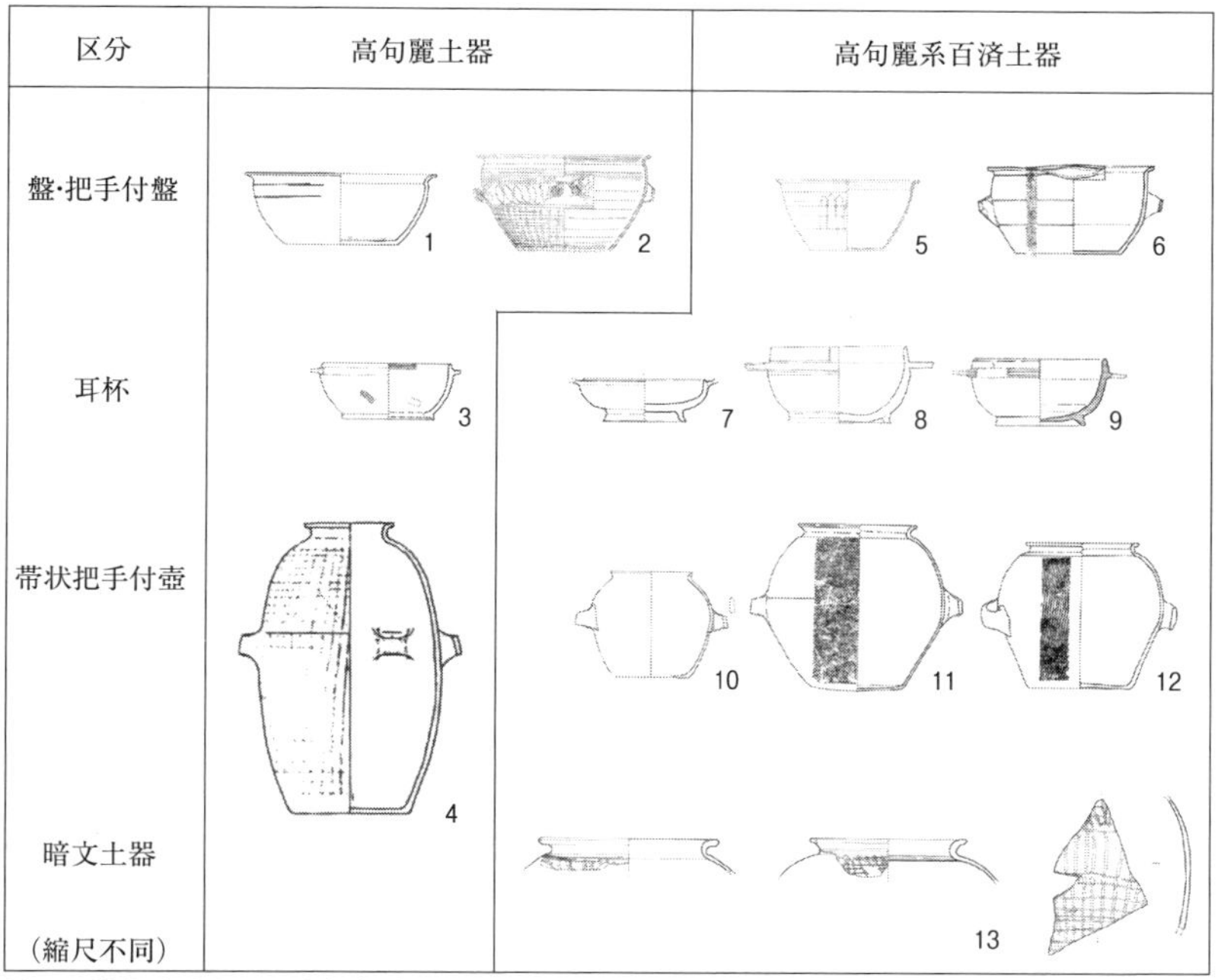

図37　扶余地域出土の高句麗系土器
（1・4．ソウル九宜洞、2．ソウル紅蓮峰2堡塁、3．ソウル紅蓮峰1堡塁、5．扶余宮南池、6．扶余亭岩里窯址、7・13．扶余陵山里寺址、8．扶余官北里、9．益山王宮里、10．論山表井里古墳、11．扶余松菊里甕棺、12．扶余旧衙里井址）

術まで一致するため、高句麗土器の製作技術を持つ工人が移住したと考えられている[13]。しかし、六世紀中・後半の亭岩里窯址や青陽冠峴里窯址からも盤や帯状把手付四耳壺などが発見されていることから、百済の内部でも次第に高句麗系土器を主体的に製作したことがうかがわれる。このように、泗沘期の土器は、日常生活の容器から高級器種に至るまで高句麗土器の影響が極めて大きかったと考えられる[14]。ただし、扶余を中心とした泗沘期の百済地域から出土する高句麗系土器は、ソウル阿且山の堡塁群や漣川瓠蘆古塁などで出土した六世紀代の高句麗土器ではなく、五世紀代に流行した高句麗土器の伝統を持っており、より精選された泥質の胎土を利用しているという違いがみら

れる[15]。

一方、同時期の高句麗土器の製作にも、百済土器の影響が確認される。高句麗土器には常に打捺技法が採用されているわけではないが、韓国内の高句麗遺跡である漣川瓠蘆古塁や隠垈里城、坡州舟月里、清原南城谷遺跡などから出土した土器のなかには、百済土器に観察される打捺文が残っていたり類似する器形が混じっている。これは、百済工人が高句麗土器の製作に関与したことをうかがわせる資料と考えられる[16]。

住生活に関して、煙家とオンドルに注目したい。煙家とは、陵山里寺址、官北里、東南里・花枝山・扶蘇山城・王宮里、益山の射徳などから出土した排煙施設の一つであり、日本では土製煙筒とも呼ばれている。百済の煙家は、扶余と益山を中心に寺院や王宮、大壁建物址などから出土しているが、集安禹山下墓区M二三二五号の出土品の影響を受け、六世紀半ば以降に出現したものと考えられている（図38）[17]。このような煙家の出現は、高句麗の暖房施設であるオンドルの使用と関連している。扶余井洞里や陵山里寺址などでは、割石や板石を利用して長いオンドル用の石を造り、煙突を備えた暖房施設が造られていた（図22）。集安東台子遺跡（図19－5）や平壌定陵寺址（図49の第1区域10号、第2区域1号、第5区域1号）から同様の板石造の二重屈折のオンドルが確認されているため、扶余井洞里や陵山里寺址などでも高句麗の影響がうかがわれる[18]。オンドルが発見された周辺からは先述のように煙家が発見されており、高句麗系の盤などが一緒に発見された。こうしたことから住居生活にも高句麗の影響があったことがうかがわれる。

住生活における高句麗の影響は、瓦当や二重基壇、一棟二室建物址などからも確認できる。扶余地域から出土した高句麗系瓦当の場合、龍井里寺址、双北里一帯から発見されたAグループ、官北里、龍井里寺址一帯から発見されたBグループに分けられる。Aグループは、幅線で瓦当の面を四等分にし、杏仁状の隆起した蓮弁を配置

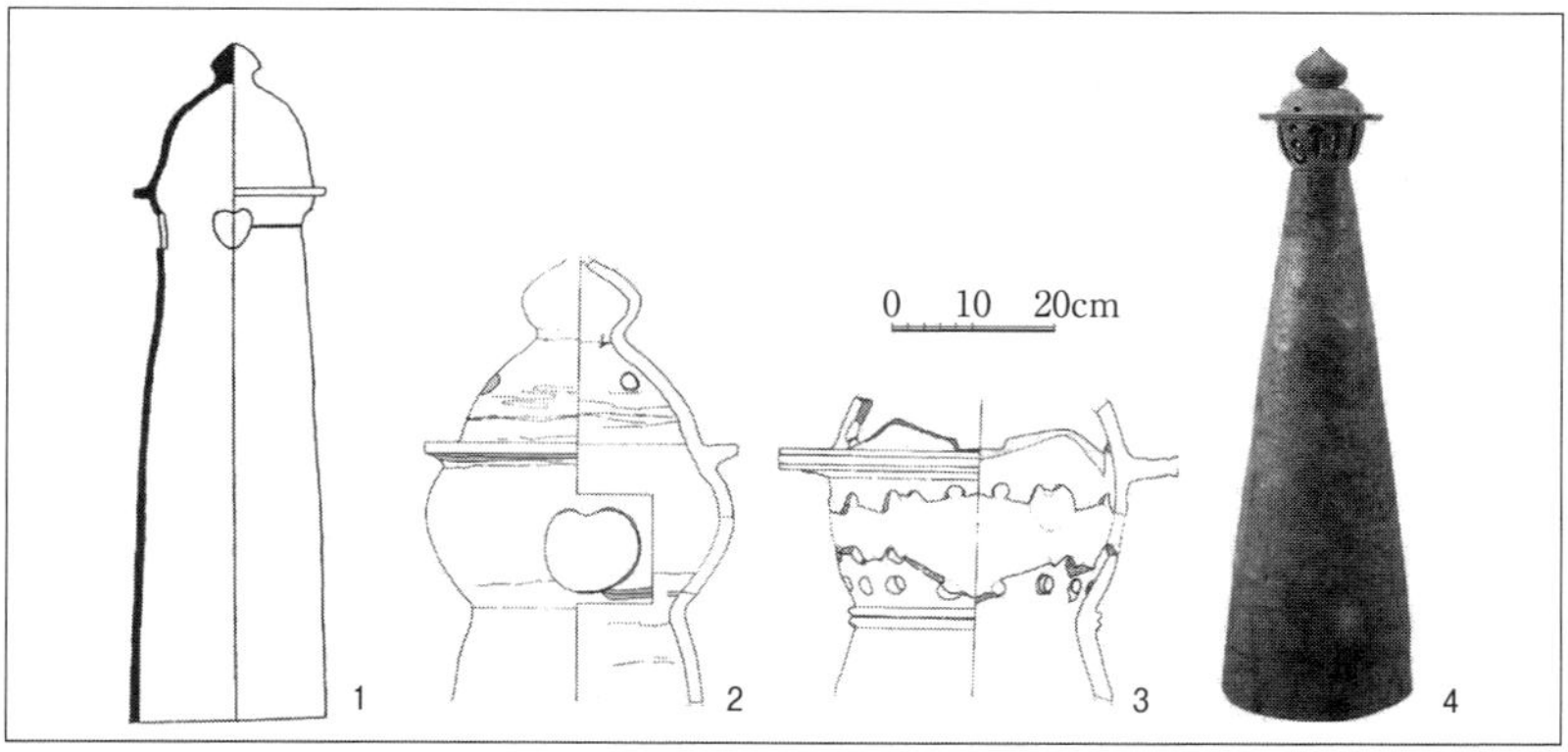

図38 扶余地域出土の煙家
（1．集安禹山下墓区 M2325号、2．花枝山遺跡、3．扶蘇山城、4．陵山里寺址）

したもので（図61-19）[19]、Bグループは、突出した子房に尖形の隆起に蓮弁を装飾したものである（図1-10）[20]。色調は濃い灰色系統と赤褐色系統の二つが確認でき、共通して瓦当裏面の最上部に丸瓦を接合するための切り込みを設けた後に接合する技法を用いている。

このような接合技法は、公山城や大通寺址にみられる技術とは異なるもので、むしろ、高句麗の瓦当にみられる鋭い道具で刻みを入れる技法や多歯具で掻き刻む技法に類似する[21]。ただ、高句麗の瓦当にみられる瓦刀や多歯具の痕跡がほとんどみられず、文様も若干異なっていることは、高句麗の平壌から直接瓦工が派遣されていないことを示すものであろう。その製作時期については、いくつかの見解が出されているが、立地的な側面からみて、泗沘遷都の前後である六世紀前半とみるのが適切であろう[22]。扶余地域から出土した高句麗系の瓦当は、南朝系の瓦当と比較すると、時期的・地域的に限定して出土するため、少数派であったと考えられる[23]。

二重基壇の場合、五～七世紀の寺院の金堂や木塔に主に利用される基壇型式で、初期の二重基壇には下成部に礎石（以下、下成礎石と呼ぶ）がある事例が発見されており注目される（図39）[24]。こうした事例は、高句麗の清岩里廃寺の八角建物址（木塔と推定）を筆頭に百済

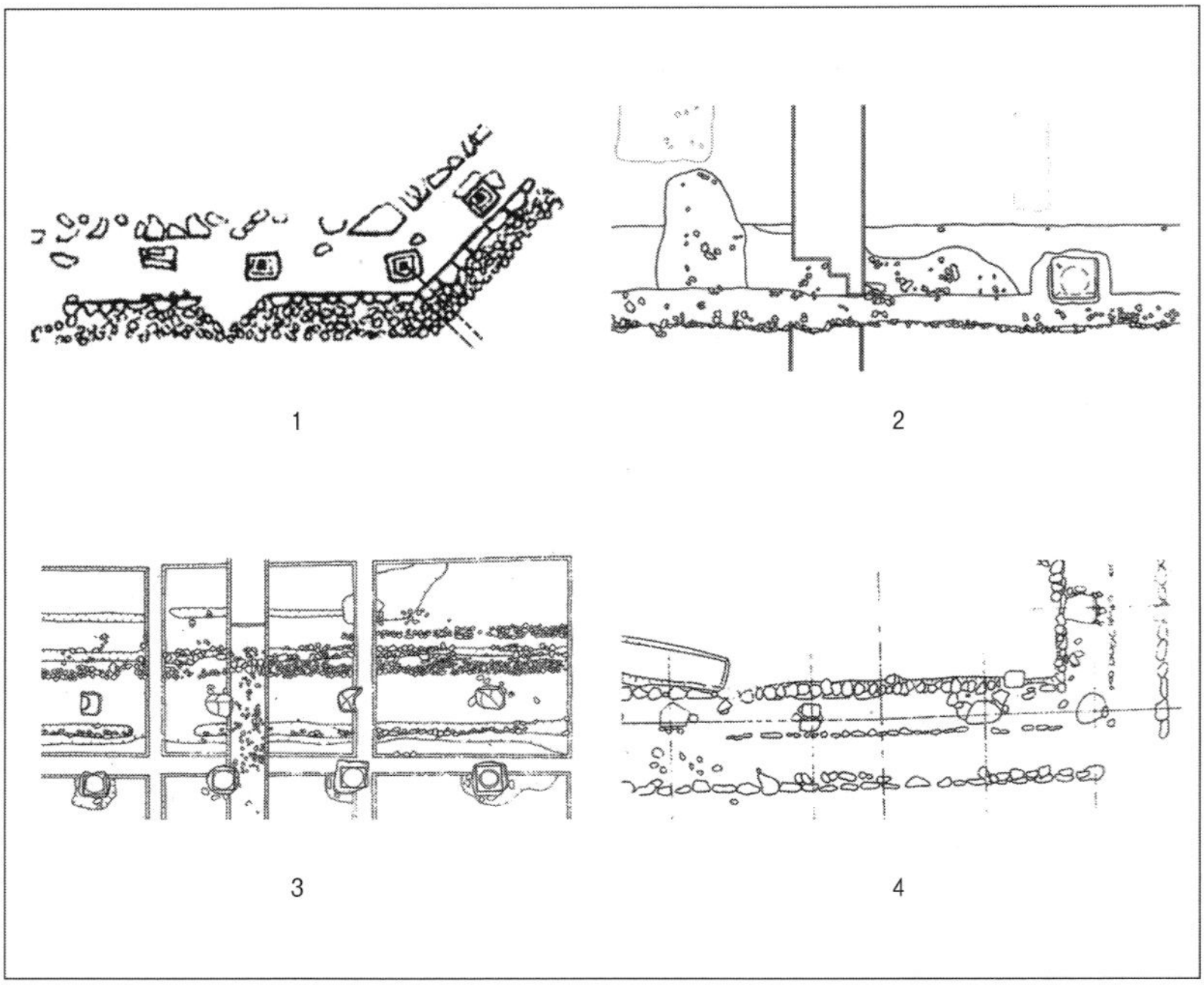

図39　古代寺院の二重基壇と下成礎石
（1．清岩里寺址、2．軍守里寺址、3．皇龍寺址中金堂、4．飛鳥寺東金堂址）

の定林寺址の金堂址・新羅の皇龍寺址の三金堂址・四天王寺址の金堂址、飛鳥寺の東・西金堂址などで確認されている。百済寺院で発見される下成礎石は、時期的に古い高句麗の影響によって出現したと考えられるが、飛鳥寺東・西金堂の下成礎石は、高句麗から直接伝わったのではなく、百済を通して伝えられたものと考えられる(25)。

一棟二室建物址の場合、陵山里寺址の講堂址をはじめ益山の王宮里遺跡、弥勒寺址の講堂址と僧房址、慶州の皇龍寺址における創建伽藍の講堂址の下部基壇、慶州の感恩寺の工房址などで発見されている（図19）。これまでに発見された最も古い遺構は、集安東台子遺跡の第一建物址である。東台子遺跡の第一建物址は、平面形態と規模、内部に設けられたオンドル構造および西室中央部に配置された台石、壁体構造などが陵

山里寺址の講堂址と酷似しているため、百済の一棟二室建物址も高句麗の影響を受けて成立したと考えられる。このような型式の建物は、益山王宮里遺跡の宮城段階で使用された建物址や弥勒寺址、慶州の皇龍寺址、感恩寺址などでも幅広く使用された[26]。

それでは、扶余地域で高句麗文化の要素が認められる背景は、いかなるものであったのだろうか。高句麗系の土器の製作やオンドルと煙家の使用は、道具や技術の移動のみでは説明し難く、人の移動、特に高句麗の住生活や食生活に慣れた集団の移住を想定せざるを得ない。そこで注目されるのが、四七五年の漢城陥落以降に熾烈に展開された百済と高句麗の戦争関連の記録である。五世紀後半から五五一年に百済と新羅、加耶の連合軍が漢江流域を占領するまで、高句麗と百済は二〇回以上も熾烈な戦闘を繰り広げた[27]。その過程で、高句麗の戦争捕虜や回復した地域の旧百済系の住民を移住させた可能性が提起されている[28]。こうしたことから、高句麗の領土であった地域から百済系の打捺文土器が発見されることや、高句麗系の瓦当が平壌のものと違いがみられることもある程度理解できるだろう。それと関連して、武寧王一〇年（五一〇）の「堤防を固く守り、都と地方の遊食者らに農事をさせた[29]」という記録も、こうした事情を反映する措置と考えられよう。

このように四七五年の漢城陥落以降、新羅が漢江流域を占領する六世紀半ばまでに、百済と高句麗は頻繁に戦争を繰り広げ、その過程で多くの移住者を生み出し、両国は次第に相似た文化を共有していったと考えられる。高句麗の文化要素は一般民だけでなく、支配層の文化においても確認されている。先述した瓦当や二重基壇、一棟二室建物以外にも、陵山里寺址や陵山里東下塚で確認される高句麗系の金属工芸品や壁画古墳がそれである。陵山里寺址の工房址Ⅰからは、高句麗系統の金銅花形装飾や三角形透彫装飾品、金銅耳飾の中間飾、横孔鉄斧などが出土している[30]。また、東下塚の壁画に描かれた四神図と蓮華雲文図の表現法や構図は、平壌真坡里一号墳や

内里一号墳と酷似する（図40）[31]。ただ、東下塚の天井は持ち送り天井ではなく平天井であり、石室の構造も百済的な伝統を持つものである。

熊津・泗沘期における古墳の変遷については、宋山里型から陵山里型へ変化する過程を玄室の天井の形態、平面プラン、壁面構築法や羨道の長さ、石室の閉鎖方式などを基に段階化した見解が参考になる（図41）[32]。陵山里古墳群で最も古い時期に築造されたのは中下塚であり、石室は玄室平面が長方形を呈しトンネル状の天井を造り、羨道を前壁の中央に付けたもので、宋山里古墳群の塼室を石材で模倣したものである。その後、中上塚のような断面六角形の陵山里型石室を完成させるが、古墳構造の変遷上、東下塚は中下塚と中上塚との間に位置付けられる[33]。このような古墳の相対年代から、中下塚は聖王陵、東下塚は威徳王陵と推定されている。

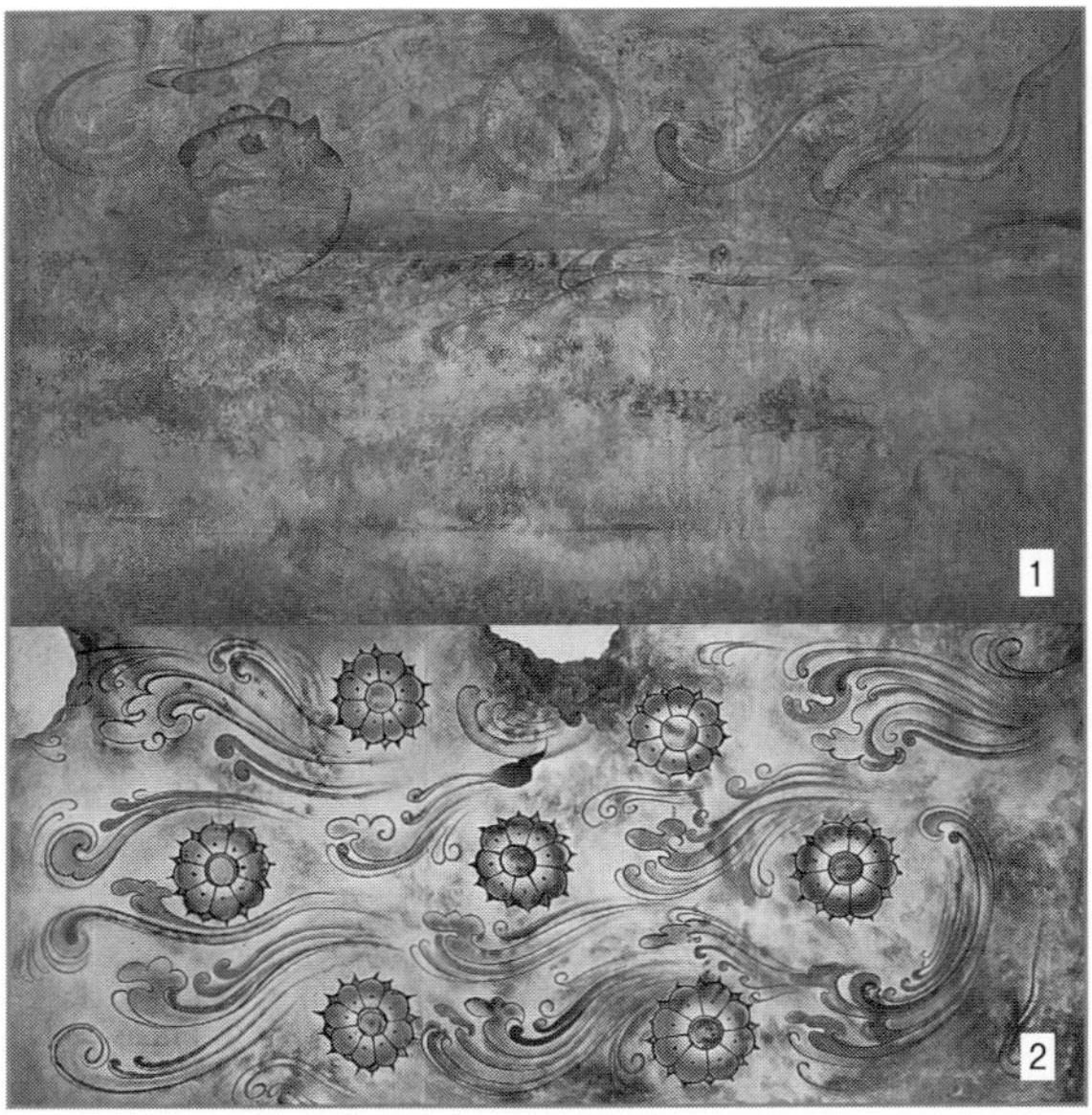

図40　扶余陵山里古墳群、東下塚の壁画
（1．白虎図、2．蓮華雲文図）

ところで、南朝の影響を受けて築造された塼築墓から板石造の中上塚へ変化した背景、つまり、大形の板石を材料に選択した背景には、高句麗の影響があったことがうかがわれる。中下塚の次に築造された東下塚で高句麗系統の壁画が描かれたことや、聖王陵と推定される中下塚が築造される

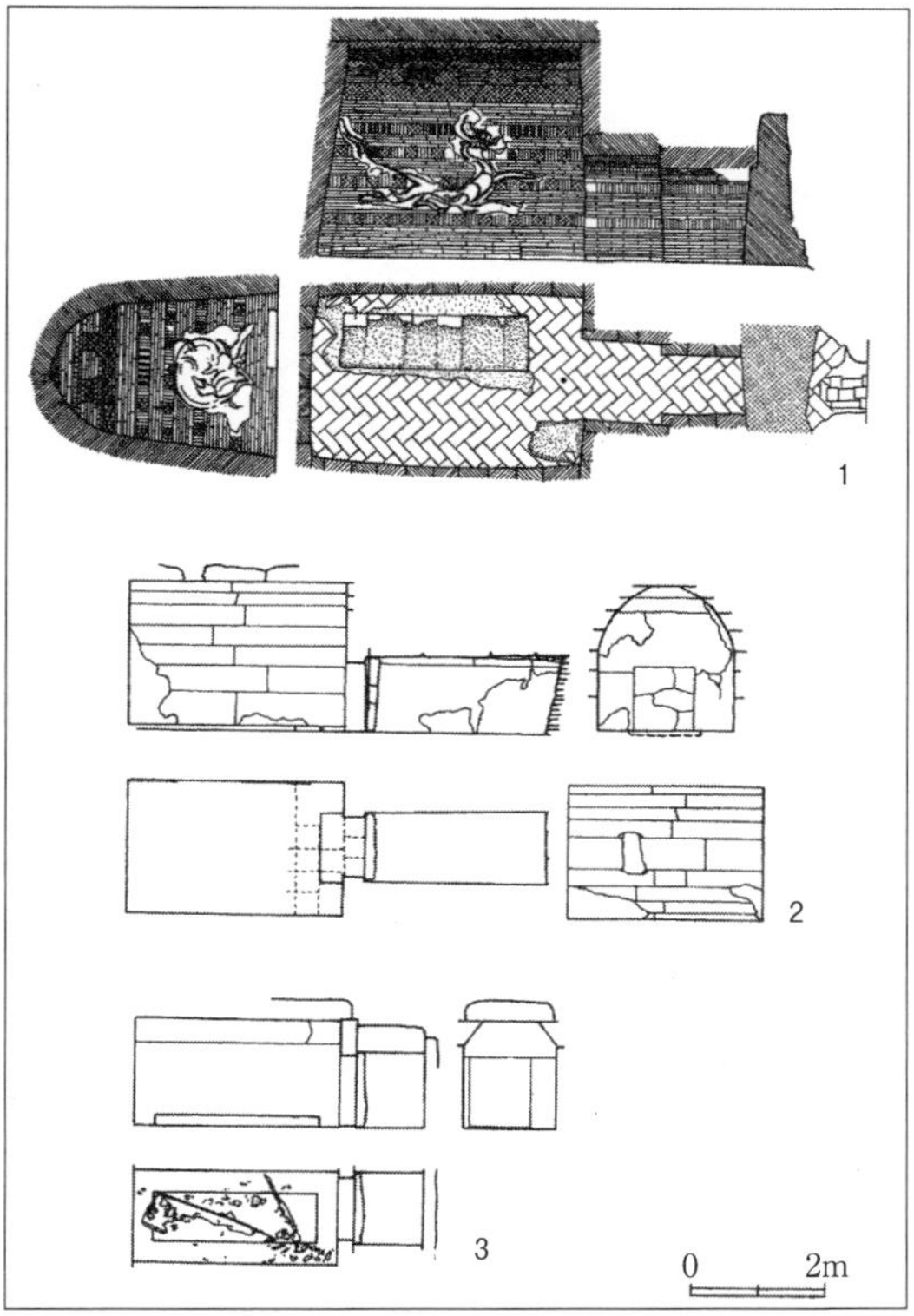

図41　熊津・泗沘期における主要古墳の石室構造の変遷
（1．宋山里6号墳、2．陵山里中下塚、3．陵山里中上塚）

頃に願利であり陵寺として陵山里寺址が建立されたことは、高句麗の影響を示唆するといえよう。[34] しかし、百済では、南朝や高句麗の影響を受けながらも、直後に断面六角形の陵山里型石室という独特な墳型を完成させ、六世紀後半には百済全域へ拡散させている。[35] こうしたことから、高句麗からは壁画の技法のみを採用し、これをすぐに百済化させたといえる。[36]

以上の検討により、六世紀代の百済では、基層文化だけでなく支配層の文化においても高句麗の影響があったことが確認できよう。五世紀末や六世紀前半から開始された高句麗系文化の影響は、六世紀半ば以後は次第に支配層まで拡大したとみられる。ところが、六世紀後半から七世紀に編年される東下塚で図40のような高句麗系統の壁画が発見されており、これが威徳王陵と推定されることは非常に示唆的である。なぜならば、威徳王は、五八八年に飛鳥寺建立の際に僧侶と技術工人を派遣した本人であるからである。これは、飛鳥寺三金堂の源流を論ずるうえで看過されてきたが、改めて注目する必要があろう。威徳王は、五六七年を起点に北朝の国家との交渉

を再開するなど、王権強化の作業を本格化させた（本書第二章第三節参照）。ところが、陵山里寺址の講堂址の構造や出土遺物に高句麗文化の要素が混じっていることをみると、威徳王は北朝のみならず高句麗との交渉も活発に行っていた可能性が高い。威徳王代の後半期は、南朝中心の外交から離れ、北朝と高句麗系統の文化が互いに融合される多様な文化が混じりあうような時期であったとみるべきであろう。

第二節　百済寺院の新要素と出現背景

（一）六世紀中・後半の百済寺院にみえる新要素

百済の本格的な寺院の造営は、公州の大通寺を嚆矢とする。しかし、その遺構は全く知られていないため、泗沘期の扶余と益山地域の伽藍を中心に検討せざるを得ない。そのなかで最も古い時期に建立されたのが定林寺址である。本書の第一章で検討したように、定林寺址は、泗沘遷都以降、特に五四一年の梁武帝による工匠・画師の派遣以降に完成した寺刹と推定される。その後の百済寺院の伽藍配置は、定林寺址を原型として展開されたことを論証した。百済の寺院は、南門がない状態で中門一塔一金堂が一直線上に配置され、これを回廊が取り囲む型式が一般的であったが、定林寺址では、講堂と回廊が東・西回廊址の北端の付属建物址（以下、東堂と西堂とする）と、講堂址の左右の別途建物址へ連結する方式をとるのが特徴である。その他に東西回廊と南回廊は、L字型に直接つながるのではなく断絶しており、南回廊が東西回廊よりも長く突出している。

近年、王興寺址の発掘の結果、東西回廊址の北端の東堂と西堂を飛鳥寺の三金堂の源流とする見解が提起さ

れ注目されている。[37]それまでの高句麗起源説にしたがわず、百済にその源流を求めようとした最初の試みであったことは研究史的に評価すべきである。しかし、陵山里寺址の建物配置や出土遺物、弥勒寺址の伽藍配置と建物の機能、日本の古代寺院の三面僧房などを参考にすると、金堂より格が低いが公的な性格の強い僧房のようなものとみるのが適切であろう。百済の寺院にみられる東堂と西堂は、定林寺址、陵山里寺址、軍守里寺址、王興寺址の段階を経て、帝釈寺址と弥勒寺址の段階までその伝統が継続している。この建物は、弥勒寺址では図16のように講堂址南側の僧房址としてあるため、その前段階の建物址も同じ性格の建物とみても無理はないだろう。

ところで、王興寺址では、東堂と西堂の外郭でさらに別の建物址が確認されて注目を集めた（図42）。この建物址は、まだ全面発掘が完了していないため正確な規模は不明であるが、東・西回廊址北端の東堂と西堂からそれぞれ六・五メートルほど離れて、東西対称をなしている。[38]西側外郭の建物址は、基壇が比較的よく残っており、割石を平積した石積基壇と、その外郭に小形石材と平瓦片を多量に敷いていることが確認された（図42-1）。[39]この建物址は、東西三二・四メートル、南北三四・八メートルの長方形を呈し、西側基壇は別途に造られておらず、寺域西側の境界となる南北築台まで連結していることが特徴である。この建物址の基壇上面に対する二〇一三年度の調査では、礎石五個、基壇関連の石列六ヶ所等が確認された（図42-2）。ところで、二〇一四年度の調査では、大多数の石列が建物址ではなく、「石列4」だけが建物址であるのが明確になった。[40]西回廊の外郭は伽藍中心部とは区別される別途の空間、すなわち大型の石積基壇上に一棟の建物が存在するひとつの院があったと推定できる。一方、東側外郭の建物址は、遺構上面が大部分削平されており、基壇土が確認されたのみである。本格的に調査されていないが、西側外郭建物址と対称をなしていることから、これもまたひとつの院をなしていたも

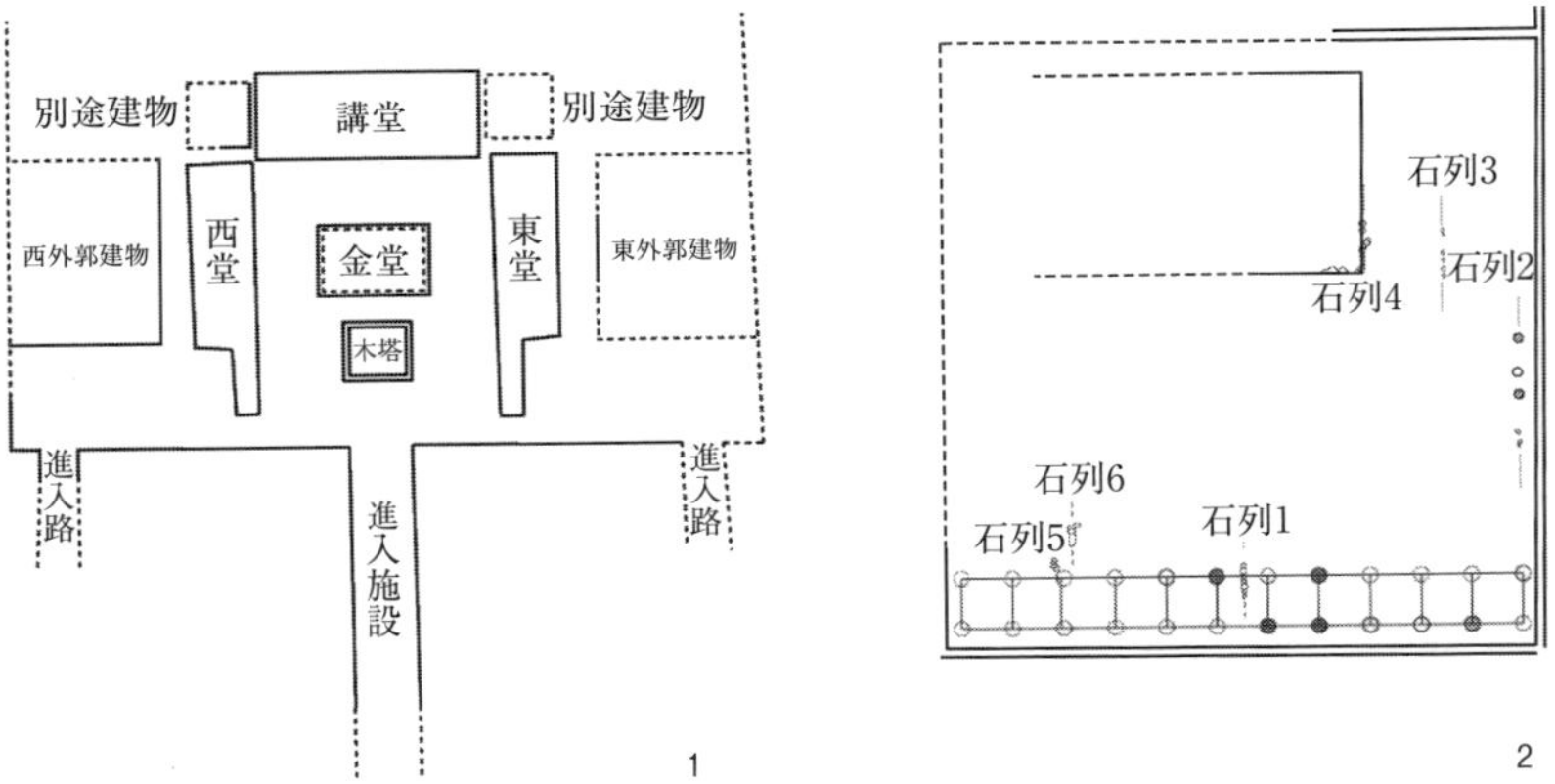

図42　扶余王興寺址の伽藍配置図（1）と西側外郭の建物址（2）

のと推定される。このような回廊外郭の東・西建物址は、南北方向の石積基壇と建物址の痕跡が現れる程度であるが（以下、東・西外郭建物址と呼ぶ）、百済寺院ではそれまでみられなかった新要素であるという点において、注目する必要がある。

王興寺址の一一次調査では、寺域の西側の境界とみられる石垣のような遺構が確認された[41]。王興寺址の旧地形は、北側と東側が高く、南側と西側が低い。そのため、南側と西側が台地造成のために盛土され、南側と西側の境界部には大きな割石を利用して築台が築かれた。一一次調査で発見された寺域西側の境界の築台は、伽藍中枢部から西に約七六メートル離れている。一方、伽藍中心部から約六一メートル離れた地点からも南北方向の石築施設が確認されており、幅が約八メートルであった。この施設は、中央の進入路（南北石築、幅一二・八メートル、長さ約六二メートル）と類似した形態であるため、寺刹に出入りするもうひとつの進入路であったと推定される。王興寺址の発掘団は、百済の寺院が対称構造をなしているため、東側一帯にもこうした施設があったと推定している。

現在までの発掘調査の内容を整理したのが、図42-1の王興寺址伽藍配置推定図である。王興寺址は、木塔と金堂、講堂が南北の中心軸線に配置され、回廊址北端に長さ四八メートル、幅一三メートル前後の東堂と西堂が位置し、講堂址の東西側に別途建物址が配置された典型的な定林寺式伽藍配置をみせている。そして、伽藍中心部の外郭からひとつの院といえる別途の建物址、つまり東・西外郭建物址が対称に配置されるという新たな変化も確認されたのである。これらの建物址の正確な構造や性格は、まだ不明であるが、配置をみると回廊内側の建物より低いが、東西境界の築台の内側に独立で位置していることから、その位置付けを無視することは難しいだろう。

王興寺址のこのような伽藍配置は、その前段階に建立されたと考えられる軍守里寺址の伽藍配置と共通点が認められる（図43）。軍守里寺址は、一九三五～一九三六年と二〇〇五～二〇〇七年の二度にわたって発掘調査が行われたが、伽藍配置に関連しては、最近の再調査でも既存の調査内容と異なる新たな事実は発見できなかった。特に、東方基壇が金堂のようなものであるという問題についても再調査されたが、耕作による削平のため、建物の基壇は確認できなかった(42)。しかし、軍守里寺址の東側の外郭に金堂址と並行して配置された東方基壇の建物址がなかったとは考えられない。一九三七年の発掘調査報告書には、東方基壇の建物址の瓦積基壇と礎石群の写真がよく残っているためである(43)。

そこで、王興寺址をはじめとした最近の百済寺院の発掘調査を基に、図43の伽藍配置の復元図を作成した。既存の図面と異なっているのは二点である。第一は、西回廊址の北端に西堂があったことが確認され、その東側にも東堂があったと推定した。東堂と西堂の建物の規模は、東回廊址の内側の石列が講堂址の東側の東北基壇付近までつながっていることから(44)、陵山里寺址の東堂・西堂を参考にして三間からなる建物と推定した。第二は、東

回廊址の外郭に金堂址と平行に配置された東方基壇の建物址を参考とし、西側にも同じ大きさの建物を復元した。図11-1の石田茂作が西方基壇と命名した建物址は、東方基壇の建物址と大きさや位置が異なり、左右対称をなしていないため、いわゆる付属建物址の一つである西堂に該当する。したがって、図42-1の王興寺址の伽藍配置を参考に、東方基壇と対称となる建物が西側にもあったと推定される。以上の推定が妥当であれば、図42と図43から、百済の寺院には回廊址の北端の東堂と西堂を境界とし、その外郭にもう一つの建物が分布していたことになる。王興寺址では、今後も継続して発掘調査が行われる予定であるため、建物の規模や基壇型式、さらに建物址の性格がより明確になると期待される。

それでは、二つの寺院の回廊外郭で確認された東・西外郭建物址は、いかなる性格を持っていたのだろうか。それについてまず検討する必要があるのが、弥勒寺址の伽藍配置である（図16）。弥勒寺址の伽藍配置は、三院並列式という極めて特異な型式を持つが、定林寺式伽藍配置という百済寺院の伝統のなかで創造されたと考えられる。弥勒寺址中院の場合、中門―木塔―金堂―講堂という泗沘期の典型的な伽藍配置を持ちながら、講堂がなく中門―石塔―金堂のみで構成された西院と東院が追加して建設さ

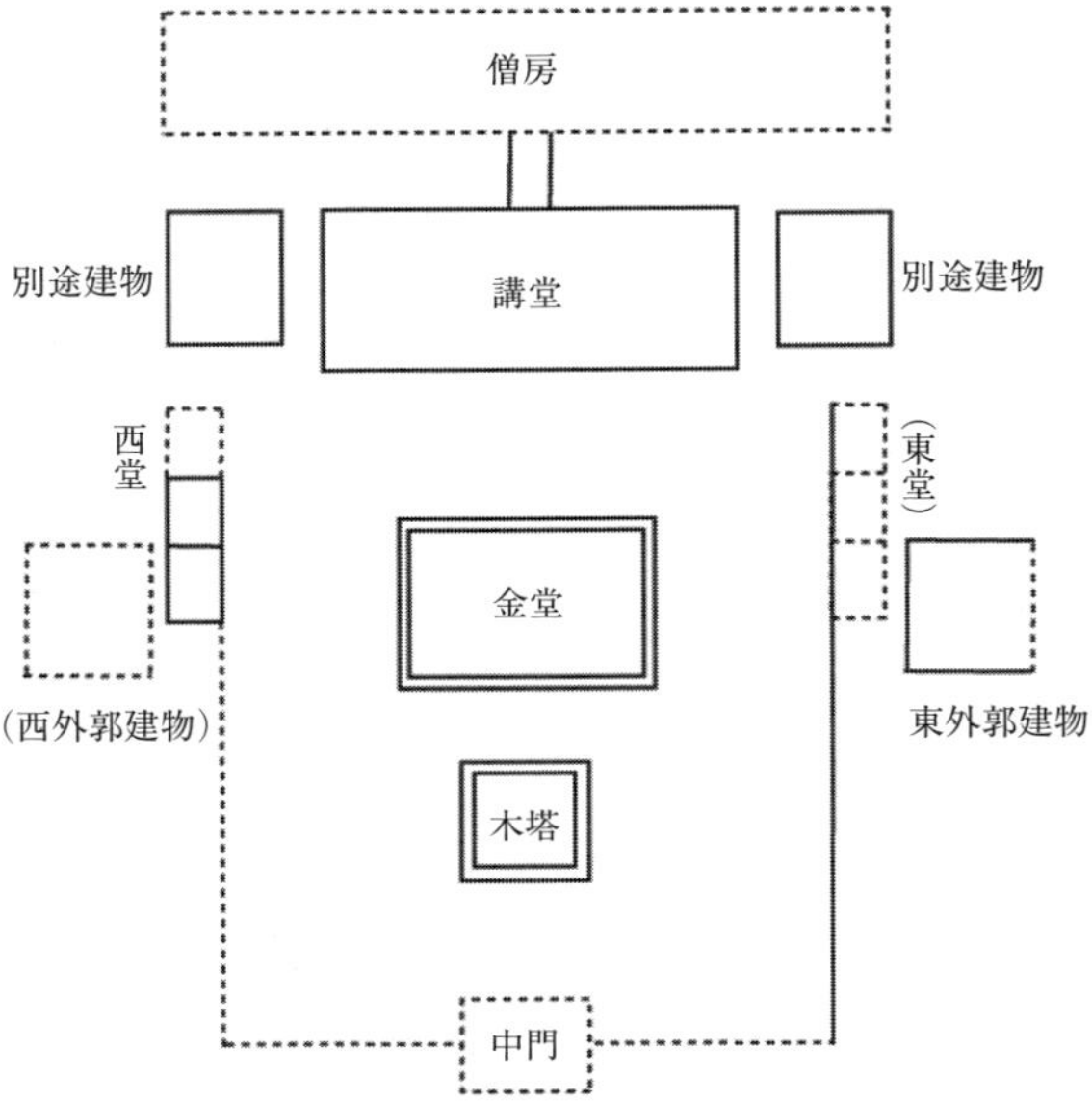

図43　扶余軍守里寺址の伽藍配置図

れる様相を呈している。つまり、中院を中心にして、回廊を境界に東・西院が東西に平行するように配置されているのである。したがって、図42と図43、図16を比較すると、図16の講堂南側の東西に配置された僧房址は、扶余定林寺址で確認された図42と図43の東・西回廊北端の付属建物址（東堂・西堂）が変形した可能性がある[45]。それゆえ、軍守里寺址と王興寺址の回廊址外側の東・西外郭建物址は、その性格や機能が弥勒寺址の東・西院と一定の関連を持つのではないかと推定できる。

二つの寺院の東・西外郭建物址は、配置様相や残存基壇の型式からみると、中央の金堂址より格が低かったことは明らかである。しかし、独立した領域で中心的な位置を占めつつ単独で配置されていることからみて、単純に僧侶が寝食するための居住空間であるとも判断し難い。そのなかで軍守里寺址の東側外郭建物址は、その配置において飛鳥寺の東金堂との類似点がみられるが、東回廊といわゆる東堂建物によって区分され、その外郭に配置されるという点が相違する。王興寺址の西外郭建物址の場合、大規模な築台を築いて独立空間を形成している[46]。このような東西外郭建物址の名称や性格については、今後、文献記録の詳細な検討が求められるが、寺院全体の空間的な配置からみると、座禅・瞑想の場としての機能を持った禅堂や、寺院の事務や行政を執り行った「別院」または「僧院」のようなものと推定できるであろう[47]。

ただし、軍守里寺址の東外郭建物址は、その遺構が全くわからない状況であるためさらなる推定は困難である。王興寺址の西外郭建物址も、現在、発掘調査が進行中で遺構の状況が明確でないため、これ以上の推測は困難であり他日を期するほかない。しかし、日本の飛鳥寺が創建される以前、百済寺院では、軍守里寺址と王興寺址が造営された六世紀中・後半に既存の定林寺式伽藍配置に一定の変化がみられ、それは「僧院」や「別院」のようなものが造られ、初歩的な形態の多院式寺院の形態を呈していることは注目する必要があろう。

（二）百済寺院にみえる新要素の出現背景

六世紀中・後半の扶余軍守里寺址と王興寺址で新要素が出現する背景について、より広い視野から検討してみよう。中国北方の寺院は、北朝時代の前塔後殿の単院式から、隋唐代には多院落多仏殿の多院式へと変化する。これは、隋唐代に至って北方仏教の宗派が分立し、崇拝対象が多元化したことを反映しているといえよう[48]。これまで確認された隋唐代の寺院址としては、長安の青龍寺や西明寺が代表的である。

青龍寺では、東西に連接する二ヶ所の院落遺跡が確認されたが、西院からは中門と仏塔、仏殿、回廊、配房が、東院からは仏殿と墻址、北門址などが確認された（図44-1）。このようなことから、青龍寺が多院式伽藍配置であることが確認できる[49]。六五六年に創建された西明寺では、部分的な調査において大形院落（主院）一ヶ所とこれに付属する二ヶ所の小形院落（南東院と南西院）が確認された（図44-2）。これらの院は全体伽藍の一五分の一に過ぎないため、文献記録の「大殿十三所」や「凡有十院」の一部であったと推定される[50]。

敦煌莫高窟の壁画には、建物配置の多様な型式がみられ、なかでも第二三一窟や第一四八窟の横列三院式の配置に注目したい[51]。第二三一窟では、三つの院が連結されずに独立しているが、中央がより大きく、東西側が小さく中央に向くように配置されている（図45-1）。第一四八窟では三つの院が互いに連結されており、中央がより大きく、東西側が小さい。東西側の建物を取り囲んでいる回廊は、中央の回廊より小さく、中央とは二層楼閣の門を造って通れるようにした（図45-2）。これらの石窟の開鑿年代は盛唐から晩唐であるため、百済寺院と直接比較することは難しいであろう。

しかし、北魏末期から隋代にかけて開鑿された麦積山石窟では、一つの壁にいくつかの龕室を配置する一列三

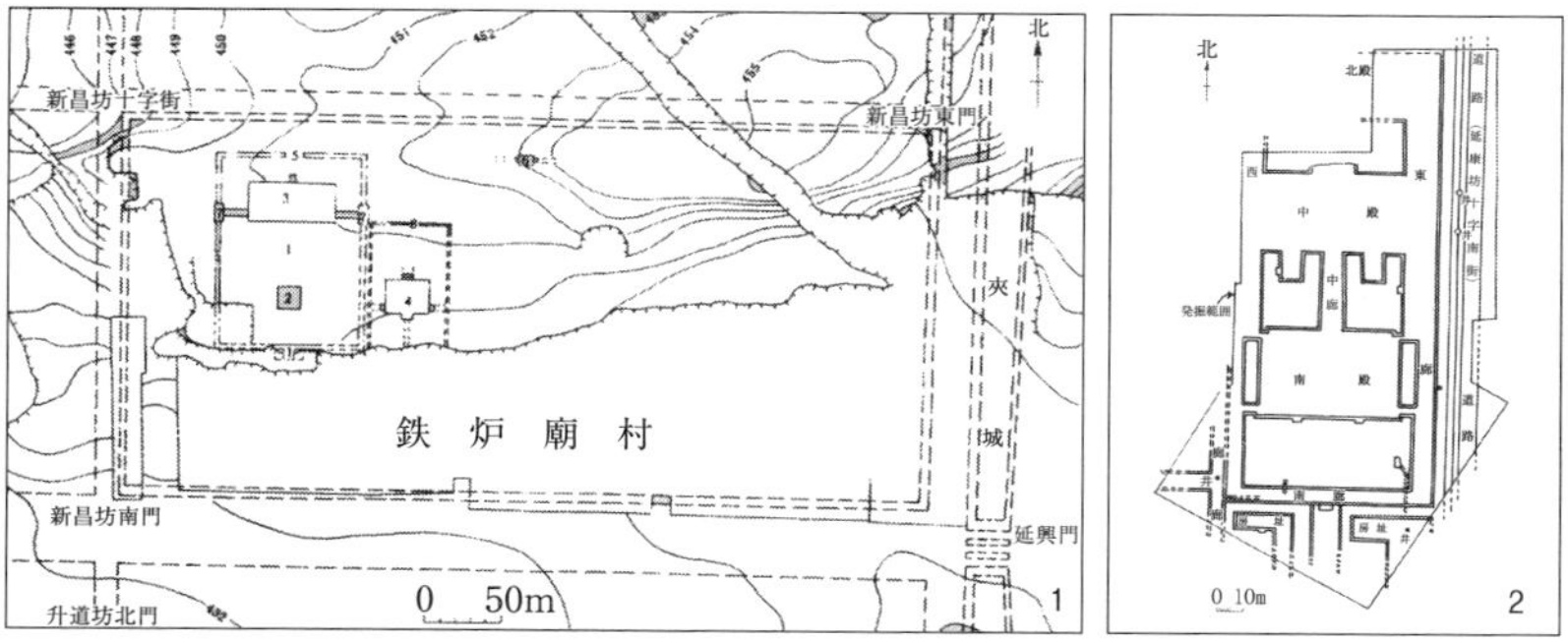

図44　長安青龍寺（1）と西明寺（2）の伽藍配置図

龕の石窟が確認される。これを参考にすると、図45の壁画も六世紀代の多院式寺院の形態をみせているといっても無理はない。図46の麦積山石窟における北魏後期の第二八窟と第三〇窟および隋代の第五窟の一列三龕石窟では、皇龍寺重建伽藍の三金堂や飛鳥寺の三金堂と類似する形態であることが注目される。

一方、図45・46のように中心殿閣の両側に付属建物がある型式は、当時の宮殿建築から影響を受けて成立した可能性がある。北魏の洛陽永寧寺における仏殿の形態が、太極殿と同じであるという記録は有名である(52)。ところで、太極殿という名称が初めて使われた曹魏洛陽城から隋唐代まで、中国の王宮では太極殿の東西側に東堂と西堂がともに建立されていた(53)。この時の東西堂の機能について、東堂は朝見・請政の場、西堂は皇帝の居住の場であり、太極殿より格がやや低かった(54)。南朝建康城の場合、太極殿が一二間、東西二堂は七間であったが、このような太極殿・東西二堂型式は、漢化政策を推進した北魏の孝文帝が建設した洛陽城でも認められる。したがって、百済の三院型式や皇龍寺重建伽藍にみられる仏殿とその東西建物の配置は、中国の宮殿建築を起源とし、石窟寺院や仏教寺院に影響を与えたものとみることができるだろう(55)。

文献記録にみられる最も古い時期の多院式寺院は、五二〇年に梁武帝が

父のために鐘山に建立した大愛敬寺であり、「中院之去大門、連亙七里。廊廡相架檐霤臨属、旁置三十六院。皆設池台周宇环繞」という記録がある[56]。本史料の旁院は別院を意味し、主院である中院の傍らに位置していたと考えられ[57]、大愛敬寺の三六院が具体的にいかなる様子であったかは不明であるが、隋唐代に盛行した多院式伽藍配置が、南朝にすでに存在していたことを示す重要な史料といえよう[58]。

近年、東魏・北斉の鄴南城の趙彭城廃寺址から、木塔址と南西側の院落および寺院の周囲を囲んでいた堀が発

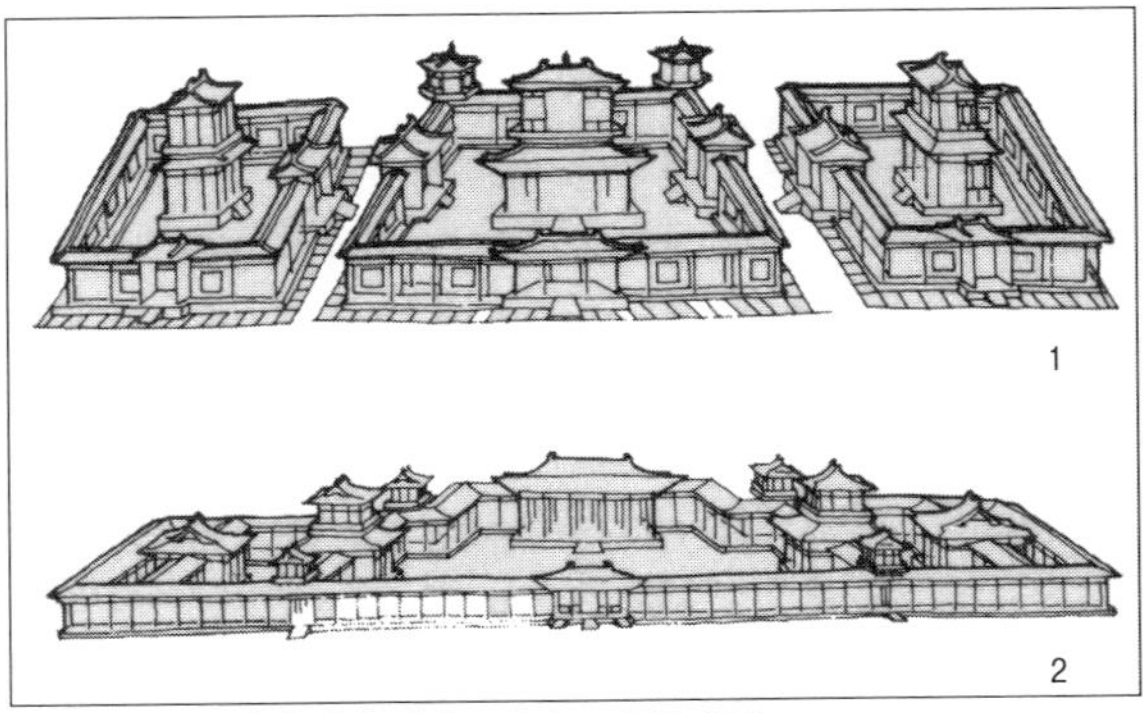

図45　敦煌莫高窟弥勒経変のなかの仏教寺院
（1．第231窟北壁上部、2．第148窟南壁）

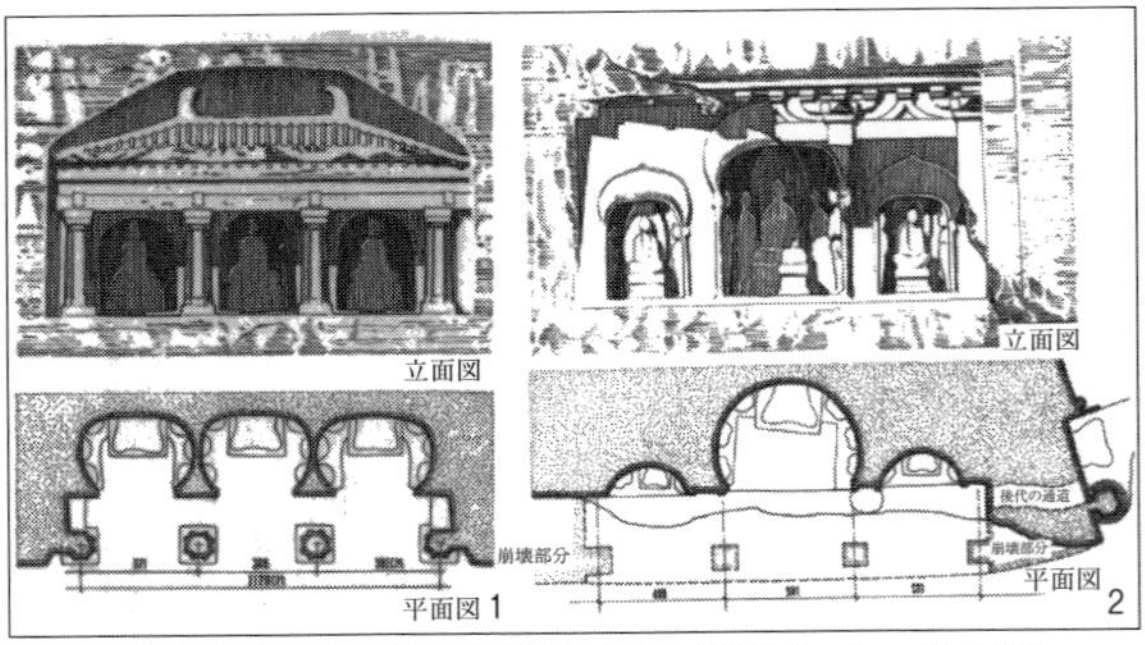

図46　甘粛省麦積山石窟の実測図（1．第30窟、2．第5窟）

掘された（図47）[59]。寺院の外郭を取り囲む堀は正方形に近いが、東西側が約四五〇メートル、南北側が約四三〇メートルであり、深さが約三メートル、幅が五～六メートルで、四方の中央に通路が設けられていた。方形の木塔は、寺院の中心部から南側寄りに位置しており、舎利荘厳具を埋めた塼函も発見された。中央の塔址の北側からは仏殿址が発見されなかったが、南東側と南西側の二ヶ所から院落が発見された。南西側の院落は、四方を廊方式の建物が取り囲む閉鎖形の院落であるが、一辺が一一〇メートルで、内部からは東西三八メートル、南北二〇メートルの規模の仏殿址が確認された。南東側からもこれと対称となる院落の痕跡が確認されており、形態や規模、配置などが同一であったと推定された。一方、中央の塔址の東西側から、幅八メートル程度の南北方向の建物址が発見されたが、版築土層が非常に狭くて薄いという。

趙彭城廃寺址は、これまで中国で確認された最も古い時期の多院式の寺院であり、六世紀半ばに北朝地域でもこのような型式の寺院が出現していたことを示す重要な事例である。こうした型式の出現は、文献記録にみられる南朝の多院式の寺院とも関連しており、中国の春秋時代の宗廟遺跡や伝統的な住宅である四合院にその原型を求めることができるだろう[60]。まだ発掘が進行中であるため即断することは難しいが、図45-1の敦煌莫高窟第二三一窟に描かれた仏教寺院と類似していたと推定される。

興味深いことに、趙彭城廃寺址を示した図47をみると、図42、図43、図16の百済寺院の伽藍配置と類似している部分がある。中央の塔の東西側に回廊とみられる建物が南北に長く配置され、東南院落と西南院落を区分するような形態は、軍守里寺址や王興寺址にみられるように東堂・西堂によって伽藍中枢部と外郭を区分し、その外郭に建物が配置されている型式と類似している。また、寺域の外郭に堀をめぐらせている点も、陵山里寺址や王興寺址、弥勒寺址などでも確認できる。それゆえ、六世紀中・後半の軍守里寺址と王興寺址において、東堂・西

堂や東西回廊の外郭に新たな性格の建物が建立された背景には、中国南北朝時代から隋唐代に流行した多院式寺院が一定の影響を与え、それ以前の段階の宮闕建築とも関連性を持っていたものと推定できるだろう。

威徳王は五六七年から、南朝一辺倒ではなく北斉・北周など北朝国家とも交流を再開する。扶余の双北里ヒョンネドゥルと王興寺址などで出土する北斉の上平五銖銭は、その具体的な証拠となろう。王興寺址の舎利を奉安した心礎石の舎利孔の蓋が、河北省定県の華塔址出土の角錐台形の方形函と同一であること、宝珠形の把手が付いた円筒形の銅盒子が、六〇六年の年代を持つ隋代の河北省定県出土の銅盒子に類似していること、益山の王宮里の平面形態が鄴南城と類似しているという推定などは、こうしたことと関連するだろう。[61] ただ、文献史料をみれば、南朝の建康で多院式寺院が先に出現したとみられるため、南朝から直接伝えられた可能性も残っている。いずれにせよ、伝播ルートについては確定することはできない。

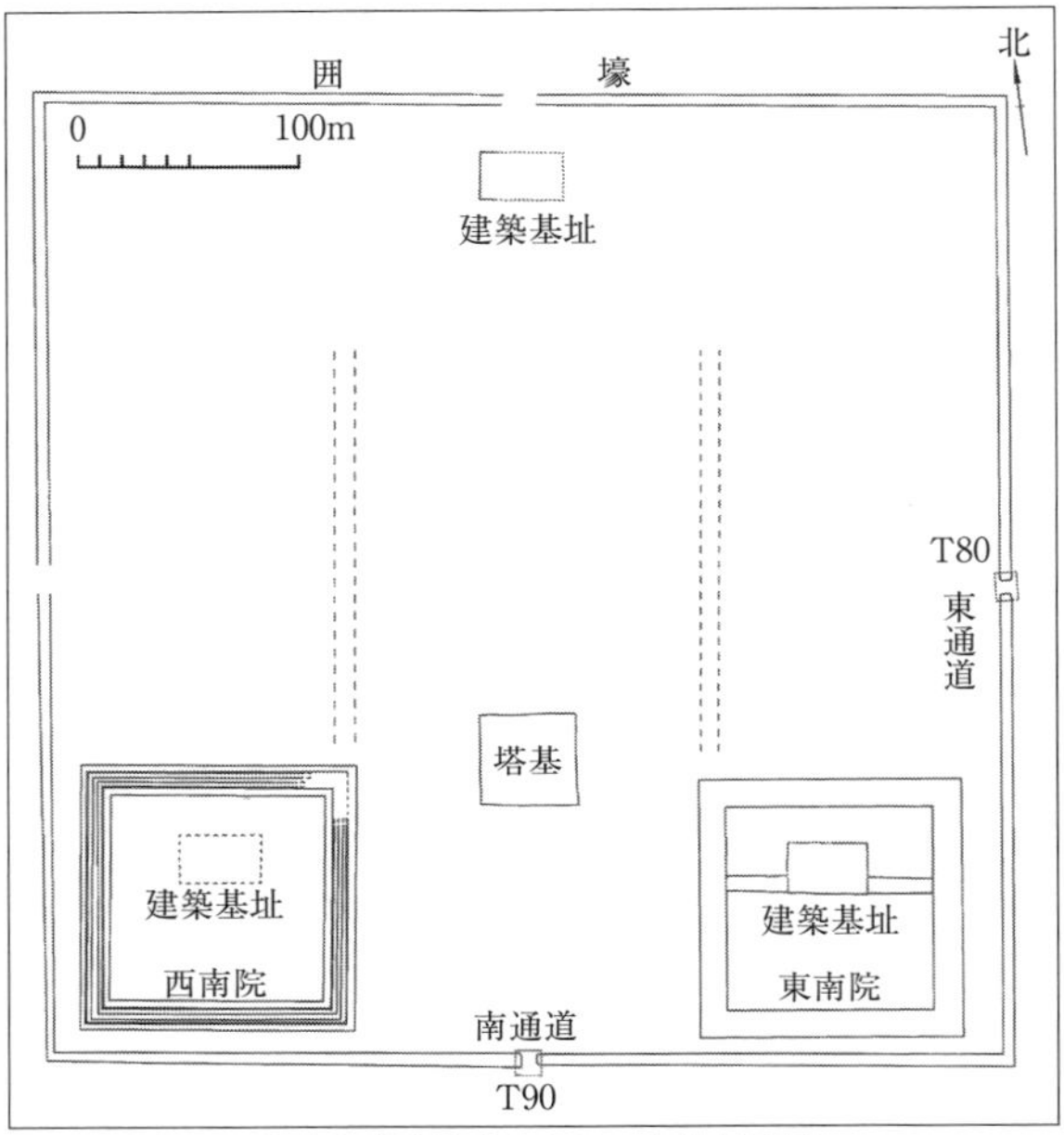

図47　東魏・北斉鄴南城趙彭城廃寺址の伽藍配置図

百済における南朝の仏教寺院の影響は、熊津期以降、特に五四一年に工匠・画師が派遣されて百済で活動して以後、持続したものと考えられる。そのため、六世紀中・後半にあらわれた

変化の原因も、新たな外交関係が形成された北朝や他の国家（特に高句麗）、そして、梁に代わる陳との関係に求める方が説得力を持つ。この時に新たにみられはじめる文化要素の源流を、南朝か北朝のどちらか一方であるとは断定し難い。それは、中国南北朝の相互間にも文化交流があった可能性があり、特定の国家の影響とは言い難いためである。ただし、新たに登場する文化要素であるとしても、それは、それまで百済にあった定林寺式伽藍配置を基本として生まれたものであり、百済内部での選択的な受容や変容があったとみるべきである。

一方、百済の寺院からは、高句麗寺院の影響も継続して認められる。先述した二重基壇の下成礎石や一棟二室建物址以外にも、講堂址の左右側の別途建物址が注目される。この建物址は、陵山里寺址では、図20のように非対称的な形態を呈しているが、王興寺址や軍守里寺址の段階（図42および図43参照）になると対称をなすようになる。ところが、このような建物址が高句麗の清岩里寺址からも確認されている。これまで清岩里寺址の建物配置図は、『昭和十三年度古蹟調査報告書』に掲載された図版が主に利用された[62]（図48-1参照）。しかし、二次調査を主導した米田美代治が作成した図面と、両者をあわせて補完した小泉顕夫の再作成図の三種類がある[63]。図48-1と他の図面との大きな違いは、中央の金堂址の後ろの建物址群である。この違いは、図48-1が昭和一三年（一九三八）の調査内容の報告を目的としているため、その北側一帯を調査した昭和一四年（一九三九）の内容が漏れていたと理解できる。

一九三九年の米田美代治の調査は、一次調査でみつかった敷塼殿址の性格を明らかにするためのものであった。その一帯から三ヶ所の建物の基壇址を検出し、北側からも一基の建物址の痕跡が発見されたが、新設の墳墓によって調査ができなかったという[64]。ところで、この建物址は、敷塼殿址と報告された地域から高麗時代の瓦片と鉄器類が出土し、塼を敷いた型式や礎石の形態が高麗時代の特徴をみせているとして後代のものとみなされてき

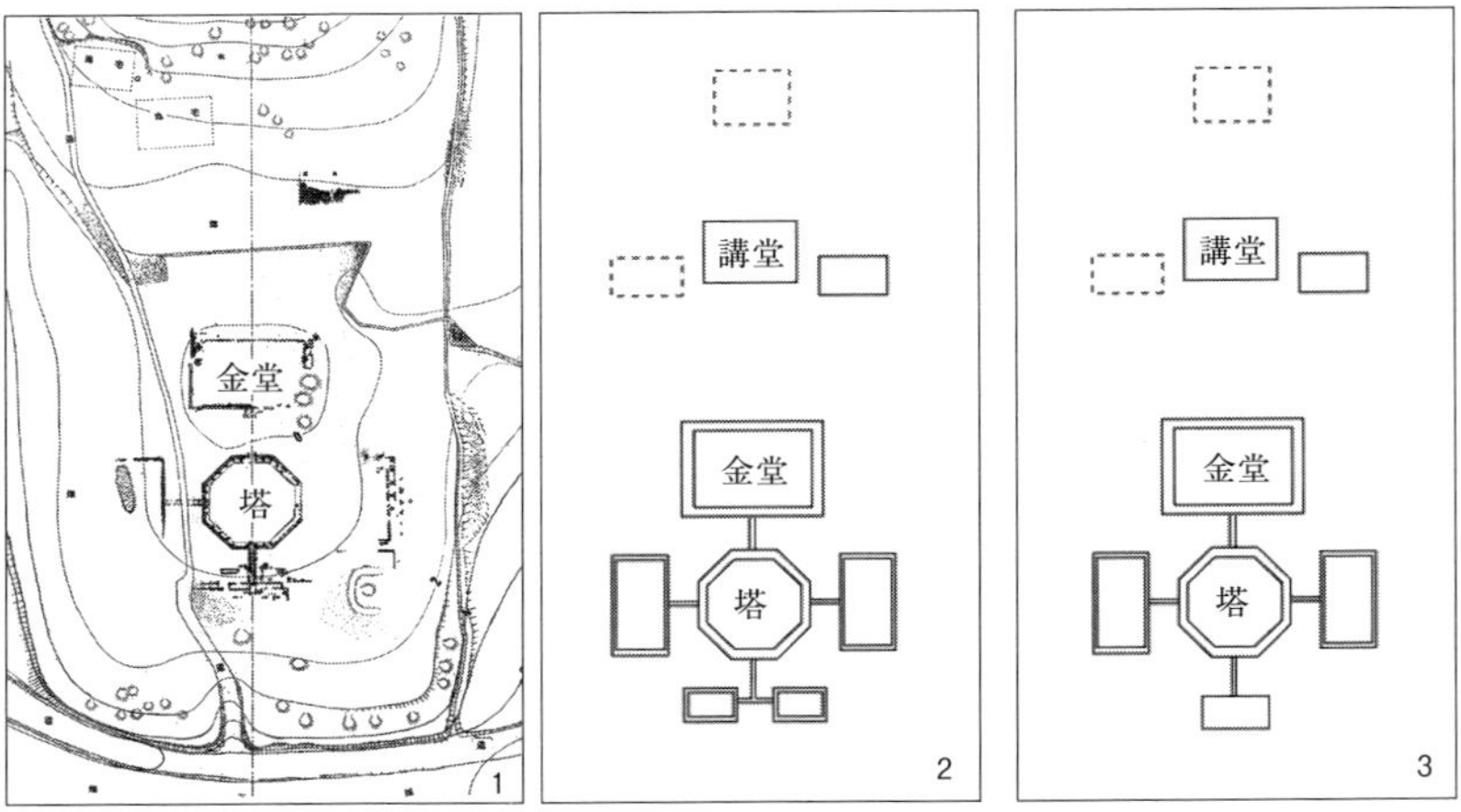

図48　平壌清岩里寺址の伽藍配置図
（1．小泉顕夫、2．米田美代治、3．筆者の修正案）

た。しかし、八角建物址や中央の金堂址などからも高麗時代の瓦片が多量に発見され、定陵寺址からも敷塼（九号と一〇号）建物址が確認されており、これのみでこの建物址が後代のものであるとみなすことはできない。この建物址群は、百済や新羅の寺院の伽藍配置をふまえて考えると、講堂址とその東西側の別途建物址および北側の僧房址であったとみるべきである。つまり、高句麗寺院では、非常に古い段階から講堂址の左右両側に別途建物を造営していたのである。

平壌定陵寺址からは、講堂址と推定される八号建物址の東側でのみ別途建物址（九号）が確認された（図49）。定陵寺址では、第1区域の八角建物址（一号）と六号建物址（金堂）との間およびその東側に東西回廊が通っていることや、八角建物址と中央の金堂址（六号）が中門を通る南北の中軸線から東側に寄って配置された点、東西金堂址（二・三号）の規模が異なっている点など、未解決の問題がいくつか残っている。しかし、八号建物址の西側から別途建物址が発見されることもあり得るし、一〇号建物址のように全く異なる形態に変形した可能性も想定できる。いずれにせよ、陵山里寺址などの

百済の寺院において別途建物址がみられるのは、清岩里寺址など高句麗寺院の影響があったと考えられ、その非対称的な要素または定陵寺址との関連性を検討する必要があると思われる。

ここで定陵寺址についてさらに注目したいのは、南北の回廊によって寺域が五つの区域に分けられたことである。第1区域の八角建物址（一号）と六号建物址（金堂）との間や、その北側にある東西回廊は、創建当初のものではなく後代に敷設されたものとみるべきであるが、東西二二三メートル、南北一三二・八メートルに達する広い面積を五区域に分けた南北の回廊は、創建期からのものとも考えられる。[65] このように回廊で寺域を区分する方式は、先述した東魏・北斉時期の趙彭城廃寺址（図47）中央の塔址の東西側で確認された南北方向の建物址や、王興寺址と軍守里寺址の東・西堂址および東西回廊址に酷似している（図42および図43参照）。百済の寺院における二重基壇と下成礎石をはじめ、一棟二室建物址、講堂址左右の別途建物址のような多様な要素が高句麗に由来するものであることを想起すると、回廊を利用して空間を区画する方式も高句麗の影響である可能性を排除できない。

以上の検討によって、図42および図43の王興寺址と軍守里寺址など、百済の寺院で確認された回廊の外郭の東西建物址や、それを配置する方式および空間の区画方式は、中国南北朝時代の多院式寺院の影響とともに高句麗の影響も受けながら成立したと考えられる。もし、軍守里寺址の回廊外郭の東建物址を金堂址のようなものと推定することが可能ならば、百済では、高句麗寺院における品字形の三金堂を認知しながらも、北朝的な一列式配置を採択したものとみることができるだろう。なぜならば、飛鳥寺の三金堂が高句麗系統の三金堂型式に沿っていることをみると、百済ではすでに高句麗のそれを認知していた可能性が高いためである。六世紀中・後半に、百済では飛鳥寺の三金堂と同じ型式の伽藍配置が直接具現化されていなかったとしても、百済の造寺工たちはすでに高句麗や中国南北朝寺院の伽藍配置に関する情報を幅広く認知していた可能性を想定できるのである。前述

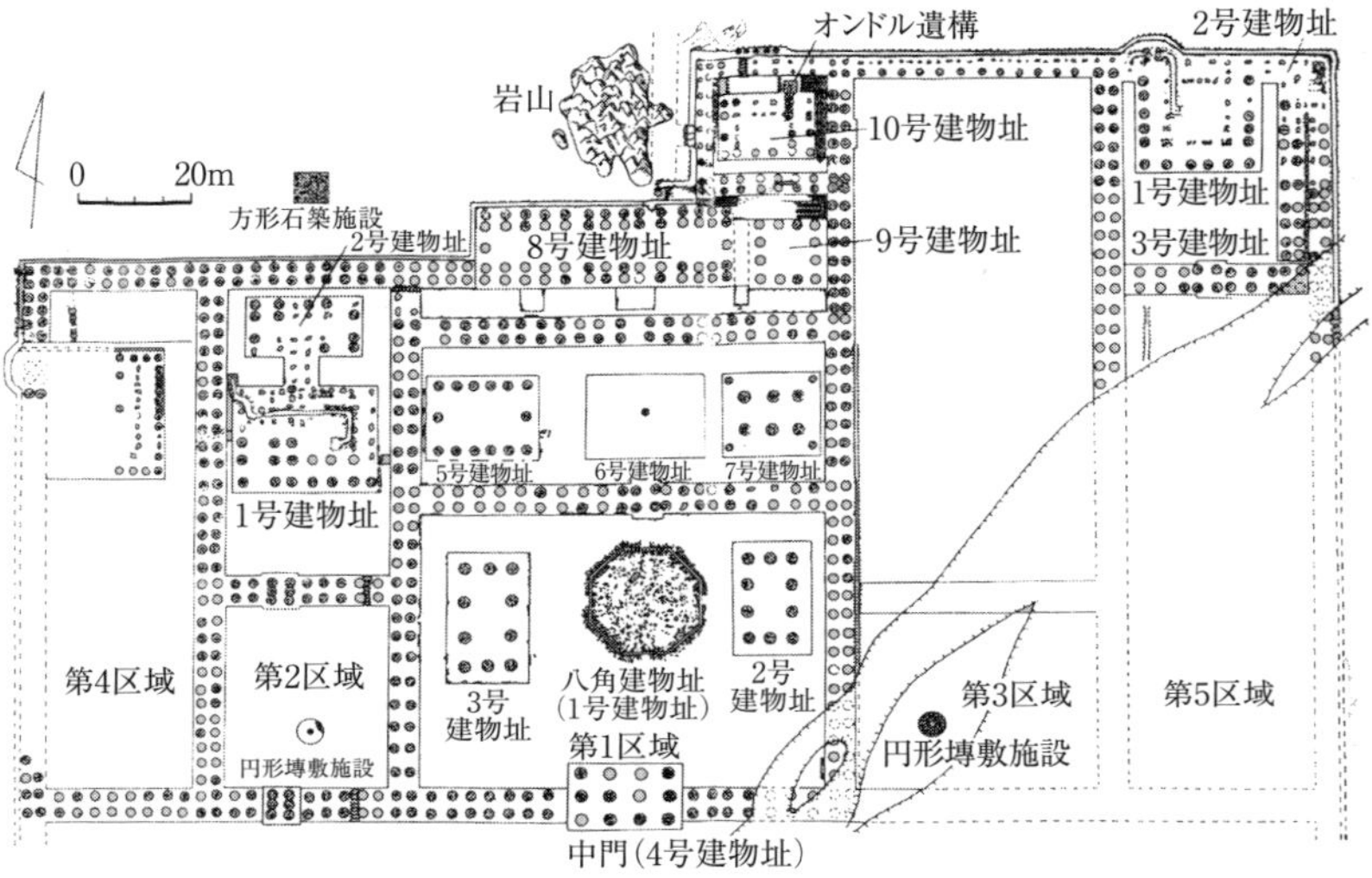

図49　平壌定陵寺址の伽藍配置図

したように、六世紀代の百済では、高句麗の文化が幅広く影響を及ぼしていたためである。百済では方形木塔や東堂・西堂といった要素を維持・発展させ続け、新たに中国の南北朝や高句麗の影響をともに受容したために、軍守里寺址や王興寺址のような百済的な創造と変型が可能であったといえる。こうした現象は、威徳王陵と推定される東下塚で高句麗の古墳壁画の影響を受けた壁画が製作されたのに対して、古墳の構造は確実に百済の伝統的な古墳型式にしたがっていることと脈絡的に類似するといえよう。

さらに、百済において六世紀中・後半にこうした三金堂が出現した思想的な背景として、弥勒信仰に注目する必要がある。百済では聖王代以後の弥勒下生信仰に基づく転輪聖王の理念が積極的に広められ、威徳王代の五八四年には日本に弥勒仏を送ったことや、新羅の僧侶である真慈が弥勒に会うために熊川（公州）水源寺に入ったという記録があるなど、弥勒信仰が幅広く存在していた。[66]このことから、百済ではそれ以前にも弥勒信仰への理解

や信仰が確立されていたと考えられる。六世紀中頃以降に弥勒信仰が本格的に重視されたのは、玄光による慧思の末法思想に基づいた弥勒信仰の受容と関連していたとする。[67]

南朝の陳に留学した玄光は、南嶽衡山の慧思（五一四〜五七七）門下で法華三昧行法と弥勒信仰を学び五七〇年代に帰国している。慧思は、当時、北朝で少しずつあらわれていた末法意識を受容しながら、これを克復する方法として弥勒信仰を強調した。[68] 彼の弥勒信仰は玄光を通して百済に伝わった可能性が高く、真慈が弥勒に会うために公州に来たという記録もこれと関連があると考えられる。益山弥勒寺址の三院並列式伽藍配置は、未来に弥勒が出現する際の三会説法のために準備された空間として理解されている。ところで、軍守里寺址や王興寺址において初歩的な多院式寺院の形態が出現していることは、それ以前から弥勒信仰といった仏教教理に関する理解が深化し、伽藍配置にも影響を与えたものと推定できるのではないだろうか。[69]

第三節　百済寺院と飛鳥寺の三金堂

六世紀中・後半の百済寺院では、定林寺址や陵山里寺址ではみられなかった新要素が確認されている。このような変化は、その後、新羅や日本の寺院にも影響を与えたと考えられる。そこで、飛鳥寺より年代的に若干早く建立された慶州皇龍寺址の伽藍変遷について検討することにしよう。皇龍寺址の発掘調査報告書では、創建伽藍（図50-1）が、五七四年の丈六尊像鋳造を契機にして五八四年にはこれを安置するための金堂が造成されるとともに重建伽藍（図50-2）に変化するが、このような重建伽藍は六四五年に九層木塔が完成するとともに一段落した。重建伽藍にみられる三金堂型式は、高句麗の影響を受けて変形した新羅式の一塔三金堂式伽藍配置である。[70]

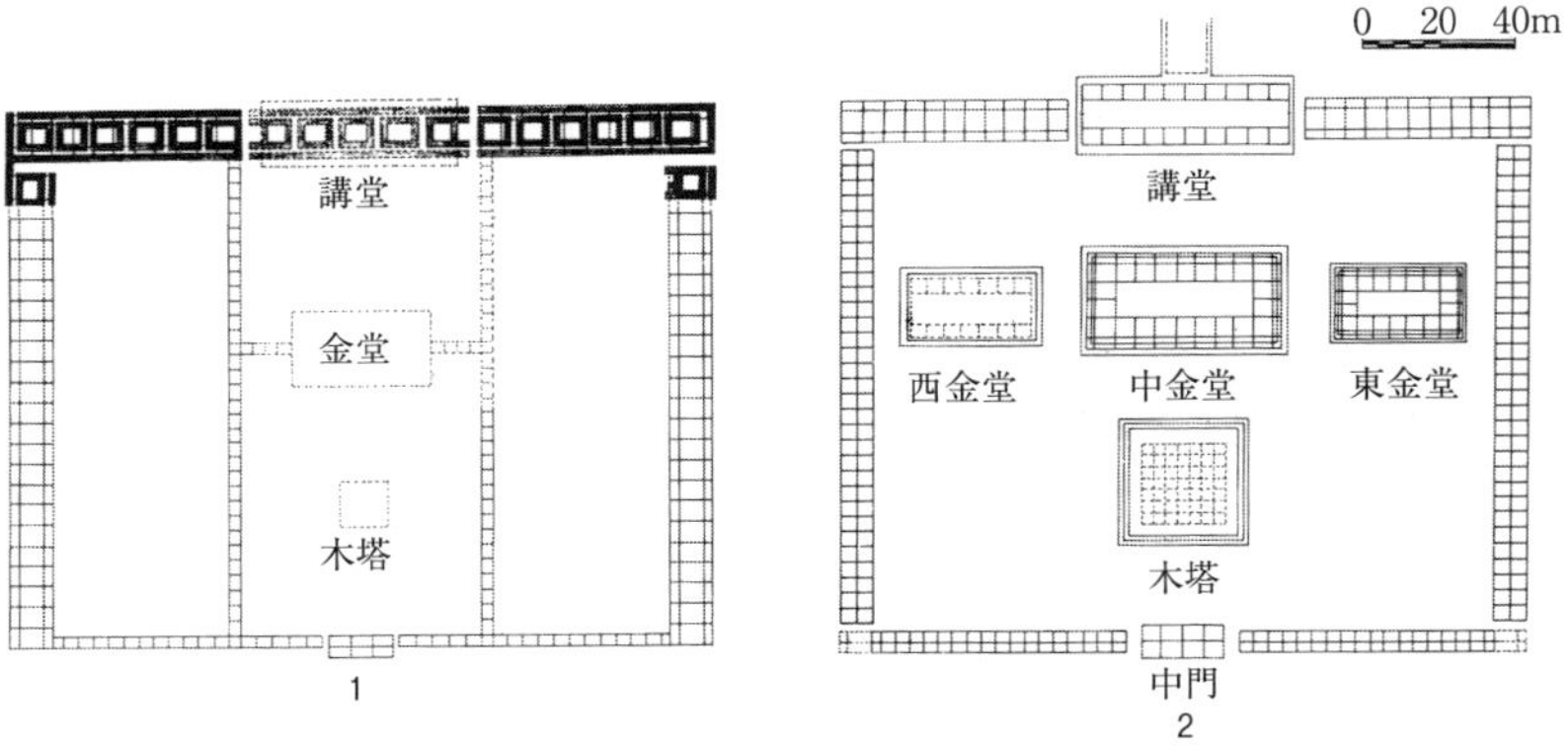

図50　慶州皇龍寺址の伽藍配置図（1．創建伽藍、2．重建伽藍）

ところで、皇龍寺址の創建伽藍と重建伽藍は、軍守里寺址（図43）、王興寺址（図42）、定陵寺址（図49）などと比較すると興味深い点がみられる。まず、皇龍寺址の創建伽藍では、百済と高句麗寺院の要素がすべて確認できることが挙げられる。図50-1をみると、回廊が伽藍の全体を区画する点は定陵寺址と似ているが、北側と東西側に僧房状の建物を配置していることは、百済寺院と類似しているといえる。このような現象は、皇龍寺址の創建瓦から高句麗系と百済系の瓦当がともに発見されていることとも通じる点である（図51-1・2）。図50-2の重建伽藍の場合、伽藍を三区画にした回廊を撤去して中金堂が他の金堂よりも大きくなって東西に平行し配置される[71]。こうした三金堂の配置は、軍守里寺址や王興寺址、弥勒寺址などの百済寺院の配置と共通することから、三金堂であるといっても高句麗と関連付ける必要はないといえよう。

　重建伽藍の中金堂の基壇型式は二重基壇であるが、下層は長い大石、上層は壇上積基壇で、下層基壇と上層基壇の間に下成礎石が存在する。このような基壇型式は、百済寺院では確認されていない。しかし、図39のように下成礎石は高句麗に由来するものであるが、定林寺址をはじめ百済寺院において早くから採用されており、上層基壇に架構式を

使用した事例が陵山里寺址の金堂址で確認されている。こうした事例を組み合わせてみると、皇龍寺址の中金堂址の基壇を造ることができる[72]。飛鳥寺の東西金堂址の二重基壇の場合も、下層基壇の長い大石と下成礎石は百済と同一であるが、上層は玉石積となっている。百済からは未だこうした上層基壇が発見されていないが、一般的に百済の工人の影響とみられている。したがって、重建伽藍の中金堂の二重基壇も、高句麗の直接的な影響ではなく、百済を介した影響であると考えられる。

ただ、皇龍寺の重建伽藍の東金堂の場合、上層基壇が一枚の長い大石からなっているが、こうした事例は三国のなかで新羅でのみ確認できる。そのため、東金堂は中金堂より若干新しい時期に建立されたものと考えられ、新羅で独自に変形した基壇型式とみられる。重建伽藍に使用された図51-3・4の南朝系瓦当は、無加工の丸瓦を瓦当と接合させる百済系統の技術を使用しているが、百済ではほとんど使用されなかった文様である。この瓦当は、これまでは高句麗系とされてきたが、最近は南朝系とする見解が優勢であり[73]、特に、五五二年に新羅が漢江流域を占有してから高句麗や百済の仲介を通さずに直接陳と接触するようになったことが南朝系瓦当を導入する契機となったという見解が提示されている[74]。このように皇龍寺では、丈六尊像を安置するために重建伽藍が建立されて以降、高句麗や百済、南朝的な文化要素とともに新羅独自の変形が起こったといえる。

このように五八四年から造営が開始された皇龍寺の重建伽藍には、軍守里寺址や王興寺址、弥勒寺址でみられるように中金堂を中心にして東西に平行に外郭の建物を配置する伽藍配置が認められる。これまで、これを高句麗の影響と理解してきたが、百済の影響や、その後の新羅的な変形とみることがより適切であると考える[75]。こうしたことから、六世紀中・後半の軍守里寺址と五七七年の王興寺址、五八四年以後の皇龍寺址の重建伽藍、五八八年以後の飛鳥寺にみられる三金堂は、百済寺院の築造術の対外伝播という観点からみると、一定の関連性を

図51　慶州皇龍寺址の瓦当
（1．創建伽藍-高句麗系、2．創建伽藍-百済系、3・4．重建伽藍所用瓦-南朝系）

持っていると思われる。なぜならば、図43の軍守里寺址と図42の王興寺址から東堂・西堂と東西回廊が撤去され、回廊の内部に中心殿閣を配置した形態が図50-2の皇龍寺址の重建伽藍の三金堂であり、これを高句麗的な品字形に配置したものが図52の飛鳥寺三金堂といえるためである。

先述したように、扶余の軍守里寺址と王興寺址の伽藍配置にみられる新要素は、それまでの定林寺式伽藍配置を基にし、高句麗的な伽藍配置と東魏・北斉の趙彭城廃寺址など中国南北朝時代の多院式寺院の影響を受けて出現したといえる。また、これがさらに皇龍寺址の重建伽藍と飛鳥寺の三金堂にも影響を与え、新たに変形された形態の伽藍配置があらわれたものとみることができる。

ところで、皇龍寺址では、百済のみならず高句麗の影響が部分的とはいえ確認されるが、飛鳥寺の場合、百済以外に高句麗の文化要素を全く見出すことができない。このようなことからも飛鳥寺三金堂は、高句麗の直接的な影響を受けて成立したというよりは、百済を経由して伝えられたとみることが合理的であると考える。

特に、飛鳥寺三金堂の祖形は、軍守里寺址と王興寺址が直接的なモデルであったと考える。軍守里寺址では、東外郭建物址以外にも金堂址の下成礎石と木塔址の斜道が飛鳥寺と類似する。年代的に約一〇年ほどし

か差がない王興寺址では、木塔基壇部の掘込み地業と版築技法、心礎石の安置方式、舎利供養具の出土様相などが飛鳥寺のものと最も近い[76]。また、出土瓦当も、王興寺址では飛鳥寺創建瓦にみられる花組・星組二系統がすべて確認されている（本書第五章第二節参照）。飛鳥寺の創建瓦をみると、星組系列は大通寺式瓦当が採用されているが、花組系列は官北里・王宮里など百済の王宮で使用したものを採用している。このことからすると、飛鳥寺の造営には、百済の特定寺院の築造技術が伝達されたのではなく、非常に多様な方面の技術が国家的な次元で組織的に伝えられたといえよう。

皇龍寺址では、高句麗僧侶の恵亮の建議を受けて開創したという推定もあるが[77]、高句麗的な要素よりは百済的な文化要素が多分に認められる。その背景については別途の検討が必要であるが、新羅最初の寺院である興輪寺址を建立する際に百済の技術的な影響が大きかったため、百済的な文化要素が持続されたのではないかと推定できる。第三章で検討したように、興輪寺址から出土した瓦当は、公州の大通寺式瓦当と文様や製作技法が同様であるため、瓦当だけでなく寺院造営の技術にも百済の影響があると理解した。そのようなことがあったため、六四三年に九層木塔を建てる際に、再び百済から阿非知のような技術者を招請したのではなかろうか。

新羅では六三四年から芬皇寺を建立する際、図53のような新たな型式の品字形の三金堂を造るが、これは新羅内部において百済だけでなく高句麗の影響も続いていたためである[78]。また、百済においてもこうした品字形の三金堂型式について認識していたため、飛鳥寺の三金堂のような伽藍配置が創出されたのであろう。もし、飛鳥寺のそれが高句麗の影響であったならば、皇龍寺址の創建伽藍や重建伽藍、芬皇寺のように部分的にでも高句麗的な要素が残っていたはずである。しかし、再三強調しているように、飛鳥寺では三金堂という要素以外に高句麗と関連するものが全く見当たらない。高句麗と百済の影響をともに受けた皇龍寺など新羅の事例からみても、む

しろ飛鳥寺こそ百済の造寺工によってすべての寺院の造営技術が伝受されたことをよく示しているのである。

飛鳥寺三金堂の高句麗起源説は、六世紀後半の高句麗と倭の対外関係からみても問題がある。欽明三一年（五七〇）に開始した高句麗の対倭外交は、敏達二年（五七三）と三年（五七四）の使臣派遣以後、五九五年に高句麗の僧侶慧慈が倭に来るまで二一年間断絶していた。これについて『続日本紀』和銅四年（七一一）二月条に、狛臣秋麻呂の二世祖比等古が用明天皇代（在位、五八五～五八七年）に高句麗に派遣されたという記録があり、高句麗か

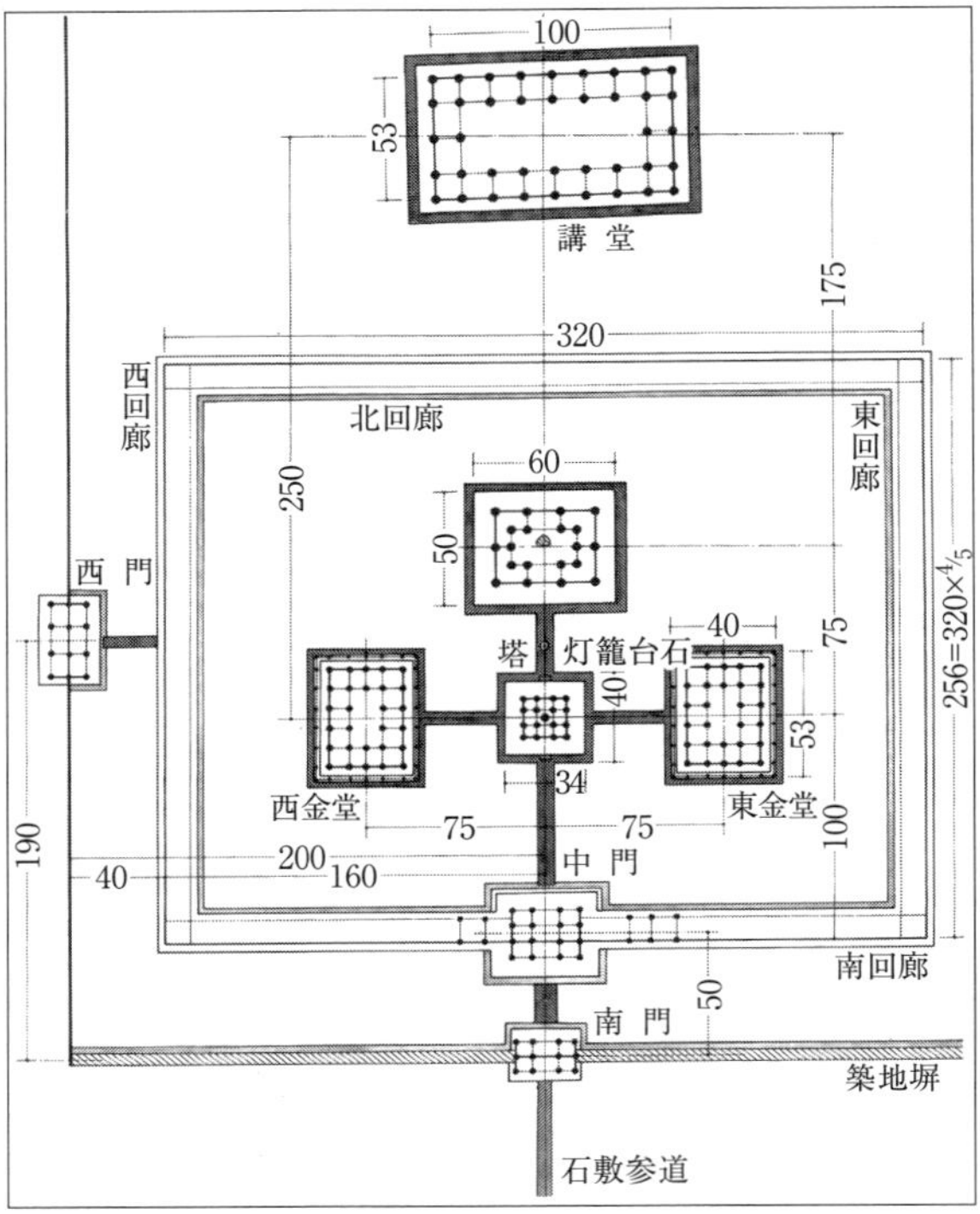

図52　飛鳥寺の伽藍配置図

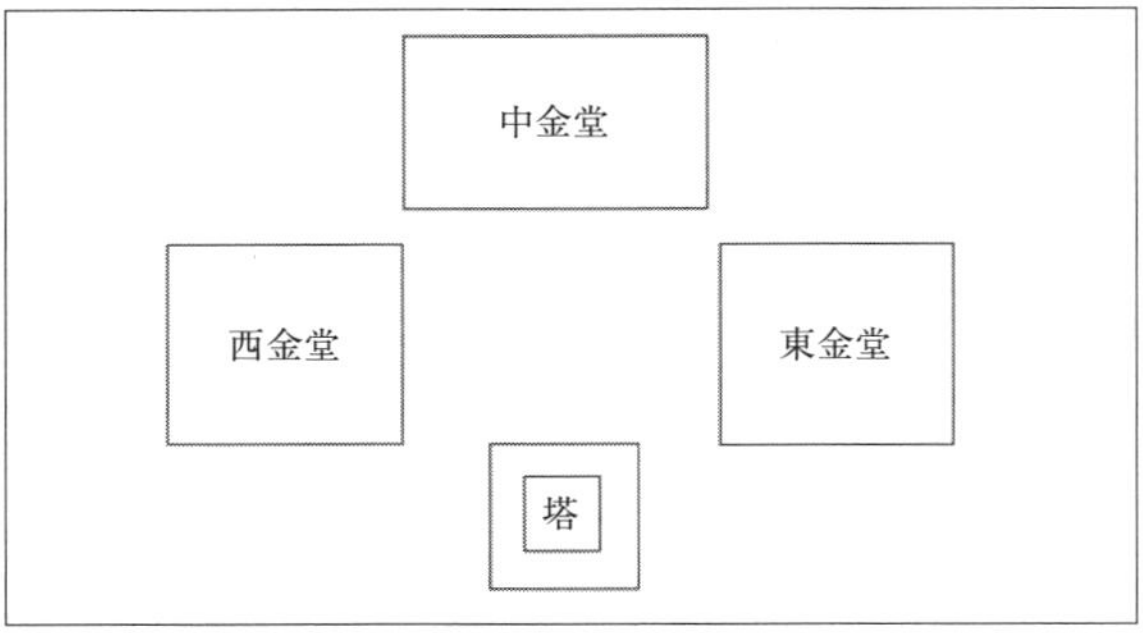

図53　慶州芬皇寺址の伽藍配置図（創建伽藍）

ら仏教文化を受容するために派遣されたと推定する見解もある。[79] しかし、この記録は『日本書紀』にはみられず、彼に関する高句麗の反応も全く確認できないため、したがい難い。[80] つまり、『日本書紀』や『元興寺縁起』に記録されたように、五八七年に飛鳥寺の造営が発願されて寺域が定まり、五八八年に百済の工人集団が派遣され、五九二年に金堂と回廊の工事が開始され、五九三年に仏舎利を心礎に安置して刹柱を立てる時まで、高句麗と倭は公式的な外交がしばらく断絶していたのである。

ところで、飛鳥寺の発掘調査の結果、南門と中門、塔、三金堂は整然と一貫して造営されたものと考えられている。[81] したがって、飛鳥寺の寺院造営計画は、高句麗の僧侶が渡ってきた五九五年以前にすでに百済の技術者集団によって立案され実行されていたとみなければならないだろう。五九三年正月に仏舎利を塔の礎石（心礎）に安置する儀式を執り行った際、蘇我馬子ら百余人が百済の服を着用したという『扶桑略記』の記録は、[82] 飛鳥寺と百済との密接な関連性を象徴的に物語っているといえる。高句麗の僧侶慧慈の渡日や、六〇五年の高句麗の黄金献上を補助的な根拠としている飛鳥寺三金堂の高句麗起源説は、当時の対外関係や史料からみて無理がある。したがって、『隋書』倭国伝の「敬仏法、於百済求得仏経、始有文字」という記録のように、日本は百済を通じて漢字文明とともに仏法を受け入れたということが、当時の東アジア世界における国際的な常識であっただけでなく歴史的な事実に近いといえるだろう。

従来の飛鳥寺三金堂の源流に関する議論において看過されたものがある。それは、当時、百済から派遣された技術者が個別的に渡って来たのではなく、国家によって組織された一つのプロジェクトチームのような形態で派遣されたということである。[83] 寺院の造営技術は、土木・建築だけでなく、彫刻・金工・木工・石工など各分野の多様な手工業技術が集大成されたものであるため、技術の相互依存度や提携度が高い。[84] もし、百済から派遣され

たプロジェクトチームによって一棟の金堂を建てようとした当初の計画が、外部要因によって三棟の金堂を建てる計画に変更されたならば、設計変更に伴う瓦や木材、石材、金属など他の支援も必要になり、その余波は相当なものであったと考えられる。

史料一一の『元興寺縁起』の本文には、百済から「金堂本様」が伝来したと明確に記録されている。この「本様」とは「製作の基になる手本」という意味で、設計図的な製作の下図を指す[85]。これをみると、飛鳥寺の金堂に当初から百済の技術が用いられたことは明らかである。東・西両金堂の場合も同様である。二つの建物址で共通して確認される二重基壇と下成礎石の場合、これまで確認された最も古い事例は、高句麗の清岩里寺址である。しかし、この技術は高句麗から直接日本に伝えられたものではなく、百済を経由して伝えられたものと理解されている[86]。このようなことからみても飛鳥寺の三金堂は、全面的に百済の技術者によって造営され、それは外部的な要因によって突然設計が変更されたのではなく、当初から百済によって計画・実行されたとみるのが合理的である。

五八八年、百済から派遣された技術者集団は、個別的に日本へ招聘されたり散発的に渡来したのではなく、国家によって派遣された公的な組織であり、一つのチームのように各技術や工事部門が極めて有機的に連結していた。したがって、飛鳥寺の建立において伽藍配置の側面のみ高句麗の影響を受けたとみなすことは、根本的に無理があるといえよう。飛鳥寺にみられるいくつかの系統の造営技術や寺院のプランは、すべて百済から派遣されたプロジェクトチームによって総合的に計画され、実現されたとみるべきである。

なお、飛鳥寺からは、百済の寺院にみられる文化要素と完全に一致するものがほとんど発見されていない。東金堂の二重基壇では、玉石積を使用するという違いがあり、瓦当においても九葉や一〇葉、一一葉など、百済で

はほとんどみられない蓮弁文様が使用された（本書の第五章参照）。しかし、これは、文化受容者側の部分的な変形とみるべきであろう。飛鳥寺三金堂と酷似する配置のものが高句麗の清岩里廃寺であるが、木塔の平面形態が異なり、また時間的な差が大きい。前述したように高句麗の文化は、様々な方面で百済文化のなかに吸収・同化され、百済では高句麗だけでなく中国南北朝時代の多院式寺院などの新たな文化要素まで吸収しながら、軍守里寺址や王興寺址、弥勒寺址のような百済的な伽藍が造営された。したがって、飛鳥寺の三金堂もまた百済に淵源を持つものであるが、それが日本で初めて寺院が造営されると同時に日本内部の政治や仏教界、技術的な事情などによって部分的に変形したとみなければならないだろう。

金堂空間に変形が発生した背景については、まず、五八八年に百済の技術者集団が派遣される以前、五七七年にすでに造仏工と造寺工が派遣されていたことが留意される。五七七年に百済から日本に派遣された造仏工は、その後、飛鳥寺の本尊である、いわゆる飛鳥大仏の製作に参加したと推定されているが(87)、造寺工も、寺院建立と関連した木造建築に必要な技術や伽藍配置などに関する情報を教育したり伝えた可能性がある。したがって、飛鳥寺の伽藍配置が百済寺院と同じ形態で具現化されなかったことも、五七七年に派遣された造寺工の事前活動によって、百済寺院をはじめとする当時の東アジアにおける主要寺院の伽藍配置に関する情報を日本側がある程度把握していたためと考えられよう。

そのような背景のもと、当時日本の最高の実力者であった蘇我馬子は、百済から技術者を招聘して寺院を造営する際に、中央に木塔と三金堂を集中させることで権威的な建築物としての威容をより大きく誇示しようとしたのではないかと思われる(88)。また、以後の初期寺院とは異なり金堂を三つも必要としたことも、より多くの多様な型式の仏像を奉安できることを誇示しようとした側面があったのであろう。ところで、飛鳥寺では、定林寺式伽

藍配置に特徴的な東堂・西堂のような建物がみられないことや、金堂址と講堂址の間に北回廊が設けられるという違いも生じている。前者については、飛鳥寺建立の初期段階はまだ僧侶の数が多くなかったため、多くの僧房が必要でなかったためとも考えられる。後者については、講堂がより遅く建てられたためであるか、講経のようなものがまだそれほど重要ではなかったために生じた変形であると考えられる。このように飛鳥寺の造営は、すべてが百済の各種技術者たちによって完成されるが、それを受容する主体である蘇我氏の立場や日本仏教界の事情、寺院造営に関する情報や技術水準が反映されており、伽藍配置にも部分的な変形があらわれたものといえるだろう。

それでは、五八八年に百済から日本の飛鳥寺の建立に技術者集団を派遣した理由は何であろうか。崇仏と廃仏論争で廃仏派である物部氏を討伐した後、蘇我氏が台頭したという日本内部の情勢変化も重要な理由であるが[89]、百済内部でもそれに相応するような必要や事情があったことも軽視できないだろう。そこで改めて注目されるのが、五七〇年代の高句麗・新羅・百済の対倭外交の変化と、五八一年の文帝による隋の建国といった東アジアの国際情勢である。

まず、韓半島の三国と倭との関係の変化をみてみると、五五二年における新羅の漢江下流域の確保と、五六〇年代に始まった新羅の南北両朝に対する自主外交の開始、高句麗と北斉の関係悪化は、高句麗の対倭外交にも影響を及ぼし、高句麗は五七〇年に倭に使臣を派遣する[90]。倭では五七〇年七月、高句麗の使臣を山背の相楽館に留まらせ、二年後になってようやく高句麗の国書が伝達されるが、これは高句麗との外交に対する立場を整理するのに時間を要したためであろう。ところで、倭では高句麗の国交開始要求への結論を下す前の五七一年三月、新羅に使節を派遣して新羅との外交的な交渉を再開し、五七五年からはしばらく断絶していた百済とも国交を再開

する[91]。五七〇年に高句麗、五七一年に新羅との交渉が再開された後、倭は高句麗や新羅より百済へ頻繁に使臣を派遣している。そして、『日本書紀』によると、倭は五七五年から五八三年まで百済から仏教関係文物のみを輸入したように記録されている[92]。

対中関係に目を転じてみると百済威徳王は、隋文帝が即位した五八一年と翌五八二年に使臣を派遣する。その後、五八九年には隋が陳を滅亡させて、隋の戦船が耽羅国（済州島）に漂着すると、戦船を隋に送還するとともに遣使して隋の平陳を祝賀する上表文を奉じている。その過程で百済は、隋との関係悪化を回避できた。百済から日本に大規模な技術者集団を派遣した五八八年は、陳が滅亡するより前で、百済は五八四年と五八六年に陳に使臣を派遣している。百済が隋の登場にもかかわらず、五八八年以前に陳に遣使し続けたことは、それまでの南北朝の対立を持続させることで自国の優位を保とうとする外交戦略であったといえよう[93]。

六世紀後半、新羅の台頭と隋の登場により、百済と高句麗は倭との外交関係を再び確立しようとした。高句麗が隋を意識した軍事協力を考慮したとすれば、百済は新羅を相手にする軍事協力を考えただろう。その過程で、百済にとって仏教は非常に有用な手段であった。第三章で述べたように、新羅最初の寺院である興輪寺の建立に際して自国の技術者を派遣した経験を有していた百済としては、日本に対しても仏教と関連した文物を積極的に活用したといえる[94]。

威徳王は、五七七年に経論をはじめとする僧侶と造仏工、造寺工を派遣し、五八四年に鹿深臣による弥勒石像の伝授、五八八年に善信尼らの百済への留学を認めるなど、仏教を媒介にして日本との関係を持続させている。特に、日本の崇仏と廃仏論争が終息した後には、飛鳥寺の建立に必要な技術を支援するために自国の技術者を臨時的なプロジェクトチームの形態で組織して、高位の官僚と僧侶らとともに派遣することで倭との外交関係をよ

り一層強固なものにしようとした。
したがって、百済は、六世紀後半の東アジア国際情勢のなかで、日本に対する外交的な主導権をより積極的に行使するという目的から、飛鳥寺の建立に自国の技術者集団を派遣したといえる。百済では、定林寺址や陵山里寺址、軍守里寺址、王興寺址のような大規模寺刹を造営しながら内部的に寺院造営に必要な技術力とシステムを備えていた。中国の南北朝国家や高句麗の文化を幅広く受容していたため、倭との仏教を介した外交をより効率的に遂行できたのであろう。

最後に、三金堂という用語について言及してみよう。これまでは図52の飛鳥寺三金堂の東・西両金堂について通説にしたがって金堂と叙述した。しかし、それを「金堂」または「仏殿」と呼べるかについては、さらに検討が必要である。平安時代前期（九一七年説有力）に成立した『聖徳太子伝暦』には、鹿深臣将来の弥勒石像が「今在左京元興寺東金堂」という記録がある。平城京の元興寺には東金堂と推定されるような遺構が残っていないため、これは、現在の明日香村にある飛鳥寺の東金堂を指すものとみることができるが、[95]『聖徳太子伝暦』の「東金堂」という名称を六世紀後半まで遡及させることができるかについては、これとは別途の検討を要すると考える。

一九五八年に刊行された発掘報告書には、東・西両金堂の遺構に関する考察の末尾に「いずれにしても以上の諸点を綜合してみると、東・西両金堂の建築は中門、塔、金堂に比べると、構造的にも意匠的にも格の低いものであったことが考えられ、或はそれだけ古風な建物であったのかも知れない[96]」という興味深い記述を残している。また、東西金堂では、中金堂や木塔、講堂、中門などで発見される垂木先瓦も発見されなかった。[97]したがって、中門や塔、中金堂に比べ構造的・意匠的に格が低いこの東西の両建物を、果たして金堂と同格とみることができ

るかという疑問が残る。百済の軍守里寺址と王興寺址にみられる回廊外郭の東西外郭建物址は、中央の金堂よりは格が低く、その後に建立された弥勒寺址の東院・西院の場合も中院より格が低い建物群である。新羅の皇龍寺址も、東西金堂は中金堂より規模や意匠の面において格が低い。したがって、飛鳥寺のいわゆる東・西両金堂を金堂や仏殿と呼ぶよりも「東・西礼（仏）堂」と呼ぶことを提案したい。東・西金堂（あるいは仏殿）は、寺院の中心的な殿閣である中金堂とは性格や格が異なるため、これと区別する必要がある。塔および金堂を礼拝し、読経などの宗教行儀を行う場、つまり礼拝空間という意味で[98]、その性格が明確になるまではひとまず「礼（仏）堂」と呼ぶことを提案する。『元興寺縁起』の「本文」には、「先金堂礼仏堂等略作」として金堂と礼仏堂を別途に明記しているが、この記録の「礼仏堂」が飛鳥寺三金堂の東・西金堂を指すと考える余地があるという点も参考になる[99]。

第四節　四天王寺式伽藍配置の成立

飛鳥寺の建立以後、明日香村の豊浦寺、奥山廃寺、橘寺をはじめとして聖徳太子と関連がある法隆寺の若草伽藍、四天王寺、中宮寺では、すべて四天王寺式伽藍配置が採用されている[100]。これについて、飛鳥寺式伽藍配置とは異なる系統の文化がもう一度百済から流入したという意見も提起できるかもしれない。しかし、これらの寺院では、飛鳥寺の創建瓦の一つである星組流派の瓦当が主に使用されている。これをみると、このような四天王寺式伽藍配置は、飛鳥寺三金堂の東西金堂を省略した形態ではあるが、一方では百済の主流的な伽藍配置である定林寺式伽藍配置に回帰したとみるのがより適切であろう。前述したように、飛鳥寺式伽藍配置というものも、基

本的には百済寺院の伽藍配置の流れのなかで理解でき、飛鳥寺の建立以後には、むしろ百済寺院の原型に近い型式が選択されたものと考えられる。

日本の大阪四天王寺で発掘された伽藍配置を基本型とする、いわゆる四天王寺式伽藍配置は、百済寺院の一塔一金堂式の伽藍配置にしたがいながらも、東西回廊北端の東堂と西堂を造らなかったことや、講堂址の左右側に別途建物址を設けずにすぐ北回廊に連結させるなど、百済寺院との相違点も確認される。(101) しかし、日本の四天王寺式伽藍配置に関する全貌がまだ明らかにされていないため、このような相違の生じた背景や内容については、今後の綿密な再検討が必要であろう。

韓半島における廃寺址の最初の発掘調査である軍守里寺址が発掘された時、百済寺院は中門―塔―金堂―講堂が南北一直線に配置されたものが定型をなすと認識され、その後いわゆる「軍守里廃寺式伽藍配置」が新羅や日本の寺院に影響を与えたと理解されてきた。(102) 当時は金堂や木塔の配置のみが注目され、そのような伽藍配置が日本の初期寺院、特に大阪四天王寺の伽藍配置と同一であるということのみが強調された。しかし、近年の定林寺址の再発掘を契機として、講堂と回廊の連結が再検討され、定林寺式伽藍配置と日本の四天王寺式伽藍配置との間には共通点だけでなく、相違点も存在する可能性が提起された（本書第一章参照）。ただし、これらの相違点は、これまで日本の学界ではほとんど検討されていないので、まずは日本の四天王寺式伽藍配置の内容について具体的に検討する必要がある。(103)

飛鳥寺の建立以後、伽藍配置の主流となる四天王寺式伽藍配置の講堂と回廊の連結方式は、いかなるものであったのか。豊浦寺や若草伽藍の場合、現在までの発掘調査をみると、これに関するいかなる情報も得ることはできない。(104) そのため、六〇年ほど前の調査であることに加えて、複雑な遺構の状況から難解な問題が多く残され

ているが、大阪四天王寺の報告書を再検討せざるを得ない。その結果、いくつかの新たな事実が確認できた。まず、講堂と回廊の連結が北回廊ですぐに連結するのではなく、創建期には別途建物のようなものが計画されていたとする説が近年指摘されている。[105] 図54は東回廊北側の講堂と連結する地区の遺構実測図である。[106] 二つの図面を詳細にみてみると、図54-1の上段中央には北側に上る周溝が明確に確認される。これは、四天王寺講堂東側が北回廊に直接連結するのではなく、計画段階では百済寺院の別途建物のように構成されていた可能性を示唆する。それが別途の建物なのか付属建物（いわゆる東堂）なのかはさらなる検討が必要であるが、これまでの通説とは異なる連結方式であった可能性が高い。

また、四天王寺の講堂は、いわゆる一棟二室建物と酷似する点がみられる。平安時代の資料ではあるが、『四天王寺御手印縁起』（二〇〇七年）には、この講堂に関する興味深い記録が残っている。講堂は八間であるが、西側の四間は夏堂、東の四間は冬堂と呼ばれ、それぞれ異なる仏像を安置していたとされる。[107] この夏堂と冬堂の構造がどのようなものであったのかは不詳だが、第二章で説明した百済寺院のいわゆる一棟二室建物、そのなかでも特に陵山里寺址講堂の場合、西室にオンドルが設置されるが、東室には設置されない点でも類似する（図22）。このようなことから、陵山里寺址のオンドルが設置された西室は、四天王寺の冬堂のように、主に冬に使用された場所で、東室は夏堂のように、主に夏に使用された場所ではないかと推定できる。つまり、百済寺院の一棟二室建物も建物の機能面からみて、季節によって空間を別々に利用するため考案された可能性を提起できるのである。[108]

四天王寺以外にも、飛鳥寺や山田寺、法隆寺など日本の初期寺院では、講堂が偶数間となる場合がしばしばみられる。これも、百済寺院の講堂で主にみられる一棟二室建物の構造と関連があるのではないかと推測される。今後、この部分についてもより綿密な検討が必要であろう。いずれにせよ、四天王寺の夏堂と冬堂は百済寺院に

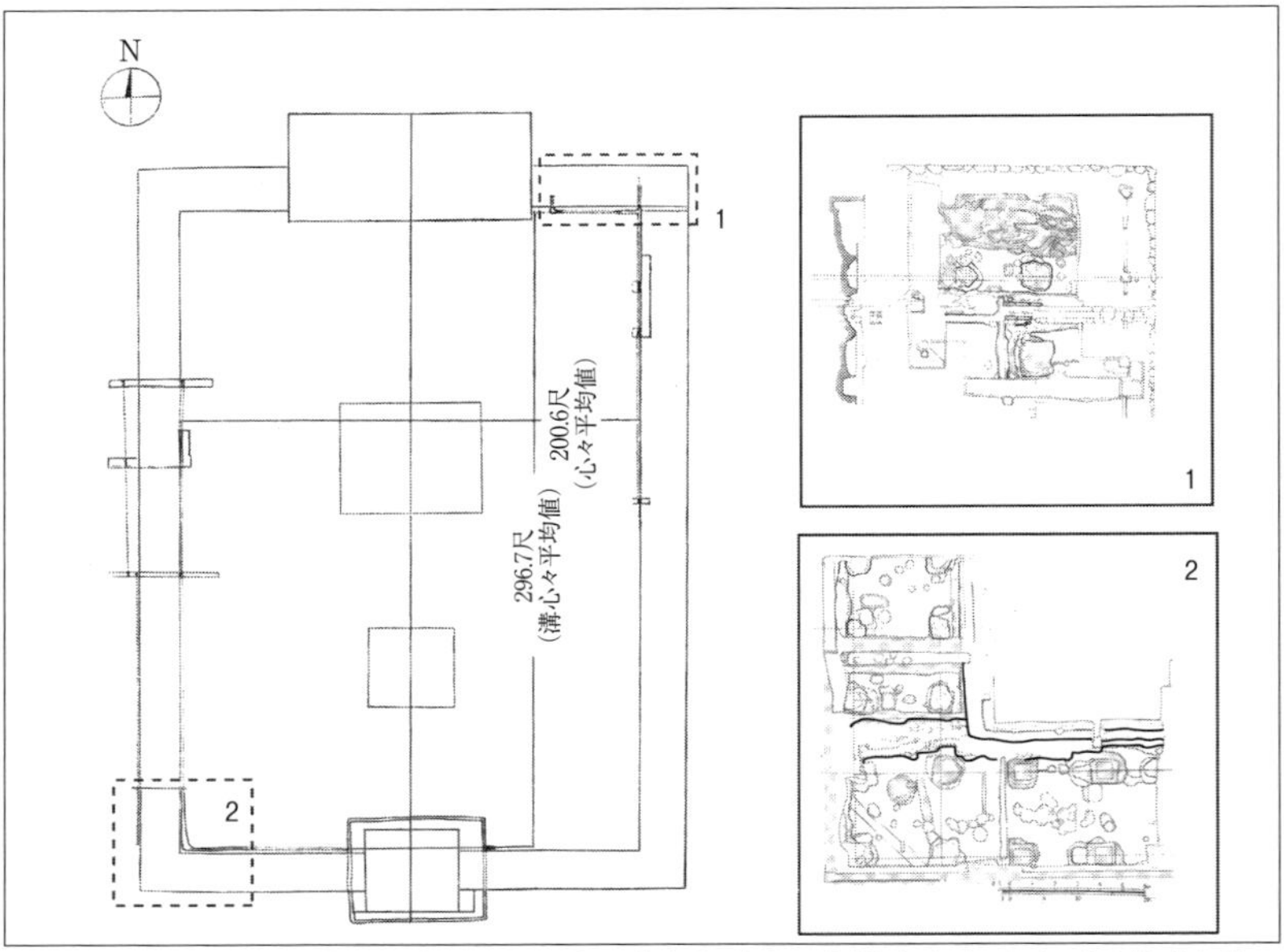

図54　大阪四天王寺回廊の周溝実測図と東回廊東北区域の遺構図（1）および回廊西南部の実測図（2）

由来する可能性が高いと考えられるのである。

さらに、四天王寺では、図54-2のように南回廊と西回廊の連結が直接L字型に取り付くものでなかった可能性がある。[109] 図中の太線は、創建期遺構の痕跡であるため、南回廊と西回廊の連結は別途に区分されていることを示している。これは、第一章と第二章で検討した定林寺址や陵山里寺址のように、南回廊と東西回廊が別途に造られていたことを示唆する。このようなことから、日本の四天王寺式伽藍配置もこれまでの通説とは異なっており、基本的には定林寺式伽藍配置にしたがっていた可能性がある。日本の他の初期寺院の発掘でもこうした箇所への注意が必要であり、これを基に百済寺院との比較・検討を行う必要があろう。

一方、大阪の四天王寺の都城内における位置についても、百済との関連性が注目される。四天王寺は難波宮の南側約二・五キロの西側に配

置されており、その東に難波大道が通る可能性がある[110]。七世紀前半の創建段階には塔と金堂が完成していたが、前期難波宮が造営された七世紀中頃に中門から回廊・講堂が完成して伽藍中心部が整備されたものと理解されている[111]。このような配置関係から、四天王寺は前期難波宮の「官寺」として機能したと推定されることもある[112]。このように王宮と寺院を都城の中心に意図的に配置するのは、百済泗沘期の王宮と定林寺址や、離宮と推定される益山王宮里遺跡と帝釈寺址ですでに確認されている（図10・15）。したがって、難波京の最も中心的な位置に官寺であるランドマークとして四天王寺を建立したことは、百済の影響を受けたものである可能性が高い[113]。このような王宮と寺院との位置関係については、斑鳩宮と若草伽藍、百済宮と百済大寺などにおいても考慮する必要があろう。

初期の四天王寺式伽藍配置と関連して、富田林市に所在する新堂廃寺とお亀石古墳にも注目する必要がある。二つの遺跡の配置をみると、寺院の北西側約三〇〇メートル離れてお亀石古墳が位置し、その中間に寺院の瓦を供給したオガンジ池瓦窯跡が位置する（図55-1）。お亀石古墳は横口式石槨であり、石棺の周囲から瓦積擁壁のような施設に使用された平瓦が発見されているが、その製作技法は新堂廃寺で出土したものと同じである。そのため、早くからこの古墳の被葬者は新堂廃寺を建立した檀越であった可能性が提起されている[114]。その後、古墳の追加調査において須恵器片が出土したことから、古墳の築造年代が七世紀前半と考えられ、その時期はおおよそ新堂廃寺の創建期、中門の瓦の製作された頃に該当するという見解が提起された[115]。このことから、お亀石古墳の被葬者は、新堂廃寺を建立した主体と非常に密接な関連を持っていたといえる。したがって、二つの遺跡は、古墳と寺院の関係を理解する上で重要であるが、これは扶余陵山里寺址と陵山里古墳群の関係と酷似する。

新堂廃寺は、基本的に中門―塔―金堂―講堂が一直線に配置された四天王寺式伽藍配置をとる。しかし、図55-2のように、東西回廊の中間部分で東方建物と西方建物と命名される特異な建物が確認でき、これを「新堂廃寺式

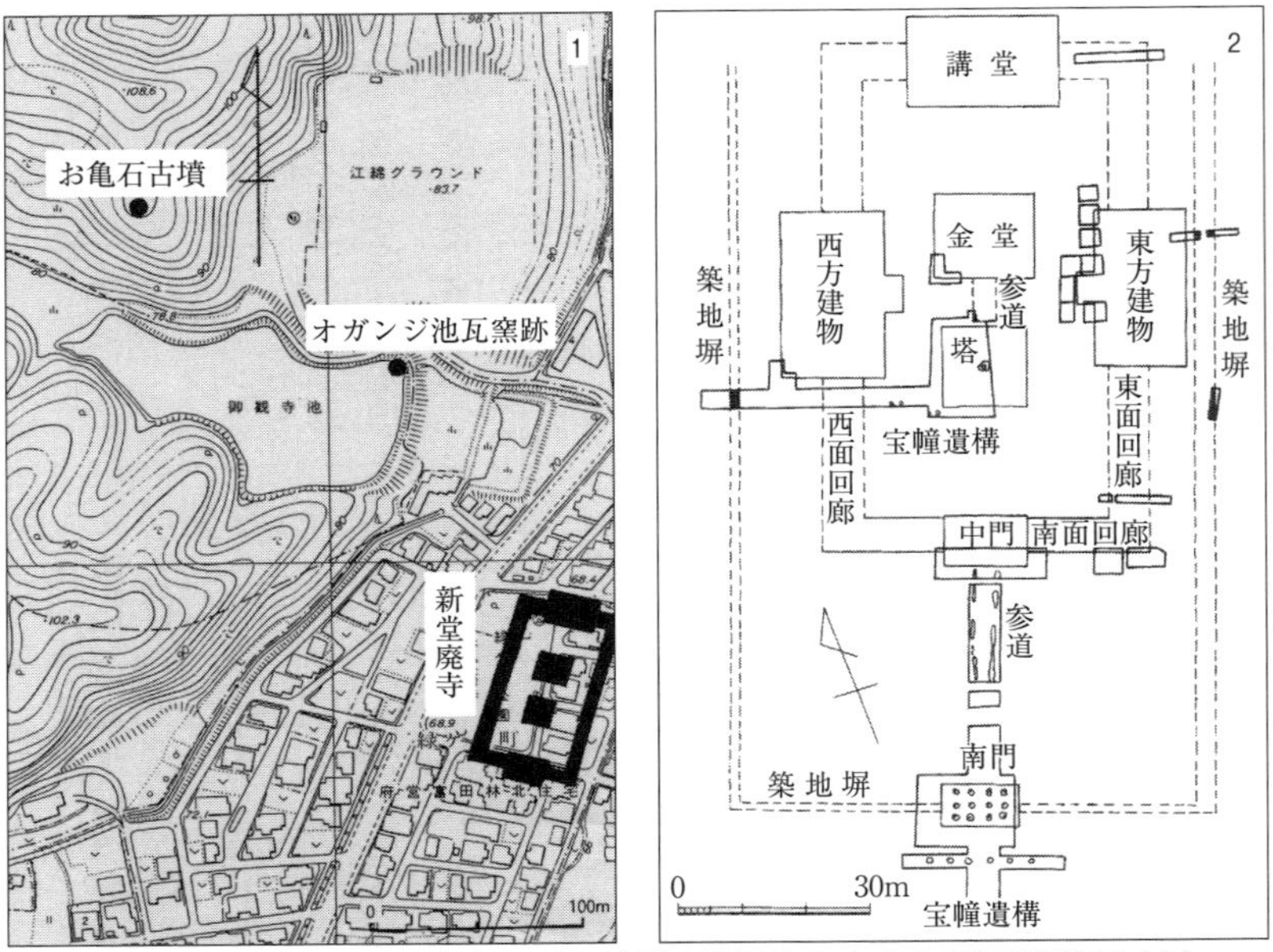

図55　新堂廃寺とオガンジ池瓦窯跡、お亀石古墳の位置図（1）および伽藍配置図（2）

伽藍配置」という新たな型式の伽藍配置であると考えた[116]。しかし、東方・西方建物は、まさに定林寺式伽藍配置の東堂と西堂に当たる。それゆえ、この寺院こそ百済寺院の伽藍配置を最もよく反映したものといえる。新堂廃寺の創建年代については、これまで七世紀前半から中頃と推定されてきたが、近年ここから出土した垂木先瓦（R群）が飛鳥寺の1型式垂木先瓦と同笵品であることに注目し、七世紀初頭まで遡らせる見解が提示された[117]。どちらの見解にしたがうべきかは即断できないが、飛鳥寺の造営以後、非常に早い段階から百済で流行した定林寺式伽藍配置が日本の初期寺院にも影響を与えていたことは明らかであろう。

一方、定林寺址の伽藍配置において明らかになった東堂・西堂の機能や性格に関する問題は、これまで知られていた四天王寺式伽藍配置のプロトタイプを再検討する必要性とともに日本の初期古代寺院にも新たな課題を投げかけている。日本

では、早くから堂塔の位置関係だけでなく、仏地と僧地の組合せから伽藍配置を分類しその展開過程を説明してきた[118]。その際に重視された史料が、『魏書』釈老志の記録である[119]。そこでは五重塔と仏殿などの仏地と、講堂や禅堂などの僧地を別に記載しているため、これを根拠に中国でも古くから両者を区分していたと理解した。それ以降は、仏地と僧地の概念を基に、塔や金堂、講堂などを回廊がどのように囲み閉鎖するのかによって、伽藍配置型式を分類してきた。

ところで、定林寺式伽藍配置にみられる東堂と西堂を本書のように僧房のようなものとみなし[120]、さらに、軍守里寺址と王興寺址の東西外郭建物址とそれを囲む空間を別院や僧院と理解することができるならば、少なくとも百済寺院にはこのような仏地と僧地の概念を直接的に対応させることは難しいであろう。百済寺院の場合、定林寺址の造営段階から僧地と仏地が断絶的に配置されたのではなく、東堂・西堂といった折衷的な空間が造られていた。そうしたことから、百済寺院の直接的な影響を受けた日本の初期寺院でも、この問題を再検討する必要があろう[121]。

その後、日本の古代寺院では、塔と金堂を東西に併置する法隆寺式伽藍配置が出現する。法隆寺式伽藍配置は百済大寺に比定されている吉備池廃寺で最初に確認される。この型式は、韓半島では全く確認されないことから、日本的な伽藍配置であると評価できるかもしれない。その背景と関連して寺院の景観という観点から、既存の四天王寺式伽藍配置の景観が影響を与えたとする見解も提起されている[122]。そして、日本では法隆寺式や川原寺式のように極めて多様な型式の伽藍配置が出現する。ただ、大きな枠からみると、堂塔の数や位置の違いも、飛鳥寺式と四天王寺式をいかに組み合わせるかによる差異といえる。日本で最初の仏教寺院を造営する際に、百済から飛鳥寺式と四天王寺式をともに受容したため、二つのプロトタイプを選択的に組み合わせることで、多様な型式

の伽藍配置が出現し得たのである。

まとめ

飛鳥寺三金堂の高句麗源流説は、その発掘当時に知られていた三金堂が高句麗の清岩里寺址にしかなかったために提起された学説の一つである。しかし、飛鳥寺からは三金堂というプラン以外に高句麗寺院と類似する要素が全く発見されておらず、高句麗寺院の影響があらわれた過程についても明確に説明できていない。そこで、三金堂が二時期にかけて造営されたか、百済地域で飛鳥寺の三金堂と類似する寺院が発見されるであろうという期待、百済化された高句麗の文化が再び日本へ伝播したという見解などが提示された。このうち二時期造営説は、史料批判と発掘調査の結果の再検討によって早い時期から否定されていた。

そこで、後二者の立場から飛鳥寺三金堂の百済起源説を新たに提示した。すなわち、百済には、飛鳥寺の三金堂と同様ではないが、類似した寺院が存在しており、高句麗の文化が直接日本に伝わったのではなく、百済を経由して伝播された可能性を提起した。

五世紀末から六世紀前半に始まった高句麗系文化の百済への流入は、六世紀半ばからは次第に支配層にまで拡散したと考えられる。威徳王陵と推定される東下塚に高句麗系統の壁画が描かれていたことは、高句麗文化の流入を端的に示すものである。威徳王は五六七年を起点として北朝の国家との交渉を再開するなど本格的に王権を強化し、南朝中心の外交から脱し、北朝と高句麗系統の文化を積極的に受容した。百済では、弥勒寺址建立以前の六世紀中・後半の軍守里寺址や王興寺址を建立しながら、回廊外郭に新たな性格の建物を設けるなど初歩的な

形態の多院式寺院が造営されている。このような新要素は、中国南北朝時代から隋唐代に流行した多院式寺院や高句麗寺院の影響を受けたためにあらわれたと考えられる。

六世紀中・後半に建立された軍守里寺址と五七七年の王興寺址、五八四年の皇龍寺重建伽藍、そして、五八八年の飛鳥寺伽藍配置は、互いに一定の関連性を有するといえる。百済寺院にみられる多院式寺院から東堂・西堂や東西回廊が撤去された形態が皇龍寺重建伽藍の三金堂であり、それを高句麗的な品字形に配置したものが飛鳥寺三金堂の伽藍配置である。六世紀代の百済では、高句麗の文化が幅広く受容されていた。したがって、百済寺院において飛鳥寺三金堂と同じ伽藍配置が確認されなくても、高句麗が直接日本に影響を及ぼしたのではなく、百済を経由して伝えられたと考えるほうが合理的であろう。もし、高句麗の直接的な影響であるならば、皇龍寺址のように部分的ではあるが高句麗的な要素が残っていなければならない。しかし、飛鳥寺ではそうした要素を全く見出すことができないことも参考になる。

一方、高句麗と日本は、五七四年から五九五年まで一時的に外交交渉が中断しており、五九五年の高句麗の僧侶慧慈の派遣は、百済の技術者集団が倭に渡り飛鳥寺の金堂や木塔の建立工事に着手した後であった。発掘調査の結果、一貫した造営計画をもって建立されたことが確認された飛鳥寺の伽藍配置において、三金堂の要素のみを高句麗に淵源を持つと理解するには論理的に無理があろう。五九五年の段階で飛鳥寺は百済の技術者集団によって寺院の造営プランが立案され、すでに工事に着手していたとみなければならないだろう。

飛鳥寺の建立のために百済から派遣された技術者は、国家で臨時に組織したプロジェクトチームのようなもので、各技術部門が有機的につながっていたため、伽藍配置のみ高句麗の影響を受けたとみるのは難しい。金堂の「本様」が百済から伝来し、東・西金堂の二重基壇と下成礎石が百済の影響を受けて建立されたことからみて、

飛鳥寺の三金堂の建立は、百済から派遣された技術者集団によって総合的に計画され実施されたとみなければならないだろう。百済は、六世紀中・後半、新羅の台頭と隋の登場という東アジア国際情勢の変化のなかで、仏教を媒介とした技術の伝授を通じて日本に対する主導権をより強固なものとするため、このような技術支援をしたのであろう。なお、飛鳥寺の三金堂が百済寺院の伽藍配置と一致していないことは、五七七年に百済から派遣された造寺工の活動を通して日本内部で伽藍配置に関する情報をある程度理解し、検討されたためである。

飛鳥寺以後、日本の初期寺院には四天王寺式伽藍配置が採用された。これは百済の主流的な型式である定林寺式伽藍配置を再び選用したといえる。両者は、若干の違いがあるかのように考えられている。しかし、大阪の四天王寺の場合、講堂の東西に別途建物のような施設があった可能性があり、夏堂と冬堂からなる講堂は、百済寺院のいわゆる一棟二室建物址と類似する。また、新堂廃寺とお亀石古墳の関係は、古墳と寺院が関連していたと考えられる陵山里寺址と陵山里古墳群の関係と同様であるといえる。新堂廃寺の東西回廊から発見された東方建物・西方建物も、定林寺式伽藍配置の東堂と西堂に該当する。まだ事例は少ないが、日本の四天王寺式伽藍配置が定林寺式伽藍配置と類似した構成を持っていた可能性を示唆する。

（1）元興寺伽藍縁起并流記資財帳の活字本については、次の文献を参考にした。藤田経世編『校刊美術史料二―寺院編　上巻』（中央公論美術出版、一九七二年）七五～八三頁。一方、この史料の信憑性に関しては以下の研究が近年発表された（吉田一彦「元興寺伽藍縁起并流記資財帳の研究」〈『仏教伝来の研究』吉川弘文館、二〇一二年、初出二〇〇三年〉、川尻秋生「飛鳥・白鳳文化」〈『岩波講座　日本歴史』二（古代2）、岩波書店、二〇一四年〉）。

（2）大橋一章「飛鳥寺の創立と本尊」（『奈良美術成立史論』中央公論美術出版、二〇〇九年）八二～八六頁。

（3）奈良国立文化財研究所『飛鳥寺発掘調査報告』（一九五八年）、飛鳥資料館『飛鳥寺』（一九八六年）、飛鳥資料館『飛鳥寺2013』（二〇一三年）。

（4）仏教芸術学会「飛鳥寺の発掘をめぐって―座談会」（『仏教芸術』三三、一九五八年）四七頁。座談会の記録で興味深いのは、当時、日本の学界では高句麗文化を低く評価し、百済については漠然と親近感を持っていたという反省の雰囲気が提起されている部分である。

（5）これまで高句麗系瓦当に分類されていた瓦の源流について、上原真人は、日本自体の創作説、清水昭博は新羅影響説を主張している。上原真人「寺院造営と生産」（鈴木博之・山岸常人編『記念的建物の成立』東京大学出版会、二〇〇六年）、清水昭博「古新羅瓦の溯源に関する検討」（菅谷文則編『王権と武器と信仰』同成社、二〇〇八年）。

（6）毛利久「飛鳥大仏の周辺」（『仏教芸術』六七、一九六八年）、フランソワ・ベルチエ「飛鳥寺問題の再吟味」（『仏教芸術』九六、一九七四年）、上原和『仏法東流』（学生社、一九八七年）。

（7）大橋一章「飛鳥寺の創立に関する問題」（『奈良美術成立史論』〈前掲書〉、初出一九七六年）、坪井清足「飛鳥寺創建諸説の検討」（『文化財論叢』奈良文化財研究所創立三〇周年記念論文集、一九八二年）。

（8）大川清「扶余の百済時代寺院跡」（『百済の考古学』雄山閣、一九七二年）、猪熊兼勝「発掘すすむ大和の飛鳥時代寺院跡」（『仏教芸術』一三五、一九九七年）、＊趙源昌「百済軍守里寺址の築造技法と造営主体の検討」（『韓国古代史研究』五一、二〇〇八年）、佐川正敏「王興寺と飛鳥寺の伽藍配置・木塔心礎施設・舎利奉安形式の系譜」（鈴木靖民編『古代東アジアの仏教と王権―王興寺から飛鳥寺へ』勉誠出版、二〇一〇年）。

（9）速水侑『日本仏教史―古代』（吉川弘文館、一九八六年）四四～四七頁。

（10）伊藤義教『ペルシア文化渡来考』（岩波書店、一九八〇年）、門脇禎二「飛鳥開眼―歴史（一）」（『飛鳥―古代への旅』平凡社、二〇〇五年）、西本昌弘「飛鳥に来た西域の吐火羅人」（『東西学術研究所紀要』四三、二〇一〇年）。

（11）もちろん、飛鳥寺の三金堂が南北朝など中国の仏教寺院にすでに存在した可能性を否定するわけではない。後述するように、百済では中国南北朝時代の寺院と高句麗寺院の影響をともに受けたためである。しかし、飛鳥寺の三金堂という要素が、

中国や高句麗などにすでにプロトタイプがあったとしても、それは必ずや百済を媒介にして日本に伝播したものと考えている。

(12) 扶余地域から発見される高句麗系土器の出土地と編年については、次の論考を参考にした。＊金容民「百済泗沘期土器に対する一考察—扶蘇山城出土土器を中心に」（『文化財』三一、一九九八年）、＊金鍾萬『百済土器の新研究』（書景文化社、二〇〇七年）、＊土田純子「泗沘様式土器に見られる高句麗土器の影響に対する検討」（『韓国考古学報』七二、二〇一〇年）。

(13) ＊土田純子「泗沘様式土器に見られる高句麗土器の影響に対する検討」（前掲誌）一四一頁。

(14) 泗沘時期に出現する新器種は、中国製金属器や陶磁器を模倣する系統と、高句麗土器の技術的・形態的影響を受けた系統に大きく分けることができる。＊山本孝文「百済泗沘時期土器様式の成立と展開」（『百済泗沘時期文化の再照明』国立扶余文化財研究所、二〇〇五年）一五三〜一五七頁。

(15) ＊梁時恩「南韓で確認される高句麗の時・空間的正体性」（『考古学』一〇巻二号、二〇一一年）一二〇〜一二三頁。

(16) ＊朴淳発「高句麗と百済—泗沘様式百済土器の形成背景を中心に」（『高句麗と東アジア』高麗大博物館、二〇〇五年）三五頁、＊土田純子「泗沘様式土器に見られる高句麗土器の影響に対する検討」（前掲誌）一四二〜一四七頁。

(17) ＊金容民「百済の煙家について」（『文化財』三五、二〇〇二年）、＊金圭東「百済土製煙筒試論」（『科技考古研究』八、二〇〇二年）、＊崔栄柱「三国時代土製煙筒研究—韓半島と日本列島を中心に」（『湖南考古学報』三一、二〇〇九年）。

(18) ＊柳基正「泗沘期オンドル施設建物址に対する一考察」（『国立公州博物館紀要』三、二〇〇三年）一六八〜一七〇頁。

(19) ＊（財）百済文化開発研究院『百済瓦塼図録』（一九八三年）一九九頁の図版三九〇（双北里）、三九一（双北里扶余初等学校西側）、三九二（龍寇里）、二〇〇頁の図版三九三（扶余初等学校敷地）、＊国立扶余博物館『百済瓦塼』（二〇一〇年）一九〇頁の図四九三（龍井里寺址）などがこれに属する。

(20) ＊国立扶余博物館『百済瓦塼』（前掲書）九四頁の図一七一（官北里）、一八九頁の図四八九〜四九二（龍井里寺址）などがこれに属する。このグループの場合、接合技法が既存の百済瓦当にみられるものと異なるため、高句麗系瓦当とした。一方、扶余双北里と龍井里寺址の瓦当を、高句麗の平壌土城里や清岩里寺址で出土する瓦当と関連するという指摘が最近提起

されており参考となる（＊鄭治泳「百済・高句麗と魏晋南北朝の製瓦術比較研究」〈『中央考古研究』八、二〇一一年〉一三七頁）。

(21) 高句麗系瓦当の造瓦技術に関する用語および特徴については、次の論考を参考にした。＊吉井秀夫・崔英姫「京都大学総合博物館所蔵山田釮次郎寄贈高句麗瓦の検討」（『日本所在高句麗遺物Ⅱ』東北亜歴史財団、二〇〇九年）一〇二〜一〇六頁。

(22) 趙源昌はBグループを五世紀末から六世紀初め、Aグループを六世紀第3四半期に編年し、亀田修一はAグループを百済が漢江流域を一時的に占領した六世紀半ばに、李タウンはA・Bグループとも龍井里寺址下層金堂址に使用されたものとみて、五三八年の遷都以後の六世紀第2四半期と推定している。李タウン「百済の瓦生産―熊津時代・泗沘時代を中心として」（西谷正編『韓半島考古学論叢』二〇〇二年）、＊趙源昌「百済熊津期龍井里下層寺院の性格」（『韓国上古史学報』四二、二〇〇三年）、亀田修一「熊津・泗沘時代の瓦」（『日韓古代瓦の研究』吉川弘文館、二〇〇六年）、＊趙源昌「熊津〜泗沘期瓦当からみた高句麗製瓦術の百済への伝播」（『白山学報』八一、二〇〇八年）。

(23) 一方、軍守里寺址の指頭文軒平瓦は、高句麗集安地域から発見される波文軒平瓦と類似するが、中間に細い線がある点は洛陽永寧寺出土品により近い。その系統については今後さらなる検討が必要である。

(24) ＊趙源昌「百済二重基壇築造術の日本飛鳥寺への伝播」（『百済研究』三五、二〇〇二年）、清水重敦・山下秀樹「古代寺院建築における特異な基壇、平面とその構造」（『奈良文化財研究所紀要二〇〇八』二〇〇九年）、＊裵秉宣「扶余地域百済建物址の構造」（『定林寺―歴史文化的価値と研究現況』国立文化財研究所、二〇〇八年）。

(25) このような見解は、発掘終了直後から提示された。浅野清「飛鳥寺の建築」（『仏教芸術』三三、一九五八年）一六〜一七頁。

(26) その機能と関連して、日本の大阪四天王寺の講堂に関する記録が注目される。この点については後述する。

(27) 両国の衝突地点は、大きく二つの地域に分けられるが、ひとつは漢江から礼成江流域一帯ともうひとつは忠清北道一帯である。時期的には四九五〜五二九年の間には漢江〜礼成江流域で、五四〇〜五五〇年の間には忠清北道一帯で戦闘が繰り広げられた。この場合、後者については疑問はないが、前者の場合、温祚王〜多婁王代や肖古王〜古爾王代の靺鞨関係記事に

登場する地名と同じであることから、『三国史記』百済本紀を信頼できないという立場と、史料の存在を信頼して、武寧王代に一時的に漢城一帯を回復したことを物語るものと理解する立場に分けられる。研究史の整理と主要論旨については、次の論考が参考となる。＊林起煥「熊津時期百済と高句麗対外関係記事の再検討」（『百済文化』三七、二〇〇八年）、＊金賢淑「高句麗の漢江流域領有と支配」（『百済研究』五〇、二〇〇九年）。

(28) ＊朴淳発「高句麗と百済」（前掲書）三八頁では、高句麗との戦闘からもどった旧百済系の住民たちを未開発地域である扶余地域に移住させ、低湿地の開発とともに新都造営の準備を進めたとする。

(29) 下令完固堤防、驅内外遊食者帰農。（『三国史記』百済本紀　武寧王　一〇年条）

(30) ＊金吉植「百済始祖仇台廟と陵山里寺址」（『韓国考古学報』六九、二〇〇八年）六二〜六三頁。金吉植はこのような金工品を六世紀前半に編年している。しかし、これらの遺物はすべて工房址Ⅰの廃棄段階の遺物であるため、七世紀前半以後に廃棄されたものと考えなければならず、製作時期または寺院の創建時期である六世紀中後半とみなければならないだろう。

(31) 田中俊明・東潮「扶余の古墳」（『韓国の古代遺跡二―百済・伽耶編』中央公論社、一九八九年）一二九〜一三〇頁、＊安輝濬「百済の絵画」（『百済の美術』百済文化史大系一四、二〇〇七年）四二一〜四二五頁。

(32) 吉井秀夫「百済地域における横穴式石室分類の再検討」（『考古学雑誌』七九―二、一九九三年）八六〜八八頁、吉井秀夫『古代朝鮮墳墓にみる国家形成』（京都大学学術出版会、二〇一〇年）二〇〇〜二〇二頁。

(33) ＊姜仁求『百済古墳研究』（一志社、一九七七年）、東潮「百済における横穴式石室墳の出現と展開」（『高句麗考古学研究』吉川弘文館、一九九七年、初出一九九三年）。

(34) もちろん、陵山里寺址のように古墳と関連する願刹が築造されたことを、高句麗の影響とのみ考えることはできない。南朝から派遣された毛詩博士陸詡や梁武帝の孝の実践の姿から、南朝の影響もあったと考えられることは、本書第一章で指摘した通りである。陵山里寺址の造営に、高句麗の影響を過度に考慮することは問題がある。しかし、その内部で一棟二室建物址やオンドル、高句麗系統の金工品、土器類などが発見されることを勘案すると、高句麗の影響があったこともまた否定し難い。

(35) ＊山本孝文「百済泗沘期石室墳の階層性と政治制度」(『韓国考古学報』四七、二〇〇二年)。

(36) 東下塚壁画には真坡里一号墳など高句麗の影響もあるが、南朝の線刻塼画の影響もみられるという。特に、蓮華文の表現は、一定の百済化がなされたものとする見解がある。＊全虎兌「伽倻古墳壁画に関する一考察」(『韓国古代史論叢』四、一九九二年)一八六～一八九頁。

(37) 佐川正敏「王興寺と飛鳥寺の伽藍配置・木塔心礎施設・舎利奉安形式の系譜」(前掲書)一六四頁。

(38) ＊国立扶余文化財研究所『王興寺址Ⅳ』(二〇一二年)五二～六一頁。

(39) ＊国立扶余文化財研究所「扶余王興寺址第一三次発掘調査略報告書」(油印物、二〇一三年)。

(40) ＊国立扶余文化財研究所「扶余王興寺址第一四次発掘調査―二次諮問委員会議資料」(油印物、二〇一四年)。

(41) ＊国立扶余文化財研究所『王興寺址Ⅳ』(前掲書)七〇～七一頁。

(42) ＊国立扶余文化財研究所『扶余軍守里寺址Ⅰ―木塔址、金堂址発掘調査報告書』(二〇一〇年)八一～八二頁。

(43) 石田茂作「扶余軍守里廃寺址発掘調査(概報)」(『昭和十一年度古蹟調査報告』一九三七年)図版五一・五二。

(44) 図11-1の中央基壇(金堂址)と東方基壇、東北基壇の間の花崗岩石列を、寺院とは関連のない遺構とみる場合もある(＊趙源昌「百済軍守里寺址の築造技法と造営主体の検討」〈『韓国古代史研究』五一、二〇〇八年〉一七四～一七五頁)。しかし、西回廊址北端から西堂建物址が確認されるため、この石列も東堂建物址と関連するものとみなければならないだろう。

(45) 弥勒寺址の三院式伽藍配置が、仁寿二年(六〇二)に建立された永泰寺の伽藍配置と酷似するという指摘がある(宿白「隋代仏寺布局」〈『考古与文物』二期、一九九七年〉二八頁)。後述するように、弥勒寺址の三院式伽藍配置にも、隋唐代に盛行した多院式寺院の影響があったとみなければならないだろう。

(46) 一方、扶余陵山里寺址の西回廊西側一帯でも大型の石築基壇と建物址が確認され、その北西側から長方形の掘立柱建物や僧房のような建物址が検出された(＊国立扶余博物館『陵寺―扶余陵山里寺址六～八次発掘調査報告書』〈二〇〇七年〉六九～七四頁)。このことから、王興寺址の西側一帯で確認される基壇と石列は、僧院を構成する施設であったと推定できるようである。

(47) インドの寺院にみられる僧侶の集団生活や修行のための空間である僧院や、『魏書』釈老志の三九八年平城に建立された仏寺の僧侶のための空間である「講堂禅堂及沙門座」の禅堂や沙門座のようなものが注目される。一方、上原真人は、古代寺院の伽藍配置を僧地と仏地に区別して説明しているが、その際に釈老志の記録を重要視して引用しており参考となる。上原真人「仏教」（『岩波講座日本考古学四―集落と祭祀』岩波書店、一九八六年）三一三～三一四頁。

(48) ＊河利群「北朝および隋唐代寺院の考古学的考察―塔・殿・院の関係変化を中心に」（『東アジア古代寺址比較研究Ⅱ―金堂址編』国立扶余文化財研究所、二〇一〇年）。

(49) 中国社会科学院考古所西安唐城隊「唐長安青龍寺遺址」（『考古学報』二期、一九八九年）。一方、青龍寺の前身は五八二年に創建された霊感寺で、西院の前塔後殿式建築址がそれに該当するという（宿白「隋代仏寺布局」〈前掲誌〉二九～三〇頁）。

(50) 中国社会科学院考古研究所西安唐城工作隊「唐長安西明寺遺址発掘簡報」（『考古』一期、一九九〇年）、安家瑤「唐長安西明寺遺址的考古発現」（『唐研究』六、二〇〇〇年）。

(51) 蘇黙「莫高窟壁画にみえる寺院建築」（『中国石窟―敦煌莫高窟四』平凡社、一九九三年）二〇四～二〇五頁。

(52) 浮図北有仏殿一所、形如太極殿。（『洛陽伽藍記』巻一　永寧寺条）

(53) 王仲殊「中国古代宮内正殿太極殿的建置及其与党東亜諸国的関係」（『考古』一一期、二〇〇三年）七八～八二頁。

(54) 中国古代都城の太極殿・東西二堂型式の機能と変化過程については次の論考が参考となる。吉田歓「隋唐長安宮城中枢部の成立過程」（『古代文化』四九巻一号、一九九七年）。

(55) 高句麗の安鶴宮南宮でも東西に付属建物（二・三号宮殿）が配置されている。したがって、太極殿・東西二堂型式は高句麗にも影響を与えた可能性があり、さらに皇龍寺重建伽藍の中金堂と東西金堂も高句麗に淵源するという見解がある（＊梁正錫「高句麗安鶴宮南宮正殿廓の宮闕構造」〈『韓国古代正殿の系譜と都城制』書景、二〇〇八年〉四三～五〇頁）。しかし、安鶴宮遺跡の造営時期については議論が多いため、この学説を受け入れることは難しい状況である。

(56) 道宣撰『続高僧伝』巻一　宝唱伝、T五〇、№二〇六〇、四二七頁上。

(57) ＊梁銀景「中国仏教寺刹の検討を通してみた百済泗沘期仏教寺刹の諸問題」（『百済研究』五〇、二〇〇九年）一六三～一

六四頁。

(58) このため一塔三金堂のプロトタイプが南朝で成立し、それが北朝へ伝播したと把握する見解が提起されている。大橋一章「古代文化史のなかの飛鳥寺」(『古代東アジアの仏教と王権―王興寺から飛鳥寺へ』勉誠出版、二〇一〇年)三三一頁。

(59) 朱岩石「南北朝寺院遺跡と出土遺物」(『古代東アジアの仏教と王権―王興寺から飛鳥寺へ』勉誠出版、二〇一〇年)、中国社会科学院考古研究所・河北省文物研究所鄴城考古隊「河北臨漳県鄴城遺址趙彭城北朝仏寺遺址的勘査与発掘」(『考古』七期、二〇一〇年)、中国社会科学院考古研究所・河北省文物研究所鄴城考古隊「河北臨漳県鄴城遺址趙彭城北朝仏寺二〇一〇～二〇一一年的発掘」(『考古』一二期、二〇一三年)。

(60) 大脇潔「飛鳥・藤原京の寺院」(『飛鳥から藤原京へ』吉川弘文館、二〇一〇年)二〇〇頁。大脇潔は、飛鳥寺三金堂の源流を中国の伝統的な住宅型式である四合院から求めることができるとしたが、中国で図47のような寺院がすでに出現していることから、飛鳥寺の源流もそれ以後の文化伝播過程のなかから摸索しなければならないものと考えられる。

(61) ＊周炅美「百済仏教金属工芸の様相と特徴」(『人文社会科学研究』一〇巻一号、二〇〇九年)、＊金容民「益山王宮城の造営と空間区画に対する考察」(『古代都市と王権』忠南大百済研究所、二〇〇五年)。

(62) 小泉顕夫「平壌清岩里廃寺址の調査」(『昭和十三年度古蹟調査報告書』一九四〇年)図版九・一〇。

(63) 米田美代治「朝鮮上代の建築と伽藍配置に及ぼせる天文思想の影響」(『朝鮮上代建築の研究』秋田屋、一九四四年、初出一九四一年)一三八頁、小泉顕夫「高句麗清岩里廃寺跡の調査」(『仏教芸術』三三、一九五八年)八四頁。

(64) 米田美代治『朝鮮上代建築の研究』(前掲書)一三七頁。

(65) このような南北回廊は、時期的な問題はあるものの、平壌安鶴宮遺跡と慶州城東洞殿廊址でも確認されているため、宮闕建築と関連するものと考える余地がある。

(66) ＊崔鉛植「三国時代弥勒信仰と来世意識」(『講座韓国古代史八―古代人の精神世界』二〇〇二年)二五七～二六二頁、＊吉基泰「水源寺弥勒信仰の性格」(『百済文化』三六、二〇〇七年)七～一六頁。

(67) ＊崔鉛植「百済後期弥勒思想の展開過程と特性」(『韓国思想史学』三七、二〇一一年)五～九頁。

(68) この点をみても、中国の南北朝時代の仏教や仏教造像を、南朝的なものと北朝的なものに区分して断絶的に把握することには問題があることがわかる。
(69) 王興寺址の舎利奉安過程を通して、王興寺が弥勒信仰と関連した可能性を言及した論考があり参考となる。＊吉基泰「王興寺址舎利函銘文を通してみた百済仏教」(『韓国史市民講座』四四、二〇〇九年) 一五五～一五九頁。
(70) ＊金正基「皇龍寺伽藍変遷に関する考察」(『皇龍寺』一九八四年) 三七一～三七八頁。
(71) ＊梁正錫「皇龍寺伽藍変遷過程に対する再検討」(『韓国古代史研究』二四、二〇〇一年) 二一七～二二〇頁では、皇龍寺址の重建金堂址と西金堂址の間に存在していた原西回廊址から、一次中金堂址だけでなく西金堂址と連結する翼廊の痕跡が検出されたことに注目して、東・西金堂址も創建伽藍段階からあったという新たな見解を提示しながら、このような三金堂の配置型式は百済軍守里寺址や弥勒寺址と通ずるとした。さらに、皇龍寺址の重建伽藍と木塔は、弥勒寺址の三院式伽藍配置と木塔の影響を受けて成立した可能性を提起している (梁正錫「新羅皇龍寺九層木塔の造成に関する比較史的検討」〈『東北学院大学論集：歴史と文化』四〇、二〇〇六年〉二二〇～二二六頁)。
(72) ＊趙源昌「皇龍寺重建伽藍金堂址基壇築造術の系統」(『文化史学』三二、二〇〇九年) 五三～五五頁。
(73) ＊趙源昌「皇龍寺重建期瓦当からみた新羅の対南朝交渉」(『韓国上古史学報』五二、二〇〇六年)、清水昭博『古代朝鮮の造瓦と仏教』(帝塚山大学出版会、二〇一三年)。
(74) ＊趙源昌「皇龍寺重建期瓦当からみた新羅の対南朝交渉」(前掲誌) 三八～四一頁。
(75) ただし、皇龍寺重建伽藍の三金堂について、中国南北朝時代の太極殿と東西両堂の影響と推定した見解も提起されており、ともに参考となる。＊梁正錫「新羅における太極殿と東西堂」(『韓国古代正殿の系譜と都城制』二〇〇八年) 六四～七〇頁。
(76) 佐川正敏「日本古代木塔基壇の構築技法と地下式心礎、およびその東アジア的考察」(『東北学院大学論集：歴史と文化』四〇、二〇〇六年)、佐川正敏「飛鳥寺木塔心礎考」(坪井清足先生の卒寿をお祝いする会編『坪井清足先生卒寿記念論文集』二〇一〇年)、青木敬「掘込地業と版築からみた古代土木技術の展開」(『文化財論叢Ⅳ』奈良文化財研究所創立六〇周年記念論文集、二〇一二年)、青木敬「造塔の土木技術と東アジア」(『花開く都城文化』飛鳥資料館、二〇一二年)。大橋一章の場

合、王興寺址とともに旧衙里寺址の心礎石との関連性にも注目している。大橋一章「六世紀後半の百済寺院の舎利安置について」（『早稲田大学大学院文学研究科紀要』五六、二〇一〇年）、大橋一章「舎利安置の百済化」（『仏教文明の東方移動』二〇一三年）。

(77) ＊李基白「皇龍寺とその創建」（『新羅思想史研究』一潮閣、一九八六年、初出一九七八年）。

(78) ＊李康根「芬皇寺の伽藍配置と三金堂形式」（『芬皇寺の諸照明』新羅文化祭学術発表会論文集二〇、一九九九年）。

(79) ＊延敏洙「古代韓日外交史―三国と倭を中心に」（『韓国古代史研究』二七、二〇〇二年）二二一頁。

(80) 井上直樹「六世紀末から七世紀半ばの東アジア情勢と高句麗の対倭外交」（『朝鮮学報』二二一、二〇一一年）三八頁の脚注八。井上は、五九五年の高句麗の対倭交渉再開について、隋の登場と関係悪化によって倭との結束を強化して新羅や百済を牽制するため慧慈を倭に派遣したと考えた。

(81) 坪井清足「飛鳥寺創建諸説の検討」（『文化財論叢』奈良文化財研究所創立三〇周年記念論文集、一九八二年）一七四〜一七五頁。

(82) 元年正月。蘇我大臣馬子宿祢依合戦願。於飛鳥地建法興寺。立刹柱日。島大臣并百余人、皆着百済服。観者悉悦、以仏舎利籠置刹柱礎中。（『扶桑略記』推古天皇条）

(83) 中国では、国家的な造営事業に関与した官署として少府と将作大匠があった。将作大匠は「有事即置無事即罷」する臨時的性格の機構であった（向井佑介「魏の洛陽城建設と文字瓦」〈大阪大学考古学研究室編『待兼山考古学論集Ⅱ』二〇一〇年〉七二〜七三頁）。百済で飛鳥寺を建立するために臨時に組織されたプロジェクトチームも、このような性格の組織ではなかったかと推定される。

(84) 上原真人「寺院造営と生産」（前掲書）九〇〜九一頁。

(85) 稲木吉一「上代造形史における「様」の考察」（『仏教芸術』一七一、一九八七年）一一八〜一一九頁。

(86) 浅野清「飛鳥寺の建築」（『仏教芸術』三三、一九五八年）一六〜一七頁。

(87) 大橋一章『飛鳥の文明開化』（吉川弘文館、一九九七年）一三七〜一四六頁。

(88) 飛鳥寺の発願者の意図について、寺院造営のプランや技術を韓半島の三国から習うことで国際色が豊かな大伽藍を出現させ、その威容を内外に誇示しようとしたものであったとみる見解もある。加藤謙吉「蘇我氏と飛鳥寺」（『古代を考える―古代寺院』吉川弘文館、一九九九年）三六～三八頁。
(89) 曾根正人「日本仏教の黎明」（『日本の時代史三―倭国から日本へ』吉川弘文館、二〇〇二年）一七四～一八四頁。
(90) 李成市「高句麗と日隋外交」（『古代東アジアの民族と国家』岩波書店、一九九八年）二九〇～二九三頁、井上直樹「五七〇年代の高句麗の対倭外交について」（『年報朝鮮学』一一、二〇〇八年）一七～二〇頁、＊李成制「五七〇年代高句麗の対倭交渉とその意味」（『韓国古代史探究』二、二〇〇九年）六〇～六八頁。
(91) ＊金恩淑「六世紀後半の新羅と倭国の国交成立過程」（『新羅文化祭学術発表論文集』一五、一九九四年）。一方、金恩淑は、百済と倭が五五五年以降五七四年まで外交的な交渉が断絶した理由について、新羅の加耶占領によって両国を往来できる安全な交通路を喪失したことを挙げている。
(92) これは、当時の新羅が、倭に自国の沿岸を航海して百済に行けるよう許可し、百済から文物を受け入れる文化的な目的に制限したためと考えている（＊金恩淑「倭国との関係」〈『韓国史』七、国史編纂委員会、一九九七年〉一四七頁）。もちろん、このような状況について、倭の支配層は百済をはじめとした対外交流において新羅の統制を受けた状況を不便に考えたのであろう。欽明（五七一年）、敏達（五七五・五八三・五八五年）、崇峻（五九一年）など倭王が「打新羅、建任那」する意志を表明していることから、このことを推測できる。
(93) 金子修一「東アジアの国際情勢と遣隋使」（気賀澤保規編『遣隋使がみた風景』八木書店、二〇一二年）六一～六三頁。
(94) 新羅興輪寺と日本飛鳥寺の創建瓦の成立過程が持つ類似性については、第三章で説明しており、その仏教受容過程の類似性については次の論考でも指摘されている。田中史生「百済王興寺と飛鳥寺と渡来人」（『東アジアの古代文化』一三六、二〇〇八年）一二四～一二五頁。
(95) 大橋一章『飛鳥の文明開化』（前掲書）二一〇～二一一頁。
(96) 奈良国立文化財研究所『飛鳥寺発掘調査報告』（一九五八年）四三～四四頁。

(97) 奈良国立文化財研究所『飛鳥寺発掘調査報告』（前掲書）三四頁。
(98) 光森正士「古代寺院の礼拝空間についての試論」（『仏教美術論考』法蔵館、一九九八年、初出一九八九年）。
(99) 『日本書紀』には「仏堂与歩廊」と記録されたものが『元興寺縁起』の本文では「金堂礼仏堂」と記録されている。水野柳太郎は「礼仏堂」が後に付加されたこともあり得るが、一塔三金堂の伽藍配置を暗示するのではないかという見解を提起している。水野柳太郎「日本書紀と元興寺縁起の対比」（『日本古代の寺院と史料』吉川弘文館、一九九三年）五三～五四頁。
(100) 森郁夫『日本古代寺院造営の研究』（法政大学出版局、一九九八年）、花谷浩「京内廿四寺について」（『研究論集』XI、奈良文化財研究所、二〇〇〇年）、平松良雄「明日香における古代寺院の調査と遺物」（『続明日香村史』上巻考古編、二〇〇六年）。
(101) 金正基「韓国から見た日本古代寺院跡」（『仏教芸術』二〇九、一九九三年）一九頁。
(102) 石田茂作「百済寺院と法隆寺」（『法隆寺雑記帖』学生社、一九六九年、初出一九五三年）、斎藤忠「扶余軍守里廃寺跡に見られる伽藍配置とその源流」（『百済文化と飛鳥文化』吉川弘文館、一九七八年）。
(103) これについて恩山金剛寺址に北回廊があるという前提のもと、四天王寺の回廊の建立が遅かったり、若草伽藍で回廊跡が検出されなかったことと関連があるのではないかという推定があった（島田敏男「寺院建築のはじまり」〈『日本の時代史三―倭国から日本へ』吉川弘文館、二〇〇二年〉）。しかし、恩山金剛寺址の北回廊は、後代のものとみなければならないだろう。
(104) 石田茂作「法隆寺若草伽藍址の発掘」（『法隆寺雑記帖』学生社、一九六九年、初出一九四一年）、花谷浩「豊浦寺の伽藍配置について」（『古代瓦研究』Ⅰ、二〇〇〇年）、奈良文化財研究所『法隆寺若草伽藍跡発掘調査報告』（二〇〇七年）。
(105) 網伸也「古代の難波と四天王寺―飛鳥時代の寺院関連遺跡を中心に」（『大阪春秋（季刊）』四一―四（通巻一五三）、二〇一四年）一〇八～一〇九頁。
(106) 文化財保護委員会『四天王寺』（一九六七年）図五七および図六一。
(107) 講法堂一宇、瓦葺八間、夏堂四間、金色阿弥陀仏像一軀丈六、冬堂四間、色観音像一体丈六。（『四天王寺御手印縁起』）

一方、発掘担当者は、講堂の中央で東側と西側を区分する柱穴が、南北に配列されたものが確認されたとしたが（藤島亥治郎『古寺再現』〈学生社、一九六七年、五三～五四頁〉）、最終発掘報告書では、西側区域全体で柱穴が確認されており、釈然としない点がある（文化財保護委員会『四天王寺』〈前掲書〉一九六頁の図八八）。

(108) ただ、陵山里寺址の講堂址と東西側の建物は、祠廟や祠堂といった機能を担ったものと推定している（本書第二章第三節参照）。

(109) 文化財保護委員会『四天王寺』（前掲書）図五〇および図五一。

(110) 前期難波宮と難波大道に関する近年の研究成果は以下の論文を参照。積山洋「難波大道と難波京」（『東アジアにおける難波宮と古代難波の国際的性格に関する総合的研究』科学研究費補助金報告書、二〇一〇年）。

(111) 網伸也「四天王寺出土瓦の再検討」（『ヒストリア』一四〇、一九九五年）、網伸也「四天王寺出土瓦の編年的考察」（『堅田直先生古稀記念論文集』真陽社、一九九七年）。

(112) 澤村仁「難波京と四天王寺その他一二の問題について」（『難波宮址の研究七―論考編』一九八一年）。

(113) 大阪四天王寺の建立時期は前期難波宮の造営よりも早い。しかし、四天王寺の本格的な造営は孝徳朝に始まるため、前期難波宮の造営と関連があるものと思われる。前期難破宮に関する近年の研究成果は次の論文を参照。古市晃「難波地域の開発と難波宮・難波京」（『都城―古代日本のシンボリズム―』青木書店、二〇〇七年）、積山洋「前期難波宮の造営」（『古代の都城と東アジア―大極殿と難波宮』清文堂出版、二〇一三年、初出二〇一一年）。

(114) 藤澤一夫「新堂廃寺の性格」（『河内新堂・烏含寺の調査』一九六一年）。

(115) 粟田薫「お亀石古墳の築造年代―新堂廃寺出土平瓦との比較をとおして」（『藤澤一夫先生卒寿記念論文集』二〇〇二年）。

(116) 小濱成「河内新堂廃寺の伽藍配置に関する一考察」（『藤澤一夫先生卒寿記念論文集』二〇〇二年）、富田林市教育委員会『新堂廃寺跡・オガンジ池瓦窯跡・お亀石古墳』（二〇〇三年）。

(117) 粟田薫「新堂廃寺の創建年代」（『志学台考古』七、二〇〇七年）。

(118) 太田博太郎「南都六宗寺院の建築構成」（『法隆寺と斑鳩の古寺―日本古寺美術全集二』集英社、一九七九年）、上原真人

「仏教」（前掲書）。

(119) 是歳、始作五級仏図、耆闍崛山及須弥山殿、加以繢飾。別構講堂禅堂及沙門座、莫不厳具焉。（『魏書』釈老志）

(120) 八世紀半ばに製作された額田寺伽藍並条里図の図面と記載内容に関する分析でも、僧房が伽藍中心部に位置している事例が確認されている。山口英男「大和額田寺伽藍並条里図」（『日本古代荘園図』東京大学出版会、二〇〇一年）、服部伊久男「古代荘園図からみた氏寺の構造と景観」（『国立歴史民俗博物館研究報告』八八、二〇〇一年）。

(121) 仏教の分類基準は、仏・法・僧の三宝である。資財帳でも基本的に三宝を基に分類され、奈良時代では安置場所の如何にかかわらず仏像が仏物、経典が法物、常住僧および聖僧が僧物に分類された。したがって、上原氏の僧地と仏地による分類は、「法」という概念が欠落しているという批判もともに参考にする必要がある。川尻秋生「資財帳からみた伽藍と大衆院・政所」（『古代』一一〇、二〇〇一年）二三三〜二三七頁。

(122) 網伸也「景観的見地からの伽藍配置」（『考古学ジャーナル』五四五、二〇〇六年）一一頁。

第五章　飛鳥寺に派遣された瓦博士の性格

はじめに

百済寺院の造営技術の伝播と日本における受容過程を最もよく示す資料の一つが瓦当である。瓦当については、百済地域から出土した主要資料を集大成した図録や報告書が数多く刊行され、日本においても飛鳥寺出土瓦当に関する重要な研究が進められており、両者を比較することがある程度可能である。(1) これによって、百済故地で出土した瓦当のなかから飛鳥寺創建瓦の祖形を探す作業もともに進行してきた。

亀田修一は、文様と製作技法を通してこの問題を解明しようとした最初の研究者であり、花組は扶蘇山城、星組は旧衙里寺址にその原形を求めることができるとした。ただし、花組文様に星組の接合技法を使用したり、星組文様に花組接合技法を使用した場合があるため、百済では飛鳥寺創建瓦の文様と製作技法が一対一で対応していないとした。(2)

李タウンは、星組の祖形を旧衙里寺址に求めることができるとし、花組は、龍井里寺址出土瓦当と関連するとした。(3) そして、五八八年に派遣された四人の瓦博士は星組を指導し、その後、五九六年の木塔完成以前にもう一度系統を異にする瓦工が派遣され、花組を指導したものという。これは日本の学界で花組と星組の時期差を想定しなかったり、花組を若干古くみる通説とは異なるものである。清水昭博は、星組の瓦当文様と製作技法が大通

寺式瓦当のなかの金徳里系と一致することから、金徳里窯や本義里窯で作業した瓦工集団が関与したのであろうと述べた(4)。花組については、官北里遺跡などで同じ文様が確認されており、接合技法が異なるものの七世紀前半の弥勒寺址で花組の接合技法が確認されることをみると、それ以前すでに百済でそのような技法が存在していたものとみた。また、百済の瓦生産体制の特徴として、遠隔地生産、瓦陶兼業、複数生産―複数供給体制を指摘し、飛鳥寺を中心にした日本の初期瓦生産体制と共通するとした(5)。

以上の研究から、飛鳥寺の創建瓦のなかで星組系列はいわゆる大通寺式瓦当の文様と製作技法が同一であることが明らかになった。そのなかで、金徳里窯址出土品が最も類似する旧衙里寺址、陵山里寺址、龍井里寺址、官北里遺跡、軍守里寺址などで同笵品が確認された。花組の場合、文様が類似する事例はあるものの、七世紀以前に接合手法まで類似する事例はまだ発見されていない。こうしたことから、花組の祖形や系統を説明することが重要な課題といえる。

一方、日本の初期瓦生産体制にまで百済の影響があったことは、逆に、飛鳥寺を中心にした日本の初期瓦の研究が、泗沘期の瓦研究にも参考になり得ることを示唆する。ところで、花弁の形態や丸瓦の形態、製作技術が、百済ではそれほど相関関係がないという見解もある(6)。飛鳥寺の創建時に活躍した技術者たちは、各々花組と星組の文様と技術を兼備していたが、それが花組と星組に分けられ、その後裔や技術的影響を受けた工人が、七世紀前半までそれを維持しながら活動するようになったというのである。この見解によると、百済地域において二つの造瓦集団の系譜を単線的に遡及させて把握する必要はなくなるが、百済や飛鳥寺で花組の文様を持って星組技法で製作したり、その反対の事例があることをみると、ある面では首肯できる点もなくはない。

しかし、星組が大通寺式瓦当と系統的につながることが確認される状況において、日本の初期瓦の系統を泗沘

期の瓦のなかに求める研究自体が無意味であるとはいえないだろう。ただし、飛鳥寺創建瓦の源流に関する問題は、特定遺跡のどの遺物が該当するというアプローチより、それを生産した工人集団や生産体制を解明することが、より重要であることも理解できる。

そこで、本書第一章第一節では、熊津期の瓦生産体制について蓮華文瓦当の系統と官営造瓦工房の成立過程から説明している。熊津期の瓦当のなかで最も古い公山城出土瓦当の場合、文献記録と関連させてみると南斉の影響があったと考えられる。また、この時期には、公州西穴寺址や新元寺址のように漢城期の造瓦技術が残っている瓦当が出土してはいるが、大通寺の建立を経て新たな瓦当が作られたことを指摘した。大通寺式瓦当は、文様だけでなく瓦当裏面の調整方法、接合手法が公山城式とは異なる。文献記録をみると、梁の影響を受けて成立したと考えられるが、泗沘遷都以後には瓦当型の主流となる。その理由については、大通寺式瓦当が百済の官営造瓦工房で製作されたためと推定した。熊津期には、宋山里六号墳から出土した「梁官瓦為師矣」銘塼から推察できるように、梁の官営工房の影響を受けて塼築墳築造用の塼を生産したが、これ以後、百済では五二六年の熊津城の修理、五二七年の大通寺の建立を経て官営造瓦工房が成立したものと考えられる。五三五年頃に生産された慶州興輪寺式瓦当の場合、大通寺式瓦当の直接的な影響を受けて生産されたが（本書第三章参照）、これは、百済ですでに官営造瓦工房体制が成立していたため可能であったといえる。

飛鳥寺の瓦当について日本の学界では、文様だけでなくその製作技術や同笵関係、生産体制などに関する多くの研究が蓄積されている。本章では、これらの成果を参考に、観点を飛鳥寺の瓦当から百済瓦当の問題へと転じて、飛鳥寺創建瓦の源流に関する問題を検討する。第一節では、泗沘期の各遺跡で出土するすべての瓦当をいくつかの類型に分類した後、飛鳥寺の瓦当と最も類似する事例を提示するのではなく、主要遺跡の創建瓦を抽出し、

主要寺院と王宮区域で使用された瓦当の文様や製作技術、需給体系にいかなる共通点と差異点があったかに注目したい。第二節では、このような議論を基に、飛鳥寺の花組と星組などの創建瓦が泗沘期の百済瓦当といかなる関係を持つのか明らかにし、さらに、飛鳥寺建立のために派遣された百済の技術者が百済の行政組織体系においていかなる位置にあるのかについても言及する。

第一節　泗沘遷都以後の百済の寺院と王宮の瓦当

これまで泗沘期の瓦当については、各遺跡から出土した瓦当を型式分類したり、すべての遺跡の出土品について文様と技術属性を基準として類型分類して編年したり、生産遺跡と消費遺跡の関係を把握するなどしてきた。これを通して、各遺跡でいかなる型式の瓦当が出土したのかを知ることが可能になり、各類型別瓦当の全般的な変化の様相やその供給体制についても理解できるようになった。しかし、泗沘遷都以後、王宮や寺院に供給された瓦当の相違点の有無については関心が及ばず、特に、各寺院の創建期瓦当が相互にいかなる関係であるのかについては関心を引くことがなかった。

そこで、泗沘遷都直後から六世紀後半までの扶余地域における主要寺院と王宮区域に属する遺跡を対象として、創建期瓦当を抽出して両者間に文様や技術、需給体系において違いがあったかを中心にみていきたい。本章で述べる製作技法については、本書第一章の図2を参照されたい。

まず、泗沘期における百済寺院のなかで、五八八年以前と考えられる定林寺址と陵山里寺址、軍守里寺址、王興寺址など四ヶ所を中心に検討してみよう。定林寺址の場合、発掘報告書では泗沘期に属する九つの型式が紹介

されているが、大通寺式瓦当や単弁七葉瓦当などが漏れているため、それよりはるかに多様な型式の瓦当が使用されたものと考えられる。(7) そのうち創建瓦は四種類以上で、報告書のB型式（1型式）とC型式（2型式）、未報告資料などである（図56）。(8) 1・2型式は、Ⅱ2a技法を使用しており、1型式瓦当の裏面には回転ナデの痕跡が観察される。1型式は、旧衙里寺址でも同笵品が発見されているが、定林寺址では主流の位置を占めているため創建瓦とみて無理がないと思われる。(9) 創建瓦の生産地は、定林寺址東側の窯址と考えられ、(10) 大通寺式（4型式）は不明窯A1で別途に製作・供給されたものと考えられる。

ところで、定林寺址の創建瓦は、南京鐘山祭壇遺跡と鐘山二号寺廟遺跡、南平王蕭偉墓闕から出土した瓦当と、蓮弁文様や裏面の回転ナデの痕跡が酷似している。(11) 特に、南平王蕭偉墓闕から出土した図57のⅠ・Ⅲ型式は、定林寺址出土1・3型式と類似する。(12) 蕭偉は五三三年に亡くなっているため、墓闕はそれ以後に建築されただろう。定林寺址の創建においては、五四一年に梁から渡ってきた工匠・画師の直接的な関与と指導により、その成果が木塔の建立や塔内塑像の製作、伽藍配置にも影響を与えたと推定した（本書第一章第二節参照）。蕭偉墓闕から出土した蓮華文瓦当と定林寺址創建瓦の類似性は、この推定とも合致する。これをみると百済では、大通寺建立後の五四一年以後にも再度梁の造瓦技術の影響を受けた可能性が指摘できる。ただし、定林寺址の創建瓦である1～3型式の同笵品が扶余地域から限定的に発見されており、大通寺式瓦当と技術的にも大きな差違がないことからみて、瓦当の場合、その影響はそれほど大きくなかったものと考えられる。

陵山里寺址では、五〇〇余点の瓦当が出土しているが、全一六種類に分類される（本書第二章第一節参照）。そのなかで創建瓦は1型式と3・4・9型式瓦当であり、1型式はさらに五種類に細分される（図21）。1型式は、陵山里寺址以外では発見されていないため、陵山里寺址式瓦当と呼んでもよいだろう。寺院の南回廊東南側の窯址

から1a型式（金鍾萬分類ⅠDb5ア）が出土しており、この型式が最も古い段階から作られたと考えられ、1b～1e式も寺院専用窯で生産されたと推定される。3・4型式は、1型式とは蓮弁文様のみならず胎土や焼成度を異にしており、詳細な内容を知ることができない不明窯Bで生産されたと考えられる。9型式は、大通寺式瓦当で、舒川金徳里窯址で生産されたとみられる[13]。この遺跡では、1型式の1aと1b、1型式以外の創建瓦の間に若干の時期差があると考えられる。これは、近接する窯で1型式瓦当が主に生産し、金堂や中門を建立してからは次第に遠隔地の窯で瓦を大量生産して寺院を完成させたことを示している。

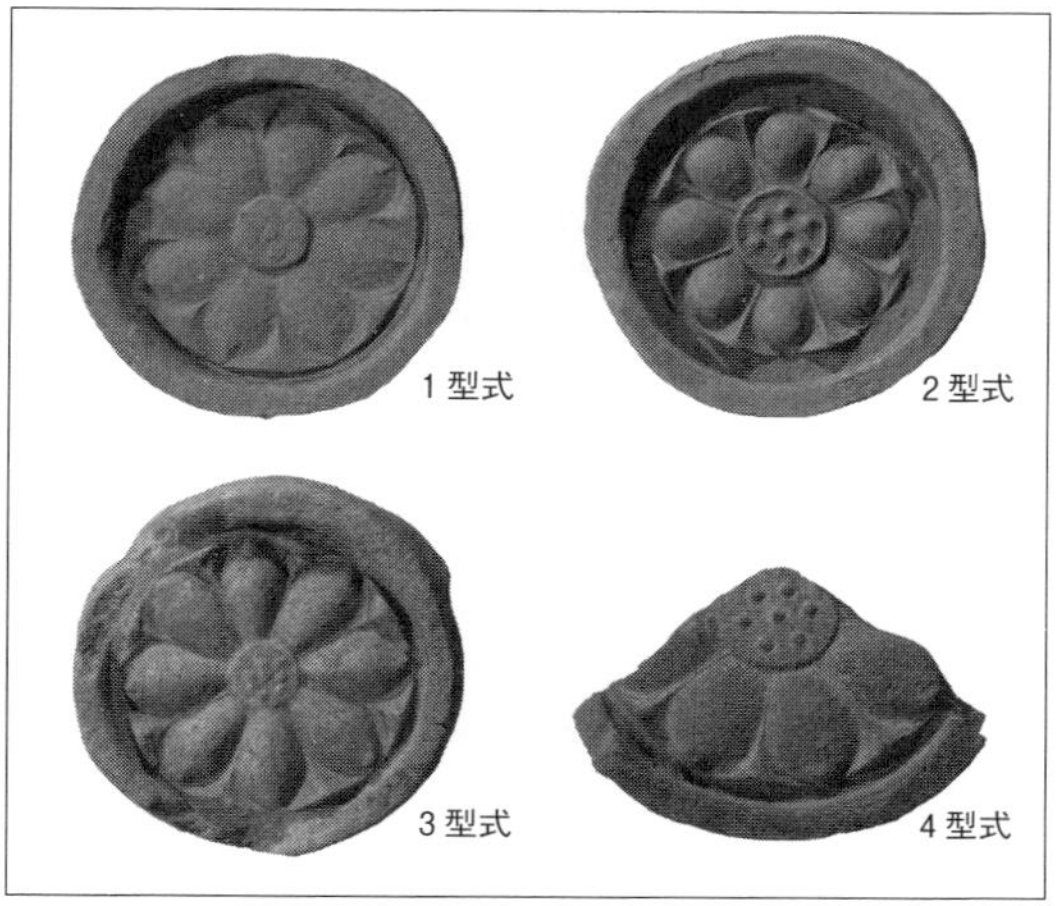

図56　扶余定林寺址の創建瓦

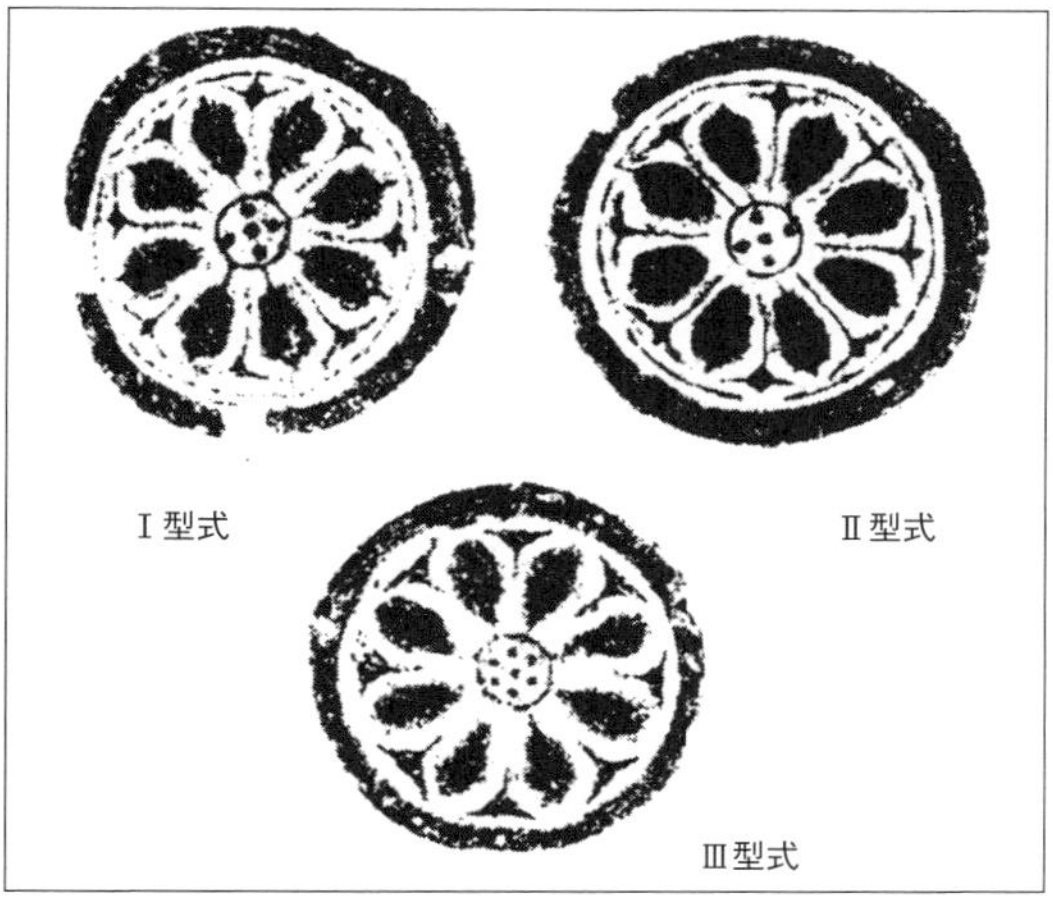

図57　南京の南平王蕭偉墓闕出土の瓦当

図58　扶余軍守里寺址の創建瓦

軍守里寺址の創建瓦は、大通寺式蓮弁の円形突起式二種類と、三角反転形の蓮弁を施した二種類など四種類以上であったと考えられる（図58）[14]。円形突起式の場合、先端無加工の丸瓦を接合させたⅢ１技法の１A型式と、Ⅲ２c技法を使用した１B型式に区分することができる。１A型式は大通寺式瓦当の蓮弁を祖形としながらも接合技法が異なり、不明窯A１や金徳里窯址ではなく不明窯A２で生産されたと考えられる。三角反転形は、中房蓮子の形態が異なり２A・２B型式に区分したが、すべて亭岩里窯址で生産されたものである。ここから２A・２B型式だけでなく亭岩里窯址で生産された小形瓦当や垂木先瓦、箱子型塼などが七世紀前半頃まで持続的に供給されたことを確認できよう。

　軍守里寺址の場合、定林寺址や陵山里寺址のように寺院付近では窯址が発見されておらず、白馬江対岸側の亭岩里窯址や不明窯A２から瓦が供給された。ところで、亭岩里窯址の場合、軍守里寺址以外にも官北里・双北里・花枝山遺跡をはじめとして定林寺址・陵山里寺址・東南里寺址・臨江寺址など一六ヶ所の遺跡で同笵品が発見された[15]。これらのことから、亭岩里窯址を国家施設の補修を目的として設置されたと推定する見解がある[16]。ここで生産

された瓦の供給地が、国家施設にのみ限定的に供給されたのかについては別途検討が必要であるが、陵山里寺址の事例をみると、補修用瓦当の可能性は十分に想定できよう。

ところで、亭岩里窯址でより注目されるのは、ここが官営造瓦工房と考えられることである。ここで生産された瓦が官北里や陵山里寺址のような多数の国家施設から出土していることは、ここが公的な施設であったことを示唆する。(17) さらに、窯の構造においても平窯と登窯の長軸と短軸の偏差がほとんどないという規格性が確認されることも、大規模な生産体制の段階の様子を示すものといえる。(18) 軍守里寺址の1A・1B型式を生産した不明窯A2の場合、公州大通寺址に瓦当を供給した不明窯A1や金徳里窯址とは異なるが、大通寺式瓦当を祖形としている点は同じであり、不明窯A1を官営造瓦工房とみることができるため、不明窯A2も官営造瓦工房であった可能性が高い。このように、軍守里寺址で発見された創建瓦は、亭岩里窯址と不明窯A2など二ヶ所の官営工房で製作・供給されたとみることができる。ところで、不明窯A2で生産された瓦当は、主に木塔に供給された後に断絶するが、亭岩里窯址で生産された瓦当は、主に金堂に供給されており、ここからは各種道具瓦をはじめとして箱子型塼なども供給し、七世紀前半には補修用瓦当まで供給し続けていた。これをみると、軍守里寺址とこの二窯址の関係は若干異なったものと考えられるが、そのなかで亭岩里窯址はその他の寺院における近接窯のような役割を担ったのではないかと考えられる。

軍守里寺址の創建瓦にみられるこのような様相は、王室と密接に関連する大通寺址や定林寺址、陵山里寺址、後述する王興寺址とはかなり異なるものである。特に、創建時に最少二ヶ所の官営工房から瓦が供給されている様相は、王室発願の寺刹とは大きく異なっており、ここを「官寺」のようなものと推定できるかもしれない。(19) 軍守里寺址の金堂や木塔、講堂は、他の寺院に比べて大きく、寺院全体が大規模であるという点も参考にする必要

があろう。ここの創建瓦と道具瓦を生産した亭岩里窯址は、都城の他の公的な施設にも瓦を供給した泗沘期の代表的な官営造瓦工房である。しかし、軍守里寺址からみれば、それは寺刹の専用瓦工房のようなものであった。王宮や官庁施設でない寺院でこのような様相がみられることは、この寺刹を官寺と推定できる端緒ではないかと考える。

王興寺址の場合、これとは異なる様相をみせている。王興寺址から出土した瓦当は、千点余りに達するというが、これまで報告された資料は極めて一部に過ぎない。ただし、近年、王興寺址東側約一五〇メートル地点の窯址から発掘された資料とともに、伽藍中心部から出土した瓦当の分析結果が報告されており注目される。[20]王興寺址やその窯址から出土した瓦当のうち、創建期の瓦当と考えられる資料を分類すると図59の通りである。ここから出土した創建瓦は、ハート形蓮弁二種、円形突起式蓮弁四種など六種類が確認される。そのなかで最も古い段階の創建期瓦当は、1・2型式と3・4型式であったと考えられるが、蓮弁文様と製作技法、瓦当と連結した丸瓦の違いなどを通して1・2型式をA組、3〜6型式をB組に区分できる。

A組は、ハート型蓮弁で中房に圏線があるが、そのうち1型式（報告書の111D①型式）は、一＋八の蓮子にⅡ1b技法が多く、一部にⅢ1技法もみられる。2型式（報告書の111D②型式）は瓦窯址でのみ出土しているがⅡ1b技法で接合された。六号窯址では、1型式が無段式丸瓦と連結したまま発見されているが（図60-1・2）、七・九号窯址でも同じものが確認された。2型式が出土した二・三号窯址では、無段式丸瓦のみ発見されていることを考えると、A組はすべて無段式丸瓦を連結した可能性が高いといえる。1型式は、寺域中心部のほぼすべての建物址で確認されており、窯址で最も古い段階に属する三号窯址から最も新しい時期に属する五号窯址でも発見されているため、創建期から廃窯時まで継続的に生産し王興寺址に供給されたと考えられる。[21]

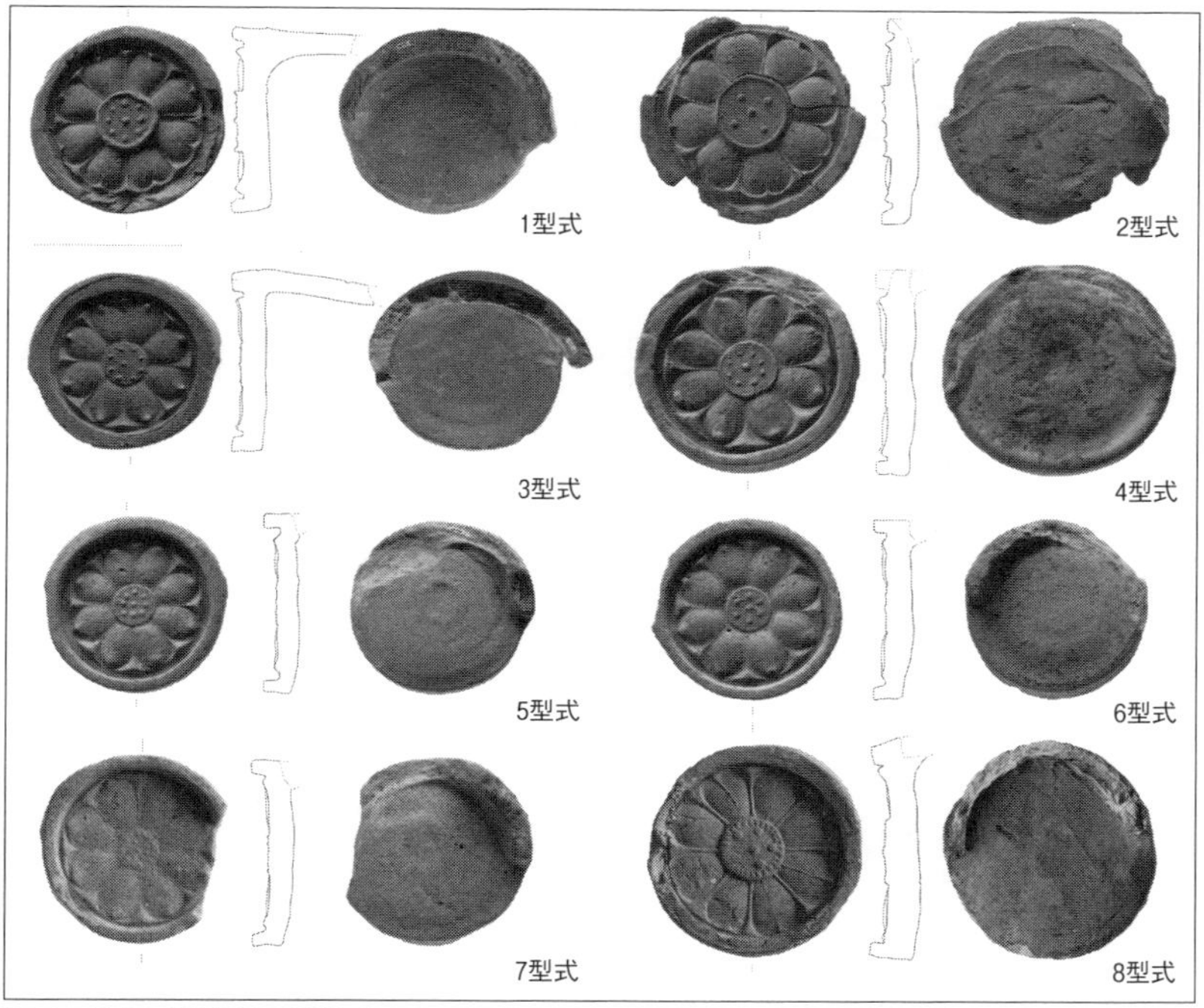

図59　扶余王興寺址の創建瓦

B組は、蓮弁の形態や中房に配置された蓮子の数などによって細分可能であるが、そのなかで最も古い段階に属する3型式（報告書の111C①型式）と4型式（報告書の111C②型式）は創建瓦と考えられる。3型式は、一＋八の蓮子が中房の端に偏って配置されており、Ⅱ2a・Ⅱ2b・Ⅱ2c技法のすべてが確認され、裏面に回転ナデの痕跡が鮮明にみられる。寺域内部から発見された一七六点中九〇点がこの型式に属する。4型式は五点確認でき、3型式に比べて直径が一六・三センチと大きく、若干厚くてⅡ2b技法で接合されている。5型式と6型式は中房に一＋八と一＋六の蓮子が配置されていて、Ⅱ2a技法で接合されており、5型式は、龍井里寺址と官北里遺跡、6型式は官北里遺跡と旧衙里寺址、佳塔里寺址で同笵品が確認された[22]。

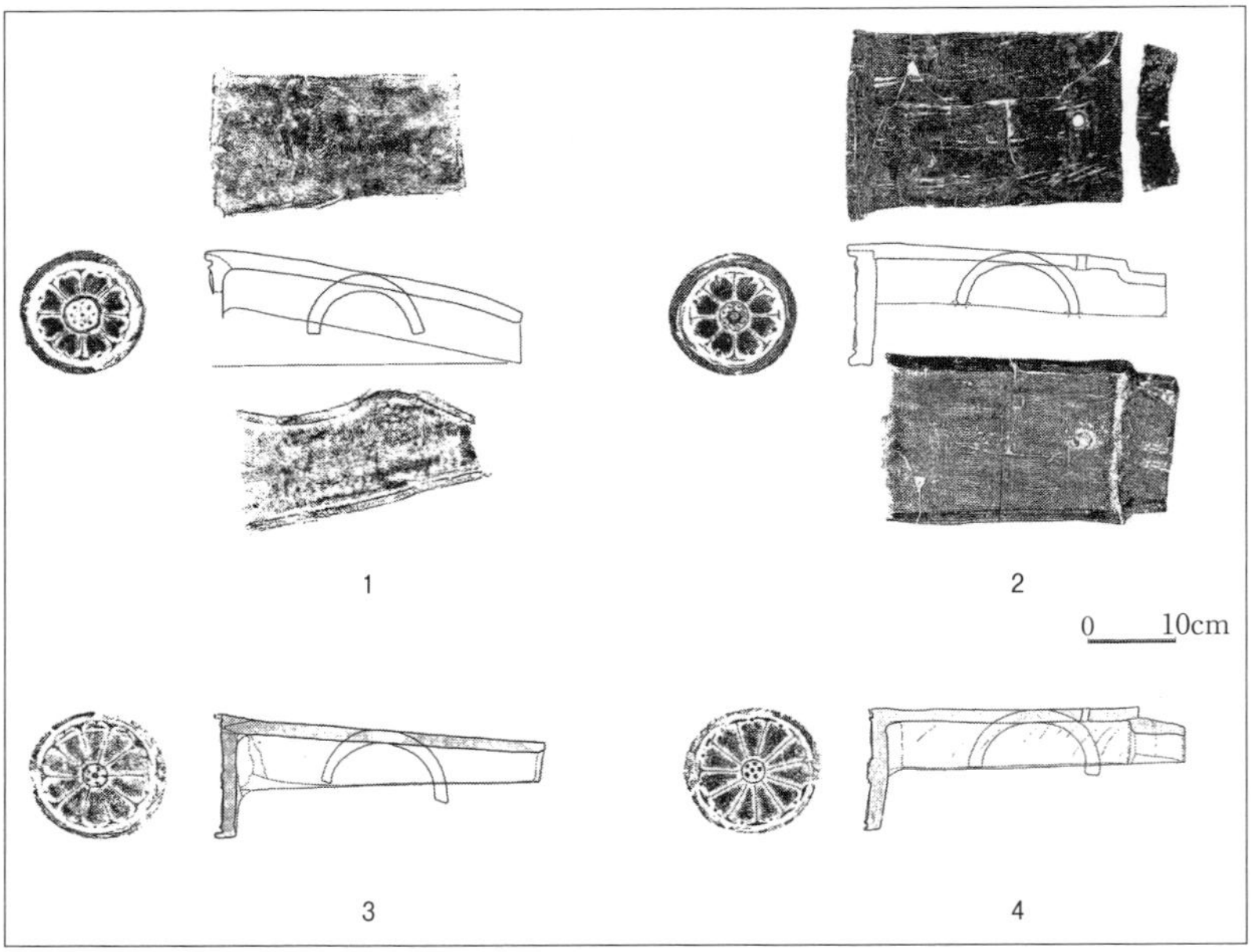

図60　扶余王興寺址の創建瓦（1・2）と飛鳥寺の創建瓦（3・4）の組合せ関係

ところで、B組に属する瓦当は、蓮弁の形態や接合技法、瓦当裏面の回転ナデの痕跡などが大通寺式瓦当と酷似している。ただし、3・4型式は泗沘期の他の遺跡では出土していない新たな文様であるため、王興寺址でのみ独自に製作・使用されたといえる。3型式は、東西石築の下部より有段式丸瓦と結合したものが確認されている[23]。

このように王興寺址で発見された創建瓦は、文様と製作技術、連結丸瓦の型式を基準に大きく二つのグループに区分することができる。これは飛鳥寺の創建瓦が花組と星組からなっていることと酷似する現象であり、A組は花組、B組は星組に対応するとみることができる（図60）[24]。そうであれば、飛鳥寺の創建と年代的に最も近い王興寺址の創建瓦を製作した工人が日本に派遣されたといえるだろうか。この問題は、今後、王興寺址の瓦当に関するより体系的かつ綿密な分析が必要であるが、両者の間には細かい技術や生産体制において

違いがあるため即断し難い。

すなわち、二つの寺院の創建瓦は、その文様が一対一で対応していないだけでなく、A組では、飛鳥寺の花組にみられるⅡ3技法が全く確認されておらず、B組でも、瓦当と連結した有段式丸瓦が玉縁部まで麻布をかぶせて成形する方式で製作されているため、星組のそれとは若干の違いがある。特に、瓦の生産体制において、飛鳥寺は近接窯と遠隔地窯で生産しているのに対し、王興寺址は近接窯で創建期のすべての瓦を生産する方式であった。前述のように、王興寺址窯址で製作されたA・B組の創建瓦（特に1型式と3型式）は伽藍中心部の発掘ですべて確認されているが、この瓦当は扶余地域の他の遺跡では全く確認されていない。また、扶余地域の瓦建物址で最も頻繁に発見される大通寺式瓦当は少量しか出土しておらず、亭岩里窯址で生産された瓦当は皆無である。百済寺院では、飛鳥寺のように近接窯と遠隔地窯をともに運営することが一般的であるが[25]、王興寺址は創建期に近接窯のみで活用されていたのである。王興寺址創建瓦にみられる二種類の瓦当は、飛鳥寺創建瓦の花組・星組と類似しているものの、その生産体制までは同じではないのである。しかし、飛鳥寺建立以前に扶余地域で二つのグループの造瓦組織によって寺院が建立された事実を資料として確認できる点は、重要な意義を持つといえよう[26]。

王興寺址でこのように新たな瓦生産体制が出現した背景は何であろうか。それは、王興寺址建立の特殊性に求めなければならないであろう。木塔址から発見された青銅舎利盒には昌王、つまり威徳王が亡き王子のために寺院を建てたと記録されている。王興寺址は、妹兄公主が発願した陵山里寺址とは異なり、国王自身が発願した勅願寺のようなものである。王興寺址が建立された段階には、大通寺址や定林寺址と異なり、外部からの技術支援がなくとも寺院の建立が可能であり、中央行政組織である二十二部司が完備され王権も安定し強化されていた。

もし、王興寺址を造営したり運営するための「造寺官」のようなものがあったとすれば、[27]功徳部と司空部などで工人を選んだり、作業量を割り当てる方式で瓦が生産されたのではないかと考えられる。王興寺址の建立は、このように国王の直接的な統制下で迅速に推進されたものと予想され、それゆえ、寺院の隣近で瓦を大量生産する体制が採られたのではないかと推定できる。

次に、同時期の泗沘期の王宮ではいかなる型式の瓦当が使用されていたのかをみていく。この問題を検討するのに先立ち、まず、泗沘期の王宮址や関連遺跡について把握しなければならない。泗沘期の王宮の位置については議論があるが、植民地期の地籍図で方形区画が確認される旧衙里・官北里一帯が有力である。また、百済滅亡後に唐の支配と関連する中心的な施設が建設されたことを物語る「大唐」銘瓦当の出土した扶蘇山城と、その東南側の双北里一円も中心地域があったと考えられる。これまでの発掘状況や木簡などの遺物の出土様相を総合すると、泗沘期の王宮区域は、扶蘇山城をはじめとする南側の旧衙里・官北里・双北里一帯で、西側は官北里大形建物址の西側地域、東側は扶余初等学校や扶余女子高校付近、南側は定林寺址北側を境界にする地域であったと考えられる（本書第一章第三節参照）。

ところで、泗沘期の王宮に使用された瓦当の場合、寺院址のように遺跡別に創建瓦を抽出して説明することは適切でない。扶余旧衙里・官北里・双北里遺跡は地域的に非常に広いが、瓦当の出土様相が比較的単純であるため王宮区域出土瓦当という概念でまとめて検討することが適切であると考える。また旧衙里遺跡、官北里遺跡、双北里遺跡と扶蘇山城、益山王宮里遺跡から出土した六世紀代の瓦当を分析するが、部分的に七世紀代の資料もともに紹介した。官北里・双北里遺跡は、王宮区域の東西側に位置しているが、瓦当の出土様相が類似している。旧衙里遺跡では、六世紀後半に寺院が建立されるが、[28]遷都直後の比較的古い瓦当が多数発見されており、扶蘇山

城は、王宮の防御のみならず王宮の背後地として後苑の機能を兼ねたものと考えられる。[29] 益山王宮里遺跡は、武王代が中心時期ではあるが、六世紀末まで遡らせることができる資料が含まれていることからあわせて検討した。

図61は、六世紀中・後半を中心にした扶余と益山の王宮里遺跡から出土した瓦当を分類したもので、大きく三つのグループに分けることができる。[30] Aグループは、大通寺式瓦当で文様や技術で最も多様な変化をみせるが、1～4型式が六世紀代に属すると考えられる。蓮弁は六葉のものと八葉のもの二種類があり、中房に一＋六、一＋七、一＋八の蓮子が配置され、瓦当と丸瓦の接合方式はⅡ2a技法とⅢ1技法ともに確認される。そのなかで、公州大通寺式瓦当と文様や技術が類似する2a型式と1型式が最も古く、舒川金徳里窯址出土品のような2b型式や、接合手法がⅢ1技法に変わった3・4型式がその後に続いて製作されたと考えられる。1～4型式瓦当を基本型としながら蓮弁と蓮子の形態が変わった5・6型式は、六世紀末や七世紀前半に属すると考えられる。これをみると、Aグループは王宮区域で遷都前後から七世紀前半まで製作・使用された笵型といえる。1～6型式の瓦当が出土した地域をみると、旧衙里と官北里遺跡が多く、扶蘇山城・双北里でも少数確認されるが、益山王宮里一帯ではまだ発見されていない。

Bグループは、7・8型式が六世紀代に属するとみられる。7型式は、ハート形蓮弁でボリューム感があり、瓦当面が八等分されておらず蓮弁の大きさも少しずつ異なる。中房は凸形で一＋八の蓮子が八個の間弁に対応する位置にあるが、方形に近い形態で配置されている。8型式は、7型式と似ているが蓮弁の中央が三角形に隆起して尖形のようにみえ蓮弁が若干短い。中房は若干凹面を呈し、周囲が圏線状をなして一＋八の蓮子が界線に対応して配置されている。7・8型式ともにⅡ2b技法で接合されており、一部回転ナデの痕跡があるものも確認される。瓦当面の厚さが一・一～一・三センチと薄く、周縁も〇・五センチ程度と薄いことが特徴である。9型

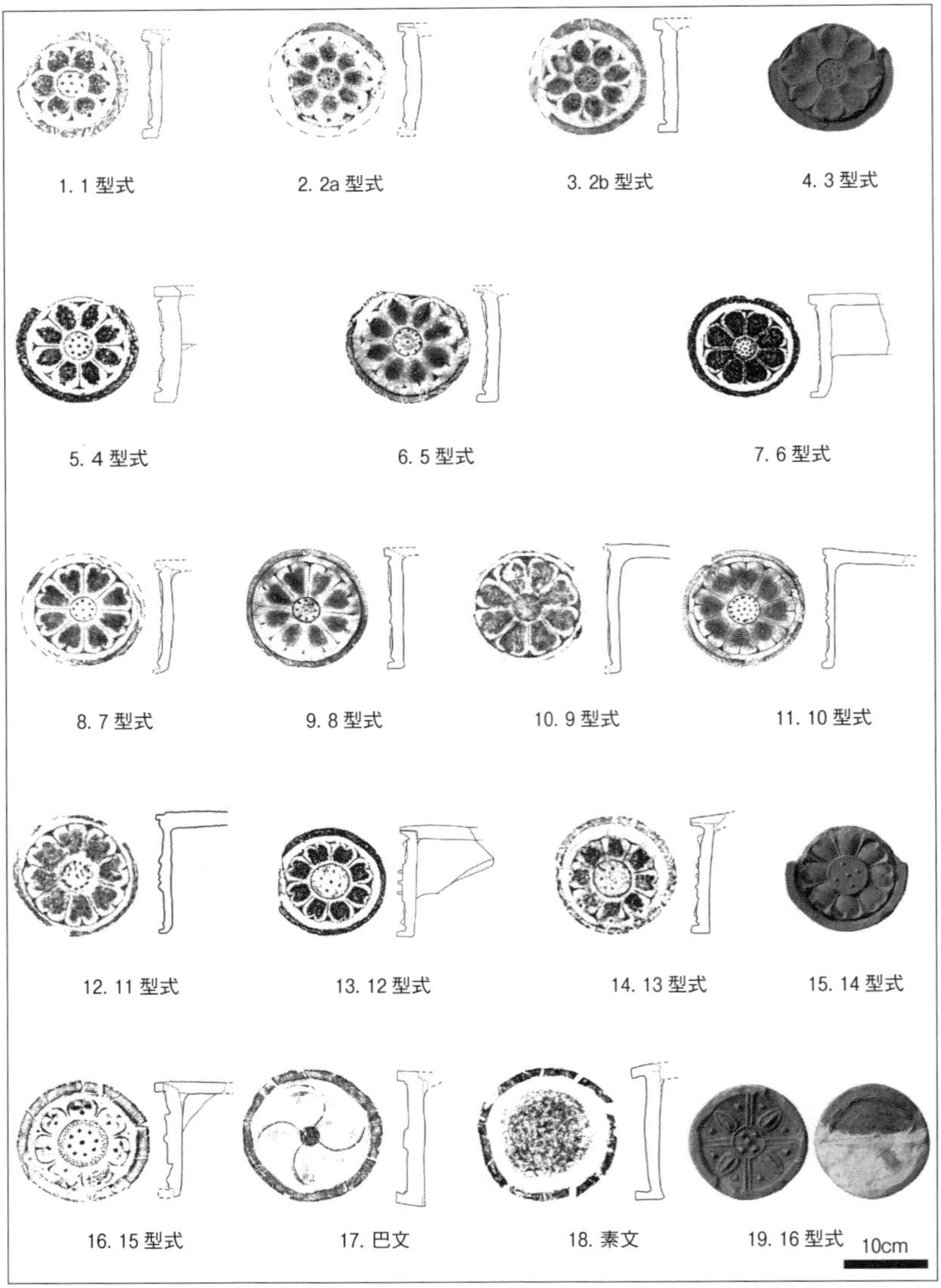

図61　扶余の王宮区域から出土した瓦当

式は、ボリューム感ある蓮弁が8型式と似ているが、中房の蓮子は鈍くなる。10型式は、蓮弁が平たく中房が広くなるが、一＋七＋一六の蓮子が二重に配置され圏線がある。11型式は、蓮弁の中央と間弁が三角形をなし、中房は凸形に突出しているが一＋六＋一三の蓮子が配置された。9～11型式は、7・8型式を基本として変形したもので七世紀初期以後と考えられる。

Bグループは、扶余地域の王宮区域だけでなく益山王宮里遺跡でも出土している。7・8型式の製作時期については、飛鳥寺の花組の直接的な祖形とみて、五八八年以前とする見解が早くから提示されたが[31]、官北里遺跡の創建瓦であり、五三八年の泗沘遷都前後とする反論もあった[32]。しかし、官北里遺跡の瓦建物と方形蓮池をはじめとする生活遺跡が、遷都前後でなく六世紀後半以後に造営されたことが最近の発掘調査において確認された。したがって、7・8型式は、五三八年まで遡らず五八八年以前の六世紀中・後半頃に製作・使用されたと考えられる。

Cグループは、中房が大きく蓮弁の端と間弁が三角形をなす亭岩里窯址生産品である。12～14型式は蓮弁の形態が同じで中房が大きく、瓦当と丸瓦の接着力を高めるための補強土の痕跡が共通して確認される。12・14型式は一＋四の蓮子が配置され、12型式はⅡ2c技法、14型式はⅢ1技法で接合された。13型式は、Ⅱ2c技法で接合されており、当初一＋五の蓮子が配置されていたが、そのうちの一個がとれたようにみえる亭岩里A－1号窯址出土品もある。Cグループは、出土量が少なくこれまで旧衙里、官北里、双北里でのみ確認されており、益山王宮里遺跡では確認されていない。

扶余官北里遺跡の発掘では、遺跡の全域で盛土台地層が確認され、これを基準にしてその下部と上部の生活面を区分できるようになった。下部からは工房や貯蔵穴などが発見され、上部からは各種建物址と蓮池、井戸址な

どが確認された。盛土台地の造成年代と関連して、ラ地区大形殿閣建物の基壇盛土層内部で発見された2a・8・13型式の瓦当が注目される。この瓦当は、その廃棄時点が注目されるが、そのなかで8型式の年代は五八八年以前と推定され、これを通してこの一帯の台地造成は六世紀後半に行われたと推定した。ところで、二〇〇八年のバ地区の調査では、盛土層内部から中国製青磁罐片が発見された。この遺物は、器形や蓮華文の形態が中国陳代の古墳から出土するものと類似する。したがって、官北里一帯の台地造成は、六世紀第4四半期以後ということが明らかになった[33]。

これを参考にすると、盛土層から発見された2a・8・13型式瓦当の使用時期は、それと同時期あるいは若干古い六世紀中・後半とみて無理はないだろう。泗沘遷都直後の官北里一帯は、工房や貯蔵施設が存在していたため、王宮の中心殿閣の外郭や内裏のような場所であったといえる。したがって、王宮の中心区域の発掘で新たな型式が出土する可能性は残っているが、ひとまずこれまで出土した瓦当を中心にその使用時期を調べてみると、Aグループの1～4型式は、大通寺式瓦当の展開過程からみると遷都前後から使用されたとみられる。Bグループの7・8型式は、盛土層で確認された共伴遺物からみると、五八八年以前である六世紀中・後半から使用されたと考えられる。Cグループの場合、同笵品の事例をみるとBグループよりは若干古い段階から出現しているが、出土量が少ないため補修用瓦当であったと考えられる。これをみると、泗沘期の王宮の殿閣に使用された瓦当は遷都以後から六世紀中・後半まではAグループが主流をなし、六世紀中・後半からは次第にBグループに代わっていったといえる。扶蘇山城と双北里遺跡ではBグループが最も多く発見されており[34]、離宮と推定される益山王宮里遺跡でもBグループが創建瓦として使用された。ところで、益山王宮里遺跡でA・Cグループの瓦当がほとんど出土しないことをみると、六世紀末や七世紀初期を境に、A・Cグループはこれ以上、王宮区域で採用され

なかった可能性がある。

それでは、王宮区域で生産された瓦当のなかで、AグループとBグループの間に差違が生じた理由は何であろうか。以下、それを瓦生産体制の変化という側面からアプローチしてみることにしよう。泗沘遷都前後の王宮の殿閣に大通寺式瓦当が主に使用された背景については、この瓦当が百済中央の官営造瓦工房で製作されたためであると推定した。ところで、王宮区域から出土した大通寺式のAグループ瓦当は円形突起式という文様と回転ナデ技法は共通するが、蓮弁の数や蓮子の数、接合技法などは非常に多様化している。そのため、清水昭博は、これを大通寺系、鳳凰洞系、金徳里系、軍守里系のように細かく分類した(35)。このような細かい型式は、部分的に時期差を反映するといえるが、一方では短期間で大量に瓦を生産しなければならなかった遷都前後の事情とも関連していたと考えられる。つまり、遷都前後の王宮区域の大規模土木工事を円滑に遂行するため、多様な出自を持つ瓦工を集め瓦を製作させようとした結果、文様は共通するものの様々な接合技法が駆使されたと推測される。

このような推論が妥当であれば、遷都初期の王宮区域で使用されたAグループ瓦当は、特定の中央行政機関で単独に生産されたのではなく、将作大匠や都監といった臨時機構によって生産された可能性がある。Aグループ瓦当にみられる円形突起式という文様の共通性は、国家機構の強力な統制力を反映したものといえる。ただ、同じ文様を使用しながらも他の接合技法を駆使している点は、各工房の技術を固守したためなのか、それとも、次第に技術が共有されるとともに任意に選択されたのか不明である。いずれにせよ、遷都以後の大規模土木工事を経て、官営造瓦工房内部では特定の接合技術を駆使することがさほど大きな意味を持たなくなり、特に、その実務責任者といえる瓦博士は、Ⅱ2技法やⅢ1技法などをすべて駆使できるようになったと考えられる。

六世紀中・後半から製作されたBグループの場合、時期差はあるが、扶余地域の王宮区域のみならず益山地域

で発見された瓦当は文様と製作技術が同じである。これは扶余と益山王宮の瓦建物で同笵品の瓦が使用されていたことを物語る。ところでBグループの場合、7・8型式を基本型として9～11型式に継続して改笵が進行した(図61)。このような現象は、扶余や益山地域の寺刹で新たに寺院を建立するたびに新たな文様の瓦当を製作したことと大きく異なる。その理由の詳細は不明であるが、7・8型式の文様を非常に重要視したりその生産過程に持続的な統制や管理があったことが推測できる。[36] これをみると、Bグループの瓦当は、将作大匠のような臨時的な行政機構ではなく、常設的な中央行政機関傘下の官営造瓦工房で生産されたことを示唆するのではなかろうか。[37] このような推論が妥当ならば、泗沘期の王宮区域で発見されたAグループとBグループ間の違いは、臨時的行政組織の担当した瓦の生産が、次第に司空部や功徳部傘下の官営造瓦工房に再編される過程で発生したといえるだろう。

第二節　飛鳥寺創建瓦と百済の瓦博士

史料一〇・一二より、飛鳥寺の創建瓦は百済の瓦博士によって作られたことがわかる。これまでは、その祖形が百済故地の瓦当のなかでどこに由来するのかについて関心が集中してきた。このうち、星組系列の瓦当については、旧衙里寺址や大通寺式瓦当のうち金徳里窯で作業した瓦工集団に淵源するものと理解されている。[38] なぜなら円形突起式の文様と裏面の回転ナデ技法、丸瓦先端を有段式に調整した後に接合させる手法（Ⅱ2a技法）などが飛鳥寺の星組系列と一致するためである。これに対して、花組系列は、扶蘇山城や龍井里寺址、官北里遺跡などで見解が交錯している。[39] 花組の場合、瓦当の文様は類似するが、花組系列で特徴的にあらわれる丸瓦先端部の

調整技法（Ⅱ3a技法）はまだ六世紀代の資料で確認されていないためである。

ところで前述したように、王興寺址窯址と伽藍中心部の発掘調査では、その創建瓦が飛鳥寺の花組（A組）、星組（B組）と酷似することが明らかになった。つまり、ハート形蓮弁を持つ1・2型式（A組）は無段式丸瓦と連結し、円形突起式蓮弁を持つ3・4型式（B組）は有段式丸瓦と連結することがわかった（図60）。したがって、王興寺址の創建瓦を生産した造瓦集団が、飛鳥寺の創建瓦を生産した工人であったか、少なくとも非常に深い関連を有していたといえる。王興寺址は、飛鳥寺の建立時期と近く、前節で述べたように伽藍配置や心礎石の安置方法、舎利荘厳方式などがとても似ているため、そこから出土する瓦当が類似することはある意味で当然なことかもしれない。しかし、前節で説明したように、両者は完全には一致しない。王興寺址出土瓦は、飛鳥寺の創建瓦と類似するとはいえ相違点もあるため、直接的な祖形であると断定することは性急であろう。

このような状況で、花弁の形態や丸瓦の形態、製作技術というものが百済ではさほど相関関係がないという見解が再度注目される[40]。つまり、飛鳥寺の創建時に渡ってきた瓦博士は、花組と星組の文様と技術を兼備していたが、それが偶然に花組と星組に分けられて七世紀前半まで維持されたというのである。泗沘遷都以後、大規模な土木工事を経て、特に官営造瓦工房を中心に活動しながら全般的な造瓦技術の向上や技術的共有があったのであろう。王宮区域から出土した図61の2〜4型式の大通寺式瓦当は、同じ文様を持ちながらも多様な接合手法を駆使している。また、王興寺址五号窯址では、花組（A組）と星組（B組）の瓦当と無段式および有段式丸瓦が同時に生産されている[41]。これをみると、百済の官営工房に所属した技術系官僚であり実務責任者といえる瓦博士は、それぞれ花組と星組の文様と技術を兼備していた可能性が高い[42]。

これまで飛鳥寺の花組と星組の源流の摸索において、特に瓦の製作技術面を強調したことで看過されてきた事

実がある。それは、両地域の瓦当の文様が似ているとはいえ全く同じではないという点である。飛鳥寺の花組と星組を代表する1a・1b型式と3a・3b型式、5型式は、一〇葉や九・一一葉で百済の瓦当ではみられない文様である（図62[43]）。これをみると、百済の瓦当と飛鳥寺の瓦当が似ているとはいえ、決して全く同じではないということを予見できる。その理由については、二つの側面を考慮できるだろう。一つは、飛鳥寺で百済ではみられない新たな瓦当文様を使用することになった背景や状況に関する点で、もう一つは、そのようにして採用された瓦当文様の淵源や意味に関する点である。

まず、飛鳥寺創建瓦に新たな文様が使用された背景に関しては、泗沘期における主要寺院創建瓦の様相が注目される。前節で説明したように、定林寺址や陵山里寺址、軍守里寺址、王興寺址の創建瓦は、「〜寺式」と呼べるほど非常に多様で特徴的な瓦当文様を新たに製作・使用している。このような様相は、七世紀代の益山帝釈寺址や弥勒寺址の創建瓦においても明確に確認できる[44]。したがって、飛鳥寺で新たな文様を採用するのは、むしろ当然なことともいえる。それは、百済寺院の造営において、新たな寺院の創建と新たな瓦当文様の製作は、ごく一般的な現象であった可能性があるためである。つまり、百済寺院の創建瓦という視角からみると、飛鳥寺で新たな型式の創建瓦が製作された理由は、それが新たに建立された寺院であったためであったとみることができる。

しかし、日本では、飛鳥寺が完成して以降、花組系と星組系はそれぞれ固有の文様属性と技術系統を維持しながら別個に活動していた[45]。これは、百済寺院とは異なる点で、むしろ百済王宮における瓦当の使用様相と類似する。泗沘期の王宮関連遺跡では、初期には図61の2〜4型式の大通寺式瓦当が広範囲に使用されたが、六世紀中・後半を基点に図61の7・8型式の瓦当が使用されはじめ、七世紀前半には益山地域でも同じ文様が使用された。王宮の殿閣に使用された瓦当は、図61の5・6型式や9〜11型式のように瓦笵の改笵を通した文様の連続性

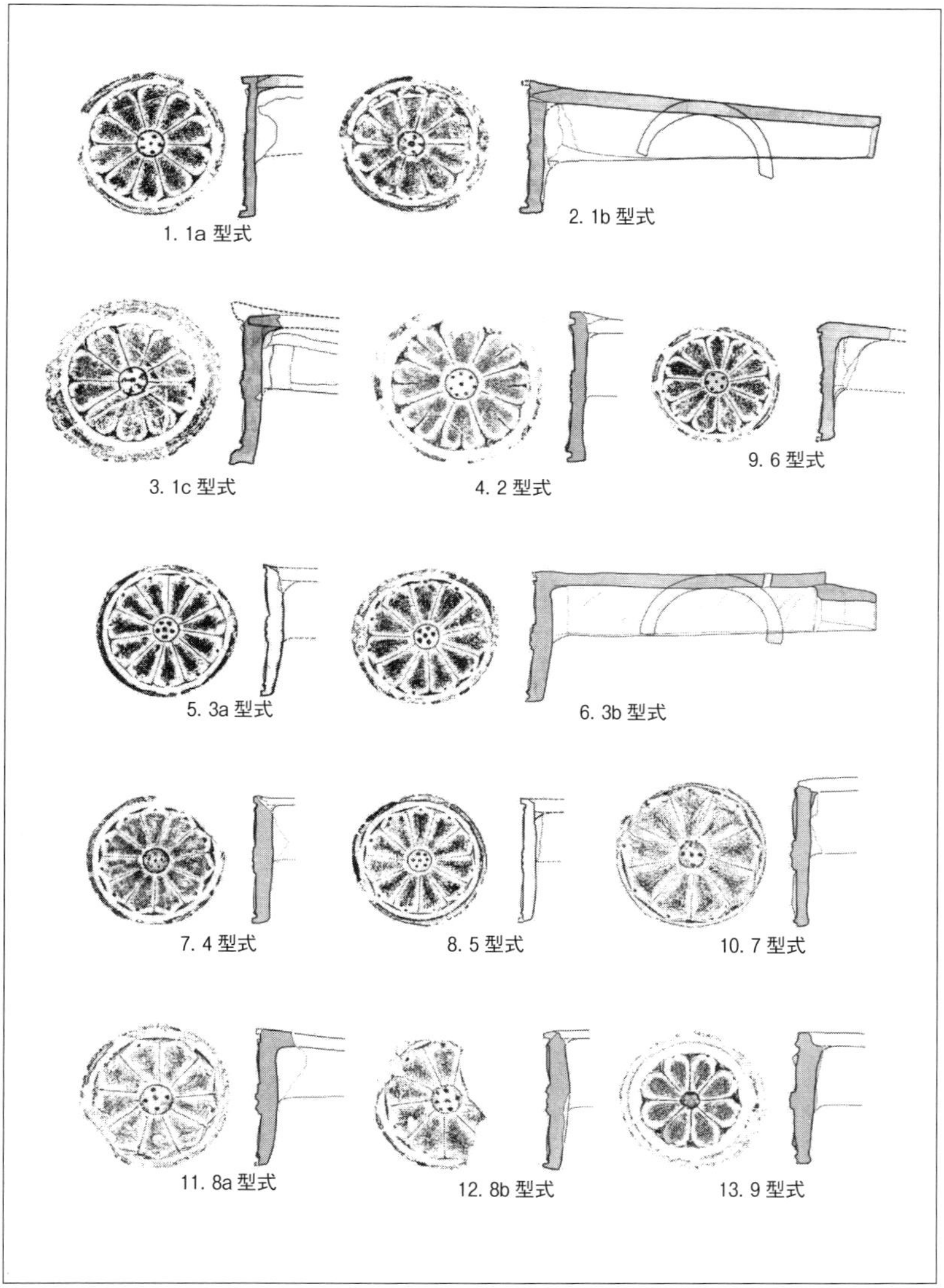

図62　飛鳥寺の創建瓦（花谷浩）

が強いが、これは寺院の瓦当とは全く異なる様相といえる。ところで、百済の王宮区域で使用された瓦当でさらに注目すべきは、大通寺式瓦当は星組の祖形で、ハート型蓮弁を持つ瓦当は、その出土地は異なるが花組系列の祖形とされている瓦当の文様であるという点である。これをみると、五八八年以前に扶余地域の王宮の殿閣には、花組と星組の文様と酷似する瓦当が使用されていたといえる。

飛鳥寺は、基本的には寺院であったため、百済寺院の常例にしたがって新たな文様の瓦笵が製作・使用されたものと考えられるが、その際に採用された文様は、百済の王宮で使用されていたものであった。花組と類似する7・8型式瓦当は、六世紀中・後半から使用されはじめた最新の文様であり、星組と類似する2～4型式瓦当は、遷都直後から使用されたものである。飛鳥寺の花組や星組でこのような文様を採用したことは、発願者である蘇我氏の意図的な選択であったといえる。彼は記念的建造物として寺院を初めて建立して、百済から最新の文様、それも王宮で使用していた瓦当文様を採用することで、自身の権威をより一層誇示しようとしたと考えられる。発願者や発注元が文様を選択することは、さほど難しくはなかったであろう[46]。

そうであれば、飛鳥寺創建瓦の源流は、どこにあると言わなければならないだろうか。この問題について、これまでは、単純に特定遺跡や窯址から出土した瓦がその祖形として説明されてきた。しかし、そのような解答よりは、瓦を生産した窯址や造瓦集団を提示することがより重要であり、花組と星組の祖形をそれぞれ異なる遺跡から求めるより、王興寺址のように単一遺跡で組合せをなしていることを提示することが望ましいと考える。そのような状況から、筆者は六世紀中・後半における百済の王宮と寺院の殿閣に使用された瓦を生産した「官営工房の造瓦集団や技術者」であったと考えたい。花組の場合、生産地が不明であるが、扶余旧衙里・官北里・双北里遺跡および扶蘇山城・王宮里遺跡など王宮関連遺跡から出土する瓦当を祖形にしたものとみられる[47]。星組の場

合、金徳里窯址や王興寺址窯址で活動した造瓦集団と関連があり、王宮区域のみならず王興寺址のように寺院からも出土する大通寺式瓦当を祖形としたといえる。泗沘期の王宮関連遺跡では、両者ともに発見されるが細かい技術属性は一致しておらず、これは王興寺址の場合も同じである。したがって、五八八年以前に百済で活動した瓦博士は、花組と星組の技術を兼備し、王宮と寺院の瓦当を製作して供給する官営造瓦工房に所属した技術系官僚であったといえるだろう。

古代寺院の造営技術は、土木建築のみならず彫刻・金工・木工・石工など各分野の多様な手工業技術が集大成されているため、古墳の築造より技術の相互依存度や提携度が高かった。(48) 五八八年に派遣された渡来系の技術工人は、前時期の古墳時代に渡来した技術者とは大きな違いがあった。文献記録を通してわかるように、当時の技術工人は、すべて百済の中央行政機関に所属する技術系官僚であった。(49) 彼らは個別に渡日したのではなく、飛鳥寺の建立を支援するために国家が組織した一つのプロジェクトチームの形態で同時に派遣された。史料一〇〜一二の『日本書紀』や『元興寺縁起』などの関連史料をみると、そのプロジェクトチームは、たとえ臨時的ではあるとしても、率系の官等を所持した高位官僚と仏教僧侶、技術工人などで構成されていた。そのなかで技術系官僚の所属を推定してみると、露盤博士は前内部、寺師は木部、画工は前内部または功徳部に所属していたと考えられる。

前内部は、国王の近侍機構として王命の出納と国政を総括する部署であり、新羅の内省と酷似すると考えられている。(50) 新羅の内省では、その傘下に多様な宮中手工業工房を運営していた。(51) これを参考にすると、金属部分全体を担当した露盤博士は、前内部に所属していた可能性が高いと考える。史料一二で、露盤博士が技術工人のなかで最初に記録されていることや、徳系官等のなかで最も高い将徳を冠称していることも、このような前内部の

位置付けと関連があるのではなかろうか。

寺師は、寺工としても出てくるため五七七年に派遣された造寺工と同じであると言える。彼らは木造建築と関連した業務を遂行したと考えられ、このことから木部に所属していたと推定される。画工は、前内部や司空部に所属していたと推定されているが、明確な根拠はない。しかし、他の事例を参考にすると、中央行政官署に所属する技術系官僚であったことは明らかであろう。

瓦博士は、功徳部と司空部に配属されていたと推定される。六世紀後半、百済では功徳部と司空部に多数の造瓦所を配置する二元的な官営工房体制が運営されていたと考えられる。そのなかで五八八年に派遣された瓦博士が、功徳部や司空部のどちらか一つの部署にのみ所属していた官員であったとは考えられない。もし、飛鳥寺建立支援のための臨時的なプロジェクトチームのようなものであったとすれば、二つの部署に所属する瓦博士たちがともに選出された可能性が高いと考える。五八八年、百済では一度に四名もの瓦博士を派遣している。これは、その時点での瓦製作の重要性や緊急性を示すといえるが、一方では、一つの部署から四名の瓦博士が一度に選出できるのかという疑問もある。したがって、この時に派遣された四名の瓦博士は、司空部や功徳部に別途に所属している状況で選出されて、ともに派遣された可能性がより高いと考える。飛鳥寺の創建瓦が花組と星組に分かれ、百済の王宮や寺院に使用された瓦の要素がともにみられる点、寺院建立以後に花組と星組の流派がそれぞれ異なる展開様相をみせることも、まさにこのような事情と関連があるのではないだろうか(52)。

史料一〇・一二より、瓦博士が百済の官営工房に所属していた技術系官僚であったということは容易に類推できる。しかし、これまでの百済瓦の研究では、官営工房の成立や展開過程、中央行政組織との関連性を把握しようとする努力が不足しており、泗沘期の王宮で使用された瓦の問題を度外視する傾向がなくもなかった。これに

対し本章では、百済官営造瓦工房の変化様相を把握した後、百済の王宮や寺院に瓦を供給した司空部と功徳部に所属していた技術系官僚であり実務責任者である瓦博士が、五八八年に飛鳥寺の瓦を製作するために派遣されたと推定した。

一方、史料一〇〜一二をみると、飛鳥寺を造営した百済から派遣された瓦博士などの技術者は、東漢氏や朝妻氏など在来の渡来人技術者を「部首」とし、その下に「諸手」と表現された在地の下級技術者を動員している(53)。このような形態は、第二章で検討したように、五四一年に梁から渡ってきた工匠・画師の指導を受けて百済の定林寺址の造営や塔内塑像の製作が行われたことにその原初的な形態を求めることができる。また、第三章で検討したように、新羅の興輪寺の造営においても百済から造瓦技術が伝授された際、在地の工人が動員されていることを確認できる。そうした点で百済から寺院造営技術が伝授された新羅や日本において、技術の習得過程は酷似するパターンで展開した可能性がある。この点についても、今後、比較検討する必要があるだろう。

まとめ

本章では、飛鳥寺創建瓦の源流を明らかにするため、百済瓦当の問題を検討した。まず、泗沘期の瓦当については、定林寺址、陵山里寺址、軍守里寺址、王興寺址などの寺院から出土した創建期の瓦当と、旧衙里・官北里・双北里、扶蘇山城、益山王宮里など王宮関連遺跡から出土した瓦当を区別して検討した。その結果、泗沘期の主な寺院では、新たな寺院の創建時に、新しい笵型が製作され使用されるが、王宮区域では特定の文様の瓦笵が使用され続けていることを確認できた。また、飛鳥寺と年代的に近い王興寺址の創建瓦から花組・星組系列と

酷似する型式・技法とともに若干の差異点も確認できた。

したがって、百済の諸遺跡のなかで飛鳥寺創建瓦の源流を把握するためには、特定遺跡や遺物から完全に同一なものを探すより、それを生産した造瓦集団や瓦博士の性格を解明することがより重要であると考えた。飛鳥寺の創建瓦を製作した瓦博士は、六世紀中・後半、百済の「王宮と寺院」の殿閣に使用した瓦を生産した「官営造瓦工房の造瓦集団や技術系官僚」であった。花組の場合、生産地は不明であるが扶余旧衙里・官北里・双北里遺跡および扶蘇山城・益山王宮里遺跡など王宮関連遺跡から出土した瓦当を祖形とし、星組の場合、金徳里窯址や王興寺址窯址で活動した造瓦集団と関連があり、大通寺式瓦当を祖形としたと考えられる。

飛鳥寺は、百済寺院の創建瓦が新たな笵型によって製作されたのと同様に、その創建時に新たな文様の瓦笵が製作・使用された。その時に採用された文様は、百済の王宮で使用された最新の文様であった。特に、飛鳥寺の金堂や木塔に使用された花組系列の瓦当は、百済の王宮で使用されていた最新の文様であった。これは、記念的建造物の建立を通して権威を誇示しようとした蘇我氏の意図的な選択であったといえる。五八八年に百済から派遣された瓦博士は、王宮や寺院の瓦を供給した功徳部と司空部に所属した技術系官僚であり、実務責任者として寺師とともに国家で組織されたプロジェクトチームの一員であったのである。

日本最初の寺院である飛鳥寺の造営は、全面的に百済の造寺工と瓦博士をはじめとする各種技術者によって完成したといえるが、それは百済寺院と全く同じというわけではなかった。これは受容の主体である蘇我氏の立場や、日本の仏教界および技術の水準、特に、五七七年に派遣された造寺工と造仏工の事前活動があったためだろう。飛鳥寺の造営は、単純なモノの輸出や輸入でなく、人間の移動による技術の伝授過程によるものであった。文化を受容する側の立場が反映されて変化が生じることは、考えてみると当然のことである。問題は、そのよう

な変容がどの程度まで可能であったのかということである。これについて、本書では、一金堂を三金堂に変更するほどの大規模な設計変更は不可能であったが、瓦当文様を選択する程度には可能であったとみたのである。

（1）飛鳥寺の創建瓦は、瓦当の文様と造瓦技術、連結した丸瓦の型式などによって、大きく花組系列と星組系列の瓦当に分けることができる（図62参照）。主要な研究成果として、次の論考が参考となる。菱田哲郎「畿内の初期瓦生産と工人動向」（『史林』六九―三、一九八六年）、大脇潔「飛鳥時代初期の同笵軒丸瓦」（『古代』九七、一九九六年）、花谷浩「寺の瓦作りと宮の瓦作り」（『考古学研究』四〇―二、一九九三年）、花谷浩「飛鳥寺・豊浦寺の創建瓦」（『古代瓦研究』Ⅰ、二〇〇〇年）、上原真人「初期瓦生産と屯倉制」（『京都大学文学部研究紀要』四二、二〇〇三年）、納谷守幸「軒丸瓦製作手法の変遷」（『明日香村文化再調査研究紀要』四、二〇〇四年）。

（2）亀田修一「熊津・泗沘時代の瓦」（『日韓古代瓦の研究』吉川弘文館、二〇〇六年、初出一九八一年）一〇五～一〇六頁。

（3）李タウン「百済の瓦からみた飛鳥時代初期の瓦について」（『飛鳥・白鳳の瓦と土器―年代論』帝塚山大学考古学研究所、一九九九年）、＊李タウン「百済瓦博士考」（『湖南考古学報』二〇、二〇〇四年）。

（4）清水昭博「百済における「大通寺式」軒丸瓦の造瓦技術」（『古代日韓造瓦技術の交流史』清文堂出版、二〇一二年、初出二〇〇四年）。

（5）清水昭博「百済の造瓦技術と瓦生産体制」（『古代日韓造瓦技術の交流史』〈前掲書〉、初出二〇〇四年）。

（6）上原真人「初期瓦生産と屯倉制」（前掲誌）七頁。

（7）＊尹武炳『定林寺』（忠南大博物館、一九八一年）三三～三六頁、＊国立扶余博物館『百済瓦塼』（二〇一〇年）二〇四～二一三頁、＊国立扶余文化財研究所『扶余定林寺址発掘調査報告書』（二〇一一年）三二三～三三三頁。

（8）発掘報告書にはないが、＊国立扶余博物館『百済瓦塼』（前掲書）二〇八頁の図五三二（3型式）や二一一頁の図五四二（4型式）も時期的に古いため、創建瓦に属するものと考えられる。ただし、2型式の場合、蓮弁の文様や、蓮弁と周縁との

幅が広いことから、創建期瓦当のなかでも一段階遅いものと思われる。
（9）亀田修一「熊津・泗沘時代の瓦」（前掲書）五九頁。
（10）＊金誠亀「扶余の百済窯址と出土遺物について」（『百済研究』二一、一九九一年）二二五頁。
（11）賀云翺「南朝瓦総論」（『古代東アジアの造瓦技術』奈良文化財研究所、二〇一〇年）。
（12）南京市文物研究所・南京栖霞区文化局「南京梁南平王蕭偉墓闕発掘簡報」（『文物』七期、二〇〇二年）。百済・新羅の瓦当と建康地区第二期（中期）の蓮華文瓦当の類似性は、すでに指摘されている。賀云翺『六朝瓦当与六朝都城』（文物出版社、二〇〇五年）五七頁。
（13）ただし、5型式を創建瓦と理解する場合、初期より亭岩里窯址からも瓦を供給されたとみることができるだろう。
（14）清水昭博「消費地からみた泗沘時代の瓦生産」（『古代日韓造瓦技術の交流史』前掲書）、＊国立扶余文化財研究所『扶余軍守里寺址』Ⅰ・Ⅱ（二〇一〇・二〇一三年）、＊国立扶余文化財研究所『百済泗沘期瓦研究』Ⅱ（二〇一〇年）、＊国立扶余博物館『扶余軍守里寺址』（二〇一三年）。
（15）清水昭博「泗沘時代の瓦窯における生産と技術」（『古代日韓造瓦技術の交流史』前掲書、初出二〇〇八年）。
（16）＊金鍾萬「泗沘時代瓦にあらわれた社会相小考」（『国立公州博物館紀要』二、二〇〇二年）一七六頁。
（17）清水昭博「泗沘時代の瓦窯における生産と技術」（前掲書）二九五頁。
（18）＊崔卿煥「錦江流域百済土器窯址の構造と生産体制に対する一研究」（『韓国考古学報』七六、二〇一〇年）八四～八六頁。
（19）百済の場合、官寺や僧官の設置に関する記録はないが、日本の僧官設置の契機となった上表文の作成者が百済の僧観勒であり、僧正・僧都の名称が南朝にのみみられるため、その影響を色濃く受けた百済仏教にもそのような制度があったと考えられる。井上光貞「日本における仏教統制機関の確立過程」（『井上光貞著作集一』岩波書店、一九八五年）一四三頁および三三三～三三四頁。
（20）＊国立扶余文化財研究所『王興寺址Ⅱ―瓦窯址発掘調査報告書』（二〇〇七年）、＊国立扶余文化財研究所『百済泗沘期瓦研究』Ⅲ（二〇一一年）。

(21) 1型式は、寺域内部で発見された一七六点の瓦当中、五一点を占める。1型式は、講堂址などではほとんど出土しない反面、3型式は、ほぼすべての建物址で出土していることから、1型式が3型式より若干先に製作・使用されたものと推定されている。＊朴原志「王興寺出土軒丸瓦の製作技術と系統」(『百済泗沘期瓦研究Ⅲ』前掲書)八二頁。

(22) いわゆる大通寺式瓦当に属する5型式と6型式は、一七六点中、五点および一点に過ぎず、泗沘期の他の遺跡で同笵品が確認されていることから、王興寺址では創建瓦として使用されたというよりは、創建より一段階新しい補修用瓦当と考えられる。＊文玉賢「百済王興寺の瓦供給に対する一考察」(『韓国伝統文化研究』九、二〇一一年)三二一~三三三頁。

(23) ＊朴原志「王興寺出土軒丸瓦の製作技術と系統」(前掲書)九二頁。ただ、王興寺址の五号窯址では、ハート形蓮弁の1型式瓦当と無段式丸瓦、円形突起式蓮弁の3型式瓦当と有段式丸瓦がともに発見されており、このような文様と丸瓦の組合せが絶対的なものではなかったと考えられる。

(24) 佐川正敏「王興寺と飛鳥寺の伽藍配置・木塔心礎施設・舎利奉安形式の系譜」(鈴木靖民編『古代東アジアの仏教と王権』勉誠出版、二〇一〇年)一八〇頁でその可能性を最初に指摘している。図60の1・2は、実際に出土した遺物ではなく、王興寺址とその東側の窯址で出土した瓦当を基に筆者が組み合わせて作った図面である。

(25) 亀田修一『日韓古代瓦の研究』(前掲書)一五五~一五六頁および清水昭博「泗沘時代の瓦窯における生産と技術」(前掲書)三二六~三二九頁。

(26) 王興寺址以前にも、軍守里寺址や陵山里寺址、定林寺址で創建瓦の生産に二つ以上のグループで構成された造瓦組織が活動していたことが確認されるが、文様のみならず瓦当と連結する丸瓦の型式、接合手法などを系列化できる事例は王興寺址が初めてである。

(27) 造寺官という用語は、「造飛鳥寺官」という造語を参照したものである。吉川真司「飛鳥池木簡の再検討」(『木簡研究』二三、二〇〇一年)二一七~二一九頁。

(28) ＊李炳鎬「扶余旧衙里出土塑造像とその遺跡の性格」(『百済文化』三七、二〇〇七年)。

(29) ＊田中俊明「王都としての泗沘城に対する予備的考察」(『百済研究』二一、一九九〇年)一八〇~一八一頁。

(30) 本書では、扶余官北里、双北里で収集された高句麗系瓦当（図61の19）や旧衙里遺跡で発見された定林寺址の創建瓦（図56の1型式）などは検討しなかった。これらの瓦当は、六世紀代の瓦当のなかでも少数派と考えられる。
(31) 亀田修一『日韓古代瓦の研究』（前掲書）七八～七九頁。
(32) 李タウン「百済の瓦生産―熊津時代・泗沘時代を中心として」（西谷正編『韓半島考古学論叢』すずさわ書店、二〇〇二年）四八六頁。
(33) ＊南浩鉉「扶余官北里百済遺跡の性格と時間的位置」（『百済研究』五一、二〇一一年）一一七～一一九頁。
(34) 双北里遺跡でAグループ瓦当が発見されないことは、この一帯の開発が遅かったことを示唆するのではないかと考える。
(35) 清水昭博「百済における「大通寺式」軒丸瓦の造瓦技術」（前掲書）二一七～二二二頁。
(36) 一方、七世紀前半以後、扶余地域の王宮遺跡では、図61の16～18の単弁七葉蓮華文瓦当と巴文、素文瓦当が主に使用されている。
(37) そのような業務を遂行できるほどの中央行政官署としては、功徳部や司空部が想定され、なかでも土木工事と関連する司空部がより有力であるが、その証拠はない。五八八年以前の泗沘期の寺院と王宮に用いられる瓦の生産は、司空部と功徳部傘下に多数の官営工房が配属される多元的な官営造瓦工房体制によって運営されていたといえるだろう。
(38) 亀田修一『日韓古代瓦の研究』（前掲書）六八～六九頁、清水昭博「百済における「大通寺式」軒丸瓦の造瓦技術」（前掲書）二二三頁、＊李タウン「百済瓦博士考」（前掲誌）一四六頁。
(39) 亀田修一『日韓古代瓦の研究』（前掲書）七八～七九頁、＊李タウン「百済瓦博士考」（前掲誌）一四八頁。
(40) 上原真人「初期瓦生産と屯倉制」（前掲誌）七頁。
(41) ＊国立扶余文化財研究所『王興寺址Ⅱ』（前掲書）一五〇～一七〇頁。
(42) 実際、花組系列の瓦当を観察してみると、Ⅱ3a、Ⅱ3b技法も無加工の丸瓦を接合させるⅢ1技法やⅢ2技法と酷似すると思われる。したがって、花組の接合技法も瓦博士から始まったとみなければならないだろう。
(43) 飛鳥寺出土瓦当の分類や型式名称については、花谷浩の論文にしたがった（花谷浩「飛鳥寺・豊浦寺の創建瓦」〈前掲誌〉）。

一方、扶余王興寺址では、飛鳥寺の花組系列瓦当にみられるものと類似する素弁一〇葉の蓮華文を持った垂木先瓦が出土していることから（＊国立扶余博物館・国立扶余文化財研究所『百済王興寺』〈二〇〇八年〉四六頁）、百済では蓮弁の数が大きな意味を持たないかもしれないと考える。

(44) ＊李タウン「印刻瓦を通してみた益山の瓦に対する研究」（『古文化』七〇、二〇〇七年）、＊国立扶余文化財研究所『百済泗沘期瓦研究Ⅴ』（二〇一三年）。

(45) 奈良県立橿原考古学研究所附属博物館『蓮華百相』（一九九九年）、清水昭博『古代日韓造瓦技術の交流史』（前掲書）。

(46) また、飛鳥寺の主要堂塔には花組が使用され、回廊など外郭には星組が使用されたことは、百済で花組系列の文様がより新しい様式であったためではないかと考えることもできる。

(47) 一方、飛鳥寺花組のⅡ2c接合技法が六世紀代の百済遺跡ではまだ確認されていない。しかし、弥勒寺址で同じ技法が確認され、花組のなかでⅠb式とⅠc式の接合技法は、先端無加工丸瓦を接合するⅢ技法とも通じる点があることから、百済の官営工房で使用されたものと推定しても問題はないと考える。

(48) 上原真人「寺院造営と生産」（鈴木博之・山岸常人編『記念的建造物の成立』東京大学出版会、二〇〇六年）九〇～九一頁。

(49) 五八八年以前に日本へ派遣された五経博士や易博士、暦博士、医博士、採薬師、楽人の場合、徳系官等を所持した場合が多いが、泗沘遷都以後には、二二部司のなかで司徒部（五経博士）、日官部（易博士、暦博士）、薬部（医博士、採薬師）、法部（楽人）などに所属した官僚であったと考えられる。

(50) ＊李文基「泗沘時代百済前内部体制の運営と変化」（『百済研究』四二、二〇〇五年）七二頁。

(51) ＊朴南守「新羅宮中手工業の成立と整備」（『新羅手工業史研究』新書苑、一九九六年、初出一九九二年）。

(52) この場合でも、百済から派遣された諸博士が三年ごとに交代した事情を一括して記述した可能性は残っている。そうだとすると、花組と星組の瓦当の年代差も想定できるのではないかと考える。この点については、今後、より詳しい検討が必要である。

(53) 平野邦雄「今来漢人」（『大化前代社会組織の研究』吉川弘文館、一九六九年）、浅香年木「倭政権と手工業生産」（『日本古

代手工業史の研究』法政大学出版局、一九七一年、初出一九六八年)、大橋一章「飛鳥寺の発願と造営組織」(『奈良美術成立史論』中央公論美術出版、二〇〇九年、初出一九九五年)、田中史生「飛鳥寺建立と渡来工人・僧侶たち―倭国における技術伝習の新局面」(『古代東アジアの仏教と王権』勉誠出版、二〇一〇年)。

結論　文化交流からみた百済寺院の位置

古代東アジアにおける仏教を媒介とした文化の伝播は、単純な「モノ」の移動ではなく「ヒト」や「情報」の移動も含んでおり、相互互恵的なものであった。したがって、それをやりとりする人々の政治的な立場や技術的な水準の差によって、受容過程で変形することがあり、周辺国家と類似した形の技術が確認されても、それがどのように変形されて内在化されたのかという問題に注目する必要がある。古代東アジアにおける百済寺院の独創性や特殊性を論じることは、結局、こうした百済的な変容や内在化の過程を把握することであるといえよう。最後に、本書で検討した内容を基に、百済寺院の遺物や遺構、遺跡が古代東アジア文化交流史において持つ位置を確認し、文化交流を主導的に行った百済寺院の歴史的位置について整理していきたい。

第一節　出土遺物について

百済は、三八二年、枕流王代に東晋から仏教を初めて受容した。当時、百済は、内部的には歴史書を編纂し、中国とは使臣が往来するなど、漢字や漢文についての理解は相当な水準にあった。百済の仏教受容は、対外的にみると、高句麗が仏教を通じて前秦と協力を強化することに対応して、仏教を信奉していた東晋の孝武帝との紐帯を強化するためという側面がある。漢城期の仏教と関連する遺物は、蓮華文をモチーフとする金属器や磁器、瓦

当などのほかには残されていない。しかし、熊津期初めに活動した発正の事例をみると、漢城期末や熊津期初めにおける仏教の存在を否定することは困難である。ソウル風納土城で出土した獣面文瓦当や蓮華文瓦当は、百済が楽浪や高句麗以外にも中国南北朝の様々な国と幅広く交流し、仏教文化を継続的に受容した様相をみせている。

熊津期になると、武寧王陵で出土した多様な遺物のなかに、南朝仏教の要素を具体的に確認することができる。特に、王妃の頭枕表面に描かれた図像は、南朝系天人誕生図に当たるため、武寧王陵が築造される段階には南朝で創案された仏教図像が直接百済に伝わったことを確認できる。

武寧王陵を完成した聖王により建立された大通寺は、百済の本格的な仏教寺院といえるが、それと関連した遺構は全く検出されていない。したがって、瓦当を中心にその技術的な系統について推定するほかない。ここから出土した瓦当には、中国南京で発見される瓦の製作技術が確認され、宋山里古墳群で出土した「梁官瓦為師矣」銘塼から、南朝梁の影響をより明確に確認できる。

公州大通寺址の創建瓦は、「大通寺式瓦当」と呼ぶことができる。この様式は、蓮弁の端が点珠状に反転する素弁蓮華文であり、中房が蓮弁より低く、一＋六の蓮子が配置されている。瓦当裏面を回転ナデして整形しており、瓦当部と丸瓦部を結合する際に丸瓦先端部の一部を斜めに切り出した後に結合している（いわゆる「片ほぞ形」）。大通寺式瓦当の属性は、南朝の瓦当と酷似しているため、南朝系の造瓦集団の直接的な影響があったと考えられ、そうした瓦を葺いた建物は、南朝系の寺院造営技術が反映した可能性もあろう。

大通寺式瓦当は、五三八年の泗沘遷都後、扶余地域の王宮や官庁、寺院などで最も中心的な瓦笵型として使用されるなど主流を占めただけでなく、新羅最初の寺院である興輪寺や日本最初の寺院・飛鳥寺の創建瓦にも多大な影響を及ぼした。興輪寺址に比定される慶州工業高等学校で出土した瓦当をみると、蓮弁の文様と裏面を回転

ナデした痕跡、片ほぞ形の丸瓦接合法など、その文様と製作技術は公州大通寺址のそれと共通する。また、一緒に出土した平瓦も、百済特有の模骨瓦桶（枠板連結式瓦桶）で製作され、丸瓦も、有段式丸瓦の玉縁を別途の粘土で製作して付けた後に回転ナデで整えている。こうした平瓦と丸瓦の製作技術は、南朝でも確認されるが、公州艇止山遺跡でも確認される技術である。したがって、興輪寺創建瓦は、南朝に起源するものであるとしても、百済を媒介として新羅に伝わったといえる。特に、大通寺式瓦当の蓮弁文様は南朝にはないものであり、片ほぞ形という技術もこれまで南朝では確認されないことからみると、興輪寺創建瓦は、南朝梁の直接的な影響というよりも、南朝の影響を受けて成立した百済の造瓦技術が直接的な影響を及ぼしたものといえよう。

日本最初の寺院で百済系技術工人により完成された飛鳥寺も同様である。飛鳥寺創建瓦は、文様と製作技法、平瓦・丸瓦の組合せで大きく花組と星組という二つのグループに分けられる。近年、王興寺址からは、こうした二つのグループと対応する瓦当の組合せ関係が確認されている。特に、星組グループは、大通寺式瓦当の特徴的な文様と技術がいずれも確認されるので、大通寺式瓦当の製作に関与した工人集団の一部が倭に渡って技術を伝えたと考えられている。

一方、飛鳥寺創建瓦のなかで平瓦の内面にみられるいわゆる補足痕は、百済から派遣された瓦博士が現地の須恵器を製作していた工人を動員して造瓦技術を伝えた具体的な痕跡と考えられているが、慶州興輪寺址からも同様の痕跡が残っている平瓦が発見されており、百済の造瓦工人の関与のあり方として共通した側面が認められる。公州大通寺址を建立するに際して創案された百済の造瓦技術は、新羅や日本の寺院を建立するのに決定的な役割を果たしたのであり、それがたとえ南朝に淵源があるとしても、百済で内在化された造瓦技術が主体的に伝えられたと評価できる。そして、瓦という寺院を建立する重要な建築部材ということから考えると、そうした影響は

単純に造瓦技術の伝播に限定されず、寺院造営の技術全般や思想的な側面にも及んだ可能性が考えられる。

百済が新羅の興輪寺や日本の飛鳥寺の造営に自国の技術者集団を派遣した事実は、周辺国に対する外交的な影響力を維持したり強化しようという意図を持っていたことを示す。興輪寺の造営には、百済が五三八年の泗沘遷都を準備しながら、高句麗との戦争の脅威に対処するために新羅との同盟を維持もしくは強化しようとしていた背景がある。飛鳥寺の造営には、六世紀半ばにおける新羅の台頭と隋の登場という東アジア国際情勢の変化のなかで、仏教を媒介とした技術の伝授を通じて日本に対する外交的影響力をさらに強めようとする背景がある。

六世紀代の瓦にみられるこうした交流の痕跡は、七世紀代の遺跡から出土した遺物にも継続して確認される。特に、弥勒寺址で出土した緑釉垂木先瓦は、瓦の表面に緑釉を施した痕跡が残っており、枠には枷型を使用した痕跡が残っている。緑釉瓦は、慶州の月城や雁鴨池、四天王寺址などでも出土し、日本の平安京跡でも確認される[1]。枷型は、瓦を整形する際に外側の枠を別に作って瓦の枠を装飾したもので、七世紀後半以降の新羅や日本の古代寺院遺跡で様々なものが発見されている[2]。緑釉瓦や枷型の使用は、中国で始まったものと考えられるが、百済を通じて周辺国家に伝播した可能性を提起し得る。ただ、七世紀代は、新羅や日本で自らの造瓦技術を発展させていた時期であった。そうしたことから、六世紀代のように初めて造瓦技術が伝播した段階とは異なり、道具や文様の移動だけでも造瓦技術を発展させることができたと予想されるので、今後、この段階の具体的な検討が必要だろう。

瓦とともに塑像の伝播過程も注目される。扶余定林寺址からは多量の塑像が出土しているが、百済の他の廃寺址から出土した塑像や中国と日本の塑像出土事例との比較、検討を通じて、本来、創建期木塔の塔内塑像であったと推定される。法隆寺五重塔の塔本塑像の原形を、六世紀半ばの百済ですでに確認できるのである。その製作

時期は、共伴遺物と塑像の様式的な比較から、泗沘遷都前後、特に文献記録を通してみると、五四一年の梁武帝が派遣した工匠・画師の直接的な指導によって完成したと考えられる。梁から渡った工匠・画師は、百済から日本に派遣した諸博士のように高度の専門技術者や知識人であった。百済聖王は、新たな都城に遷都しつつ、梁武帝から自分たちが必要とする専門技術を受容して、新都を荘厳化しようとしたのである。

百済では、定林寺址以外にも、陵山里寺址、旧衙里寺址、金剛寺址、帝釈寺址、弥勒寺址などの廃寺址と、青陽汪津里窯址、本義里窯址からも塑像が発見された。そのうち、帝釈寺址廃棄場遺跡で出土した塑像は、六三九年に焼失したという『観世音応験記』の記録を証明する資料といえる。六世紀半ばに始まった百済の塑像は、次第に多様化、大型化する過程を経て、その後、新羅や日本にも影響を及ぼしたと考えられる。新羅の場合、皇龍寺址出土の塑像や慶州四天王寺址出土の緑釉塼仏、陵只塔出土の塑像があり、日本は、川原寺裏山遺跡の塑像をはじめ近江地域の廃寺址などで多数の塑像が出土している。これらの地域で発見された塑像は、百済の帝釈寺址で発見された塑像と製作技法がよく似ている。特に、川原寺裏山遺跡出土品の場合、廃棄様相のみならず製作技法が益山帝釈寺址廃棄場出土品と酷似して、塑像とともに発見された緑釉塼も、百済遺民による技術の伝播の可能性が想定される。このように南朝の影響を受けて出現した百済における塑像製作の伝統は、自らの技術的な変形と発展を経て、滅亡後まで持続的に周辺国家に影響を与えたといえる。

第二節　遺跡と遺構について

扶余定林寺址は、現在までに確認された百済の廃寺址のなかで最も早い段階の姿をみせてくれる。そこで筆者

は、「定林寺式伽藍配置」という概念を提起し、これを百済式寺院のプロトタイプと設定して、その後の展開過程の説明を試みた。百済聖王は、国王が常住する都城の中心に、それも王宮の南側に定林寺址を配置した。これは、王宮と寺院を意図的に配置して、君臣統合の権力中枢を構築しようとしたと評価できる。益山地域でも、離宮や別宮である益山王宮里遺跡の東側に帝釈寺が配置されるなど、王宮と寺院が有機的に配置されている。これと似た形態は、南朝建康の台城と同泰寺、北魏洛陽城の王宮と永寧寺の事例があり、新羅の場合も月城と皇龍寺址の事例がある。日本では、小墾田宮と飛鳥寺、斑鳩宮と若草伽藍、百済宮と百済大寺、難波宮（小郡宮・豊碕宮）と四天王寺、大津宮と南滋賀廃寺などの事例がある。こうした都城内の主要寺院は、発願者の信仰心をあらわすと同時に、ここが世界の中心であり仏都であることを象徴的にみせる都城のランドマークの役割を果たした(3)。

一方、定林寺址の伽藍配置は、日本の学界で一般的に通用している四天王寺式伽藍配置とは若干差異があることが明らかになった。定林寺式伽藍配置は、南門がない状態で中門―塔―金堂―講堂が南北一直線上に配置されてこれに回廊が巡る型式であるが、講堂と回廊の連結方式が東西回廊北端のいわゆる付属建物や講堂東西側の別途建物で連結されている。東西回廊北端で共通して確認される付属建物は、金堂よりは格が低い建物で「僧房」のようなものと推定される。ただ、寝食がなされる生活空間である講堂北側の僧房よりは少し公的な性格が強いため、「東堂・西堂」という用語を提案した。

そのほか、東西回廊と南回廊は、L字型で直接つながってはおらず、南回廊が東西回廊よりもさらに長く突出していることも確認された。こうした伽藍配置は、塑像に関する検討を通して推測できるように、南朝寺院の影響を受けて成立した可能性が高い。ただ、金堂の二重基壇と下成礎石、講堂址東西の別途建物、そのほか一棟二室建物は、高句麗の寺院でも確認されるため、南朝だけでなく高句麗寺院の影響も同時に受けて成立したと考えられる。

定林寺式伽藍配置は、軍守里寺址や王興寺址が建立される六世紀中・後半になると、東西回廊の外郭にまた別の建物が増築される変化が起きる。新羅の皇龍寺重建伽藍や日本の飛鳥寺三金堂も、こうした流れのなかで建立されたと考えられる。飛鳥寺の三金堂は、これまで高句麗の影響を受けて建立されたものと理解されてきた。しかし、百済地域では、六世紀代から土器や瓦、金属工芸品、古墳壁画、建築技術などで高句麗の影響が多く確認されている。以上より、飛鳥寺の三金堂と同じ伽藍配置が百済地域で確認されないからといっても、高句麗寺院の三金堂が直接日本に伝わったのではなく、百済を経由して伝わったと理解する方が合理的である。

古代寺院は、古墳の築造とは異なり、技術相互間の依存度が高い。百済では、飛鳥寺の創建に高位の官僚と僧侶、技術者集団をひとつのプロジェクトチームのような形で派遣したために、三金堂という要素のみ他の国の影響を受けたとみることは難しい。そうした点で、軍守里寺址や王興寺址の東西回廊外郭の建物群は、中国の多院式寺院の影響を受けた定林寺式伽藍配置の変形であり、飛鳥寺三金堂の原初的な形態と推定できる。飛鳥寺創建瓦でよく知られているように、飛鳥寺の造営は、百済の瓦博士など技術系官僚が直接指導したと考えられており、それ以前に渡倭した渡来人と在地の工人がともに関与して完成させたものである。

飛鳥寺の伽藍配置や創建瓦は、百済寺院と全く同じものが見出されるのではなく、少しずつ変形した形態をしている。百済の大通寺式瓦当や定林寺式伽藍配置が、南朝のそれと全く同じではなく、新羅の興輪寺式瓦当が、百済のそれと全く同じではないこととも同様である。先述したように、古代人の造営に関する技術の伝播は、単純なモノの輸出入ではなく、ヒトと情報の相互作用であったためである。

益山弥勒寺址では、それまでのいわゆる東堂と西堂が講堂址南側の東西僧房址に変形して、講堂東西側の別途建物がなくなると同時に北回廊に変わっている。ただ、弥勒寺址の三院並列式伽藍配置は、塔と金堂が同等に配

置された三院ではなく、木塔と中金堂、その北側の講堂と東西僧房が一つの完結した寺院配置であり、東西側にさらに塔と金堂を追加（または拡張）して配置した後に、東西回廊で寺域全体を巡らせたとみられる。それらのうち、東西僧房址は、いわゆる一棟二室建物を並列させて構成したものであり、それまでの定林寺式伽藍配置との連続性を持つ。したがって、弥勒寺址の伽藍配置は、中国の南北朝時代から隋唐代に流行する大型院落式寺院の影響を受けつつも、百済式寺院を基調として新たに創案されたと評価できる。

定林寺址をはじめ百済寺院の伽藍配置は、日本の古代寺院に関する研究にも多くの課題を投げかけている。特に、植民地期から当然視されてきた四天王寺式伽藍配置の典型に対して、見直しを迫ることとなった。そのなかで、大阪四天王寺では、講堂東西に別途建物のような施設があった可能性が確認され、南回廊と東西回廊の連結方式も再検討の余地がある。また、夏堂と冬堂からなる講堂についても、百済寺院のいわゆる一棟二室建物址の機能と似た点が確認される。新堂廃寺では、東西回廊で東方建物・西方建物という特徴的な建物址が発見されたが、これらの建物は、定林寺址をはじめとする百済寺院の付属建物址に当たる。特に、新堂廃寺とお亀石古墳の関係は、古墳と寺院が結合した典型的な事例であり、扶余陵山里寺址と陵山里古墳群の関係と酷似しているといえる。

扶余陵山里寺址は、初期には講堂址一帯を中心とした祠廟として機能したが、五六七年に舎利の埋納を基点として陵寺へと性格が変化したと考えられる。中門址南側一帯で発見された木簡の大部分は、五六七年の木塔建立を前後した時期に廃棄されたが、伽藍中心部にあった建物の建設順序を通してみると、初期講堂址にあったなんらかの施設と密接に関連すると考えられる。また、木簡に記された内容が仏教や死者の儀礼と関連すること、物品の生産地と移動、帳簿のようなものが網羅されている点を考慮すると、これらの木簡は、陵山里寺址の造営や運営の過程で生み出されたものといえる。二〇〇二―一号四面木簡は、陵山里寺址の建立に動員された人々に食

米を支給した内訳を記した帳簿のようなものであるが、三〇〇号、三〇六号、三一〇号木簡などを総合すると、陵山里寺址一帯には米などの物品の移動と関連する倉庫や行政組織が存在したことを推定できる。

陵山里寺址で出土した木簡と、伽藍中心部の変遷過程を同時に分析するなかで、東西回廊址北端の付属建物（いわゆる東堂、西堂）の性格を一部であるが推測でき、その外郭に倉庫のような施設があったことが推定できた。このことは、今後、古代寺院に配置された建物の性格や機能、景観などを推定するのに多くの示唆を与えている。

王陵と結合した寺院である陵寺は、中国の南北朝や高句麗でも確認されるが、百済の場合は、木簡や建物の建設順序などに関する分析の結果、五五四年の聖王の戦死という特殊な状況で始まったといえる。このように陵墓と結合した寺院の出現は、大型高塚古墳の消滅と仏教寺院の拡散という側面から、今後さらに追究する必要があろう。

第三節　まとめと今後の課題

百済が外部から技術を受容し、さらに伝授していく様相は、一定のパターンを持って有機的な関連を持つものと考えられる。百済の大通寺や定林寺址で南朝・梁の技術を受容する様子や、新羅の興輪寺や日本の飛鳥寺に百済の技術を伝授する様相は、類似した側面がある。先進の専門技術を持つ少数の外部専門家が、土器工人などの在地の技術者を動員して技術を伝授したのである。その過程で、先進的な技術を伝える側と、伝えられる側の技術的な相互作用が起き、その結果が一部変形された形態としてあらわれたのであろう(4)。

百済では、中国の南朝や北朝、隋唐はもちろん、高句麗の影響を受けて寺院造営技術を発展させていった。し

かも、それをすぐに内在化させてシステム化し、そうした技術を周辺国家に伝授できるほどに自らの文化を発展させていった。そうしたことから、古代東アジア世界において百済が果たした役割は、単純な文化の伝達者や経由地ではなく、最も重要な媒介者であったと評価できよう。

百済の仏教寺院には、多様な系統の文化が共存しており、当時の最も先進的な文化が反映された国際性を特徴とする。大通寺式瓦当をはじめ、扶余定林寺址やそれ以降に建立された百済の寺院には、外部から輸入された新要素が有機的に共存している。このように、他の国の先進的な文化要素を迅速に入手して洗練された文化を具現化することこそ、百済の仏教寺院、さらには、百済文化全般の特徴といえよう。百済は、その過程において、仏教や仏教寺院の造営技術を媒介として活発な外交活動を繰り広げることで、現実的な利益を得ることができた。まさにこの点が、百済の対外交渉において仏教が持つ具体的な役割といえるだろう。こうした百済文化の特性は、本書で検討し得なかった他の仏教関連遺物や遺構、六～七世紀代の他の出土遺物を通じても次第に明らかになると期待される。

仏教は、インドで始まって中国を経て、韓半島に伝わったため、百済寺院の展開過程とその伝播過程は、中国や高句麗など周辺国家との国際関係のなかでさらに明確になる。しかしながら、百済寺院に影響を及ぼした中国南朝や高句麗の仏教寺院に関する情報は、極めて不足しているのが現実である。そのため、今後、周辺国家の新たな発掘調査や研究によって、本書の内容の修正は不可避であろう。ただ、本書は、これまで韓国の学界で重要視されなかった塑像や瓦当などの資料を再検討して、新たな歴史解釈の基礎資料として活用した。また、次第に細分化している各分野の方法論や問題意識にとらわれずに、伽藍配置や建物址のように発掘調査を通じて新たに明らかとなった成果を、共伴遺物とともにさらに巨視的かつ総合的な観点から検討した。そうした点で本書は、百済寺院に

関する研究の争点を浮き彫りにするとともに、今後の研究に必要な観点や方法論を模索する試金石であるといえる。仏教や寺院を媒介になされた百済の周辺国家との交流・協力の姿は、現代社会における東アジア諸国が進まねばならない方向を具体的に示してくれているという点で非常に示唆的である。政治・経済・軍事的な競争と葛藤の渦中にある現代東アジアの外交関係において、百済寺院の展開とその影響に関する研究は、「文化」を通じた交流・協力の重要性と可能性を具体的に示してくれており、我々はそこから教訓を得ることができると考える。

（1）日本で最も早い段階に属する緑釉製品は、塚廻古墳出土の緑釉棺台、藤原京跡出土の緑釉硯、飛鳥池遺跡出土の緑釉壺、川原寺裏山遺跡出土の緑釉塼が挙げられる。こうした緑釉製品は、いわゆる「白鳳緑釉」といい、こうした技術の輸入については、白村江の戦い以降日本に渡った百済遺民の影響と考えられている。高橋照彦「日本古代における三彩・緑釉陶の歴史的特質」（『国立歴史民俗博物館研究報告』九四、二〇〇二年）。

（2）毛利光俊彦「軒丸瓦の製作技術に関する一考察―笵型と枷型」（『畿内と東国の瓦』京都国立博物館、一九九〇年）。

（3）＊李炳鎬「百済泗沘時期都城の儀礼空間と王権」（『韓国古代史研究』七一、二〇一三年）。

（4）六世紀代の仏教や造瓦技術の伝播過程における中国の南朝と百済、百済と新羅・日本の関係を検討する際に、南朝とベトナムの関係は多くのことを示唆する。『梁職貢図』には林邑や扶南など南海諸国からの使者が描かれている。近年、ベトナムでは中国の直接的な影響を受けて製作された中国系瓦をはじめ、南朝から輸入されたと思われる金銅仏が報告された（山形真理子「南境の漢・六朝系瓦」〈『古代』一二九・一三〇合併号、二〇一二年〉、浅井和春「ヴェトナムの彫刻」〈『世界美術大全集：東洋編十二―東南アジア』小学館、二〇〇一年〉、藤岡穣「中国南朝造像に関する覚書」〈『仏教芸術』三〇七、二〇〇九年〉）。今後、南朝と百済・ベトナムの遺物が比較・検討されるようになれば、南朝の影響を受けた周辺諸国の技術にみられる共通点と相違点、中国と異なる文化的な特性がいかなるものであるかがより明確になると考えられる。

補論　植民地期における百済故地の古蹟調査と廃寺址の発掘

はじめに

植民地期の百済史研究は、高句麗史や新羅史に比べ、さほど活発ではなかった。百済史研究の不振は、百済と倭の関係深さを強調して扶余を内鮮一体の霊地と宣伝し、神宮を造営しようとした事実に照らしてみれば、むしろ意外といえる。植民地期の百済史への関心や、百済最後の王都であった扶余に神宮が建設された背景を理解するためには、植民地期に行われた古蹟調査や博物館活動について検討する必要があるだろう。当時の古蹟調査事業は、日本の官学者たちの歴史観や関心を考古学的に示したものであり、その結果である発掘報告書や図録の発刊、博物館活動は、植民地統治の文化的成果を誇示しようとするものであった。

そこで、第一節では、京畿道・忠清道・全羅道など百済故地に関する古蹟調査事業の全般的な内容を整理する。古蹟調査事業に関する歴史的評価ではなく、当時の古蹟調査事業を時期ごとに区分し、その流れを理解することに努める。第二節では、一九三〇年代から扶余地域の廃寺址の発掘が集中した国内外の背景を追跡する。日本の学界の動向とともに、財団法人扶余古蹟保存会などの地域社会における活動も検討する。このような過程を通して、植民地期における百済故地の古蹟調査の展開過程と、扶余地域における廃寺址調査が持つ性格や意義についても、ある程度把握できるものと考えられる。

第一節　古蹟調査事業の展開過程

日本の官学者たちによる古蹟調査事業は、調査の主体や組織、制度などによって四時期または六時期に区分して理解されている[1]。百済故地の場合、一九〇九年に扶余と公州地域の調査が始まるため、大きく四時期に区分できる。本章では、一九〇九年から一九一五年までの関野貞を中心にした古建築および古蹟調査の時期を第一期、「古蹟及遺物保存規則」が施行された一九一六年から一九二〇年までを第二期、朝鮮総督府学務局古蹟調査課で古蹟調査を主管した一九二一年から一九三一年までを第三期、戦時体制下で朝鮮古蹟研究会を中心に古蹟調査事業が実施された一九三一年から一九四五年までを第四期に区分し、その調査動向を追究してみたい。

（一）第一期の古蹟調査活動（一九〇九〜一九一五年）

一九〇二年の関野貞による古建築物調査では、百済故地の調査は実施されなかった。百済故地の古蹟調査活動は、一九〇九年から一九一五年まで進められた関野貞一行の古蹟調査から始まる。一九〇九年八月二三日、関野貞は、統監部度支部建築所古建築物調査嘱託に任命され古蹟調査を委託された。彼は建築分野で工学士栗山俊一、考古学分野で谷井済一を助手としてチームを構成した。関野貞一行の第一期古蹟調査活動については、調査日程の復元作業とともに当時の発掘調査の実態が詳細に研究されている[2]。

これを基に百済故地の古蹟調査活動を整理してみると、第一期の古蹟調査は、広州と公州、扶余、益山など「百済の都城址の調査」であるといえる。一九〇九年一一月三〇日、扶余・公州地域の踏査を皮切りに、広州と

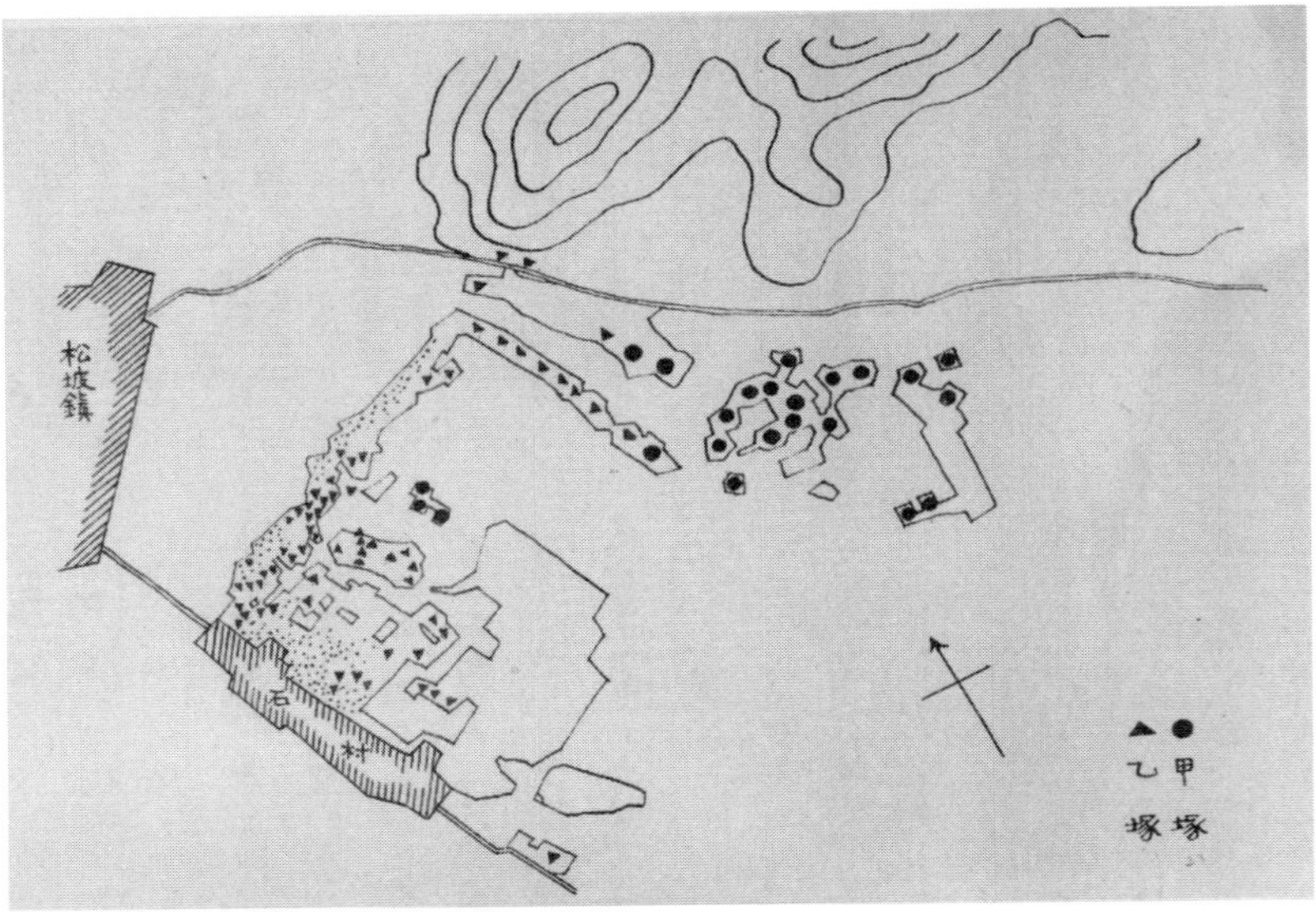

図63　『朝鮮古蹟図譜』三の石村付近の百済古墳分布図

益山地域の調査が実施された。益山地域では、王宮里遺跡（馬韓王宮址と推定）、弥勒山城（箕準城と推定）、双陵を馬韓の遺跡と把握しており、弥勒寺址石塔と王宮里五重石塔をすべて統一新羅時代のものと把握していた[3]。

第一期の百済故地の発掘調査は、一九一二年九月の栗山俊一による石村里古墳群調査から始まる。『朝鮮古蹟図譜』三には石村付近の百済古墳分布図が残っており、甲塚二三基、乙塚六七基が表示されている（図63）。第二期の一九一七年に同遺跡を発掘していた谷井済一の調査では、甲塚を土壙、乙塚は石塚と表記しているため、甲塚は（封土）石室墳、乙塚は積石塚を指すと考えられる。関野貞は、この古墳の調査結果について非常に簡略に報告しただけで[4]、調査の経過や詳細な内容は不明である。しかし、当時製作された図63は、植民地期に刊行された石村洞古墳群の唯一の分布図という点において、その後の石村洞一帯の遺跡に関する研究において一次資料として活用された。

関野貞一行は、一九一三年まで主要遺跡を幅広く調査するが、一九一五年からは開城、慶州、扶余など特定地域の古墳発掘に集中する。そのなかで注目されるのが、扶余陵山里古墳群の発掘である。(5) 陵山里古墳群の最初の発掘は、一九一五年、黒板勝美によって始まった。黒板は、総督府とは別に東京帝国大学の命令を受けて、一九一五年五月初めから七月末まで韓半島南部地域の史跡を調査した。彼が韓半島南部地域、そのなかでも洛東江・蟾津江・錦江流域を調査した理由は、この地域と日本との関係、特に、任那日本府を証明するためであった。(6) 彼は、慶州、加耶方面の調査を終えて南原・論山・公州を経由して七月九日に扶余に到着する。その後、陵山里古墳群のなかで最も大きい封土を持つ中下塚と西下塚を発掘した。(7) 黒板が発掘を始めて数日後、陵山里に到着した関野貞一行は、中下塚の次に規模が大きい中上塚を発掘し、その後、七月一六日まで塼槨塚、割石塚、横穴塚とともに扶蘇山城と聖興山城を調査する。当時の陵山里古墳群の調査結果は、関野貞によって直ちに報告され、一九一六年『朝鮮古蹟図譜』第三集として刊行された。

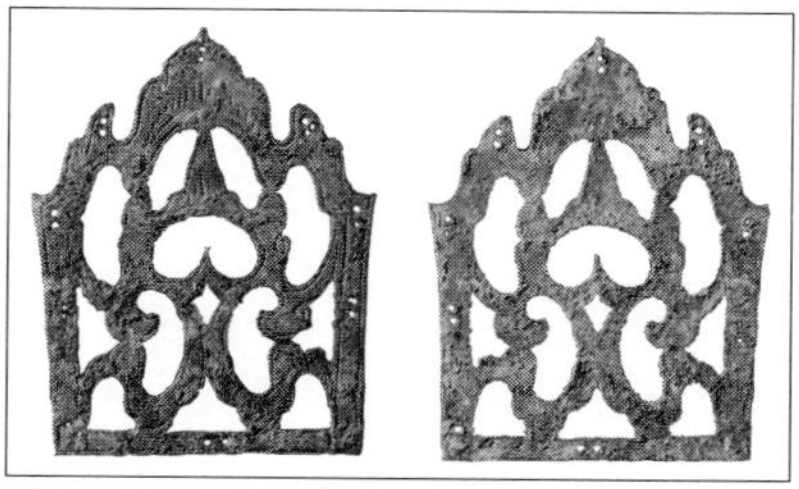
図64　扶余陵山里中上塚出土の宝冠金具

関野貞が最も注目したのは、中上塚から出土した金銅透彫金具で、『朝鮮古蹟図譜』には宝冠金具と紹介されている（図64）。彼はこの遺物について、「これは昔盗掘された時に残ったもので、その輪郭の曲線透彫の唐草文様などは純然と我が飛鳥時代の文様であり、ほとんど差がないといっても良い。我が飛鳥時代の芸術が百済式の真写であったことは実物上、この一片の金具でも明確に証明できる」として、この古墳を聖王や威徳王の陵墓と推定した。(8) 関野貞は、この金銅透彫金具を、法隆寺に伝わる遺物の模様と同じものととらえ、倭と百済、南朝を連結する文化交流の枠組みについて初めて言及する。

（二）第二期の古蹟調査活動（一九一六〜一九二〇年）

朝鮮総督府では、一九一五年に施政五年記念朝鮮物産共進会を開催した後、同年一二月一日に朝鮮総督府博物館を設立する。博物館の主な業務は、古蹟調査の年次計画、古建築物修理・工事、博物館陳列と陳列品の収集および購入、古蹟図譜と報告書などの出版、内外人の文化視察案内、国宝保存、古寺社修理、史跡指定などの業務に、発掘まで含まれていた。(9) それまで関野貞が実施した古蹟調査と、鳥居龍蔵が行った史料調査を統合して、朝鮮総督府の所属機関である博物館が主管するようにしたのである。このように総督府で直接に古蹟を調査し、博物館で保存・管理する業務を引き受けることになったのは、黒板勝美の提案が受け入れられたからであった。総督府は、これを「最初の統一的文化行政」と宣伝した。(10)

一九一六年七月四日、朝鮮総督府は府令第五二号で「古蹟及遺物保存規則」（以下「保存規則」と呼ぶ）を制定・公布する。「保存規則」樹立以降、古蹟調査は、古蹟調査委員会が組織されて五ヶ年事業計画が立案されるなど比較的体系だって進行した。一九一六年に古蹟調査五ヶ年事業計画が立案され、第二年度である一九一七年には、百済故地の全面的な調査が実施された。第二期の調査は、百済故地の最も「広範囲で組織的な調査」であり、第一期の調査内容を拡大・深化させるものであった。(11)

第二期の古蹟調査は、一九一六年八月二一日、今西龍による百済都城址（広州郡一円）、風納里土城、石村馬墳などの調査から始まる。一九一七年以降は、谷井済一が主導的に調査したが、第一期に調査されている広州、公州、扶余、益山地域以外に羅州地域の特別調査も実施された。

そのなかで石村付近の古墳群の発掘調査では、一九一六年に今西龍がその外形に関する簡略な調査を実施し、

二カットの写真を残している。今西は集安地域の積石塚群との関連性に言及して、「積石塚」という用語を最初に使用した。[12]一九一七年の谷井済一の調査は、これよりさらに精密な調査であり、石村里・可楽里・芳荑里古墳群の部分発掘調査も同時に実施された。その他に、高陽郡中谷里古墳、驪州郡梅龍里古墳を調査し、百済初期の墳墓として「他日、詳細に報告する」としたが、可楽里二号墳の平面図と断面図、石村里一号墳の全景と内部写真二カットが知られるのみである。一方、一九四二年に朝鮮総督府から発刊された『朝鮮宝物古蹟調査資料』には、石村里・可楽里古墳について「直径五間（約九メートル）以上のものが約九五ヶ所、それ以下のものが二二ヶ所、その他不明の大部分は石と土が混ざっており、少数土からなったものがある」と説明している。[14]このような説明をみると、非常に詳細な分布調査が実施されたと推察できる。

『朝鮮宝物古蹟調査資料』の凡例によると、この本は一九四二年に刊行されたとはいえ、一九一六・一七年殖産局山林課で林野中にある古蹟遺物を調査して「古蹟台帳」を製作し、要存林野その他の管理、あるいは処分する際に参考とするために編纂したものとしている。当時、目録のみ公開されたが、その図面の一部が現在、国立中央博物館に保管されている。[15]そのうち「広州郡」編には、可楽里一号墳実測図、石村里一・二・三・四号墳実測図、石村里八号墳実測図、石村里古墳群配置図、石村里地籍図、二里夢村土城地籍図、芳荑里古墳群分布図などが残っている。図面に残っている大正六年九月調査、大正八・九年製図という記録から、この資料は一九一七年九月に谷井済一が調査し、一九二〇年に報告書製作のために製図したものの一部と考えられ、石村里・可楽里・芳荑里一帯の古墳群に関する詳細な分布図が含まれている。図65の分布図には、石村洞・可楽洞古墳群二八〇基以上、芳荑里古墳群一六基などが表示されている。これらの図面は、漢城期の古墳群の分布状況を研究する際に基礎的な資料となるだろう。[16]

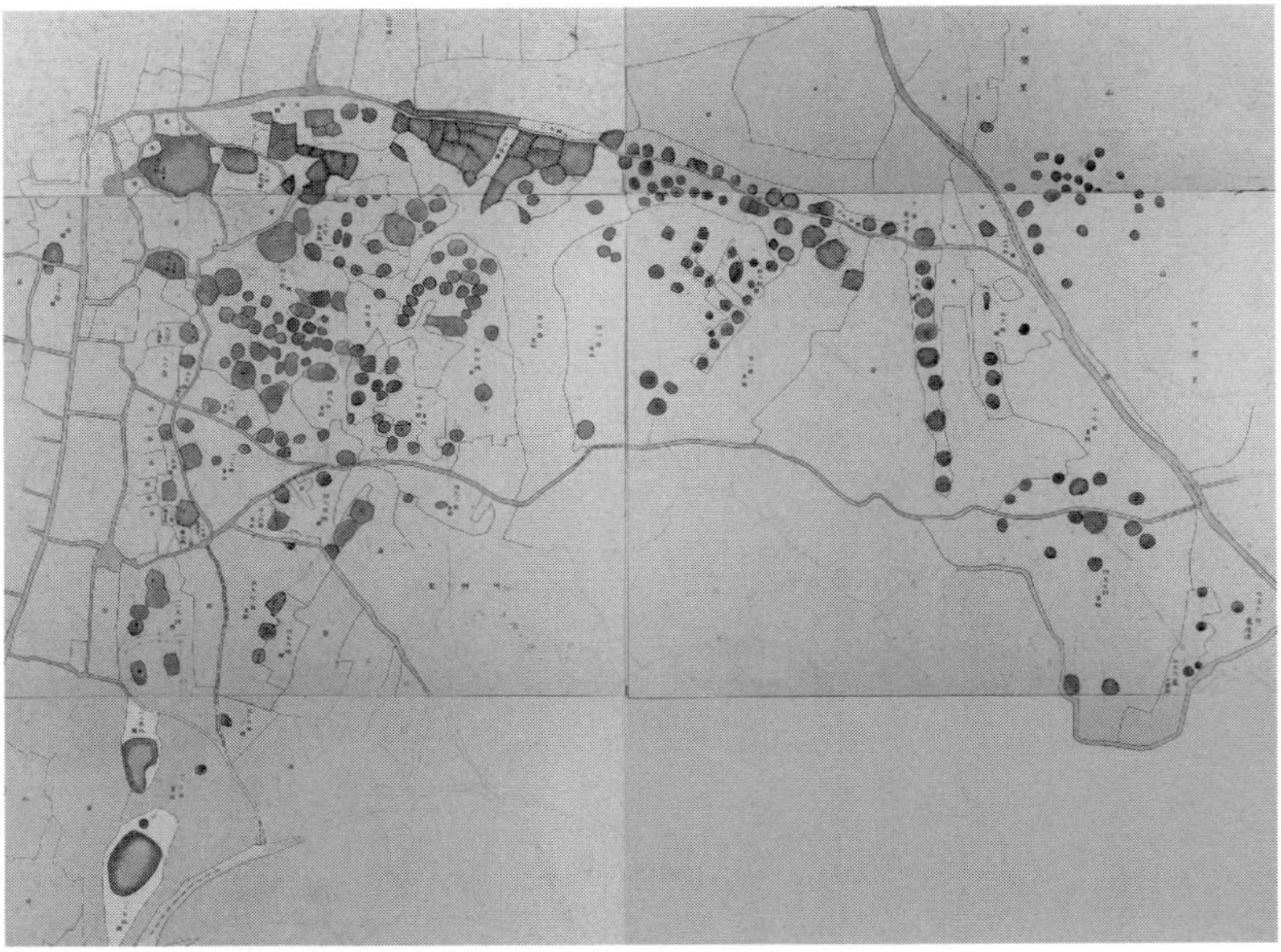

図65　ソウル石村里・可楽里一帯の古墳分布図（1917年作成）

この時期の陵山里古墳群の第二次調査として、西上塚と東上塚、東下塚の発掘も実施された。東下塚玄室内部からは、四神図と蓮花雲文壁画が発見されたが、副葬品はほとんど残っていなかった。これについて関野は、「百済滅亡当時駐留した唐軍の仕業」と述べている[17]。益山双陵の発掘も実施されたが、古墳の構造や木棺装飾が陵山里古墳群と酷似していることがわかり、百済末期の王族の陵墓として編年を修正することになる[18]。双陵から出土した木棺は、比較的完全な状態で残っており、若干の復元・修理を経て朝鮮総督府博物館に陳列された。梅原末治は、彼の著書で実測図を提示している[19]。

一九一七年と一九一八年には、羅州潘南面古墳群の特別調査が実施される。そのうち新村里九号墳からは、金銅冠と金銅履、環頭大刀などが出土し耳目を集めた。当時の報告書では、「これらの古墳はその葬法と関係遺物などからみて恐らく倭

人のものである。後日、「羅州潘南面における倭人の遺跡」と題して特別報告として提出することになるだろう」とした[20]。しかし、その後なんら報告もされなかった。当時の発掘品は、朝鮮総督府博物館に収蔵・登録され、そのうちの一部は常設公開・陳列された[21]。潘南面古墳群の発掘の成果は期待以上で、同年に今西龍が発掘した咸安末伊山三四号墳（現在の末山里四号墳）出土の鹿角刀装具[22]とともに、韓半島南部地域で確認された倭系遺物として注目を集めた。

（三）第三期の古蹟調査活動（一九二一〜一九三一年）

一九一六年の「保存規則」の実施以降、活気を帯びた古蹟調査事業であったが、一九一九年の三・一運動の勃発で大部分が中止あるいは萎縮した。総督府では、一九二〇年にいわゆる「文化政策」を標榜して、古蹟調査事業においても組織を改編し、一九二一年には学務局に古蹟調査課を新設して博物館と古蹟調査を統括させた。しかし、学務局古蹟調査課は、一九二三年に財政緊縮を理由に定員が縮小され、一九二四年末には課を廃止して学務局宗教課に業務を移管し、一九三一年まで存続する。藤田亮策はこの時期を一種の「整理時代」と呼んでいるが[23]、一九一六年以来発掘・収集された莫大な遺物を整理して発掘報告書を刊行し、科学的で精密な分析を実施して考古学的事業の効果を宣伝することに努めた。そうした点で第三期は、発掘自体は減るが「整理と保存活動」が中心となる時期であったといえる。

第三期の古蹟調査は、慶州金冠塚、金鈴塚、飾履塚など慶州地域の新羅古墳と楽浪・高句麗古墳の発掘に集中し、百済故地については、公州宋山里古墳群を除くと保存や収集調査にとどまっている。一九二二年五月に小泉顕夫は、陵山里東下塚壁画墳の状態を視察し、平百済塔周囲の木柵を修理するために扶余地域に出張し、扶余保

勝会に陳列された鄭智遠銘仏像と扶蘇山城出土土器、蓮華文瓦当などを調査する。[24] 扶蘇山城から発見された鄭智遠銘仏像については、鄭・趙などの姓からみると、中国六朝時代の小金銅仏が伝えられたのではないかと推定し、瓦当についても、蓮弁の型式と手法が飛鳥時代の古瓦と同じであるとして、飛鳥美術の研究者に興味を与えるだろうと述べている。

一九二三年六月頃、公州尋常高等小学校敷地の東北側で塼が発見された。関野貞はその入手経緯を詳しく調査・報告して、楽浪時代の塼と類似するとした。[25] その後、一九二七年三月、鶴峰里陶窯址の調査を終えた野守健・神田惣蔵は、宋山里二・五号墳と錦町一号墳など第三期の古墳を調査した後、一九三五年度に報告書を刊行した。[26]

この時期の公州地域の古墳発掘を主導したのは、軽部慈恩であった。一九二七年一月に公州高普教師として赴任した軽部は、一九三二年までの五年間に、七三八基という途方もない数の古墳を発掘することになる。彼の行跡や発掘の問題点については、すでに幾度か整理と評価が行われている。有光教一は、「公州の場合、特異なことは遺物の略取目的以外に研究目的という美名の下、教鞭を取っていた者によって一〇〇〇基にも達する百済古墳が「私掘」された」と批判している。[27] 軽部慈恩の発掘方法に多くの問題があったことは、明らかな事実である。しかし、第二期まで発掘された百済の古墳では副葬品がほとんど出土しておらず、それ以上調査が行われなかったが、彼が公州地域の古墳を紹介したことで、野守健らによって宋山里古墳の発掘が再開された。[28] このような野守らの活動によって各地方における地域単位の古蹟調査が初めて認識されたという点において、古蹟調査委員会の発掘以外の活動として一定の注意が必要であると考える。

一方、この時期の古蹟調査委員会の活動とは別に、今西龍と藤島亥治郎によって益山弥勒寺址の調査研究が行

われた。特に、藤島亥治郎は、一九二〇年代後半、益山弥勒寺址の地表調査を実施した後、伽藍配置と石塔復元図に関する重要な仮説を提示する。[29] 彼が提示した品字形伽藍配置図は、一九八一年、中院木塔址と金堂址が確認されるまでは、『三国遺事』の「殿塔廊各三所創之」という記録を最も合理的に復元したと評価された。

（四）第四期の古蹟調査活動（一九三一〜一九四五年）

朝鮮総督府は、一九二〇年代後半から財政緊縮と行政の整理を実施した。博物館や古蹟調査事業も縮小され、一九二六年以降は積極的な事業がほぼ停止した状態であった。このような財政上の困難を打開するために、黒板勝美は、朝鮮古蹟研究会を組織する。[30] 一九三一年八月に組織されたこの研究会は、朝鮮総督府の外郭団体として、古蹟調査委員会の活動のうち古蹟・宝物の調査研究および出版部門を担当し、一九四五年まで古蹟調査事業を主導する。[31] 朝鮮古蹟研究会の運営は、至急を要する場合が多く、黒板勝美の提案によって幹事である藤田亮策が単独で実施することが多かった。[32] 研究会は、経費節減のために専任研究員を置かず、随時、総督府博物館や帝室博物館の館員または東京帝大、京都帝大、京城帝大の教官に旅費を与え研究員として委嘱した。[33]

石田茂作が扶余の古蹟調査に参加したのは、やはり黒板勝美との個人的な縁と、藤田亮策の勧誘があったためである。当時、石田は、東京帝室博物館に鑑査官として勤務していた仏教考古学の専門家であった。石田は、黒板が代表を務めていた財団法人聖徳太子奉讃会の財政支援を受けて、飛鳥時代の寺院遺跡、いわゆる「聖徳太子四六院」の現場調査を一九二七年から八年余りかけて行い、それを整理して『飛鳥時代寺院址の研究』という書籍を出版する。[34] その後、飛鳥時代の寺院を研究するためには、まず、百済の寺院を調査しなければならないということを認識するようになり、藤田亮策の勧めによって百済の寺院調査に参加することになった。[35]

第四期の古蹟調査活動は、公州宋山里と羅州潘南面古墳群を除くと、すべて扶余地域の寺院遺跡に集中する。したがって、第四期は「扶余の地域史と仏教考古学という分野の研究」が実施された時期といえる。一九三九年に扶余神宮の造営が発表された後では、そのような傾向がさらに深化した。

第四期の発掘は、宋山里六号墳の収集調査と宋山里二九号墳の調査から始まる。そのうち宋山里六号墳については、軽部慈恩の略報告と小泉顕夫の回顧録によって検討が行われている[36]。宋山里六号墳では、四神図の壁画、塼築墳の構造、銘文塼などが確認され、学界の耳目を集めた。関野貞は銘文塼を「梁良（?）□為（?）師矣」と判読し、「良（?）□」は梁から来た塼工ではないかと推定した。さらに、塼の製法と型式が梁から直接伝来したものとして、百済文化が南朝、特に梁から多くの影響を受けた明確な証拠であるとした[37]。

扶余地域では、一九一七年の陵山里古墳群の調査以降、発掘が全く行われていなかったが、一九三五年に再開される。最初に石田茂作によって、軍守里寺址、東南里寺址、佳塔里寺址の発掘が実施され、有光教一によって外里寺址と潘南面古墳群の発掘、梅原末治によって陵山里東古墳群の発掘が実施される。一九三五年の軍守里寺址の発掘以降、一九三六年から実施された第三次古蹟調査（一九三六～一九三八年）では、高句麗や百済遺跡にも力を注ぎ、個別遺跡の精密な発掘とともに、全面的な分布調査も実施するという方針が立てられる[38]。特に、一九三九年、扶余神宮の造営を契機に総督府博物館の扶余分館が設立され、その後、分館内に百済研究所を設置し、藤澤一夫が常住して調査を専門的に担当した。一九四一年六月に扶余に赴任した藤澤一夫は、定林寺址、旧衙里寺址、旧校里寺址、扶蘇山城、扶蘇山廃寺址（別名西腹寺址）、錦城山廃寺址（錦城山瓦積基壇建物址）などを発掘するが、その調査内容は一九四五年八月以降に極めて簡略に報告されたのみである[39]。

一九四一年五月末には、扶余神宮進入路の工事中に窯址が発見され、米田美代治が緊急調査を実施する。戦後、

小泉顕夫はこの窯址について、錦城山佳塔里部落入口の山すそに位置する窯址であるとして、飛鳥寺に隣接する瓦窯と構造が類似すると指摘した(40)。しかし、この遺跡は、現在の双北里窯址に該当する。国立中央博物館に保管されている古文書のなかには、当時調査された双北里窯址に関する申告書綴と調査図面、保存施設計画図などが残っている(図66)(41)。国立扶余博物館には、当時調査された土器片と瓦片の一部が残存しており、今後さらなる報告が必要である(42)。

第二節　廃寺址の調査背景とその意味

百済故地の古蹟調査は、整理と保存が中心となる第三期を経て、第四期には「扶余」地域の「廃寺址」を中心に再び活気を帯びる。一九三五年の軍守里寺址発掘まで、韓半島の古蹟調査事業は古墳の調査が中心であった(43)。軍守里寺址の発掘は、朝鮮総督府が韓半島で実施した最初の寺址発掘であったが、その成果は期待以上であった。当時の新聞インタビューで石田茂作は、扶余で初めて四天王寺式伽藍配置を確認し、木塔址下部から出土した二点の仏像が、飛鳥時代のそれと完全に符合することから「日本の飛鳥時代の仏教文化が百済から伝来した事実を証明する最初の史蹟」であるとした(44)。

石田茂作は、一九二六年に初めて扶余を訪問した後、「もし慶州が朝鮮の奈良とするならば、扶余は飛鳥の旧都に該当する」とその印象を述懐している(45)。その後、聖徳太子奉讃会から財政支援を受けていわゆる「聖徳太子四六院」に関する調査を実施し、当時日本の学界において争点となっていた法隆寺再建非再建論争を注視しながら、百済寺院の調査の必要性を痛感したという(46)。こうしてみると、石田茂作をはじめとする朝鮮古蹟研究会によ

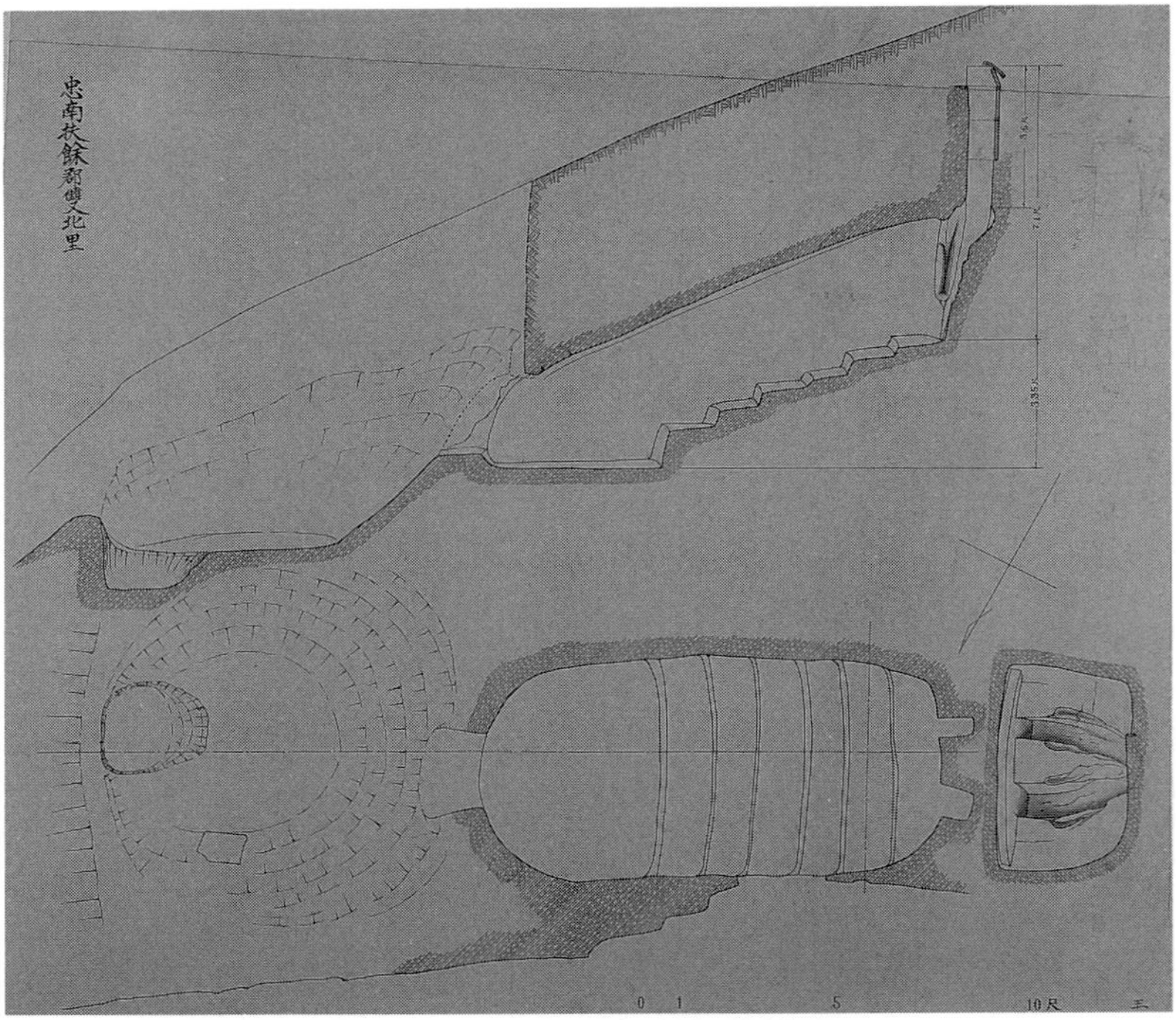

図66　米田美代治調査（1941年6月）の扶余双北里窯址の実測図

る扶余地域の寺院の古蹟調査は、日本の初期仏教寺院、特に、飛鳥時代の古代寺院と百済寺院の関連性を見出すことに重点を置いていたと考えられる。

　石田茂作の寺院研究には、「私の古瓦の鑑識、仏寺建築などの知識は個人的な関係から博士（関野貞）の訓導に負うところが非常に大きい」と述べたように関野貞の影響が多大であった[47]。関野貞は、一九一五・一七年に陵山里伝王陵群より出土した宝冠金具から百済の文化を中国南朝と倭の間に規定しようとし、その後、宋山里六号墳の塼と銘文塼を通して、梁と百済の文化交渉を証明しようとした。ところで、関野貞をはじめとする日本の官学者たちは、飛鳥―百済―梁の交渉に注目しながらも、百済で内在化した南朝の文化が日本に伝えられたのではなく、

南朝の文化が百済を経由して直ちに日本に伝えられたと理解した。戦後、藤澤一夫は、飛鳥時代の瓦当について南梁百済様式、高句麗百済様式という二つの系統を設定し、百済様式自体も中国南梁との文化交渉のなかで成立したという見解を提示している[48]。

二〇世紀初め、日本人研究者の間で飛鳥文化への関心が高まったのは、日本美術史の発展過程とも関連がある。西欧の方法論を採り入れた日本最初の美術史は、一八九〇〜一八九一年に東京美術学校で講義を行った岡倉天心の『日本美術史』である。彼の美術論のなかで特記すべきは、韓半島をはじめとする大陸から導入された美術品や渡来人が作った美術品が大部分を占める推古時代の美術を「日本美術史」の始まりとしている点である[49]。彼の『日本美術史』は、当初は講義録に過ぎなかったが、一九二二年に日本美術院発行の『岡倉天心全集』で活字化される。日本美術史研究の進展と拡散は、飛鳥文化の源流への研究者の関心をより一層高めたものと考えられる。

当時の日本の学界における飛鳥文化への関心の増大、理解の深化と関連して注目されるのは、いわゆる「法隆寺再建非再建論争」である。現在の法隆寺西院伽藍が、創建当初の飛鳥時代のものなのか、あるいは『日本書紀』の天智天皇九年（六七〇）四月に法隆寺が焼失したという記録のように、その後再建されたものなのかに関する論争であり、日本建築史と日本美術史の研究もこの論争を通して開始・発展した。この論争は、一九世紀後半から始まったが、非再建説を最も積極的に主張したのが他ならぬ関野貞であり、彼は一九二〇年代後半まで引き続きこの学説を補完していった。

この論争は、一九三九年一二月に法隆寺内部にあった若草伽藍の心礎石が返還されたことを契機に、心礎石の旧位置を探すための発掘調査が実施されたことで終止符が打たれた。石田茂作と末永雅雄が主軸となって実施した発掘の結果、若草伽藍は四天王寺式伽藍配置を呈しており、出土瓦当が七世紀初めに該当することがわかった[50]。

一九三九年一二月、石田茂作が若草伽藍の発掘を担当することになったのは、若草伽藍の心礎石について新聞に寄稿したことが契機になったというが、前年度まで軍守里寺址をはじめとする百済廃寺址を実際に発掘した現場の専門家という点が大きく作用したと考えられる。

そうしたことから、扶余地域の廃寺址の発掘調査は、日本の古代寺院の発掘や研究を活発にするうえで大きく寄与したと評価できる。しかし、百済地域において寺址の発掘が実施された背景をみると、それはあくまでも日本の学界の未解決課題を扶余地域における廃寺址の発掘を通して確認するための過程に過ぎなかった。その結果は、先天的に他者の視角から整理され加工されざるを得ないという限界を内包していたのである。例えば、日本の官学者たちは、百済寺院と日本の古代寺院の伽藍配置でみられる共通性にのみ注目し、相違点については一貫して無関心であった(51)。

また、扶余古蹟保存会をはじめとする地域社会内部の活動も注目される。一九一五年に発足した扶余古蹟保存会は、一九二九年二月末、朝鮮総督府から財団法人設立許可を得て組織が拡大し財政が強化されて、その後、活発に活動する。財団法人化のための扶余古蹟保存会の陳情書や設立趣旨書には、百済を日本と縁が深い土地であり、飛鳥文化形成に多大な影響を与えたことを強調して、百済と日本を「脣歯輔車」の関係とするなど両国の緊密性を強調している(52)。財団法人扶余古蹟保存会の発足と活動は、百済の旧都扶余を飛鳥の故郷と認識させて観光名所化することを促進した。

これと関連して、大坂金太郎の個人的な活動にも注目する必要がある。慶州で主に活動した彼は、一九三二年末、扶余博物館長として赴任した後(53)、扶余の古蹟の再解釈を通して、扶余の霊地化または聖域化作業に邁進した(54)。例えば、欽明天皇九年（五四八）に三七〇人の日本人を百済に送って築城したという「得爾辛城」を扶余邑東側

の青馬山城に比定し、これは当時、日本が積極的に百済救護に努めたという証拠であるとした。また、落花岩に身を投じた主体が、百済の女性だけでなく日本人の夫人も含まれたとしたり、皐蘭寺を日本人最初の留学生が起居した場所であると宣伝した。彼の活動が一部扶余の観光名所化に寄与し、一九三九年に扶余神宮が建設される土台となったことは事実であるが、このような事例はすべて史実を歪曲したものであったため、その弊害はしばらく続き、慶州での古蹟調査活動を移して再現したものに過ぎなかった。

朝鮮総督府は、神武天皇即位二六〇〇年の一九四〇年を記念するため、一九三五年一〇月から紀元二六〇〇年祝典準備委員会を内閣に設置するなど多くの努力を傾け、朝鮮総督府でも施政三〇年を記念するための各種行事を企画する。朝鮮総督府では、記念事業の一つとして扶余に神宮を造営するという内容を一九三九年三月八日発表する。[55] 一九三九年八月一日には、扶余神宮の清祓式を挙行するが、この日、中堅青少年修練所開所式と総督府博物館の扶余分館開館式が同時に行われた。[56]

中堅青少年修練所は、毎年各道知事が推薦する男女五〇〇人を入所させ、一ヶ月ずつ精神教育と簡単な軍事訓練を実施する場所であり、[57] 佳塔里寺址は、この訓練所を作る過程で発見された遺跡である。扶余分館は、一九二九年に発足した財団法人扶余古蹟保存会が主軸となって、一九三三年から扶余分館建設請願書を提出したが、財政上の問題で実現しなかった。しかし、扶余神宮造営を契機に分館設立が決定され、一九三九年四月一日から観覧が許諾されて開館式を行うこととなった。そうしたことから、扶余分館の開館は、内鮮一体の深化と神宮建設など朝鮮総督府の植民地政策意図が反映された産物といえる。

扶余神宮建設によって扶余市街地整備のための扶余神都建設計画（一九三九年一〇月三一日）が立案され、扶余と窺岩一帯の四四二四万平方メートル（約一三三八万坪）が計画区域として決定する（図67）。[58] 当時、人口一五〇〇〇

人にもならない扶余面を対象にして、それよりさらに広い面積を都市計画面積としたことは非常に特異な事例である。扶余の都市計画案で注目されるのは、広い面積の神宮外苑を造るということであった。当時、日本では紀元二六〇〇年記念事業の一つとして橿原神宮の規模を広げ、外苑を拡張する計画が立案されていた[59]。したがって、扶余神宮建設計画案を立てる際に、橿原神宮の整備過程が参照され、問題点について事前に備えようとしたと推察できる。

一九三〇年代の扶余地域における古蹟調査の再開と観光名所化は、扶余神宮の造営と神都建設に帰結され、扶余は「内鮮一体の霊地」として宣伝される。国民精神総動員朝鮮連盟から刊行されたパンフレットをみると、百済の都である扶余は日本と最も縁故が深い場所であることから神宮を建設することになったと強調している[60]。しかし、このような事業は、一九四一年一二月八日に太平洋戦争が勃発すると、それ以上工事が進捗されず、一九四五年前半期に神宮の礎石工事が終わったに過ぎなかった。

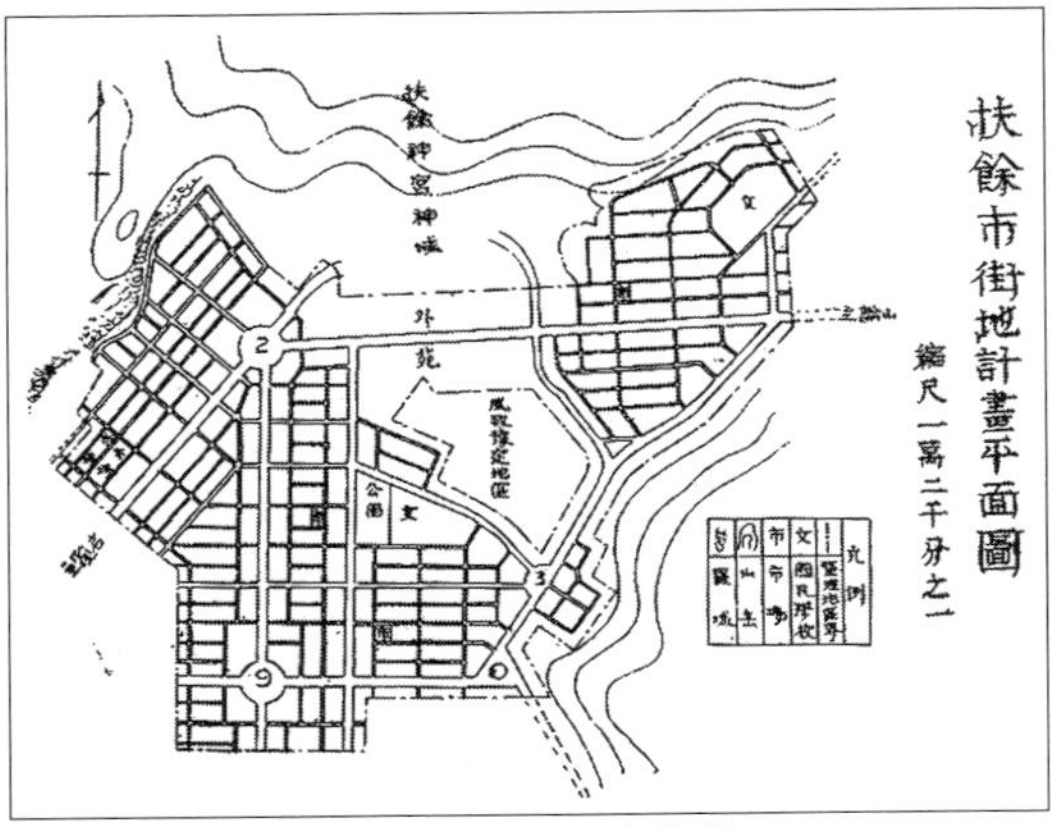

図67　扶余市街地計画平面図（1939年作成）

まとめ

本章では、百済故地の古蹟調査事業の展開過程を四時期に区分してその流れを把握し、さらに、一九三〇年代から扶余地域における廃寺址の発掘調査が集中した背景を追跡した。百済故地の古蹟調査

事業は、大きく分けて四時期に展開した。

第一期は、一九〇九年の関野貞一行の古蹟調査から始まり、光州、公州、扶余、益山など百済の都城址の調査が行われた。第二期は、一九一六年の「保存規則」施行以後、最も広範囲かつ組織的な調査が実施されるが、第一期の都城址に加えて羅州地域の発掘が追加される。第三期は、一九二〇年代以降、財政的・行政的な理由から発掘調査は減少するものの、発掘報告書の刊行といった整理と遺跡の保存が中心となる。第四期は、朝鮮古蹟研究会が設立されて以降、一九三五年から扶余地域の廃寺址の調査が集中的に実施される。百済故地の古蹟調査事業は、都城址中心の調査、全地域を対象にした組織的な調査と発掘、整理および保存活動、特定地域と特定分野を中心にした調査などで展開したといえる。

一九三〇年代半ば以降、百済故地の古蹟調査は、古墳の調査でなく、扶余地域の廃寺址が中心となった。このような方向転換は、日本の学界の飛鳥文化への関心の増大、財団法人扶余古蹟保存会の活動と関連があると考えられる。当時、日本学界の懸案であった法隆寺再建非再建論争の解明という自らの問題を解決するためには、飛鳥文化の源流である百済寺院の理解が必須であった。このような必要性から、扶余の廃寺址発掘に参加した石田茂作は、軍守里寺址をはじめとする扶余地域の廃寺址の発掘を通して日本の四天王寺式伽藍配置の源流が百済にあることを確認した。彼は、その後、日本に戻って、法隆寺論争に終止符を打つことになる若草伽藍の発掘を主導することになった。このように百済故地の古蹟調査事業、特に、扶余地域の廃寺址の発掘調査は、日本の飛鳥時代の寺院についての問題意識が早くから、そして、深く投影されていたのである。

遺跡や遺物は、自ら語ることはない。それを調査した目的や研究者の史観によって、解釈は大きく変わるものである。植民地期の扶余地域における廃寺址調査では、百済の寺院が四天王寺式伽藍配置の源流に当たるととも

に、出土遺物が飛鳥文化と直接関連することを確認するのが、何よりも重要な課題であり成果であった。しかし、百済寺院の伽藍配置や遺物が、飛鳥時代のそれと同じであるということを確認したのみで、その差異点については無関心であり、このような他者化された視角（自身の基準によって固定された存在として規定した外在的問題意識）と研究傾向は、現在まで続いているといわざるを得ないだろう。

（1）早乙女雅博「新羅の考古学調査一〇〇年の研究」（『朝鮮史研究会論文集』三九、二〇〇五年）、高橋潔・広瀬繁明・山本訝和「関野貞の朝鮮古蹟調査」（『関野貞のアジア踏査』東京大学コレクションⅩⅩ、二〇〇五年）、＊李順子『日帝強占期古蹟調査事業研究』（景仁文化社、二〇〇九年）。
（2）高橋潔「関野貞を中心とした朝鮮古蹟調査旅程：一九〇九～一九一五」（『考古学史研究』九、二〇〇一年）、内田好昭「日帝統治下の朝鮮半島における考古学的発掘調査（上）」（『考古学史研究』九、二〇〇一年）。
（3）朝鮮総督府『朝鮮古蹟図譜』三・四（一九一六年）および『朝鮮古蹟図譜解説』三・四（一九一六年）。
（4）関野貞「朝鮮東部の遺跡」（『朝鮮の建築と芸術』岩波書店、一九四一年、初出一九一三年）。
（5）陵山里古墳群発掘の経緯については、次の論考が参考となる。高橋潔「関野貞を中心とした朝鮮古蹟調査旅程」（前掲誌）二七～二九頁および内田好昭「日帝統治下の朝鮮半島における考古学的発掘調査（上）」（前掲誌）七七頁。
（6）＊鄭尚雨「一九一〇～一九一五年の朝鮮総督府嘱託の学術調査事業」（『歴史と現実』六八、二〇〇八年）二五七頁。
（7）黒板勝美「朝鮮事蹟遺物調査復命書」（『黒板勝美先生遺文』吉川弘文館、一九七四年）三〇～三二頁。
（8）関野貞「百済の遺跡」（『朝鮮の建築と芸術』前掲書、初出一九一五年）四六六～四六七頁。
（9）藤田亮策「朝鮮古文化財の保存」（『朝鮮学報』一、一九五一年）二五九～二六一頁。
（10）＊李成市「黒板勝美を通してみた植民地と歴史学」（『作られた古代』サミン、二〇〇一年、初出一九九九年）二一七～二一九頁。

(11) 第二期には一九一六年の今西龍による漢江流域(一府一五郡)、一九一七年の谷井済一による京畿道広州・高陽、忠南道天安・公州・青陽・論山、全北道益山、全南道羅州、一九一八年の全南道羅州・順天・麗水などの古蹟調査が行われた。
(12) 今西龍「京畿道広州郡等遺跡遺物調査報告書」(『大正五年度朝鮮古蹟調査報告』一九一七年)八五~八七頁。
(13) 谷井済一「京畿道広州郡など一〇郡古蹟調査略報告」(『大正六年度朝鮮古蹟調査報告』一九二〇年)五九六~六〇一頁。その後、一九三五年の宋山里古墳群の発掘報告書を発刊した際、石村里六・七号墳平面図、可楽里二号墳に関する実測図、中谷里甲・乙墳および梅龍里二・八号墳実測図を掲載した。朝鮮総督府『昭和二年度古蹟調査報告(第二冊)―公州宋山里古墳調査報告』(一九三五年)。
(14) 朝鮮総督府『朝鮮宝物古蹟調査資料』(一九四二年)四八頁。
(15) *国立中央博物館『光復以前博物館資料目録集』(一九九七年)二三七~二三八頁。
(16) 本章が二〇一〇年に最初に発表された後、植民地期の石村洞古墳群の発掘地域と、それ以後の発掘調査内容を詳細に比較検討した論文と報告書が公表されており参考となる。*趙佳英「石村洞古墳群の築造様相検討―古墳分布を中心に」(『韓国上古史学報』七五、二〇一二年)、*ソウル大学校博物館『石村洞古墳群』Ⅰ(二〇一三年)。
(17) 朝鮮総督府「扶余郡」(『大六年度朝鮮古蹟調査報告』一九二〇年)六二八頁。
(18) 朝鮮総督府「益山」(『大正六年度朝鮮古蹟調査報告』前掲書)六五二頁。
(19) 梅原末治「百済の古墓制」(『朝鮮古代の墓制』左右宝刊行会版、一九四六年)図版二二。
(20) 朝鮮総督府「羅州郡」(『大正六年度朝鮮古蹟調査報告』前掲書)六五二頁。
(21) 有光教一「羅州潘南面新村里第九号墳発掘調査記録」(『朝鮮学報』九四、一九八〇年)一二二頁。
(22) 今西龍「咸安郡(上)」(『大正六年度朝鮮古蹟調査報告』前掲書)二五九~二七三頁。今西龍はこの鹿角刀装具について、日本から輸入されたものか日本の製品を模倣した可能性について言及している。
(23) 藤田亮策「朝鮮に於ける古蹟の調査及び保存の沿革」(『朝鮮』一九九、一九三一年)九九頁。
(24) 小泉顕夫「扶余発見の遺物の二三」(『大正十一年度古蹟調査報告書(一冊)』一九二四年)三五頁。

(25) 関野貞「公州新出土百済時代の塼」(『朝鮮の建築と芸術』前掲書、初出一九二四年)四七六～四八〇頁。
(26) 朝鮮総督府『昭和二年度古蹟調査報告(第二冊)―公州宋山里古墳調査報告』(前掲書)。
(27) 有光教一「公州宋山里第二九号墳」(『朝鮮古蹟研究会遺稿Ⅱ』ユネスコアジア文化研究センター、二〇〇二年)一四頁。有光は「私掘」について、法律上、総督府が任命した古蹟調査委員や総督府博物館職員が発掘したものでなければ、このように呼んだと脚注を付けて説明している。しかし、軽部慈恩の調査が、短期間に遺物のみ収集し報告書も刊行されなかった総督府の古蹟調査活動といかなる違いがあるのか疑問である。当時、古蹟調査委員会は、主要遺跡の発掘を独占しながら盗掘を放置・助長し、その結果多くの重要な遺跡が破壊、消滅したという批判を免れない。
(28) 梅原末治「百済の古墓制」(前掲書)六三～六四頁。
(29) 藤島亥治郎「朝鮮建築史論其三」(『朝鮮建築史論』景仁文化社、一九六九年、初出一九三〇年)。
(30) 藤田亮策「朝鮮古蹟調査」(『朝鮮学論考』藤田先生記念事業会、一九六三年)八二頁。
(31) ＊李順子「日帝強占期朝鮮古蹟研究会と古蹟調査事業」(『日帝強占期古蹟調査事業研究』前掲書)二〇八～二二五頁。
(32) 藤田亮策「朝鮮古蹟調査」(前掲書)八二～八三頁。
(33) 有光教一『朝鮮考古学七十五年』(昭和堂、二〇〇七年、初出一九八四年)八頁。
(34) 石田茂作『飛鳥時代寺院址の研究』(財)聖徳太子奉讃会、一九三六年)。この本には、黒板勝美の「書」と著者本人の「序文」がある。石田茂作は一九二六年、満鮮旅行中に病に罹り六ヵ月間入院し、その後、中川忠順の推薦で聖徳太子奉讃会の「聖徳太子四十六院の研究」プロジェクトに参加することになったという。
(35) 石田茂作「百済寺院と法隆寺」(『法隆寺雑記帖』学生社、一九六九年、初出一九五三年)一九四～一九五頁。
(36) 軽部慈恩『百済美術』(宝雲舎、一九四六年)、小泉顕夫「公州の古墳」(『朝鮮古代遺跡の遍歴』六興出版、一九八六年)。
(37) 関野貞「塼から見たる百済と支那南北朝特に梁との文化関係」(『朝鮮の建築と芸術』前掲書、初出一九三四年)四八九～四九〇頁。
(38) 斎藤忠「調査計画と其の実施の経過」(『昭和十三年度朝鮮古蹟調査報告』一九三七年)一頁。

(39) 藤澤一夫「百済仏教遺跡の研究」(『人文』三巻一号、一九四六年)、藤澤一夫「古代寺院の遺構に見る韓日の関係」(『アジア文化』八巻二号、一九七一年)。
(40) 小泉顕夫「百済石仏の発見」(『朝鮮古代遺跡の遍歴』前掲書)一八八～一八九頁。
(41) 双北里窯址は、瓦陶兼業の登窯であり、焼成室、窯床(階段式)、煙道部など窯の構造と出土品を勘案すると、六世紀末から七世紀前半が中心年代であるものと考えられる。＊国立中央博物館『光復以前調査遺蹟遺物未公開図面Ⅵ―忠清南道』(二〇一〇年)一四〇頁。
(42) 扶余神宮の造営過程で行われた発掘は、通常の調査進行が困難であったため、未整理・未報告状態にある。例えば、旧衙里寺址の場合、一九四二年九月に方形舎利孔がある心礎石が残っており、収集調査を実施した。しかし、その付近に扶余警察署庁舎建設が行われることにより調査を実施できず、庁舎完成後になってようやくその裏庭から多量の瓦と塑像片を収集したという(＊李炳鎬「扶余旧衙里出土塑造像とその遺跡の性格」〈『百済文化』三六、二〇〇七年〉六八～六九頁)。
(43) これは関野貞が建築学者であったという点と遺物収集の容易さなどに起因したものと考えられる。関野貞の古墳発掘の目的は「失われた木造建築と古墳の関係」の解明であり、彼は古墳を一種の文化標徴と認識していた(山本雅和「文化標徴としての古墳」〈『考古学史研究』九、二〇〇一年〉四九～五八頁)。
(44) 杉三郎「軍守里寺址発掘」(『趣味の扶余』迎月堂、一九四一年)一〇頁。
(45) 高橋健自・石田茂作『満鮮考古行脚』(雄山閣、一九二七年)五二頁。
(46) 石田茂作「法隆寺若草伽藍址の発掘に就て」(『法隆寺雑記帖』前掲書)一九四～一九五頁。
(47) 網伸也「瓦研究における三つの指標」(『考古学史研究』八、一九九八年)三九頁。
(48) 藤澤一夫「日鮮古代屋瓦の系譜」(『世界美術全集二』角川書店、一九六一年)。
(49) ＊高木博志「日本美術史と朝鮮美術史の成立」(『国史の神話を超えて』ヒューマニスト、二〇〇四年)一七〇～一七一頁。
(50) 石田茂作「法隆寺若草伽藍址の発掘に就て」(前掲書)一二八～一三九頁。
(51) 東西回廊址北側のいわゆる付属建物址の場合、軍守里寺址の発掘ですでに実態があらわれていたが、その意味については

長い間関心が払われることがなかった。このような問題点とその意味については、次の論考で整理した。李炳鎬「植民地期における扶余地域の寺址調査に対する再検討」（『奈良美術研究』一一、二〇一一年）。

(52) ＊李順子「地方古蹟保存会と地方博物館」（『日帝強占期古蹟調査事業研究』前掲書）四二一〜四二三頁。

(53) 大坂金太郎は一九三二年一一月、総督府博物館長藤田亮策、忠清南道知事岡崎哲郎の要請を受けて扶余博物館長となり、百済の遺跡調査を担当することになったという（大坂金太郎「在鮮回顧十題」〈『朝鮮学報』四五、一九六七年〉九六頁）。しかし、彼が関与して発行した『扶余古蹟名勝案内記』の凡例には、（財）扶余古蹟保存会の嘱託と記録されている。

(54) ＊崔錫栄「日帝植民地の状況と扶余古蹟保存会の活動」（『韓国博物館歴史一〇〇年』民俗園、二〇〇八年）一七九〜一八八頁。

(55) ＊孫禎睦「扶余神宮造営といわゆる扶余神都建設」（『日帝強占期の都市計画研究』一志社、一九九〇年、初出一九八七年）三四五〜三五〇頁。

(56) 「扶余の扶蘇山霊地に意義深い三大儀式」『東亜日報』一九三九年八月二日付。

(57) ＊孫禎睦「扶余神宮造営といわゆる扶余神都建設」（前掲書）三五四〜三五五頁。

(58) 扶余神宮と神都の具体的な建設計画については青木治市「扶余神都に就て」（一〜三）（『雑誌区画整理』一九四一年、四月・六月・八月号）と＊孫禎睦「扶余神宮造営といわゆる扶余神都建設」（前掲書）が参考となる。

(59) 高木博志『近代天皇制と古都』（岩波書店、二〇〇六年）五三〜五五頁。

(60) 国民精神総動員朝鮮連盟『内鮮一体の霊地扶余』（一九三九年）一〜四頁。

初出一覧

第一章

第一節　早稲田大学奈良美術研究所「瓦当からみた熊津時期の百済寺院の断面」『奈良美術研究』一三、二〇一二年を改稿

第二・四節　帝塚山大学考古学研究所「百済寺院の展開と日本の初期寺院」『帝塚山大学考古学研究所研究報告』XIV、二〇一二年を改稿

第三節　大橋一章・新川登亀男編「扶余・定林寺址よりみた百済聖王代の仏教と王権」『「仏教」文明の受容と君主権の構築』勉誠出版、二〇一二年の一部を改稿

第二章　韓国史研究会「扶余陵山里寺址伽藍中心部の変遷過程」『韓国史研究』一四三、二〇〇八年

第三章　韓国古代史学会「慶州出土の百済系瓦製作技術の導入過程―伝興輪寺址出土品を中心に」『韓国古代史研究』六九、二〇一三年

第四章

第一～三節　忠南大学校百済研究所「百済寺院と日本飛鳥寺の三金堂の源流」『百済研究』五七、二〇一三年

第四節　帝塚山大学考古学研究所「百済寺院の展開と日本の初期寺院」『帝塚山大学考古学研究所研究報告』XIV、二〇一二年を改稿

第五章　韓国上古史学会「飛鳥寺に派遣された百済瓦博士の性格」『韓国の上古史学報』八一、二〇一三年

補論　韓国古代史学会「日帝強占期の百済故地に関する古跡調査事業」『韓国古代史研究』六一、二〇一一年を大幅に改稿

付記：既発表論文の再録に際しては、誤記や誤植、そのほか発表後の知見による修正、補足を加えた。
また、序章と結論は新稿である。

図版出典一覧

図1　①②国立文化財研究所『風納土城XIV』（二〇一四年）
③④⑤⑥公州師範大学博物館『公山城百済推定王宮址発掘調査報告書』（一九八七年）
⑦戸田有二「百済の鐙瓦製作技法について（Ｉ）」（『百済文化』三〇、二〇〇一年）
⑧清水昭博『古代日韓造瓦技術の交流史』（清文堂出版、二〇一二年）
⑨国立公州博物館『艇止山』（一九九九年）
⑩国立扶余博物館『百済瓦塼』（二〇一〇年）
⑪国立慶州博物館『慶州工業高等学校内遺構収拾調査』（二〇一一年）
図2　崔英姫「新羅古式軒丸瓦の製作技法と系統」（『韓国上古史学報』七〇、二〇一〇年）をもとに修正加筆
図3　国立扶余博物館『百済伽藍に込められた仏教文化』（二〇〇九年）
図4　国立扶余文化財研究所『扶余定林寺址発掘調査報告書』（二〇一一年）
図5　台湾故宮博物院蔵
図6　①筆者撮影
②南京市文物保存委員会「南京郊区両座南朝墓清理簡報」（『文物』二期、一九八〇年）
図7　①～④筆者撮影
図8　①藤澤一夫「古代寺院の遺構に見る韓日の関係」（『アジア文化』八巻二号、一九七一年）
②尹武炳『定林寺―定林寺址発掘調査報告書』（忠南大学校博物館、一九八一年）
③国立扶余文化財研究所『扶余定林寺址発掘調査報告書』（二〇一一年）

④筆者作成
図9　国立扶余博物館『百済伽藍に込められた仏教文化』（二〇〇九年）
図10　筆者作成
図11　①石田茂作「扶余軍守里廃寺址発掘調査（概報）」（『昭和十一年度古蹟調査報告』一九三七年）
②筆者作成
図12　国立扶余文化財研究所『王興寺址Ⅳ』（二〇一二年）をもとに加筆
図13　①石田茂作・斎藤忠「扶余に於ける百済寺址の調査（概報）」（『昭和十三年度古蹟調査報告』一九四〇年）
②忠南大博物館『扶余東南里遺跡』（扶余郡、二〇一三年）をもとに加筆
図14　国立扶余文化財研究所『帝釈寺址―発掘調査報告書Ⅱ』（二〇一三年）をもとに加筆
図15　円光大学校馬韓百済文化研究所『文化遺跡分布地図：益山市』（一九九八年）をもとに修正加筆
図16　文化財管理局文化財研究所『弥勒寺』（一九八九年）をもとに修正加筆
図17　①②国立文化財研究所『弥勒寺址石塔―基壇部発掘調査報告書』（二〇一二年）
図18　①古代を考える会『古代を考える五―古代の日本と朝鮮Ⅰ』（一九七六年）
②申光燮「扶余扶蘇山廃寺址考」（『百済研究』二四、一九九四年）
図19　①〜⑥裵秉宣「弥勒寺の配置と建築遺構を通してみた百済造営技術」（『百済仏教文化の宝庫、弥勒寺』国立文化財研究所、二〇一〇年）
図20　国立扶余博物館『百済中興を夢見る―陵山里寺址』（二〇一〇年）をもとに加筆
図21-1・2　①〜㉒筆者作成
図22　国立扶余博物館『陵寺―扶余陵山里寺址発掘調査進展報告書』（二〇〇〇年）をもとに加筆
図23　岡村秀典・向井佑介「北魏方山永固陵の研究」（『東方学報』八〇、二〇〇七年）
図24　田中俊明「高句麗の寺院」（『高句麗の歴史と遺跡』中央公論社、一九九五年）

図版出典一覧

図25　筆者作成
図26　筆者作成
図27　①〜⑬筆者作成
図28　①国立慶州博物館『慶州工業高等学校内遺構収拾調査』（二〇一一年）
　　　②③井内古文化研究室編『朝鮮瓦塼図譜Ⅲ―百済・新羅一』（真陽社、一九七八年）
図29　①〜④国立慶州博物館『慶州工業高等学校内遺構収拾調査』（二〇一一年）
図30　①②筆者撮影
図31　①国立慶州博物館『新羅瓦塼』（二〇〇〇年）
　　　②崔英姫「新羅古式軒丸瓦の製作技法と系統」（『韓国上古史学報』七〇、二〇一〇年）
図32　①②国立慶州博物館『新羅瓦塼』（二〇〇〇年）
図33　①②国立公州博物館『艇止山』（一九九九年）
図34　花谷浩「飛鳥寺・豊浦寺の創建瓦」（『古代瓦研究Ⅰ』奈良文化財研究所、二〇〇〇年）画像提供…奈良文化財研究所
図35　王志高「六朝建康城遺跡出土瓦の観察と研究」（『古代学研究所紀要』十八、二〇一三年）
図36　①②国立慶州博物館『慶州工業高等学校内遺構収拾調査』（二〇一一年）
図37　①〜⑬土田純子「泗沘様式土器に見られる高句麗土器の影響に対する検討」（『韓国考古学報』七二、二〇一〇年）をもとに修正加筆
図38　①②③金容民「百済の煙家について」（『文化財』三五、二〇〇二年）
　　　④国立中央博物館『特別展百済』（一九九九年）
図39　①小泉顕夫「平壌清岩里廃寺址の調査」（『昭和十三度古蹟調査報告』一九四〇年）
　　　②国立扶余文化財研究所『扶余軍守里寺址Ⅰ』（二〇一〇年）
　　　③文化財管理局文化財研究所『皇龍寺』（一九八四年）

④奈良国立文化財研究所『飛鳥寺発掘調査報告』（一九五八年）画像提供…奈良文化財研究所

図40　①②国立扶余博物館『国立扶余博物館』（一九九七年）

図41　①②③吉井秀夫『古代朝鮮墳墓にみる国家形成』（京都大学学術出版会、二〇一〇年）

図42　①国立扶余文化財研究所『王興寺址Ⅳ』（二〇一二年）をもとに加筆

②国立扶余文化財研究所「扶余王興寺址第一三次発掘調査略報告書」（油印物、二〇一三年）をもとに加筆

図43　筆者作成

図44　①中国社会科学院考古所西安唐城隊「唐長安青龍寺遺址」（『考古学報』二期、一九八九年）

②安家瑤「唐長安西明寺遺址的考古発現」（『唐研究』六、二〇〇〇年）

図45　①②敦煌文物研究所『中国石窟─敦煌莫高窟四』（平凡社、一九九三年）をもとに修正加筆

図46　①②天水麦積山石窟芸術研究所『麦積山石窟』（平凡社、一九九六年）をもとに修正加筆

図47　中国社会科学院考古研究所・河北省文物研究所鄴城考古隊「河北臨漳県鄴城遺址趙彭城北朝仏寺二〇一〇〜二〇一一年的発掘」（『考古』一二期、二〇一三年）をもとに加筆

図48　①小泉顕夫「平壌清岩里廃寺址の調査」（『昭和十三度古蹟調査報告』一九四〇年）

②米田美代治『朝鮮上代建築の研究』（秋田屋、一九四四年）

③筆者作成

図49　田中俊明「高句麗の寺院」（『高句麗の歴史と遺跡』中央公論社、一九九五年）

図50　①②文化財管理局文化財研究所『皇龍寺』（一九八四年）

図51　①〜④国立慶州博物館『新羅瓦塼』（二〇〇〇年）

図52　飛鳥資料館『飛鳥寺』（一九八六年）

図53　筆者作成

図54　①②文化財保護委員会『四天王寺』（一九六七年）

図55　①②富田林市教育委員会『新堂廃寺跡・オガンジ池瓦窯跡・お亀石古墳』（二〇〇三年）
図56　①〜④国立扶余博物館『百済瓦塼』（二〇一〇年）
図57　南京市文物研究所・南京栖霞区文化局「南京梁南平王蕭偉墓闕発掘簡報」（『文物』七期、二〇〇二年）
図58　国立扶余文化財研究所『百済泗沘期瓦研究Ⅱ』（二〇一〇年）
図59　国立扶余文化財研究所『百済泗沘期瓦研究Ⅲ』（二〇一一年）
図60　①国立扶余文化財研究所『王興寺址Ⅱ―瓦窯址発掘調査報告書』（二〇〇七年）
②国立扶余文化財研究所『王興寺址Ⅲ』（二〇〇九年）
③④花谷浩「飛鳥寺・豊浦寺の創建瓦」（『古代瓦研究Ⅰ』奈良文化財研究所、二〇〇〇年）画像提供…奈良文化財研究所
図61　①〜⑱国立扶余文化財研究所『扶余官北里百済遺跡発掘報告Ⅲ』（二〇〇九年）をもとに修正加筆
⑲国立扶余博物館『百済瓦塼』（二〇一〇年）
図62　①〜⑬花谷浩「飛鳥寺・豊浦寺の創建瓦」（『古代瓦研究Ⅰ』奈良文化財研究所、二〇〇〇年）画像提供…奈良文化財研究所
図63　朝鮮総督府『朝鮮古蹟図譜』三（一九一六年）
図64　朝鮮総督府『朝鮮古蹟図譜』三（一九一六年）
図65　国立中央博物館提供
図66　国立中央博物館提供
図67　青木治市「扶余神都に就て」（『雑誌区画整理』一九四一年）

あとがき

国立中央博物館に勤務することになったのは、一九九八年の年末であった。翌年に、初めての展示として「百済」特別展（一九九九年九月）を担当することとなった。韓国内でも百済史全体を対象とした最初の特別展であったためか、展示期間に図録が売り切れるなど盛況となった。私は、展示会の準備を進めるなかで、これまで残っている遺跡、遺物を通して百済史や百済文化の特徴をどのように説明できるのかについて、それほど悩むことはなかった。

ただ、「百済」特別展を準備しながら、いくつかの重要な事実を知ることとなった。まず、韓国史の教科書で紹介される百済文化の特徴、すなわち華麗で貴族的で洗練された文化とは、実際は、泗沘期の遺物に限定される可能性があることである。また、漢城期や熊津期に比べ、泗沘期の研究は非常に限られた分野であり、断片的に行われているということであった。そこで私は、博物館に勤務する利点を活かして、文献史料だけでなく、博物館の所蔵品をも活用した研究を試みたいと思うようになった。

こうした過程を経て、私は百済の泗沘期を中心に、また韓国の考古学界や美術史学界ではほとんど扱わなかった瓦という遺物を活用して、泗沘期の歴史的な状況が説明できる「泗沘都城」を取り上げた碩士学位論文を作成した。

その後、私は、泗沘都城という空間についてより具体的なイメージを描きたくなった。しかし、扶余地域の道

路や城郭に関する発掘調査はほとんど行われておらず、発掘報告書の刊行を待つには長い時間と忍耐が必要であった。こうした問題を解決する突破口として私が選んだのは、都城内外に散在する仏教寺院の分析であった。泗沘都城の場合、王宮の位置すら確定できなかった状況であり、数ヶ所の道路遺跡しか発掘されていなかったため、私は、都城の景観を描く際に最も有用な素材として、仏教寺院とともにそこから出土した遺物を用いることにしたのである。

このように、研究テーマで悩んでいる時に国立扶余博物館所蔵の定林寺址と陵山里寺址から出土した遺物に偶然出会った。この出会いにより今まで、扶余地域の出土遺物と遺跡、特に都城と寺院との関係についての研究を続けることができた。しかし、この研究テーマは、特定分野の学問だけで解決できるものではなく、諸分野からの検討が必要であるが、従来の考古学や美術史学分野ではこれらの遺物と遺跡について関心を持たなかった。そのため、多くの時間を投じて自らこれらの資料を調査し、歴史資料として活用できるように再解釈した。こうした私の研究は、次第に細分化かつ専門化する諸分野の研究とは正反対の方向へ進んでいるといえるかもしれない。

しかし、一つの遺跡から出土した遺物について特定の学問分野だけの研究対象として扱ってしまうと、合理的な歴史解釈が期待できない。したがって私は、従来の学問的パラダイムから度外視されてきた瓦当や塑像などの資料を積極的に再検討し、歴史的な観点から再解釈を行った。これらの遺物は大量に出土しているために価値がないと思われたり、断片で出土したために形態すらわからなかったので、博物館の収蔵庫の片隅で眠っていた。私は、これらの遺物の一部を収蔵庫から取り出してほこりを取り、整理をしただけである。

したがって本書が、研究の終着点ではなく、多方面からの研究が活性化するきっかけになることを希望する。本書での主張は、再論の余地がない正答というよりは、新たに発見された遺物や遺跡について情報を整理し、そ

れらに基づいて歴史的な解釈ができるかどうかを検討した、百済寺院に関する研究の視角と方法を模索したものに過ぎない。「但開風潮、不為師（ただ風潮を開くのみ、師にならず）」といった先人の言葉が私の心の奥深くに刻まれている。

私は、韓国の国立博物館で学芸員として勤務しながら「遺物と遺跡を中心とした韓国古代史像を構築したい」という大きな目標を設定し、今やっとその第一歩を踏み出したに過ぎない。私が本書のなかで検討した遺物と遺跡だけでは、百済文化の普遍性や特殊性について語ることには限界がある。百済的な文化というものも、実際には中国や高句麗をはじめ、周辺国家との比較によって明らかになるものであるが、まだ資料の検討や研究が十分に行われていない状況である。ただ、一〇年後、そしてさらにその後も、新たな資料の発見によって眠れないほど興奮しながら研究に没頭できる情熱を保持するように努力し続けることを誓いたい。

本書は、私が二〇一二年度に早稲田大学に提出した博士学位請求論文「百済仏教寺院の特性形成と周辺国家に及ぼした影響―瓦当・塑像・伽藍配置を中心に―」を圧縮して再整理したものである。学位論文の第一部である「百済仏教寺院の成立と展開」は、韓国で単行本として出版したので、あわせてご参照いただければ幸いである。

本書が刊行されるまでに、多くの方々の助力と励ましをいただいた。まず、私が古代史研究を始め、続けられるように激励し、指導してくださった先生方に感謝を申し上げたい。ソウル大学校大学院において初めて韓国古代史という学問の世界へ導いてくださった盧泰敦先生は、資料に埋没しがちな私に、常に巨視的な観点と研究方向を提示してくださった。学位論文の指導教授である早稲田大学の李成市先生は、怠惰に流れようとする私に激励と刺激をくださり、比較史的な観点へと導いてくださった。また、私の学位論文を審査してくださった早稲田大学の大橋一章、新川登亀男、川尻秋生先生にも感謝申し上げたい。

研究を始めてから苦楽をともにしたソウル大学校大学院の古代史チームの先輩・後輩は、常に真摯で情熱を持った討論のなかで私の力不足と過ちを正してくださった。さらに、博物館でともに学び、ともに働くよう配慮してくれた韓国の国立博物館の同僚に感謝の言葉を述べたい。また、日本の研究会やゼミで出会って、私の誤りを指摘し、様々な争点をめぐって真剣に議論をもちかけてくださった日本の多くの先生方と友人にも感謝の言葉を伝えたい。

本書の刊行は、栄原永遠男先生の激励と助力が大きな力となった。私が二〇一〇年秋から二〇一一年夏まで、大阪市立大学の正倉院文書ゼミに参加したことが契機となり、二〇一二年には韓国で先生の御著書を翻訳する光栄を得た。私の学位論文をお読みになって出版社に紹介してくださったのも、すべてがこうした縁の積み重ねのおかげだと思っている。心より御礼申し上げたい。

本書の基本的な骨格は、二〇一〇年度秋から奈良県立橿原考古学研究所へ留学した時期に完成したものである。韓国の資料のことしか知らなかった私は、橿原に生活の拠点を置きつつ、飛鳥の廃寺跡に赴いて遺物調査を行った。その過程で日本の多くの先生方と議論し、百済と日本の古代寺院との比較研究が可能であることを次第に確信するに至った。帰国前後に、橿原考古学研究所や帝塚山大学、奈良美術研究所などで拙稿を発表しつつ、足りない部分を補うことができた。日本語も上手ではない外国人を同僚として受け入れ、足りない部分については惜しみなく叱責し諭してくださった関西と関東の多くの友人に御礼を申し上げる。

本書の編集を引き受けてくださった塙書房の寺島正行氏には大変お世話になった。日本語への翻訳と訂正をしてくださった早稲田大学の橋本繁氏と金志虎氏、帝塚山大学の清水昭博先生、近畿大学の網伸也先生、京都府立大学の井上直樹先生にも感謝を表する。

最後に、私が勉強することを黙々と見守って応援してくれた故郷の両親、孫の面倒に献身してくださる義理の両親にも感謝申し上げたい。家族の面倒をみてくれる妻・鄭世貞と、元気で明るく育っている熉教、鉉教、礼教の三人の息子にも感謝を伝えたい。

二〇一一年、橿原考古学研究所の送別会で、ある方が突然私の年齢を尋ねたことがあった。ちょうど四〇歳になりました、と答えたら、「李さん、これからですね」とおっしゃっていた。この会話の背景にある様々な意味について、今も重く受けとめている。本書には足りない部分が多いと思うが、これからさらに発奮するための出発点としたい。

二〇一四年三月　ソウル・龍山の国立中央博物館にて

李　炳　鎬